工业工程专业新形态系列教材

质量管理

（第三版）

主　编　方志耕

副主编　陈洪转　朱建军　徐　兰
　　　　刘　远　王　龙

科学出版社

北　京

内 容 简 介

“21 世纪是质量的世纪”，产品和服务质量与每个人都有着直接或间接的关系。本书在总结以往质量管理实践及教学经验的基础上，从质量管理的实际工作出发，将质量管理的相关理论、方法与工程实践相结合，在论述质量管理理论及方法的基础上，以质量管理的典型方法、质量管理体系、设计质量管理、工序质量控制、质量检验、质量成本管理、供应链质量管理、可靠性管理、安全性管理为主线，系统地介绍质量管理的理论方法及其应用。本书内容具有先进性、实用性和可操作性的特点，针对工程实践汇总各个层面的需求提供了重要的方法和技巧。

本书可作为高等院校工业工程、管理科学与工程等专业学生的教学用书，也可作为企业生产管理人员、质量管理人员等企业各级管理者的参考和自学用书。

图书在版编目（CIP）数据

质量管理/方志耕主编. —3 版. —北京：科学出版社，2017.5

工业工程专业新形态系列教材

ISBN 978-7-03-051991-7

Ⅰ. ①质… Ⅱ. ①方… Ⅲ. ①质量管理–高等学校–教材 Ⅳ. ①F273.2

中国版本图书馆 CIP 数据核字（2017）第 044096 号

责任编辑：兰 鹏 / 责任校对：彭珍珍
责任印制：张 伟 / 封面设计：蓝正设计

科 学 出 版 社 出版
北京东黄城根北街 16 号
邮政编码：100717
http://www.sciencep.com

北京九州迅驰传媒文化有限公司 印刷

科学出版社发行 各地新华书店经销
*
2007 年 1 月第 一 版 开本：787×1092 1/16
2011 年 3 月第 二 版 印张：17 3/4
2017 年 5 月第 三 版 字数：406 000
2022 年 3 月第七次印刷

定价：45. 00 元

（如有印装质量问题，我社负责调换）

总　序

我国是制造业大国，但还称不上制造业强国。实现从粗放式管理向以集成化、信息化、网络化为特征的精益管理转变，是提升我国制造业核心竞争力、迈向全球制造业强国的必由之路。工业工程作为一门帮助提升产品与服务质量、提升管理水平与效能、降低运营成本、实现绿色发展的交叉学科，在我国由制造业大国向制造业强国的转变中将扮演至关重要的角色。

根据教育部高等学校工业工程类专业教学指导委员会所制定的《工业工程类专业本科教学质量国家标准》中的定义，工业工程（industrial engineering，IE）是应用自然科学与社会科学知识，特别是工程科学中系统分析、规划、设计、控制和评价等手段，解决生产与服务系统的效率、质量、成本、标准化及环境友好等管理与工程综合性问题的理论和方法体系，具有交叉性、系统性、人本性与创新性等特征，适用于国民经济多种产业，在社会与经济发展中起着重要的积极推动作用，亦可称为产业工程。

我校工业工程专业办学历史较长，是全国工业工程专业发起高校之一。1985 年，在管理工程专业下设置了工业工程专业方向招收本科生。1995 年，经国务院学位委员会办公室批准设立了工业工程硕士点，这是江苏省高校中的唯一的工业工程硕士点。1998 年教育部调整本科专业目录后，便直接以工业工程专业名称面向全国招收本科生。1999 年经国务院学位委员会办公室批准获得了工业工程领域工程硕士专业学位授予权，是国内最早获得该专业学位授予权的高校之一。2000 年，工业工程成为管理科学与工程一级学科博士点的主要研究方向，至此，工业工程在我校形成了从本科至博士后完整的人才培养体系。

围绕工业工程专业人才的培养，我校建成了两个国家级人才培养模式创新实验区。2005 年，工业工程被评为江苏省工业工程领域首批唯一的品牌专业，2012 年，该专业被评为江苏省唯一以工业工程为核心专业的重点专业类，同年，被评为工业和信息化部工业工程领域唯一的重点专业。2015 年，列入江苏省高校品牌专业建设工程进行重点建设。2011～2015 年由中国统计出版社出版的《挑大学选专业——高考志愿填报指南》将我校工业工程专业与清华大学、上海交通大学同列前三甲。我校工业工程专业自成立以来，在成长中不断进步、逐渐成熟。经过多年探索，建成了工业工程创新人才培养的“三链”（教学资源保障链、实习实践保障链、能力拓展保障链）体系，形成了“工—管—理”深度交叉的创新人才培养新模式，先后获得了两项江苏省高等学校教学成果一等奖和一项二等奖。建成了一个国家级教学团队、两个省级创新团队。我校还是江苏省机械工程学会工业工程专业委员会的主任委员单位，是全国工业工程专业教学指导委员会副主任委员单位，是华东地区工业工程教学与专业发展学会发起单位之一。

加强教学资源建设是我院工业工程专业建设的重要抓手之一。我们提出以“教材”作为教学资源建设的切入点，以教材建设牵引教学团队能力提升。为此，我们积极打造特色化精品教材，2005 年与科学出版社共同策划，在全国范围最早推出了工业工程专业系列教材，并被众多高校选用，多数教材数次印刷，受到师生好评。2014 年，我们又与电子工业出版社合作出版了 12 本工业工程领域工程硕士学位系列教材，这是我国工业工程领域工程硕士的首套系列教材。“十一五”“十二五”期间，我们组织教师编写、出版教材 40 余种，其中，9 部教材入选普通高等教育“十一五”国家级规划教材，4 部教材入选“十二五”普通高等教育本科国家级规划教材，3 部教材入选工业和信息化部“十二五”规划教材，《应用统计学》被评为国家精品教材，6 部教材被评为江苏省精品教材和重点教材。一批优秀教材的出版为工业工程人才培养质量的不断提高奠定了坚实的基础。

随着教学改革的不断推进，特别是互联网与多媒体时代背景对高校教育教学改革提出了新的要求，慕课、翻转课堂相继出现，同时对教材的内容与形式也提出了新的挑战，这次对系列教材进行第二次整体修订，充分考虑了这种需求的变化，参照《工业工程类专业本科教学质量国家标准》对工业工程基础课程与专业课程的要求，同时融入了作者近年来取得的教学改革成果，在修订过程中，一方面继续保持系列教材简明扼要、深入浅出、通俗易懂、易于自学的特点；另一方面力求通过数字化形式融入更加丰富的学习素材，并且大力邀请领域内有着丰富工作经验的相关企业人员参与教材的补充完善，以持续地提升教材质量，履行读者至上的承诺。

在教材的出版与使用过程中，同行们通过会议、邮件、电话、微信等多种方式给予我们许多支持与鼓励，也无私地给出了许多富有建设性的反馈意见，对此我们深表感谢！我们殷切希望广大读者在使用中继续帮助我们不断改进提升。

系列教材的再版得到了南京航空航天大学教材出版基金和江苏省高校品牌专业建设工程专项资金的资助，在此，特表深深的谢意！同时也特别感谢科学出版社的大力支持，他们不仅为教材出版辛勤地付出了许多，而且有着一种可贵的与时俱进精神。

周德群

教育部高等学校工业工程类专业教学指导委员会副主任委员

南京航空航天大学经济与管理学院院长、教授、博士生导师

2016 年 5 月

前　言

21 世纪是质量的世纪，质量管理是企业生存与发展的根基，质量管理水平是一个国家技术水平的综合国力的反映，质量管理正逐渐成为现代管理科学的一个重要分支。质量管理经历了质量检验、统计质量管理和全面质量管理等发展阶段，21 世纪以来，质量管理得到了前所未有的发展，质量的理念也在不断发展变化。质量不仅要符合耐用性标准，而且要包括可靠性、安全性、维修性等质量特性，要满足和超越顾客的需要。

为适应当前及今后我国高等学校教学内容和教学方法深化改革的需要，结合近年来质量管理的新成果和教学过程中的经验，组织从事质量管理教学与研究的教师编写了本书。

本书从质量管理的实际工作出发，将质量管理的相关理论、方法与工程实践相结合，在全面论述质量管理理论及方法的基础上，以质量管理的典型方法、质量管理体系、设计质量管理、工序质量控制、质量检验、质量成本管理、供应链质量管理、可靠性管理、安全性管理为主线，系统地介绍质量管理的理论和方法体系。

在本书策划和编写过程中，编者一方面总结了自身教学实践中的体会，另一方面吸收了近年来出版的相关教材及论文中许多有益的内容，深感对完成本书的编写帮助很大，在此表示衷心的感谢。

本书得到了国家自然科学基金面上项目（项目编号：71671091，71372080）、国家社会科学基金重点项目（项目编号：12AZD102）、南京航空航天大学“十三五”规划教材建设项目（项目编号：2016JG-XLJC007）等项目的资助，并得到了中国优选法统筹法与经济数学研究委员会分支机构复杂装备研制管理专业委员会和灰色系统专业委员会的大力支持。本书由南京航空航天大学方志耕担任主编，负责全书结构的策划和最后的统稿工作，并编写了本书的第 1 章、第 5～第 7 章和第 9 章内容；朱建军、李惠芳（中国商飞上海飞机设计研究院）负责第 2 章的编写工作；陈洪转负责第 4 章和第 10 章的编写工作；徐兰负责第 3 章的编写工作；刘远、王龙（中国商飞上海飞机设计研究院）负责第 8 章的编写工作；全书由方志耕总纂。

在本书编写的过程中，曹颖赛、杨晓钰等博士研究生和朱明旭、张秦、邵恒、容玉虎、张习习、董文杰、蒋子涵、胡骞等硕士研究生做了大量的资料搜集及文稿整理等工作，在此表示衷心的感谢！

鉴于编者水平有限，书中难免有不妥之处，恳请专家、同行及读者批评指正。

编　者

2017年1月

目 录

第1章

质量管理概述

本章提要：进入20世纪90年代以来，全球出现了“质量第一”现象。各个国家众多的“星级”公司和企业，都在为使自己的产品和服务达到世界一流质量而采取有效的对策。质量对全社会和全球经济的作用日益重要，已经成为21世纪的新特征。人们不仅将质量看成是国际市场中竞争的主要手段，而且看成是威胁人类安全和生存环境的防御力量，因此，探讨质量管理的新理论、新方法成为企业家与学者的追踪热点。本章将从质量入手，系统介绍质量与质量管理相关的概念，并进一步延伸到全面的质量管理，由点到面逐步深入，为质量管理工具铺垫理论。

随着世界经济一体化的发展，市场竞争越来越激烈。21世纪，“made in China”现象引起了全球的关注，我国要成为全世界的制造中心，除了低廉的劳动力，关键还是产品的质量，“made in China”应该是“世界级质量”的标志，而不是低劣的标志。所谓“世界级质量”也就是世界最高水准的质量。任何国家的产品和服务，如果达不到“世界级质量”的水准，就难以在国际市场的竞争中取胜；参加世界贸易组织的国家，在无法采用关税壁垒等保护方式的情况下，甚至难以在国内站稳脚跟。过去在质量管理中有所谓的“3σ法则”，即容许不合格品率达到2.7‰（10^{-3}）的水平，而现在则提出“6σ法则”，即容许不合格品率达到0.002ppm（即2ppb。ppm：parts per million，10^{-6}。ppb：parts per billion，10^{-9}）的水平；也就是说，对不合格品率的要求比过去严格了135万倍。这就是我们所面临的质量挑战的国际环境。

1.1 质量及质量管理

1.1.1 质量的定义

质量的概念在不同的历史时期有着不同的内涵。质量的概念最初仅用于产品，如今却逐渐延伸到服务、过程、体系、组织以及以上任意项的组合中。

按照2000版ISO 9000标准，质量的定义为：“一组固有特性满足要求的程度。”

1. 关于“固有特性”

特性是指“可区分的特征”。如物理方面的特性（机械的、电的、化学的或生物学的特性等）；感官上的特性（嗅觉、触觉、味觉、视觉、听觉等）；行为方面的特性（礼貌、诚实、正直等)；人体工效方面的特性（如生理的特性或有关人身安全的特性)；功能方面的特性（飞机的最高速度等）。

特性可以是固有的或赋予的。“固有特性”就是指在某事或某物中本来就有的，尤其是那种永久的特性，如产品的尺寸、体积、重量，力学产品的力学性能、可靠性、可维修性，化工产品的化学性能、安全性等。“赋予特性”不是固有的，是人们后来施加的，如产品的价格、交货期、保修时间、运输方式等。

固有特性与赋予特性是相对的。某些产品的赋予特性可能是另外一些产品的固有特性，例如，交货期及运输方式对硬件产品而言，属于赋予特性，但对运输服务而言就属于固有特性。

2. 关于“要求”

要求是指明示的、通常隐含的或必须履行的需求或期望。

“明示的”可以理解为规定的要求，如在销售合同中或技术文件中阐明的要求或顾客明确提出的要求。

“通常隐含的”是指组织、顾客和其他相关方的惯例或一般做法，所考虑的需求或期望是不言而喻的，如化妆品应对顾客皮肤具有保护性等。一般情况下，顾客或相关方的文件（如标准）中不会对这类要求给出明确的规定，供方应根据自身产品的用途和特性进行识别，并做出规定。

“必须履行的”是指法律法规要求的或有强制性标准要求的，如食品卫生安全法等。供方在产品实现的过程中，必须执行这类标准。要求可以由不同相关方提出，不同的相关方对同一产品的要求可能是不相同的。例如，对汽车来说，顾客要求美观、舒适、轻便、省油，但社会要求对环境不产生污染。组织在确定产品要求时，应兼顾各相关方的要求。

要求可以是多方面的，可由不同的相关方提出。当需要指出时，可以采用修饰词表示，如产品要求、质量管理体系要求、顾客要求等。

3. 质量的内涵

质量的内涵是由一组固有特性组成的，并且这些固有特性是以满足顾客及其他相关方要求的能力加以表征的，质量具有广义性、时效性和相对性。

质量的广义性：质量不仅指产品的质量，也可以指过程的质量和体系的质量。组织的顾客及其他相关方对组织的产品、过程或体系都可能提出要求。

质量的时效性：组织的顾客及其他相关方对组织的产品、过程和体系的需求与期望是不断变化的，因此，组织应不断调整对质量的要求，想方设法地满足顾客及其他相关方的要求，并争取超越他们的期望。

质量的相对性：组织的顾客和其他相关方可能对同一产品的功能提出不同的需求，也可能对同一产品的同一功能提出不同的需求。需求不同，质量要求也就不同，只有满足需求的产品才会认为是质量好的产品。

质量的优劣是满足要求程度的一种体现。它需在同一等级基础上做比较，不能与等级混淆。等级是对功能用途相同但质量要求不同的产品、过程或体系所做的分类或分级。

1.1.2　与质量有关的术语

1. 过程（process）

过程是一组将输入转化为输出的相互关联或相互作用的活动。过程由输入、实施活动和输出三个环节组成。所有的经营活动都是由各种过程组成的，最终输出的是产品或服务。

一个过程的输入通常是其他过程的输出，过程的输出也可能是下一个或多个过程的输入。每个组织不止一个过程，也不是若干个过程的简单叠加，而是一个过程网络，过程的输出应可测量。因此，质量目标的实现情况可通过对每个过程的输出结果进行测量来给出。

例如，采购过程的输入是采购清单和合格供方名单，其输出是采购产品，并且通过对采购产品的验证来对采购过程的质量进行评定。

2. 产品（product）

产品是过程的结果。一般有如下四种通用的产品类别。

（1）服务（如运输）。服务通常是无形的，并且是在供方和顾客的接触面上至少需要完成一项活动的结果。服务的提供可涉及如在顾客提供的有形产品（如维修的汽车）上所完成的活动；在顾客提供的无形产品（如准备税款申报书所需的收益表）上所完成的活动；无形产品的交付（如知识传授方面的信息提供）；为顾客创造氛围（如在宾馆和饭店）。

（2）软件（如计算机程序、字典）。软件由信息组成，通常是无形产品，并可以方法、论文或程序的形式存在。

（3）硬件（如发动机机械零件）。硬件通常是有形产品，其量具有计数的特性。

（4）流程性材料（如润滑油）。流程性材料通常是有形产品，其量具有连续的特性。硬件和流程性材料经常称为货物。

3. 质量特性（quality characteristic）

质量特性是产品、过程或体系与要求有关的固有特性。

硬件和流程性材料产品的质量特性有以下几方面：性能性、适用性、可信性（可用性、可靠性、可维修性）、安全性、环境性、经济性和美学性。

服务产品的质量特性可分为服务的时间性、功能性、安全性、经济性、舒适性和文明性六种类型，不同的服务对各种特性要求的测量点会有所不同。

软件产品的质量特性大致有功能性、可靠性、适用性、效率性、可维护性、可移植性、保密性和经济性。

4. 顾客（customer）

顾客是接受产品的组织或个人。

通常，顾客有狭义和广义的概念。狭义的顾客是指产品和服务的最终使用者或接受者。广义的顾客，按照过程模型的观点，是指一个过程输出的接受者。企业可以看作由许多过程构成的过程网络，其中某个过程是它前向过程的顾客，又是它后向过程的供方。对于一个企业来说，顾客包括内部顾客和外部顾客，如图 1-1 所示。

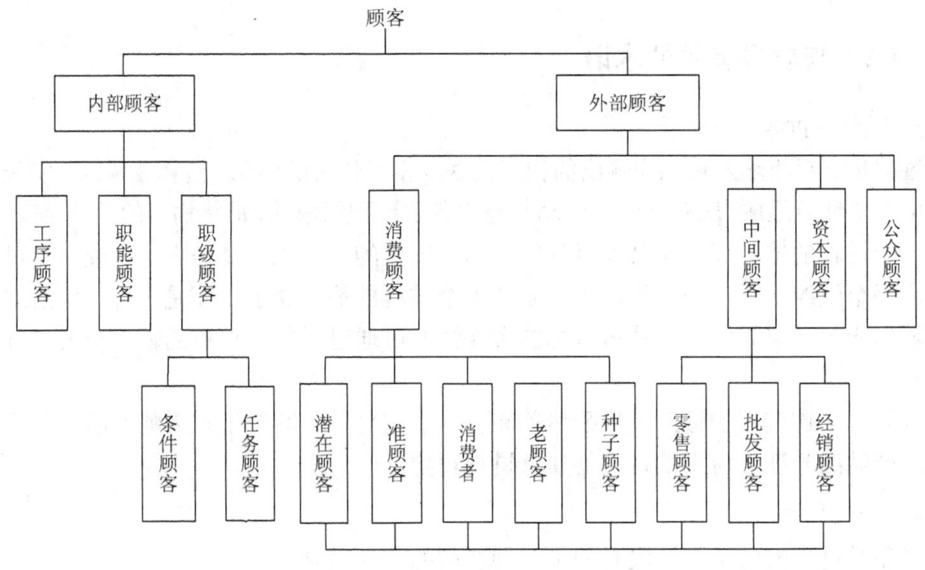

图 1-1 企业的顾客矩阵结构示意图

1）外部顾客

外部顾客是指在企业外部市场环境中，在流通领域与企业有（或可能会有）产品、服务和货币交换关系的组织（群体）或个人。主要包括消费顾客、中间顾客、资本顾客和公众顾客四种类型。

（1）消费顾客。消费顾客主要包括种子顾客、老顾客、消费者、准顾客和潜在顾客等五种类型。

①种子顾客。种子顾客是企业的核心顾客。种子顾客有以下特征。

第一，重复或大量购买企业某品牌的产品或服务，成为企业的忠诚顾客，也就是种子顾客。

第二，种子顾客由于对企业的某产品或服务感到满意而产生一定程度的忠诚，并具有一定的传播性。例如，主动向他人推荐该企业的产品或服务，为企业带来新顾客机会。

②老顾客。老顾客也称为“常客”，他们对某企业的产品或服务感到满意，表现为重复购买等具体行为，成为企业的基本顾客群体，其中的一部分有可能演变为种子顾客。

③消费者。通常，人们所称的“顾客”的狭义概念指的就是消费者。消费者是直接购买企业的产品或服务的庞大市场群体。如果企业能够使消费者（顾客）满意，则他们中的一部分或大部分有可能变为老顾客，或者继续转化为种子顾客。所以，消费者是企业提高顾客忠诚度的源泉。

④准顾客。这类顾客对企业的产品或服务已经有一定的认识，但由于种种原因并没有购买行动，只是和企业的产品或服务“擦肩而过”的“过客”。可见，准顾客也是贴近企业的市场资源。

⑤潜在顾客。潜在顾客构成企业最广阔的市场发展空间，企业对潜在顾客的研究，直接为产品策略提供科学的依据。

（2）中间顾客。中间顾客不属于内部顾客范畴，它是介于企业和消费顾客之间的顾客，两重性是中间顾客的基本特征。中间顾客主要分为以下三种类型。

①零售顾客。零售顾客是中间顾客中直接与消费顾客发生交易的一类顾客。应该说，这类顾客构成了中间顾客的主体。

②批发顾客。通常，批发顾客并不直接与消费顾客发生交易，而是通过二级中间顾客的购买行为间接接触消费顾客。“批发”的性质决定了该类顾客的交易量比零售顾客大。

③经销顾客。经销顾客具有类似于零售顾客和批发顾客的双重功能。一方面，经销顾客有机会直接和消费顾客发生交易；另一方面，经销顾客也通过二级中间顾客间接与消费顾客接触。经销顾客是一类最具个性的中间顾客，该类顾客最接近企业，在相当程度上代表企业的利益，表现出内部顾客的特征；而在企业根本利益的销售保障流程环节上，经销顾客是实质上的外部顾客。

（3）资本顾客。银行是企业的主要资本顾客，银行通过向企业放贷的方式购买资本增值效益。在企业与银行的交易过程中，企业出售的“产品”是企业的无形资本，包括信誉和资本增值的核心能力，而银行向企业提供的是金融资本。

（4）公众顾客。政府是企业的公众顾客，因为政府代表着公众的利益，一方面，政府向企业提供维持经营活动的基础资源；另一方面，政府代表国家和公众利益，要求企业自觉履行社会责任和公民义务，其中，企业以税收的形式提供的经营资源支付费用只是其中的内容之一。从某种意义上讲，企业的综合产品是对社会的贡献，公众顾客对企业的满意程度取决于企业的社会贡献。

2）内部顾客

内部顾客是一个广义的概念，包括企业内部从业人员，如基层员工、部门主管、经理，也包括股东。内部顾客主要分为以下三个类型。

（1）工序顾客。在企业的生产经营活动中，生产和服务流程的各个环节之间存在着互为顾客的关系，由此产生了工序顾客的概念。下道工序是上道工序的顾客。

（2）职能顾客。企业的组织结构一般由不同的职能部门组成，不同层次上的组织单元互为职能顾客，从而实现企业统一运作的整体优势。

（3）职级顾客。在企业内部，可以将纵向上下级互为顾客的关系描述为职级顾客。包括任务顾客（下达工作任务的人或机构）和条件顾客（为完成工作任务提供条件的人或机构）。

5. 顾客满意（customer satisfaction）

顾客满意是顾客对其要求已被满足的程度的感受。

按照预期期望理论，所谓顾客满意是指顾客的感觉状况水平，这种水平是顾客对企业的产品和服务所预期的绩效与顾客的期望进行比较的结果。如果所预期的绩效不及期望，那么顾客就不满意；如果所预期的绩效与期望相称，那么顾客就满意；如果所预期的绩效超过期望，那么顾客就十分满意。摩托罗拉公司质量总裁戴尔从企业的角度指出“顾客满意是成功地理解某一顾客或某部分顾客的偏好，并着手为满足顾客需要做出相应努力的结果”。

1.1.3 质量管理的定义

质量管理是指导和控制组织的关于质量的相互协调的活动。

该定义可以从以下几个方面理解。

（1）质量管理的职能。质量管理的职能是计划、组织、指挥、协调和控制。质量管理是组织经营管理的一部分，因此，质量管理也应具备管理的一般职能，特别是在质量方面指挥和控制组织的职能。

（2）质量管理的首要任务。质量管理的首要任务是制订组织的质量方针和质量目标，并使之贯彻和实现。

（3）质量管理的基本活动。为了贯彻和实现组织的质量方针与质量目标，质量管理要通过质量策划、质量控制、质量保证和质量改进等活动来进行。

（4）质量管理的核心。质量管理的核心是建立健全质量管理体系。组织的最高管理者应正式发布本组织的质量方针，根据质量方针确立质量目标，并在此基础上按照质量管理的基本原则和 ISO 9000 标准，运用管理的系统方法建立健全质量管理体系，配备必要的人力和物质资源，充分调动全体员工的积极性，开展各项质量活动，不断提高顾客的满意度。

1.1.4 与质量管理相关的术语

1. 质量方针（quality policy）

质量方针是由组织的最高管理者正式发布的该组织的质量宗旨和方向。

质量方针是组织经营总方针的组成部分，质量管理原则是制订质量方针的依据。质量方针应体现组织的质量宗旨和质量方向，应反映对顾客的承诺；质量方针应为制订质量目标提供框架；质量方针应形成书面文件，由组织最高管理者正式发布，并动员全体员工贯彻实施。

2. 质量目标（quality objective）

质量目标是在质量方面所追求的目的。

质量目标是质量方针的具体体现，通常是对组织的相关职能和层次分别规定质量目标；质量目标既要先进，又要可行；质量目标要加以量化，以便于实施和检查；质量目标要逐层进行分解，加以细化，具体落实。

3. 质量策划（quality planning）

质量策划是质量管理的一部分，致力于制订质量目标，并规定必要的运行过程和相关资源，以实现质量目标。

质量策划的关键是制订质量目标并设法使之实现。组织无论对于老产品的改进还是对于新产品的开发均必须进行质量策划，确定研制什么样的产品、具有什么样的性能、达到什么样的水平，并提出明确的质量目标，规定必要的作业过程，提供必要的人员和设备等资源，落实相应的管理职责，最后形成书面的文件即质量策划。

4. 质量控制（quality control）

质量控制是质量管理的一部分，致力于满足质量要求。

质量控制的目的是保证质量，满足要求。为此，要解决要求（标准）是什么、如何实现（过程）、需要对什么进行控制等问题。

质量控制是一个设定标准（根据质量要求）、测量结果、发现偏差、采取纠正或预防措施的过程，质量控制不是质量检验。例如，为控制采购过程的质量采取的控制措施有：制订采购计划，通过评定选择合格供方，规定对进货产品质量的验证方法，做好相关质量记录并定期进行业绩分析。为控制某一生产过程的质量，可以用控制图对过程特性或过程参数实施连续监控，及时发现异常波动并采取相应的措施。为控制特殊过程的质量，可以通过作业指导书、设备维护、人员培训、工艺方法优化等措施来实施。

5. 质量保证（quality assurance）

质量保证是质量管理的一部分，致力于提供质量要求会得到满足的信任。

质量保证是企业向顾客提供其生产等各个环节是有能力提交合格产品的证据，这些证据是有计划和系统的质量活动的产物。质量保证的关键是提供信任。保证质量、满足要求是质量保证的基础和前提，质量管理体系的建立和有效运行是提供信任的重要手段。

质量保证要求，即顾客对供方质量管理体系的要求往往需要证实，以使顾客有足够的信任。证实的方法如下：供方的合格声明，提供形成文件的基本证据（如质量手册、第三方的型式检验报告），提供由其他顾客认定的证据，顾客亲自审核，由第三方进行审核，提供经国家认可的认证机构出具的认证证据。

质量保证有内部质量保证和外部质量保证之分。内部质量保证是组织向自己的管理者提供信任；外部质量保证是组织向顾客或其他相关方提供信任。

6. 质量改进（quality improvement）

质量改进是质量管理的一部分，致力于增强满足质量要求的能力。

质量改进的关键是增强能力，使组织满足质量要求。要求可以是有关任何方面的，如有效性、效率或可追溯性。质量改进的对象可能涉及组织的质量管理体系、过程和产品，组织应注意识别需改进的项目和关键质量要求，考虑改进所需的过程，以增强组织体系或过程实现产品，并使其满足要求的能力。

7. 质量管理体系（quality management system）

质量管理体系是在质量方面指挥和控制组织的管理体系。

（1）体系是相互关联或相互作用的一组要素。

（2）管理体系是建立方针和目标并实现这些目标的体系。一个组织的管理体系可包括若干个不同的管理体系，如质量管理体系、财务管理体系或环境管理体系。

1.2　质量管理的发展历程

质量管理学作为一门实践性较强的管理科学，随着现代管理科学理论和实践的发展，经历了半个多世纪的时间，已发展成为一门比较成熟的独立学科。质量管理的发展一般可分为以下三个阶段，如图 1-2 所示。

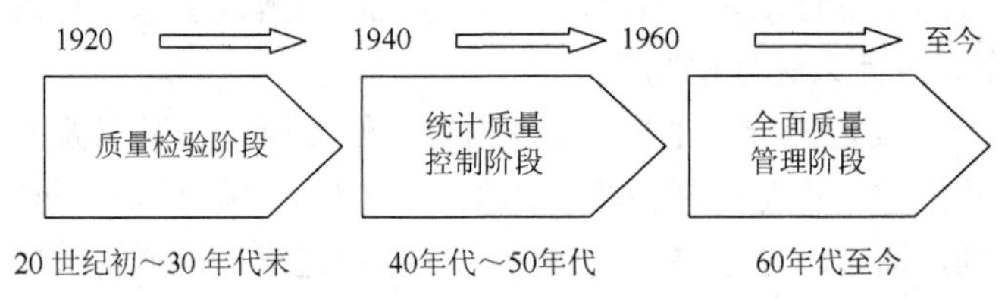

图 1-2　质量管理发展的三个阶段

1.2.1　质量检验阶段

质量检验阶段的时间为 20 世纪初～30 年代末，是质量管理的初级阶段。在这一阶段，人们对质量管理的理解还只限于对有形产品质量的检验，在生产制造过程中，主要是通过严格检验来保证转入下一个工序的零部件质量以及入库或出厂的产品质量。

20 世纪初，由于生产的发展，生产中分工与协作的关系越来越复杂，“操作者的质量管理”容易造成质量标准的不一致性和工作效率的低下，越来越不适应生产力的发展。美国的泰勒（Taylor）提出科学管理理论，要求按照职能的不同进行合理的分工，首次将质量检验作为一种管理职能从生产过程中分离出来，建立了专职质量检验制度，这对保证产品质量起到了积极的作用。在这方面，大量生产条件下的互换性理论和规格公差的概念也为质量检验奠定了理论基础，根据这些理论规定了产品的技术标准和适宜的加工精度。质量检验人员根据技术标准，利用各种测试手段，对零部件和成品进行检查，做出合格与不合格的判断，不允许不合格品进入下道工序或出厂，对产品的质量起到了把关的作用。

但是，客观上从科学管理的角度看，质量检验阶段的检验职能有很大的局限性，主要体现在以下几个方面：①由于是事后检验，犹如“死后验尸”，没有在制造过程中起到预防和控制作用，及时检验出废品，也已是“既成事实”，质量问题造成的损失已难以挽回；②它要求对成品进行百分百的检验，即“全数检查”，但是有时在经济上并不合理，有时从技术上考虑也不可能；③只有检验部门负责质量管理，其他部门和员工，特别是直接操作者不参与质量检验和管理，容易与质量管理人员产生矛盾，不利于产品质量的提高。

1.2.2　统计质量控制阶段

客观上，由于传统的以事后把关为特点的质量检验给日益发展的工业生产管理系统带来的矛盾，已经远远不能适应和满足工业生产的实际要求。所以，产生了统计质量控制理论和方法，质量管理强调“用数据说话”，强调应用统计方法进行科学管理。统计质量控制（statistical quality control，SQC）阶段的代表时期是 20 世纪 40～50 年代。

统计质量控制阶段是质量管理发展史上的一个重要阶段。它的主要特点是：从质量管理的指导思想上看，它是利用数理统计原理，预防产生废品并检验产品质量的方法，即由事后把关变为事前预防；从管理方法上看，它广泛深入地应用了数理统计原理和统计的检查方法；从管理行为上看，它由专职检验人员转移给专业的质量控制工程师承担。

统计方法的应用减少了不合格品，降低了生产费用，但是也存在以下许多不足：①统计技术难度较大，使人们误以为“质量管理就是深奥的统计方法”，因而对质量管理产生了一种“高不可攀、望而生畏”的感觉，难以调动员工参与质量管理的积极性；②过分强调质量控制的统计方法，而忽视其组织管理工作，因此不被高层管理者重视；③它仅偏重于工序管理，而没有对整个产品质量的形成过程进行控制；④它仍以满足产品标准为目的，而不是以满足用户的需求为目的。

1.2.3 全面质量管理阶段

进入 20 世纪 60 年代以后，质量管理科学发生了“质”的变化。全面质量管理（total quality management，TQM）阶段的质量管理不再以质量技术为主线，而是以质量经营为主线。

20 世纪 60 年代，社会生产力迅速发展，科学技术日新月异，质量管理上也出现了许多新情况。其表现如下：市场竞争加剧，企业迫切需要现代的经营管理科学作为指导；出现了许多大型、精密、复杂的工业产品和工程，这些产品对安全性和可靠性的要求越来越高；行为学派的兴起使质量管理越来越重视人的作用，出现了依靠员工自我控制的无缺陷运动和质量管理小组等；保护消费者的运动蓬勃兴起，广大消费者要求质量可靠的产品的呼声越来越高涨。

正是在这样的历史背景和社会经济条件下，美国的费根鲍姆（Feigenbaum）与朱兰（Juran）等提出了“全面质量管理”的概念。全面质量管理主要就是“三全”的管理，“三全”是指：①全面的质量，即不限于产品质量，而且包括服务质量和工作质量等在内的广义的质量；②全过程，即不限于生产过程，而且包括市场调研、产品开发设计、生产技术准备、制造、检验、销售、售后服务等质量环的全过程；③全员参加，即不限于领导和管理干部，而是全体工作人员都要参加，质量第一，人人有责。事实上，上述“三全”就是系统科学全局观点的反映，所以有些专家学者将全面质量管理称为质量系统工程。

从统计质量控制发展到全面质量管理，是质量管理工作的一个质的飞跃，全面质量管理活动的兴起标志着质量管理进入了一个新的阶段，它使质量管理更加完善，成为一种新的科学化管理技术。随着对全面质量管理认识的不断深入，人们认识到全面质量管理实质上是一种以质量为核心的经营管理，可以称其为质量经营。

从上述内容应该看到，质量管理发展的三个阶段不是孤立的、互相排斥的，前一个阶段是后一个阶段的基础，后一个阶段是前一个阶段的继承和发展。

质量管理发展的三个阶段的基本特点如图 1-3 所示。

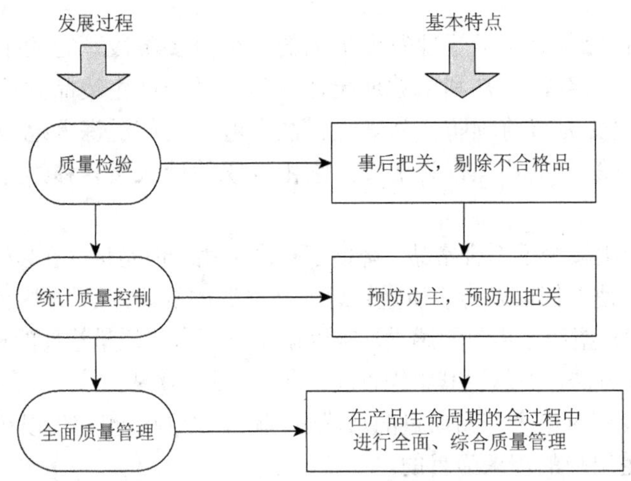

图 1-3　质量管理发展主要阶段的基本特点

1.2.4　全面质量管理在我国的发展历程

1976 年，经我国质量管理专家、中国工程院院士刘源张提倡，全面质量管理在我国的企业里开始推行，逐渐形成了我国自己的全面质量管理。我国全面质量管理大致可划分为以下三个时代。

第一个时代，国家推行的时代。在国务院的采纳和国家经济贸易委员会（简称“国家经委”）的领导下，我国开展了全面质量管理的宣传教育培训试点和推广工作。这个时代依然处于计划经济时代，行政机构在全国的企业中推行全面质量管理上发挥了不可替代的权威性作用。质量控制（quality control，QC）小组活动在企业中广泛开展，在班组工人里建立 QC 小组互教互学，集思广益，发现并解决工作岗位上的质量问题。1980 年，《工业企业推行全面质量管理暂行办法》规定“质量管理是企业管理的中心环节”，改变了全国企业对质量的认识和在质量管理上的做法。这个时代是质量管理的启蒙时代。

第二个时代，国家监管的时代。这个时代从计划经济过渡到市场经济的基本体制已经建立了。在政府职能的转变和企业经营改变的背景下，中国的质量管理发生了相应的变化。质量管理由政府负责实行、国家推行转变为由政府负责实行、国家监管的体制，企业自己为产品质量负责，政府则是监管企业是否尽到责任。同时国家加强了质量方面的法律法规的建设。1993 年通过并开始执行的《中华人民共和国产品质量法》明确了企业对产品质量的责任，同年的《中华人民共和国消费者权益保护法》从用户的角度对产品质量做出了规定。1989 年国家成立了质量管理与质量保证标准化技术委员会，企业开始普遍认识到产品的质量管理与企业的质量体系同等重要，全面质量管理逐渐有了抓手。

第三个时代，国际化的时代。2000 年我国加入了世界贸易组织，从此我国的质量管理国际化了，不单纯是国际标准的采用或管理方法的国际接轨，而是在国际上要受到世界贸易组织规定或许可的各种约束。标准化工作在这一时代得到国家的极大重视。刘源张认为“质量管理和标准化是表里一体的关系，质量管理是标准化的落实和发展，标准化是质量管理的基础和依据”。“人才培养、名牌战略、标准化”成了这个时代质量管理的三大战略。我国的全面质量管理有了自己的全盘考虑。

1.3 全面质量管理

1.3.1 全面质量管理的含义

全面质量管理的诞生，是质量管理发展史上一个辉煌的里程碑，是当今世界质量管理最基本、最为经典的理论之一。全面质量管理在世界范围内的传播、应用和发展，充分证明其思想、原理和方法对于各国质量管理的理论研究与实际应用的指导价值。

全面质量管理是指一个组织以质量为中心，以全员参与为基础，目的在于通过让顾客满意和本组织所有成员及社会受益而达到长期成功的管理途径。全面质量管理并不等同于质量管理，质量管理只是组织的所有管理活动之一，与其他管理活动（如生产管理、计划管理、财务管理、人事管理等）并存。而全面质量管理则适用于组织的所有管理活动和所有相关方，全面质量管理思想具体表现在以下几点。

（1）强调一个组织以质量为中心，否则不是全面质量管理。

（2）强调组织内所有部门和所有层次的人员参与。

（3）强调全员的教育和培训。

（4）强调最高管理者的强有力而持续的领导和参与。

（5）强调抓住管理思想、质量目标、管理体系和科学技术四个要领。

（6）强调谋求长期的经济效益和社会效益。

1.3.2 全面质量管理的特点

全面质量管理的特点可归纳为“五全”，即全面质量的管理、全过程的管理、全员的管理、全面运用各种管理方法和提高全社会的效益。

1. 全面质量的管理

管理对象的全面性。首先是指质量的全面性，不仅包括产品质量，而且包括工作质量。只有提高工作质量，才能最终提高产品和服务质量。其次是指对影响产品和服务质量因素的全面控制。影响产品质量的因素很多，包括人员、机器设备、材料、工艺、检测手段和环境等方面。只有对这些因素进行全面控制，才能提高产品和工作质量。

2. 全过程的管理

管理范围的全面性。全面质量管理不局限于一个工序或制造过程，而是贯穿于包括市场调研、产品设计、规划的编制与产品研制、采购、工艺准备、生产制造、检验和实验、包装和储存、销售和发运、安装和运行、技术服务和维护，以及用户处置的产品质量的产生、形成和实现的全过程。在这一全过程中，把影响产品质量的操作者、机器设备、材料、工艺方法和测量方法、环境等各因素全面地加以控制，形成一个综合性的保证体系，做到以防为主、防检结合、重在提高的管理。

3. 全员的管理

参与人员的全面性。全员管理的含义是全面质量管理要全员参加、人人有责，即上至最高管理者、下到所有员工都参加质量管理，分担一定的责任。质量好坏是企业各项工作的综合反映，所有部门、全体员工的质量职能的有效发挥程度都影响着产品质量。同时，应加强企业内各职能和业务部门之间的横向合作，发挥质量管理的最大效用。

4. 全面运用各种管理方法

应用方法的全面性。随着现代化大生产和科学技术的发展，质量管理在长期的实践中形成了多样化、复合型的方法体系。如 PDCA（策划（plan）—实施（do）—检查（check）—处置（action））循环、朱兰三部曲、数理统计技术与方法、价值分析方法、运筹学方法及老七种工具（分层法、排列图法、因果图法、直方图法、控制图法、散布图法和检查表法）、新七种工具（关联图法、系统图法、KJ 法（亲和图法）、矩阵图法、流程图法、过程决策程序图法和网络图法）、ISO 9000 族标准方法和 6σ 管理法。

5. 提高全社会的效益

全面质量管理强调让顾客满意、本单位成员和社会受益，谋求长期的经济效益和社会效益，即要以提高包括本企业效益在内的、以质量成效为核心的整个社会的经济效益为宗旨，而不是仅仅为本企业获得利润。

1.3.3 全面质量管理的工作原则

1. 预防原则

在企业的质量管理工作中，要认真贯彻预防的原则，凡事要防患于未然。例如，首先，在产品设计阶段就应该采用失效模式、效应及后果分析（failure mode effects and criticism analysis，FMECA）与故障树分析（fault tree analysis，FTA）等方法找出产品的薄弱环节，在设计上加以改进，消除隐患；还可以直接采用田口稳健性设计方法进行设计。其次，在产品制造阶段应该采用统计过程控制（statistical process control，SPC）和统计过程控制与诊断（statistical process control and diagnosis，SPCD）等科学方法对生产过程进行控制，尽量降低不合格率。最后，在产品的检验阶段，不论是对最终产品或是在制品，都要把质量信息及时反馈并认真处理。

2. 经济原则

全面质量管理强调质量，但无论是质量保证的水平还是预防不合格的深度都是没有止境的，我们必须考虑经济性，建立合理的经济界限，这就是所谓的经济原则。因此，在产品设计制定质量标准时，在生产过程进行质量控制时，在选择质量检验方式为抽样检验或全数检验时等，都必须考虑其经济效益来加以确定。

3. 协作原则

协作是大生产的必然要求。生产和管理分工越细，就越要求协作。一个具体单位的质量问题往往涉及许多部门，若无良好的协作，则问题是很难解决的。因此，强调协作是全面质量管理的一条重要原则。这也反映了系统科学全局观点的要求。

4. 按照 PDCA 循环组织活动

PDCA 循环是质量体系活动所应遵循的科学工作程序，也是全面质量管理的基本活动方法。PDCA 循环的概念最早是由美国质量管理专家戴明提出的，所以又称为“戴明（Deming）循环”。全面质量管理方法的基本思路是一切按照 PDCA 循环办事，它反映了质量管理活动应遵循的科学程序。

1.3.4　全面质量管理的基础工作

1. 质量教育工作

产品质量的好坏最终取决于员工的质量意识、技术水平和企业管理水平，开展全面质量管理活动必须从提高员工的素质抓起。石川馨提出：“质量管理始于教育，终于教育。”要搞好质量管理，首先应该使全体员工认识质量管理的重要性，树立质量第一的思想；其次应该提高人的技能素质，把质量教育工作作为搞好全面质量管理的第一道关。企业应完善教育培训制度，正确识别培训需求，选用或编写适合本企业的教学资料，从最高管理层开始，因人制宜采取多种形式，逐层进行培训，并对培训效果进行正确评价，同时还要注意质量管理教育培训的持久性。质量教育的内容主要有以下几个方面。

（1）质量意识教育。增强质量意识，牢固树立质量第一、用户第一的思想是搞好质量管理、提高产品质量的思想基础。

（2）质量管理知识教育。要搞好质量管理，就需要学习它的基本思想、理论和方法，掌握开展质量管理的业务技能。

（3）专业技术和技能教育。专业技术和技能教育是对职工所进行的技术基础知识与操作技能的培训。产品质量的好坏归根到底取决于职工队伍的技术水平和管理水平。只有通过技术培训，使职工熟知产品性能、用途、生产工艺流程、岗位操作技能和检测方法等，才能保证生产出优质的产品。

2. 标准化工作

标准是对重复性事物和概念所作的统一规定。它以科学、技术和实践经验的综合成果为基础，经有关方面协商一致，由主管机构批准，以特定形式发布，作为共同遵守的准则和依据。标准化是在经济、技术、科学及管理等社会实践中，对重复性事物和概念，通过制定、发布和实施标准达到统一，以获得最佳秩序和社会效益。按照标准本身的属性，标准可分为技术标准、经济标准和管理标准。

（1）技术标准。技术标准是指规定和衡量标准化对象技术特性的标准。它包括基础标准、产品标准、方法标准和工作标准。基础标准即对一定范围内的标准化对象的共性因素所作的统一规定，如标准化工作和技术工作的通则性标准、通用技术语言标准、有关产品系列化方面的基础标准、有关互换性方面的标准、安全与环境保护标准等；产品标准即对产品的结构、规格、质量特性、检验方法、包装、存储和运输方法所作的技术规定；方法标准即对各项技术活动的方法所规定的标准；工作标准即对技术工作的范围、构成、程序、要求、效果、检查方法等所作的规定。技术标准按其协调统一的程度及适用的范围可划分为不同级别的标准。人们通常把这种层次关系称为标准分级。国际上有国际标准和区域标准，即由国际标准化组织（International Organization for Standardization，ISO）和国际电工委员会（International Electrotechnical Commission，IEC）所制定的标准。我国有国家标准、行业标准、地方标准和企业标准。

（2）经济标准。经济标准是指规定和衡量标准化对象的经济性能与经济价值的标准。它一般包括各类消耗标准，各项费用标准，原材料、半成品、成品及人员、设备、资金的占用标准，各类生产效率标准和投资效益标准。

（3）管理标准。管理标准是指管理机构为行使其职能而制定的具有特定管理功能的标准。它又可划分为产品管理标准、工作管理标准、方法管理标准、管理基础标准等。

3. 计量工作

计量是实现单位统一和量值准确可靠的测量。它涉及整个测量领域，并对整个测量领域起指导、监督、保证和仲裁作用。它具有准确性、法制性、技术性和经济性等特点。

产品质量标准需要依靠准确可靠的计量测试方法来制定，最终产品达到规定标准的情况也需要依靠计量测试来鉴别。计量工作的要求如下：计量器具和测试设备必须配备齐全；根据具体情况选择正确的计量测试方法；正确合理地使用计量器具，保证量值的准确和统一；严格执行计量器具的检定规程，计量器具应及时修理和报废；做好计量器具的保管、验收、储存、发放等组织管理工作。为了做好上述工作，企业应设置专门的计量管理机构，并建立计量管理制度。

4. 质量信息工作

整个企业的管理活动，从本质上讲是信息流动的过程，企业管理活动的对象是人、财、物和信息，而管理的职能之一是协调，协调的实质是信息反馈与控制。要搞好质量管理，提高产品质量，就要对影响产品质量的因素做到心中有数。因此，质量信息是改进产品质量、改善各环节工作质量不可缺少的依据，是正确认识影响质量各因素的变化和产品质量波动的内在联系的基本依据，也是企业决策层制订质量计划和进行决策的依据。因此，质量信息是质量管理的耳目，是质量管理的又一基础工作。

5. 质量责任制

质量责任制是指企业各个职能部门和各个岗位的员工在质量管理中的职责与权限，它要求明确规定各部门和各类人员在质量工作中的具体职责与任务，落实其责任和权利，并与考核和奖励相结合，以便做到质量工作事事有人管、人人有专责、办事有标准、工作有检查。一旦发现产品质量问题，就可以查清责任，总结经验教训，更好地保证和提高产品质量。实行质量责任制，把质量责任作为质量考核的主要内容，能增强职工的责任心，保证和提高产品质量。因此，质量责任制也是质量管理的基础工作，是稳定和提高产品质量行之有效的措施。

6. 质量文化建设

质量文化是企业文化的重要组成部分之一，是指企业在生产经营活动中形成的质量形象、质量管理体系文件、质量目标、质量意识、质量精神、质量行为和质量价值观等“软件”，以及企业所提供的产品质量水平等“硬件”的总和。进行质量文化建设对一个企业的生存和发展至关重要。在进行质量文化建设时，应注意如下几个方面的工作：重视企业最高决策人的作用，不断加强质量意识教育，创造良好的工作环境和实施质量文化工程。

➢复习思考题

1-1　质量管理的三个发展阶段及其特点是什么？

1-2　质量的含义是什么？

1-3　产品的含义是什么？

1-4　什么是质量管理，它的主要内容是什么？

1-5　举例说明组织的顾客组成。

1-6　什么是全面质量管理？谈谈你对全面质量管理的理解。

第2章 质量管理与改进的基本工具

本章提要：持续不断的质量改进是质量管理的基本特点，"质量改进永无止境"是质量管理的基本信念。改进质量形成过程中各环节的工作，能使产品、服务质量不断提高，从而使企业不断地保持竞争的优势。

本章介绍的质量管理与改进的工具和技术，主要包括质量管理与改进老七种工具：分层法、检查表法、因果图法、排列图法、直方图法、散布图法、控制图法。质量管理与改进新七种工具：关联图法、系统图（树图）法、矩阵图法、网络图法、过程决策程序图法、KJ法、流程图法等。这些方法不仅仅用于质量改进阶段，而且应用于整个质量管理过程中。

2.1 质量管理与改进的老七种工具和技术

2.1.1 分层法

分层法也称为分类法或分组法，是分析影响质量（或其他问题）原因的一种方法。它把收集到的质量数据依照使用目的，按其性质、来源、影响因素等进行分类，把性质相同、在同一生产条件下收集到的质量特性数据归并在一组，把划分的组称为"层"，通过数据分层，把错综复杂的影响质量的因素分析清楚，以便采取措施加以解决。

数据分层与收集数据的目的性紧密相连，目的不同，分层的方法和粗细程度也不同；另外，还与我们对生产情况掌握的程度有关，如果对生产过程的了解甚少，分层就比较困难。所以，分层要结合生产实际情况进行。分层法经常同质量管理中的其他方法一起使用，可将数据分层之后再进行加工，整理成分层排列图、分层直方图、分层控制图、分层散布图等。

在实际工作中，人们能够收集到许多反映质量特性的数据，如果只是简单地把这些数据放在一起，是很难从中看出问题的，而通过分层，把收集来的数据按照不同的目的和要求加以分类，把性质相同、在同一生产条件下收集的数据归在一起，就可以使杂乱无章的数据和错综复杂的因素系统化、条理化，使数据所反映的问题明显、突出，便于人们抓住主要问题，并找出对策。

例 2.1　某区局投递班某年上半年投递给据邮件发生差错 50 件。可以对数据进行如下分层，以便找出原因，明确责任，进行改进。

（1）按发生差错的时间分层，见表 2-1。

表 2-1　按发生差错的时间分层（半年）

月份	一	二	三	四	五	六
差错/件	18	3	12	10	2	5
合计/件	50					

（2）按差错种类分层，见表 2-2。

表 2-2　按差错种类分层

种类	误投	丢失签收卡	漏盖戳记	漏投	漏开信箱	其他
差错/件	20	14	7	5	3	1
合计/件	50					

（3）按操作人员分层，见表 2-3。

表 2-3　按操作人员分层

工人	A	B	C	D	E
差错/件	18	11	10	6	5
合计/件	50				

通过这 3 种分层可以看出：分层时标志的选择十分重要，标志选择不当就不能达到“把不同性质的问题划分清楚”的目的，所以分层标志的选择应使层内数据尽可能均匀，层与层之间数据差异明显。按发生差错的时间分层时，各月差异不明显，而一月差错稍多，可能是受业务量的影响；按差错种类分层时，误投及丢失签收卡的差错严重，应作为重点问题来解决；按操作人员分层时，A、B 和 C 的差错所占比重较大。经过分层就可以有针对性地分析原因，找出解决问题的办法。

2.1.2　检查表法

检查表是用于将收集的数据进行规范化的表格，即把产品可能出现的情况及其分类预先列成表，在检查产品时只需在相应分类中进行统计，并可从检查表中进行粗略的整理和简单的原因分析，为下一步的统计分析与判断质量状况创造良好的条件。在设计检查表时，应注意便于工人记录，把文字部分尽可能列入检查表中，工人只需简单地描点和打勾，以不影响操作为宜。根据使用不同，常用的检查表有不合格品检查表、缺陷位置检查表和成品质量检查表等，表 2-4 是不合格品项目检查表。

表 2-4 不合格品项目检查表

项目 数量 日期	交验数	合格数	不良品			不良品类型			不良品率/%
			废品数	次品数	返修品数	废品类型	次品类型	返修品类型	

检查员______

例 2.2 某针织厂成衣车间换针管理检查表。针织厂有各种各样的管理统计报表，通过对统计报表的分析，寻找问题，进行改善。某针织厂的成衣车间，服装缝纫中断针、撞针的情况时有发生，断针遗留在服装中会对消费者产生伤害，引起赔偿纠纷，甚至要负法律责任。另外，发生撞针后针尖发毛，易在缝纫过程中扎断或扎伤纱线，形成缝纫针洞，造成严重的质量问题。换针管理检查表（表 2-5）要求填写断针（或撞针）发生的时间、班次、车台、缝工等基本信息，说明发生事故时缝制服装的款式、规格、颜色、当时缝制的部位等。当一盒针用完后，应及时领取新针，领取新针时，针盒、坏针需上交。

表 2-5 换针管理检查表

<table>
<tr><td rowspan="7">坏针盒粘贴处</td><td>领用日期</td><td></td><td></td><td></td><td></td><td></td><td></td><td></td><td></td><td></td><td></td></tr>
<tr><td>领用人</td><td></td><td></td><td></td><td></td><td></td><td></td><td></td><td></td><td></td><td></td></tr>
<tr><td>加工车台</td><td></td><td></td><td></td><td></td><td></td><td></td><td></td><td></td><td></td><td></td></tr>
<tr><td>加工部位</td><td></td><td></td><td></td><td></td><td></td><td></td><td></td><td></td><td></td><td></td></tr>
<tr><td>规格/颜色</td><td></td><td></td><td></td><td></td><td></td><td></td><td></td><td></td><td></td><td></td></tr>
<tr><td>退还人</td><td></td><td></td><td></td><td></td><td></td><td></td><td></td><td></td><td></td><td></td></tr>
<tr><td>退还日期</td><td></td><td></td><td></td><td></td><td></td><td></td><td></td><td></td><td></td><td></td></tr>
<tr><td rowspan="5">织针型号______
织针规格______
领用人______
发放人______
领用日期______</td><td>原因（断/撞）</td><td></td><td></td><td></td><td></td><td></td><td></td><td></td><td></td><td></td><td></td></tr>
<tr><td>针是否齐全</td><td></td><td></td><td></td><td></td><td></td><td></td><td></td><td></td><td></td><td></td></tr>
<tr><td>坏针（断针或撞针）粘贴处</td><td></td><td></td><td></td><td></td><td></td><td></td><td></td><td></td><td></td><td></td></tr>
<tr><td>确认人</td><td></td><td></td><td></td><td></td><td></td><td></td><td></td><td></td><td></td><td></td></tr>
<tr><td>负责人</td><td></td><td></td><td></td><td></td><td></td><td></td><td></td><td></td><td></td><td></td></tr>
</table>

说明：断针不完整时，要用红笔在断针粘贴处画图标明，以备处理

换针管理检查表上的信息不仅可用于清除目前断针及预防可预见的缝纫针洞，还可将表上的信息进行统计分析，发现不可预见的质量问题和工艺设计方面的问题。例如，某车间通过对一段时间表上的信息进行统计分析，发现近期断针事件增加，而且成衣的缝纫针洞也明显增加，经分析，这是缝纫针使用时间过长，毛针率增加所引起的。将缝纫针全部换掉后，断针率和缝纫针洞均明显改善。又如，生产某新产品时，在领子缝制

时特别容易断针，经分析是工艺设计上的问题，因为该处缝制层数偏多，织物过厚，通过工艺改进将织物错开，断针率明显下降。

2.1.3　因果图法

1. 因果图的概念和结构

任何一项质量问题的发生或存在都是有原因的，而且经常是多种复杂因素平行或交错的共同作用所致，要有效地解决质量问题，首先要从不遗漏地找出这些原因入手，而且要从粗到细地追究到最原始的因素，因果图正是解决这一问题的有效工具。

因果图是一种用于分析质量特性（结果）与影响质量特性的原因（因素）之间关系的图，其形状如鱼刺，故又称为鱼刺图，通过对影响质量特性的因素进行全面系统的观察和分析，可以找出质量因素与质量特性的因果关系，最终找出解决问题的办法。由于它使用起来简便有效，所以在质量管理活动中应用广泛。

因果图是由以下几部分组成的（图 2-1）。

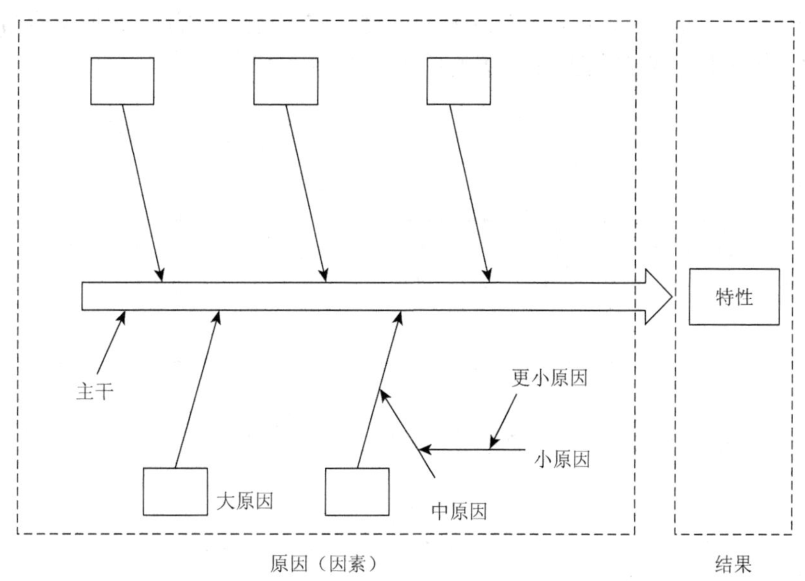

图 2-1　因果图的形式

（1）特性。特性即生产过程或工作过程中出现的结果，一般指尺寸、重量、强度等与质量有关的特性，以及工时、产量、机器的开动率、不合格率、缺陷数、事故件数、成本等与工作质量有关的特性。因果图中所提出的特性，是指通过管理工作和技术措施予以解决，并能够解决的问题。

（2）原因。原因即对质量特性产生影响的主要因素，一般是导致质量特性发生分散的几个主要来源。原因通常又分为大原因、中原因、小原因等。一般可以从人、机、料、法、环及测量等多个方面去寻找。在一个具体的问题中，不一定每一个方面的原因都要具备。

（3）枝干。枝干是表示特性（结果）与原因间关系或原因与原因间关系的各种箭头。其中，把全部原因同质量特性联系起来的是主干；把个别原因同主干联系起来的是大枝；把逐层细分的因素（一直细分到可以采取具体措施的程度为止）同各个要因联系起来的是中枝、小枝和细枝。

2. 因果图的作图步骤

（1）确认质量特性（结果）。质量特性是准备改善和控制的对象。应当通过有效的调查研究加以确认，也可以通过画排列图确认。

（2）画出特性（结果）与主干。

（3）选取影响特性的大原因。先找出影响质量特性的大原因，再进一步找出影响质量的中原因、小原因。在图上画出中枝、小枝和细枝等。注意所分析的各层次原因之间的关系必须是因果关系，分析原因直到能采取措施。

（4）检查各项主要因素和细分因素是否有遗漏。

（5）对特别重要的原因要附以标记，用明显的记号将其框起来。特别重要的原因，即对质量特性影响较大的因素，可通过排列图来确定。

（6）记载必要的有关事项，如因果图的标题、制图者、时间及其他备查事项。

例 2.3 用因果图来分析药品受潮的原因。如图 2-2 所示。

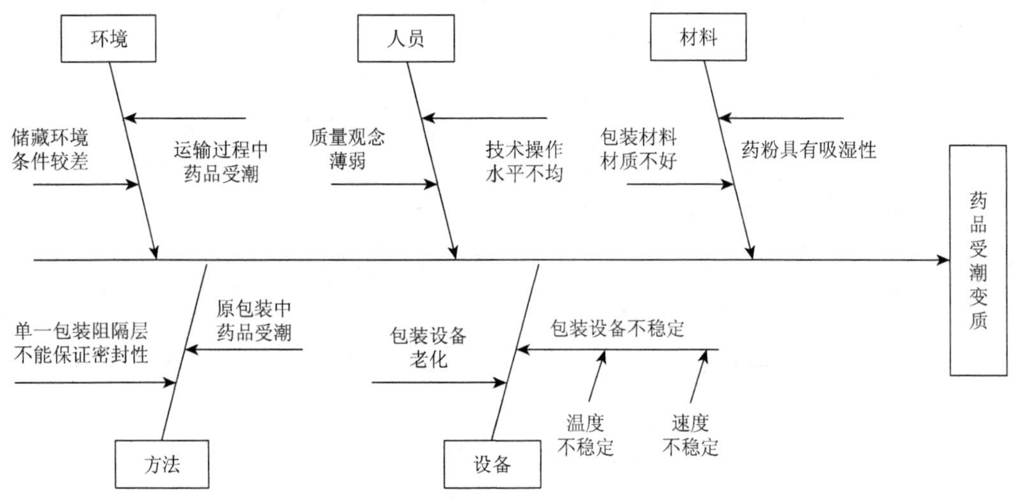

图 2-2 药品受潮原因的因果图分析

2.1.4 排列图法

排列图也称为帕累托图，是找出影响产品质量主要问题的一种有效方法。排列图是最早由意大利经济学家帕累托（Pareto）用来分析社会财富分布状况而得名的。他发现少数人占有大量财富，即所谓的“关键的少数和次要的多数”的关系。后来，美国质量管理学家朱兰把它的原理应用于质量管理，作为改善质量活动中寻找主要因素的一种工具，即分析从哪里入手解决质量问题，其经济效果最好。

1. 排列图的概念和结构

排列图就是根据“关键的少数和次要的多数”的原理，将数据分项目排列作图，以直观的方法来表明质量问题的主次及关键所在的一种方法，是针对各种问题按原因或状况分类，把数据从大到小排列而作出的累计柱状图。

排列图在质量管理中的作用主要是用来抓质量的关键性问题。

2. 排列图的作图步骤

排列图是由两个纵坐标，一个横坐标，n 个柱型条和一条曲线组成的，左边的纵坐标表示频数（件数、金额、时间等），右边的纵坐标表示频率（以百分比表示）。有时为了方便，也可把两个纵坐标都画在左边。横坐标表示影响质量的各个因素，按影响程度的大小从左至右排列，柱型条的高度表示某个因素影响的大小，曲线表示各影响因素大小的累计百分数，这条曲线称为排列线（帕累托曲线）。

（1）按分类项目搜集数据。笼统的数据是无法作图的。作图时必须按分类项目搜集数据。

搜集数据的期间无原则性的规定，应随所要分析的问题而异，如可按日、周、旬、月、季、年等，划分作图期间的目的是便于比较效果。

（2）统计某个项目在该期间的记录数据，并按频数大小顺序排列。首先，统计每个项目的发生频数，它决定直方图的高低；然后，根据需要统计各项频数所占的百分比（频率）；最后，可按频数（频率）的大小顺序排列，并计算累计百分比，画成排列图用表。

（3）画排列图中的立方图。画图最好用坐标纸，纵、横坐标轴的标度要适当，纵轴表示评价尺度，横轴表示分类项目。

在横轴上，按给出的频数大小顺序，把分类项目从左到右排列。“其他”一项不论其数值大小，务必排在最后一项。

在纵轴上，按各项的频数作为直方图高，以横轴项目为底宽，一一画出对应的直方图。图宽应相同，每个直方之间不留间隙，如果需要分开，它们之间的间隔也要相同。

（4）画排列线。为了观察各项累计占总体的百分比，可按右边纵坐标轴的标度画出排列线。排列线的起点，可画在直方柱的中间、顶端中间或顶端右边的线上，其他各折点可按比例标注，并在折点处标上累计百分比。

（5）在排列图上标注有关事项和标题。收集数据的期间（何时至何时）、条件（检查方法、检查员等）、检查个数、不合格总数等，必须详细记载。在质量管理中，这些情报都非常重要。

3. 排列图的观察分析

可采用 ABC 分类法（activity based classification）确定重点项目。ABC 分类法把问题项目按其重要程度分为三级。

具体做法是把构成排列线的累计百分数分为三个等级：0～80%为 A 类，是累计百分数在 80%以下的因素，它是影响质量的主要因素，是要解决的重点问题；累计百分数在 80%～90%的为 B 类，是次要因素；累计百分数在 90%～100%的为 C 类，在这一区间的因素是一般因素。

例 2.4　对某企业铸造车间某日生产的 320 件产品的缺陷情况进行统计，并按缺陷项目作出统计表，见表2-6，作出排列图并进行分析。

表2-6 某铸造车间某日产品缺陷情况统计

缺陷项目	气孔	裂纹	掉砂	壁薄	壁厚	溅铁水	其他
缺陷数/件	42	7	69	10	23	5	4

作图步骤如下。

（1）按排列图的作图要求将缺陷项目进行重新排列（表2-7）。

表2-7 排列图数据表

缺陷项目	掉砂	气孔	壁厚	壁薄	裂纹	溅铁水	其他	总计
缺陷数/件	69	42	23	10	7	5	4	160
频率/%	43.1	26.2	14.4	6.3	4.4	3.1	2.5	100
累计频率/%	43.1	69.3	83.7	90.0	94.4	97.5	100	—

（2）计算各排列项目所占百分比（频率）。

（3）计算各排列项目所占累计百分比（累计频率）。

（4）根据各缺陷项目的统计数（频数）画出排列图中的直方（图2-3）。

（5）根据各排列项目所占累计百分比画出排列图中的排列线。

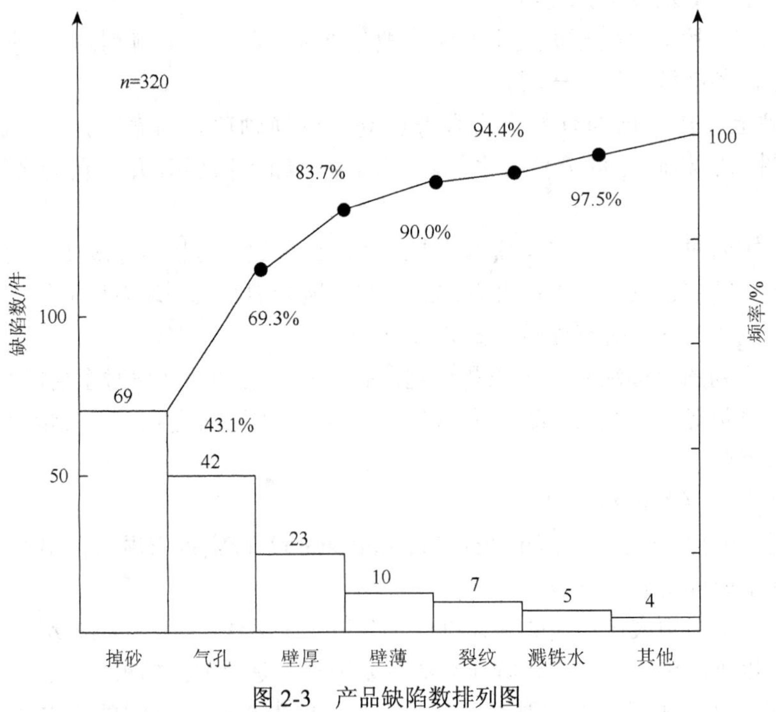

图2-3 产品缺陷数排列图

分析如下。从图2-3中可以看出，掉砂、气孔、壁厚3项缺陷累计百分比占83.7%，为B类因素，是要解决的次要问题。

2.1.5　直方图法

1. 直方图的概念

直方图法是从总体中随机抽取样本，将从样本中获得的数据进行整理，从而找出数据变化的规律，以便预测工序质量的好坏等。

2. 直方图的作用

（1）显示各种数值出现的相对频率。

（2）揭示数据的中心、散布及形状。

（3）快速阐明数据的潜在分布。

（4）为预测过程提供有用信息。

（5）可以判断“过程是否满足顾客的需求”。

例 2.5　某厂冶炼出来的不锈钢含铬量实测数据见表 2-8，试作直方图来分析该厂不锈钢冶炼情况。

表 2-8　不锈钢含铬量实测数据　（单位：%）

17.53	17.49	17.71	17.63	17.81	17.77	17.50	17.58	17.67	17.35
17.44	17.67	17.83	17.63	17.69	17.59	17.69	17.67	17.70	17.47
17.77	17.42	17.77	17.68	17.65	17.68	17.66	17.49	17.62	17.63
17.71	17.62	17.94	17.68	17.60	17.66	17.71	17.40	17.59	17.53
17.67	17.67	17.79	17.81	17.46	17.71	17.52	17.65	17.65	17.64
17.61	17.20	17.74	17.80	17.68	17.59	17.55	17.74	17.84	17.29
17.55	17.45	17.45	17.37	17.73	17.51	17.44	17.52	17.58	17.56
17.51	17.47	17.53	17.56	18.00	17.47	17.54	17.57	17.42	17.49
17.59	17.54	17.57	17.42	17.67	17.51	17.51	17.63	17.36	17.60
17.59	17.57	17.84	17.68	17.68	17.58	17.48	17.55	17.53	17.43

作直方图的步骤如下。

（1）收集计量值数据，见表 2-8。

（2）找出数据中的最大值（记作 L）和最小值（记作 S），计算两者的差 $L-S$。由表 2-8 得

$$L=18.00,\ S=17.20,\ L-S=18.00-17.20=0.80$$

（3）根据数据个数 n 确定数据分组数 K（$K\approx\sqrt{n}$），并计算组距 h。初步取 $K=10$，于是得

$$h=\frac{L-S}{K}=\frac{0.8}{10}=0.08$$

（4）计算分组组界。先计算第一组的组界。由于 $S=17.20$，故取第一组的下界限为 17.195，以使 17.20 不落在组界上，则第一组的上界限为 $17.195+h=17.275$。再确定其余组的组界。将前一组的组界各增加一个组距 h 即得该组的组界。例如，第二组的组界为

（17.195～17.275）+0.08=（17.275～17.355）。如此一直计算到包含最大值的一组为止。各组组界参见表 2-9，此时 K=11。

表 2-9　频数分布表

组号 （1）	组界值 （2）	频数统计 （3）	频数 （4）	累计频数 （5）	频率 （6）	累计频率 （7）
1	17.195～17.275	（划正字统计）	1	1	0.01	0.01
2	17.275～17.355		2	3	0.02	0.03
3	17.355～17.435		8	11	0.08	0.11
4	17.435～17.515		15	26	0.15	0.26
5	17.515～17.595		25	51	0.25	0.51
6	17.595～17.675		22	73	0.22	0.73
7	17.675～17.755		14	87	0.14	0.87
8	17.755～17.835		9	96	0.09	0.96
9	17.835～17.915		2	98	0.02	0.98
10	17.915～17.995		1	99	0.01	0.99
11	17.995～18.075		1	100	0.01	1.00
小计	—		100	—	1.00	—

（5）将 100 个数据按大小归入各组，计算各组的频数，作频数分布表，参见表 2-9。

（6）画直方图。在以频数为纵坐标，不锈钢含铬量为横坐标的图上，以各组的频数为高，组距为底，依次画出各组的直方，即成直方图，参见图 2-4。

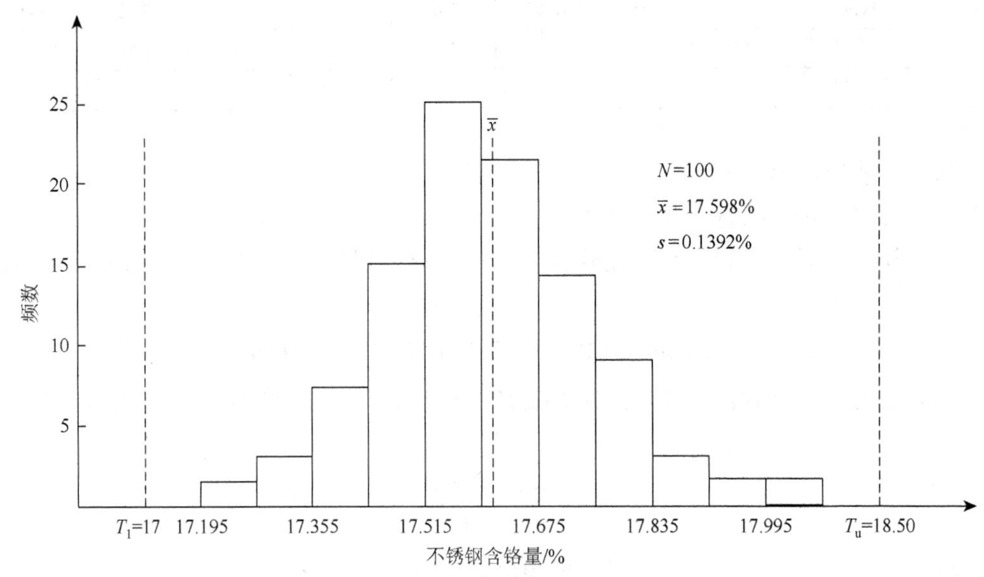

图 2-4　不锈钢含铬量直方图

由图 2-4 可见，不锈钢含铬量分布具有下列性质：①形状是单峰的，且近似对称；

②中心倾向为 17.598%，接近规格中心 17.75%；③分散程度尚可。因此，该厂不锈钢的冶炼生产基本正常。

为了能定量分析工序质量分布的状况，即在数值上度量质量分布的中心倾向和分散程度，可采用样本均值和样本标准差。令样本测定值为 $x_1, x_2, \cdots, x_n$，则样本均值为 $\overline{x} = \frac{1}{n}\sum_{i=1}^{n} x_i$，它是反映样本中心倾向的一个重要尺度。而样本标准差为 $s = \sqrt{\frac{1}{n-1}\sum_{i=1}^{n}(x_i - \overline{x})^2}$，它是样本方差的平方根，反映样本数据的分散程度。在表 2-9 中，不锈钢含铬量的样本均值为 $\overline{x} = \left(\frac{1}{100}\sum_{i=1}^{100} x_i\right) = 17.598\%$，而样本标准差为 $s = \sqrt{\frac{1}{99}\sum_{i=1}^{100}(x_i - 17.598)^2} = 0.1392\%$。

2.1.6　散布图法

散布图又名散点图或相关图，是用来分析研究两个对应变量之间是否存在相关关系的一种作图方法。例如，产品加工前后的尺寸，产品的硬度和强度等都是对应的两个变量，它们之间可能存在着一定的不确定关系，这可以用散布图来研究。

散布图的作法就是把由实验或观测得到的统计数据用点子在平面图上表示出来。常见的散布图有如图 2-5 所示的六种典型形式，反映了两个变量 y 与 x 之间的相关关系。

（1）强正相关。y 随着 x 的增大而增大，且点子分散程度小，参见图 2-5（a）。

（2）弱正相关。y 随着 x 的增大而增大，但点子分散程度大，参见图 2-5（b）。

（3）强负相关。y 随着 x 的增大而减小，且点子分散程度小，参见图 2-5（c）。

（4）弱负相关。y 随着 x 的增大而减小，但点子分散程度大，参见图 2-5（d）。

（5）不相关。y 与 x 无明显规律，参见图 2-5（e）。

（6）非线性相关。y 与 x 呈曲线变化关系，参见图 2-5（f）。

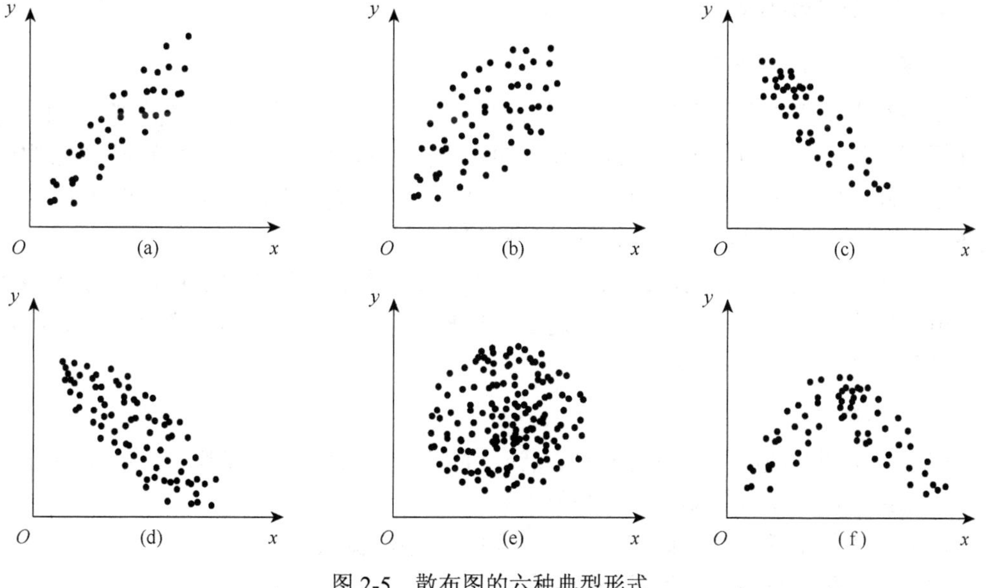

图 2-5　散布图的六种典型形式

例 2.6 某产品的产量与温度的观测数据如表 2-10 所示。

表 2-10 产量与温度的观测数据

温度/℃	1	2	3	4	5	6	7	8	9	10
产量/g	3	5	7	10	11	14	15	17	20	21

将表 2-10 中的数据以（x, y）成对地描在平面直角坐标系中，得到如图 2-6 所示的散布图。由此散布图可看出，y 随 x 的增大而增大，且点子基本上集中在某一直线附近，与图 2-5（a）相符，即产量与温度呈强正相关关系。

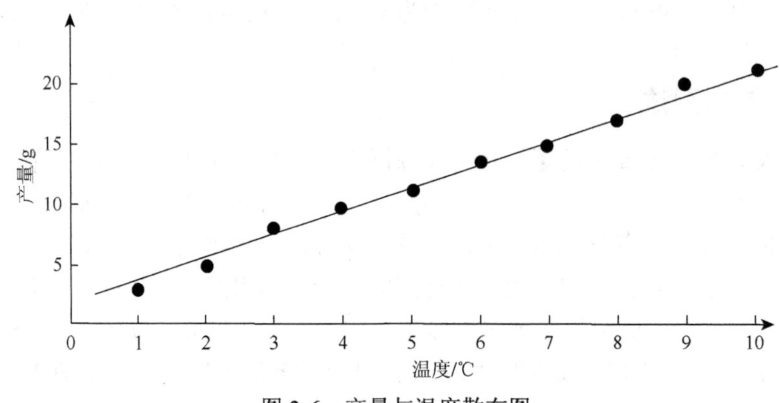

图 2-6 产量与温度散布图

2.1.7 控制图法（略）

2.2 质量管理与改进的新七种工具和技术

2.2.1 关联图法

1. 关联图的基本概念

用箭线表示事物之间因果关系的图形称为关联图，关联图主要用来整理、分析、解决在原因、结果、目的和手段等方面存在的复杂关系的问题。它用箭线的形式在逻辑上把质量问题各因素之间的“原因—结果、手段—目的”关系表示出来，从而暴露和展开其各个侧面，以利于最终从综合角度来处理问题。

因果图虽也用于分析问题的因果关系，但它是就各大类原因分别进行纵向分析的，不能解决因素间的横向联系，所以只适于分析较为简单的问题；而关联图则适于分析较为复杂的问题。

2. 关联图的作图步骤

（1）以所要解决的质量问题为中心展开讨论，分析原因及其子原因，以及各因素的因果关系或目的与手段关系，列出全部因素。

（2）使用简单而贴切的语言，简明扼要地表达出这些因素。

（3）把因果关系用箭头加以连接。

（4）从图中掌握全貌，审查复核有无遗漏和不确切之处。

（5）进一步归纳出重点因素或项目。

（6）针对重点因素或项目采取对策。

例 2.7　某厂装配合格品率偏低，产生不少废品，一直认为操作人员水平低是其主要原因。运用关联图重新探讨，发现许多与以往观点不同的因素，最后由现场工人责任转向管理责任，找出教育培训不够、生产时间安排太紧等问题，着手解决后，废品率大幅度下降，如图 2-7 所示。

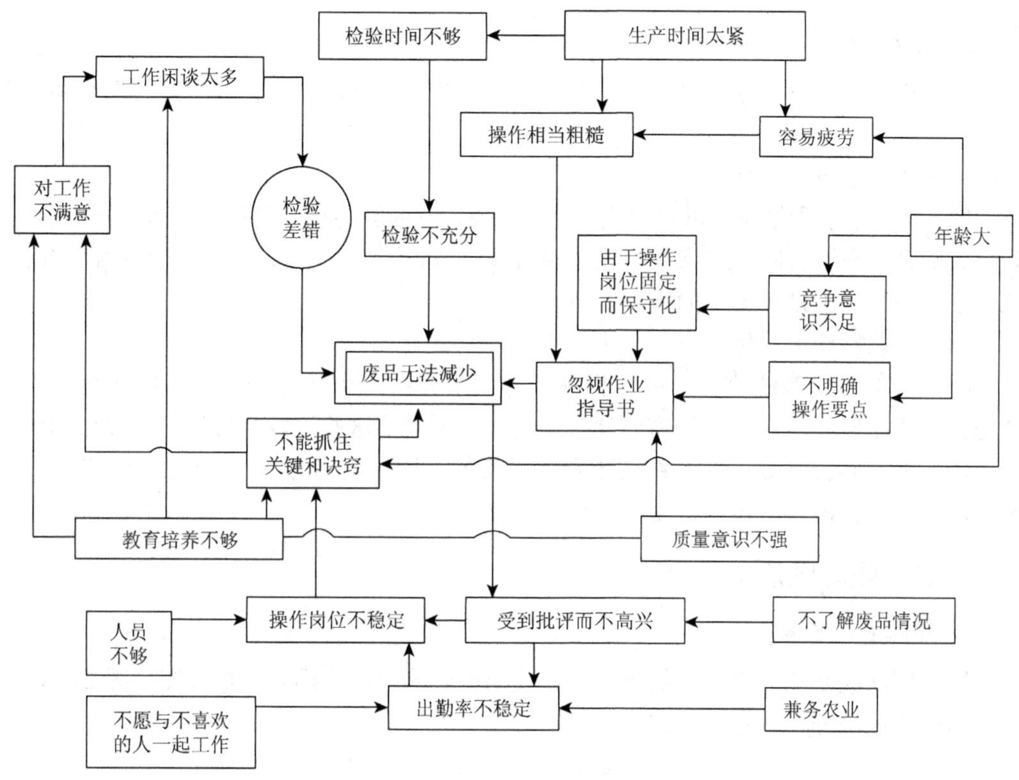

图 2-7　寻找产生废品损失原因关联图

2.2.2　系统图（树图）法

1. 系统图的基本概念

系统图就是把达到目的所需的手段和方法按系统展开，然后利用系统图掌握问题的全貌，明确问题的重点，找到实现目的的最佳手段和方法。为了达到某种目的而选择某种手段，为了采取这种手段又必须考虑其下一水平的手段，这样，上一水平的手段对于下一水平的手段来说就成为目的。据此，可把达到某一目的的所需的手段层层展开为图形，综览问题的全貌，明确问题的重点，合理地寻求达到预定目的的最佳手段或策略，如图 2-8 所示。

所用的系统图大致有两类：一类是将问题的要素展开为“目的—手段”关系的“构成要素展开型”；另一类是将解决问题（目的）时所采取的手段和措施作系统展开的“措施展开型”。

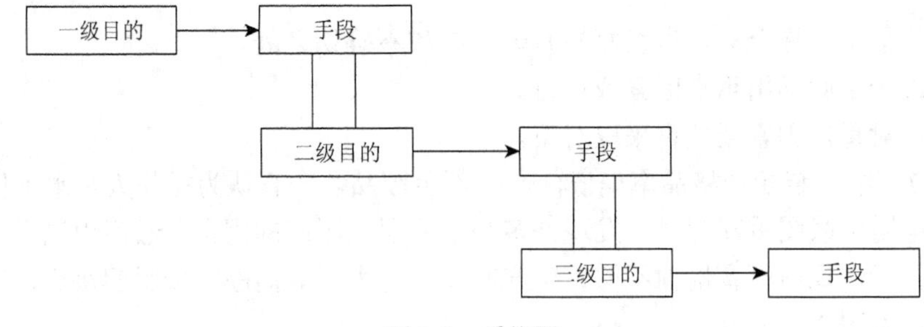

图 2-8 系统图

2. 系统图的作图步骤

（1）确定目的或目标。最终目的要明确、具体化、数量化。若目标有约束条件，则也应一并标出。

（2）提出手段和措施。

（3）评价手段和措施，以决定取舍。对收集、罗列的各种手段进行初步评审、调查，确定其取舍。在取舍时，对离奇的设想要特别注意，不要草率否定，它一旦被证实或实现，往往在效果上是一个大的突破。

（4）手段措施卡片化。

（5）目的手段系统化。一般根据三个方面展开：①实现这个目的需要什么手段；②把上一级手段看作目的，还需要什么手段；③采取了这些手段，目的是否能够达到。

（6）制定实施计划。即系统图中最末一级的手段（措施），必须逐项制订出实施计划，确定其具体内容、日程进度、责任者等。

2.2.3 矩阵图法

1. 矩阵图的基本概念

矩阵图法就是从作为问题的事件中，找出成对的因素，排列成矩阵图（图 2-9），然后根据矩阵图来分析问题，确定关键点的方法。

		A					
		A_1	A_2		A_i		A_n
B	B_1						
	B_2						
	B_j				关键点		
	B_m						

图 2-9 矩阵图

矩阵图法是通过多因素综合思考，探索解决问题的方法。在复杂的质量问题中，找出成对的质量因素，分别排列成行和列，在其交点处表示其关系程度，据此可以找出存在哪些问题和问题的形态，从而找到解决问题的思路。

2. 矩阵图的作图步骤

（1）列出质量因素。

（2）把成对因素排列成行和列，表示其对应关系。

（3）选择合适的矩阵图类型。

（4）在成对因素交点处表示其关系程度，一般凭经验进行定性判断，可分为三种：关系密切、较密切、一般（或可能有关系），并用不同符号表示。

（5）根据关系程度确定必须控制的重点因素。

（6）针对重点因素作对策表。

制作矩阵图的关键是将什么样的事项组合起来，以及应将哪些水平要素同所提出的事项相对应。应组合的事项需随问题的内容而定，不能一概而论。

如果作矩阵图所需对应的事件确定了，则可将每一事件的要素利用“系统图”展开，直到得出具有意义的末级水平的要素，然后将两事件的各要素对应起来，即可作出系统图与矩阵图结合使用的矩阵图，如图 2-10 所示。

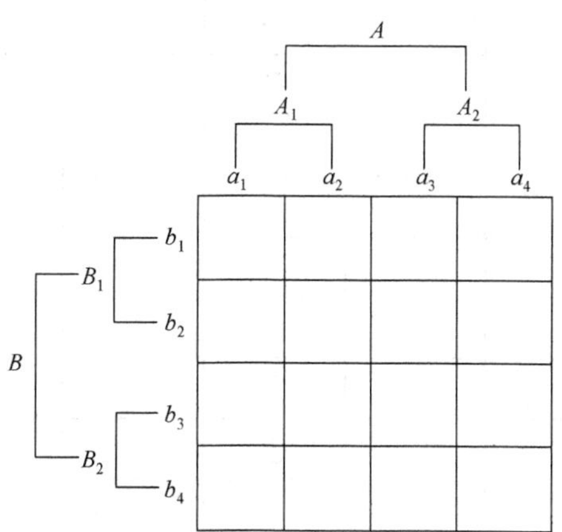

图 2-10　系统图与矩阵图结合的矩阵图

例 2.8　在输电铁塔生产过程中，不良品的种类有工件锈蚀、材质规格错误、工件尺寸错误、钢号与实物不符、连接孔错误等，这些局部的质量问题导致大量不良品出现，下面通过矩阵图（图 2-11）进行分析，其中，“◎”表示关系密切；“○”表示有关系；“△”表示可能有关系。

得到了矩阵关系图后，在不良品解决对策分析中就有的放矢了。

2.2.4　网络图法

网络图法又称为矢线图法或箭条图法，是把计划评审法（program/project evaluation and review technique，PERT）和关键路线法（critical path method，CPM）

用于质量管理，用以制订质量管理日程计划、明确质量管理的关键和进行进度控制的方法。

<table>
<tr><td>工件锈蚀</td><td>○</td><td>○</td><td></td><td></td><td></td><td></td></tr>
<tr><td>材质规格错误</td><td></td><td>○</td><td></td><td></td><td></td><td></td></tr>
<tr><td>工件尺寸错误</td><td></td><td>○</td><td>△</td><td></td><td>△</td><td>○</td></tr>
<tr><td>钢号与实物不符</td><td></td><td>◯</td><td></td><td></td><td></td><td></td></tr>
<tr><td>连接孔错误</td><td></td><td>○</td><td>△</td><td>○</td><td>○</td><td>○</td></tr>
<tr><td>组合尺寸错误</td><td></td><td>○</td><td>○</td><td>△</td><td></td><td>○</td></tr>
<tr><td>焊接夹渣气孔</td><td>○</td><td>△</td><td>○</td><td></td><td></td><td>○</td></tr>
<tr><td>工件遗失</td><td></td><td>○</td><td></td><td></td><td></td><td></td></tr>
<tr><td>塔材变形</td><td>○</td><td>○</td><td></td><td></td><td></td><td>○</td></tr>
<tr><th>原因 现象 / 工序</th><th>原材料</th><th>人员</th><th>设备</th><th>设计</th><th>软件</th><th>方法</th></tr>
<tr><td>放样</td><td></td><td>◯</td><td></td><td>○</td><td>○</td><td>○</td></tr>
<tr><td>裁纸样板</td><td></td><td>◯</td><td></td><td></td><td></td><td>○</td></tr>
<tr><td>工令下放</td><td></td><td>◯</td><td></td><td></td><td></td><td>○</td></tr>
<tr><td>制铁样板</td><td></td><td>◯</td><td></td><td></td><td></td><td>○</td></tr>
<tr><td>备料</td><td>○</td><td>○</td><td></td><td></td><td></td><td>○</td></tr>
<tr><td>工令核对</td><td></td><td>○</td><td></td><td></td><td></td><td></td></tr>
<tr><td>数孔编程</td><td></td><td>○</td><td></td><td></td><td>○</td><td></td></tr>
<tr><td>冲（钻）孔</td><td></td><td>◯</td><td>○</td><td></td><td>○</td><td></td></tr>
<tr><td>制钢号</td><td></td><td>◯</td><td></td><td></td><td></td><td></td></tr>
<tr><td>堆放</td><td></td><td></td><td></td><td></td><td></td><td>○</td></tr>
<tr><td>审核组合图</td><td></td><td></td><td></td><td></td><td></td><td></td></tr>
</table>

图 2-11　矩阵关系图

2.2.5　过程决策程序图法

1. 过程决策程序图法的基本概念

过程决策程序图（process decision program chart）法又称为 PDPC 法，是指为了实现预定的质量目标，事先进行必要的计划或设计，预测可能出现的问题，分别确定每种情况下的对策和处理程序，以确定实现最佳结果的途径的方法。在过程进展中，如果出现意外的情况，也可用过程决策程序图法迅速修整轨道，以达到理想结果。

2. 过程决策程序图法的应用思路与步骤

（1）根据有关信息提出问题和相应对策。在此，应根据已有资料预测各种可能的问题，并准备好相应的对策，以提高达到目标的准确度。

例如，如图 2-12 所示，现时点为不良品率高的状态 A_0，希望不良品率减少之后达到 Z 状态。在此阶段，可考虑从 A_0 到 Z 的手段有 A_1，A_2，…，A_p 系列，希望此系列能顺利进行。

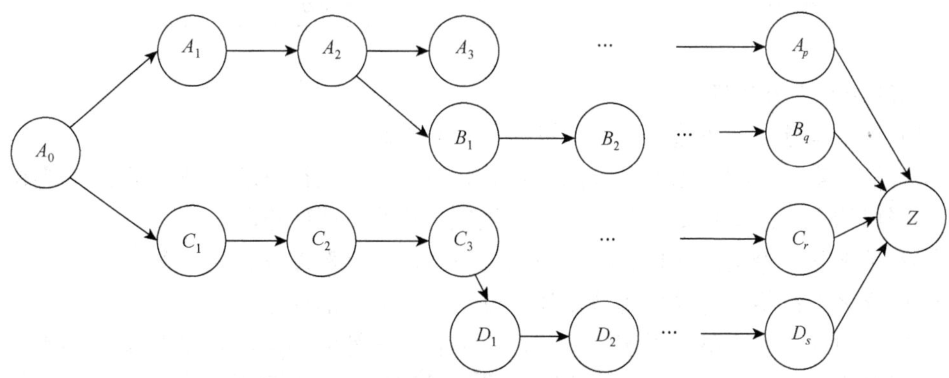

图 2-12　过程决策程序图

（2）对于慢性质量问题，应随着时态的发展不断追加系列。如图 2-12 所示，若认为 A_3 实现的难度大，则可考虑从这儿开始经由 $B_1, B_2, \cdots, B_q$ 系列达到 Z 状态。如果上述两系列均行不通，尽管多花了一些费用，也要考虑采用 $C_1, C_2, \cdots, C_r$ 或 C_1，C_2，C_3，$D_1, D_2, \cdots, D_s$ 这两条途径来达到理想目标。

因此，在运用过程决策程序图法时不仅要考虑一个手段系列，而且为了提高达到目标的明确度和可能性，有必要事先列出几个手段系列。当然随着事态的发展，还应根据所获得的信息追加系列，进而提高达到理想状态的可能性。

2.2.6　KJ 法

1. KJ 法的含义

KJ 法是将处于杂乱无章状态的语言文字资料，根据其内在的相互关系（亲和性）加以整理，然后抓住问题的本质，找出解决问题的新途径。此法是由日本川喜田二郎（Kawakita Jiro）首创并推广应用的，故名 KJ 法。

KJ 法适用于解决范围比较大，无论如何都要解决但又不能轻易解决的问题，需要从容思考和分析。KJ 法的基本作法是 A 型图解，通过重复使用 A 型图解来解决问题。所谓 A 型图解，就是把收集来的资料按其亲和性，也就是按其相互接近的情况加以综合的方法，这是一种感性的综合，属于创造性思考方法。

KJ 法与统计方法比较，都是从实际出发，根据事实来考虑问题的。其区别见表 2-11。

表 2-11　KJ 法与统计方法比较表

统计方法	KJ 法
①假设查证型	①问题发现型
②现象数量化，收集数值性资料	②现象不需数量化，收集语言、文字、图像三类资料
③侧重分析和分层	③侧重综合，特别是不同质的综合
④用理论分析问题	④用感情归纳问题
⑤西方的思想方法	⑤具有创造性的思想方法

2. KJ 法的作图步骤

（1）确定课题。一般选择下述范围的题目来确定课题。

①澄清事实：事物表象处于杂乱无章的状态，希望进行系统整理，了解其规律性。

②形成构思：思想处于混乱状态，希望理出头绪，明确思路。

③变革现状：希望改变现状，摆脱成见束缚，建立新理论、新观念。

④创立体系：将已有的思想体系加以分解，创立新的体系。

⑤筹划组织：集合不同见解的成员，组成相互理解的小组，以便于解决问题。

⑥贯彻意图：通过倾听下级的意见，借以贯彻自己的意图和方针。

（2）收集语言文字资料。一般有以下四种方法。

①直接观察法：亲自到现场观察了解。

②面谈阅读法：倾听别人意见，研究文献资料。

③个人思考法：可以采用备忘录式的记录方法，利用回忆和内心反省提出新的设想。

④头脑风暴法：通过集体讨论，进行智力激励。

（3）语言资料卡片化。把收集到的语言资料，按内容逐个分类，并分别用独立的意义、确切的词汇和短语扼要地综合，制成卡片，应能真实地反映自然状态。

（4）汇合卡片。将所有卡片汇合在一起，把内容相近的归为一类，并按顺序排列，进行编号。

（5）做标题卡。同一类卡片放在一起，经编号后扎牢，作为一张卡片使用，把该类的本质内容用简单语言归纳出来，并记录在一张卡片上，称为标题卡。

（6）作图。无法归类的卡片为“孤立”卡片，自成一组。把最终汇集好的卡片，按照比较容易寻找的相互位置进行展开排列，并按照既定的位置，把卡片粘到一张大纸板上，用适当的记号勾画其相互关系。

（7）口头发表。一边看 A 型图解，一边按图内容进行讲解，说明卡片的内容和自己的理解。

（8）写调查报告。一边看 A 型图解，一边构思结构内容，写成文章。事实要用是与否，解释要用我认为、似乎、好像等，以便区别。

KJ 法适用于横向协调较多、范围比较广泛的工作，如研究开发、质量保证、市场调查、推行全面质量管理、开展 QC 小组活动等。

例 2.9　图 2-13 为某厂如何开展 QC 小组活动的 KJ 法的一部分。

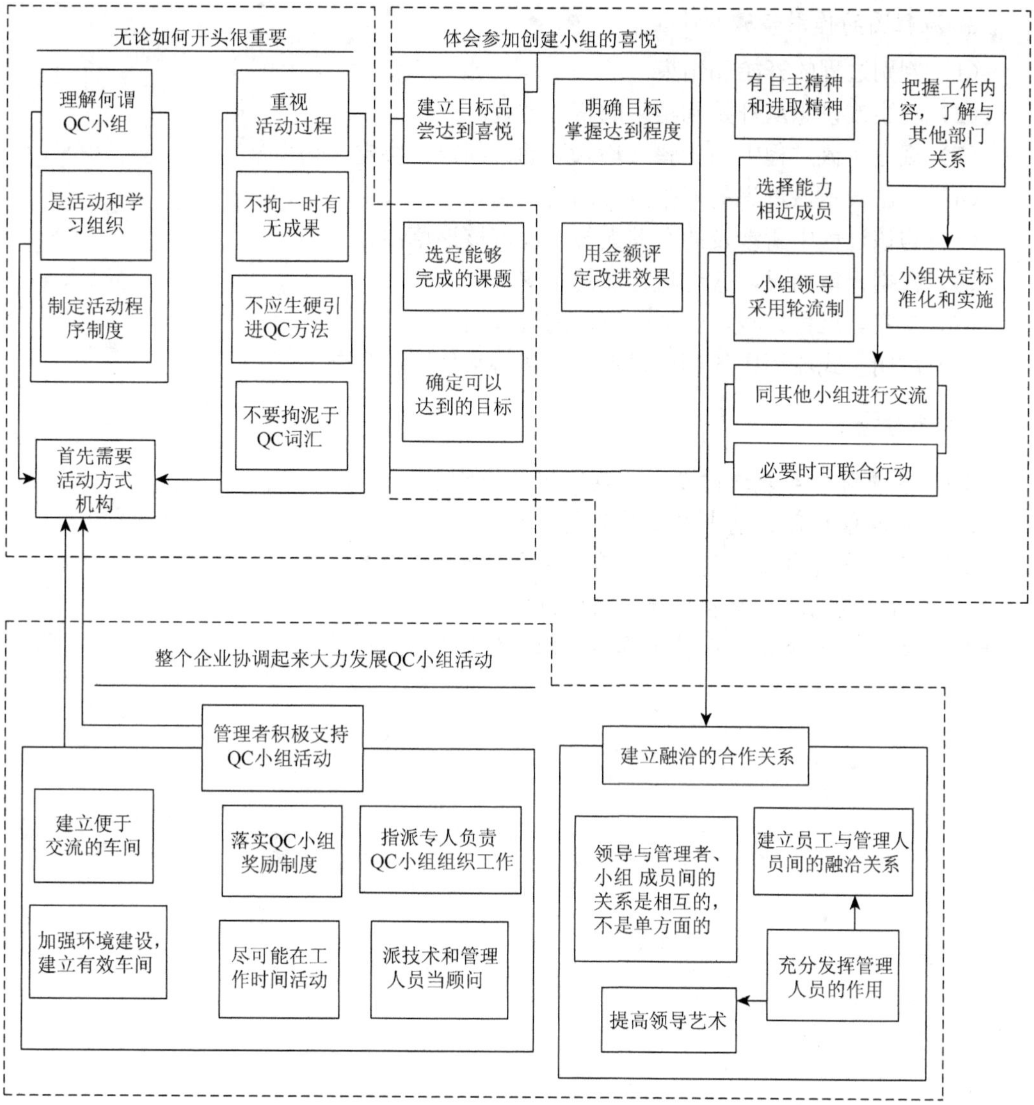

无论如何开头很重要

理解何谓QC小组
是活动和学习组织
制定活动程序制度

重视活动过程
不拘一时有无成果
不应生硬引进QC方法
不要拘泥于QC词汇

首先需要活动方式机构

体会参加创建小组的喜悦

建立目标品尝达到喜悦
明确目标掌握达到程度
选定能够完成的课题
用金额评定改进效果
确定可以达到的目标

有自主精神和进取精神
把握工作内容，了解与其他部门关系
选择能力相近成员
小组领导采用轮流制
小组决定标准化和实施
同其他小组进行交流
必要时可联合行动

整个企业协调起来大力发展QC小组活动

管理者积极支持QC小组活动
建立便于交流的车间
落实QC小组奖励制度
指派专人负责QC小组组织工作
加强环境建设，建立有效车间
尽可能在工作时间活动
派技术和管理人员当顾问

建立融洽的合作关系
领导与管理者、小组成员间的关系是相互的，不是单方面的
建立员工与管理人员间的融洽关系
充分发挥管理人员的作用
提高领导艺术

图 2-13　如何搞好 QC 小组活动（KJ 法）

2.2.7　流程图法

1. 流程图的基本概念

流程图就是将一个过程的步骤用图的形式表示出来的一种图示技术。通过对一个过程各步骤之间关系的研究，一般能发现故障问题存在的潜在原因，知道哪些环节可以进行质量改进。通常使用的图例如图 2-14 所示。

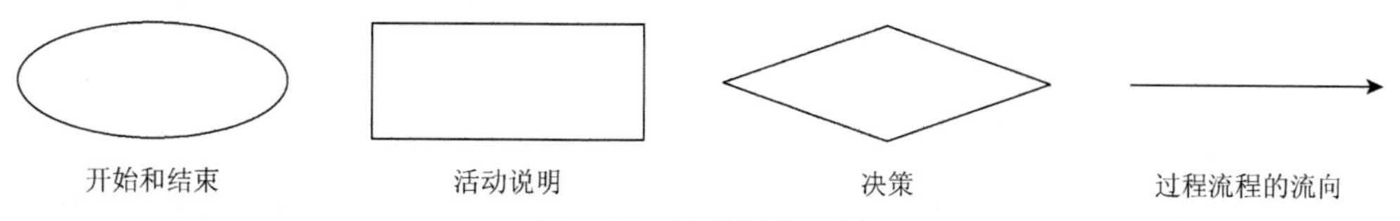

图 2-14　流程图的图例

2. 流程图的作图步骤

（1）判别过程的开始和结束。

（2）观察或设想从开始到结束的整个过程。

（3）规定在该过程中的步骤（输入活动、判定、决定、输出）。

（4）画出表示该过程的一张流程图的草图。

（5）与该过程中所涉及的有关人员共同审核该草图。

（6）根据评审结果，改进流程图的草图。

（7）与实际过程比较，验证改进后的流程图。

（8）注明正式流程图的形成日期，以备将来使用和参考。

➢复习思考题

2-1 质量管理与改进的基本工具的作用是什么？

2-2 质量管理新、老七种工具分别是什么？

2-3 新、老七种工具的主要内容分别是什么？

2-4 新、老七种工具各自有什么特点？

2-5 举例说明新、老七种工具在实际中的应用。

第3章

ISO 9000标准及其质量认证

本章提要：当今时代，质量管理的重点已转变到以“顾客满意、持续改进”为核心的质量管理体系的建立和有效运行上，而质量管理体系得以有效运行的基础是ISO 9000族标准的建立和执行。本章在回顾总结ISO 9000族标准发展过程的基础上，详细介绍ISO 9000：2015，并介绍质量审核与认证的相关知识，最后结合具体案例对质量管理体系的建立与实施进行详细阐述。

3.1 ISO 9000的产生与发展

3.1.1 ISO

ISO是国际标准化组织（International Organization for Standardization）的英文缩写。它诞生于1947年，是以英国、法国、荷兰为首的资本主义国家，为把本国的标准扩展为国际标准，取得国际认可，占据竞争优势，建议组建的一个全球统一标准组织。由于这些国家的工业先进，并在世界工业范围内具有很大影响，所以此倡议迅速得到以欧洲国家为主的多个国家的响应，从而成立了ISO。ISO的宗旨是：在全世界范围内促进标准化工作的开展，以便于国际物资交流和互助，并扩大在文化、科学和经济方面的合作。目前国际标准化组织已有正式成员国104个，1978年我国成为ISO的正式成员。

3.1.2 ISO 9000的产生

任何产品或服务都是通过规范或技术标准来体现顾客需要的，随着生活水平的提高，以及经济增长率的不断提升，顾客对产品质量的期望越来越高。但是如果提供和支持生产的组织管理体系不完善，就不可能始终如一地生产出满足顾客要求的产品。如何保证产品与服务及其他方面都合格，这些问题长时间地困扰着各类组织，迫切需要一套完善的管理体系来约束、控制从输入到输出的全过程，也是动态平衡的过程。同时也可保证现有的产品与服务随着不断地变化而得到更好的控制，证明整体运作均达到国际标准，满足国际市场需求。正是由于这方面的关注，导致了ISO 9000质量体系标准的产生。

20 世纪 60 年代，随着国际交往的日益增多，产品的国际化流动必然带来产品质量保证和产品责任国际化问题。从 70 年代开始，美国、英国、法国等国相继有了本国的质量管理标准，但标准不一致，给不同国家、企业在技术合作、质量认证和贸易往来等方面带来困难，增加了国际间的贸易壁垒，引起了国际社会的广泛关注，产品要打入国际市场，必须要符合国际化的标准要求。1973 年，在荷兰海牙召开的海牙国际司法会议上通过了《关于产品责任适用法律公约》；随后，欧洲理事会在丹麦斯特拉斯堡缔结了《关于造成人身伤害和死亡的产品责任欧洲公约》。随着全球经济的发展，许多国家和地区性组织发布了一系列的质量管理和质量保证标准，作为贸易往来供需双方的依据和评价的规范，但缺乏国际统一的质量管理和质量保证的语言与准则。

1979 年，英国标准学会（British Standard Institution，BSI）向 ISO 提交正式提案，建议成立一个新的技术委员会，负责制定有关质量保证技术和应用的国际标准，这个新的技术委员会很快被批准成编号为 ISO/TC176，分配给这个标准委员会的标准总编号为 ISO 9000，秘书处设在加拿大。经过 8 年的工作，在 ISO/TC176 各国专家的共同努力下，在总结世界各国，特别是工业发达国家质量管理和协调各国质量标准差异的基础上，ISO 于 1987 年正式发布了第一部管理标准——ISO 9000 质量管理和质量保证系列标准，使世界主要工业发达国家的质量管理和质量保证的原则、方法和程序，统一在国际标准的基础上，它标志着质量管理和质量保证走向了规范化、程序化的新高度。

3.1.3 ISO 9000 族标准的发展

ISO 9000 族标准自 1987 年颁布以来，很快在全球范围内产生了前所未有的效果，为数以万计的企业所采用，并得到实践的证实，被世界上 80 多个国家和地区共同采用为国家和地区标准，产生了良好的宏观经济效益和社会效益。我国于 1988 年等效采用 ISO 9000 标准，1994 年等同采用 ISO 9000 标准版本，至 1999 年底，已有 15000 多家企业通过了认证。

与此同时，ISO 9000 族标准由原来的五个标准，经过逐渐增加补充发展成为由数十个标准构成。1994 年经过第一次修订形成 1994（年）版 ISO 9000 族标准，2000 年经过第二次修订形成 2000（年）版 ISO 9000 族标准，2008 年经过第三次修订形成 2008（年）版 ISO 9000 族标准，2015 年经过第四次修订形成 2015（年）版 ISO 9000 族标准。

3.2 ISO 9000：2015 族标准的构成和特点

ISO 9000：2015 族标准延续了 ISO 9000：2000 族标准的基本体系结构和特点。下面分别介绍 ISO 9000：2015 族标准的体系结构和特点。

3.2.1 ISO 9000：2015 族标准的体系结构

ISO 9000：2015 族标准由一系列关于质量管理的标准、指南、技术规范、技术报告、小册子和网络文件组成。其中，由 4 项密切相关的质量管理体系标准构成了 ISO 9000：2015 族标准的核心标准，见表 3-1。

表 3-1　ISO 9000：2015 族标准的核心标准的构成

编号	名称
ISO 9000：2005	质量管理体系——基础和术语
ISO 9001：2015	质量管理体系——要求
ISO 9004：2009	质量管理体系——组织持续成功管理：一种质量管理方法
ISO 19011：2002	质量管理体系——质量和（或）环境管理体系审核指南

从用途上，ISO 9000：2015 族标准又分为三类标准，即 A 类标准、B 类标准和 C 类标准。

A 类标准为管理体系要求标准，是向市场提供有关组织的管理体系的相关规范，以证明组织的管理体系是否符合内部和外部要求（如通过内部审核和外部审核予以评定）的标准。如管理体系要求标准、专业管理体系要求标准。

B 类标准为管理体系指导标准，是通过对管理体系要求标准各要素提供附加指导或提供非同于管理体系要求标准的独立指导，以帮助组织实施或完善管理体系的标准。如使用标准的指导，建立、改进和改善管理体系的指导，专业管理体系指导标准。

C 类标准为管理体系相关标准，是就管理体系的特定部分提供详细信息或就管理体系的相关支持技术提供指导的标准。

目前，ISO 9000：2015 族标准见表 3-2。

表 3-2　ISO 9000：2015 族标准

编号	名称	类型
ISO 9000：2005	质量管理体系——基础和术语	C
ISO 9001：2015	质量管理体系——要求	A
ISO 9004：2009	质量管理体系——组织持续成功管理：一种质量管理方法	B
ISO 10001：2007	质量管理顾客满意：组织行为规范指南	C
ISO 10002：2004	质量管理顾客满意：组织处理投诉指南	C
ISO 10003：2007	质量管理顾客满意：组织外部争议解决指南	C
ISO/TS 10004：2010	质量管理顾客满意：监视和测量指南	C
ISO 10005：2005	质量管理质量计划指南	C
ISO 10006：2003	质量管理项目质量管理指南	B
ISO 10007：2003	质量管理技术状态管理指南	C
ISO 10012：2003	质量管理体系测量过程和测量设备的要求	B
ISO/TR 10013：2003	质量管理体系文件指南	C
ISO 10014：2006	质量管理实现财务和经济效益指南	B
ISO 10015：1999	质量管理培训指南	C
ISO/TR 10017：2003	质量管理 ISO 9001：2000 统计技术指南	C
ISO 10019：2005	质量管理体系——咨询师的选择及其服务使用指南	C

续表

编号	名称	类型
ISO/TS 16949：2009	质量管理体系——汽车生产部件及相关维修部件组织应用 ISO 9001：2015 的特殊要求	A
ISO 19011：2002	质量管理体系——质量和（或）环境管理体系审核指南	C
ISO 手册：2015	ISO 9000 族标准的选择和使用	C
ISO 手册：2000	质量管理原则及其应用指南	C
ISO 手册：2002	小型组织实施 ISO 9001：2000 指南	C

3.2.2 ISO 9000：2015 族标准的特点

（1）能够满足各个行业对标准的需求。为了防止将 ISO 9000 族标准发展成为质量管理的百科全书，2015 版 ISO 9000 族标准简化了其本身的文件结构，取消了应用指南标准，强化了标准的通用性和原则性，并可根据实际需要有条件地删减其中某些质量管理体系要求。

（2）适用于各种组织的管理和运作。2015 版 ISO 9000 族标准使用了过程导向的模式，强调过程间的联系和相互作用，将顾客和其他相关方的需要作为组织的输入，再对顾客和其他相关方的满意程度进行监控，以评价顾客和其他相关方要求是否得到满足。

（3）减少了强制性的形成文件的程序要求。ISO 9001：2015 标准只明确要求针对 6 方面的活动制定程序文件，在确保控制的原则下，组织可以根据自身的需要决定制定多少文件。虽然 ISO 9001：2015 标准减少了文件化的强制性要求，但是强调了质量管理体系有效运行的证实和效果，从而体现了 ISO 9001：2015 标准注重组织的控制能力、证实的能力和质量管理体系的实际行动效果，而不只是用文件化来约束组织的质量管理活动。

（4）将质量管理与组织的管理过程联系起来。2015 版 ISO 9000 族标准强调过程方法的应用，即系统识别和管理组织内所使用的过程，特别是这些过程之间的相互作用，将质量管理体系的方法作为管理过程的一种方法。

（5）强调对质量业绩的持续改进。2015 版 ISO 9000 族标准将持续改进作为质量管理体系的基础之一。持续改进的最终目的是提高组织的有效性和效率。它包括改善产品的特征和特性、提高过程有效性和效率。PDCA 模式适用于所有过程。

（6）强调持续的顾客满意是推进质量管理体系的动力。顾客满意是指顾客对某一事项已满足其需求和期望的程度的意见。这个定义的关键词是顾客的需求和期望。由于顾客的需求和期望在不断地变化，是永无止境的，所以顾客满意是相对的、动态的。这就促使组织持续改进其产品和过程，以达到持续的顾客满意。

（7）与 ISO 14000 系列标准具有更好的兼容性。环境管理体系和质量管理体系两类标准的兼容性主要体现在定义和术语统一、基本思想和方法一致、建立管理体系的原则一致、管理体系运行模式一致以及审核标准一致等方面。

（8）与 ISO 9004 标准的结构一致，有利于组织的持续改进。ISO 9001：2015 标准旨在为评定组织满足顾客要求、法律法规要求和组织自身要求能力提供依据。它规定了使顾客满意所需的质量管理体系的最低要求。提高组织效率的最好方法是在使用 ISO 9001 标准的同时，使用 ISO 9004 标准中所给出的原则和方法，使组织通过不断的改进，提高整体效率，增强竞争力。

（9）考虑了所有相关方利益的要求。每个组织都会有几种不同的相关方，除顾客外，组织的其他相关方包括组织的员工、所有者或投资者、供方或合作伙伴、社会等。针对所有相关方的需求实施并保持持续改进其业绩的质量管理体系，可使组织获得成功。

总之，2015 版 ISO 9000 族标准吸收了全球范围内质量管理和质量体系认证实践的新进展与新成果，更好地满足了使用者的需要和期望，达到了修订的目的。与 1994 版 ISO 9000 族标准相比，更科学、更合理、更适用和更通用。

3.2.3 ISO 9000：2015 族核心标准简介

1. ISO 9000：2005《质量管理体系——基础和术语》

该标准由引言（阐明了质量管理原则）、范围、质量管理体系基础、术语和定义等四个主要部分组成。为方便和帮助使用者正确理解术语的定义和术语之间的相互关系，该标准给出了提示性的附录，并在附录中首次利用概念图来说明术语之间的相互关系。

2. ISO 9001：2015《质量管理体系——要求》

该标准提供了质量管理体系的要求，用于证实组织具有提供满足顾客要求和适用法规要求的产品的能力，目的在于增进顾客满意。此标准取代了 1994 版的 ISO 9001、ISO 9002 和 ISO 9003 三个质量保证模式标准，成为用于第三方认证的唯一质量管理体系要求标准。标准应用了以过程为基础的质量管理模式结构，鼓励组织在建立实施和改进质量管理体系及提高其有效性时，采用过程方法，通过满足顾客要求，增强顾客满意，达到了质量管理体系的持续改进。详细内容参见 3.3 节。

3. ISO 9004：2009《质量管理体系——组织持续成功管理：一种质量管理方法》

与 ISO 9001：2015 相比，ISO 9004：2009 为质量管理体系更宽范围的目标提供了指南。除了有效性，该标准还特别关注持续改进组织的总体业绩与效率。对于更高管理者希望通过追求业绩持续改进，进而超越 ISO 9001：2015 要求的那些组织，ISO 9004：2009 推荐了指南。本标准将顾客满意和产品质量的目标扩展为包括相关方满意和组织的业绩。本标准强调持续改进，这可通过顾客和相关方的满意程度来测量。

4. ISO 19011：2002《质量管理体系——质量和（或）环境管理体系审核指南》

该标准提供了质量管理体系和环境管理体系审核的基本原则、审核方案的管理、审核的实施以及审核员资格要求等。体现了“不同管理体系可以有共同管理和审核要求”的原则。该标准在术语和内容方面，兼容了质量管理体系和环境管理体系的特点，标准对内审员的资格要求提出了与外审员类似的要求。在对审核员的基本能力及审核方案的管理中，均增加了了解确定法律、法规的要求。

3.2.4 ISO 9000：2015 族标准的基础——质量管理八项原则

ISO 总结了质量管理近百年的实践经验，吸纳了当代最杰出的质量管理专家的理念，用高度概括而又易于理解的语言，总结出八项质量管理原则，它是主导质量管理体系要求的一种哲学思想，它包括了质量管理的全部精华，构成了质量管理知识体系的理论基础。质量管理八项原则适用于任何类型的组织以及任何类型的产品，这些原则也是建立质量管理体系的理论基础。质量管理的八项原则及其内涵见表 3-3。

表 3-3　质量管理的八项原则

序号	质量管理的原则	质量管理原则的内涵
1	以顾客为关注焦点	组织依存于顾客。因此，组织应当理解顾客当前的和未来的需求，满足顾客要求并争取超越顾客期望
2	领导作用	领导者建立组织相互统一的宗旨、方向和内部环境，所创造的环境能使员工充分参与实现组织目标
3	全员参与	各级人员都是组织之本，唯有其充分参与，才能使他们为组织的利益发挥才干
4	过程方法	将活动和相关的资源作为过程进行管理，可以更高效地得到期望的结果
5	管理的系统方法	将相互关联的过程作为体系来看待、理解和管理，有助于组织提高实现其目标的有效性和效率
6	持续改进	持续改进总体业绩应当是组织的永恒目标
7	基于事实的决策方法	有效决策是建立在数据和信息分析的基础上的
8	与供方互利的关系	组织与供方是相互依存的，互利的关系可增强双方创造价值的能力

3.3　质量管理体系要求——ISO 9001：2015

ISO 9000 族标准区分了质量管理体系要求和产品要求。

ISO 9001 规定了质量管理体系要求。质量管理体系要求是通用的，适用于所有行业或经济领域，不论其提供何种类别的产品。ISO 9001 本身并不规定产品要求。产品要求可由顾客规定，或由组织通过预测顾客的要求规定，或由法规规定。在某些情况下，产品要求和有关过程的要求可包含在技术规范、产品标准、过程标准、合同协议和法规要求中。

3.3.1　质量管理体系的总要求

组织应按标准的要求建立质量管理体系，将其形成文件，加以实施和保持，并持续改进其有效性。

组织应做到如下几点。

（1）确定质量管理体系所需的过程及其在整个组织中的应用。

（2）确定这些过程的顺序和相互作用。

（3）确定所需的准则和方法，以确保这些过程的运行和控制有效。

（4）确保可以获得必要的资源和信息，以支持这些过程的运行和监视。

（5）监视、测量（适用时）和分析这些过程。

（6）实施必要的措施，以实现所策划的结果和对这些过程的持续改进。

3.3.2　质量管理体系的文件要求

组织应以灵活的方式将其质量管理体系形成文件。质量管理体系文件可以与组织的全部活动或部分活动有关，必须强调这是指“一个形成文件的质量管理体系”，而不是一个“文件体系”。

1. 文件结构

质量管理体系文件应包括如下内容。

（1）形成文件的质量方针和质量目标。

（2）质量手册。

（3）本标准所要求的形成文件的程序和记录。

（4）组织确定的为确保其过程有效策划、运行和控制所需的文件，包括记录。

不同组织质量管理体系文件的详略程度应随组织的规模、人员的能力、工序的复杂程度等因素而定。

2. 文件控制

应对质量管理体系和本标准所要求的形成文件的信息进行控制，以确保如下几项。

（1）需要文件的场所能获得适用的文件。

（2）文件得到充分保护，如防止泄密、误用、缺损。

（3）分发、访问、回收、使用。

（4）存放、保护，包括保持清晰。

（5）更改的控制（如版本控制）。

（6）保留和处置。组织所确定的策划和运行质量管理体系所需的外来文件应确保得到识别与控制。

3.3.3　组织的背景环境

组织应确定外部和内部那些与组织的宗旨、战略方向有关、影响质量管理体系实现预期结果的能力的事务。需要时，组织应更新这些信息。

（1）理解相关方的需求和期望，组织应确定如下两项：①与质量管理体系有关的相关方；②相关方的要求。

（2）确定质量管理体系的范围。组织应界定质量管理体系的边界和应用，以确定其范围。质量管理体系的范围应描述为组织所包含的产品、服务、主要过程和地点。质量管理管理体系范围应形成文件。

3.3.4　质量管理体系的四大过程

由 ISO 9001：2015 标准表述的质量管理体系模式是以过程为基础的，体现了质量管理的原则——过程方法。如图 3-1 所示，在整个质量管理体系大过程中，包含了管理职责、资源管理、产品实现，以及测量、分析和改进四个主要过程。

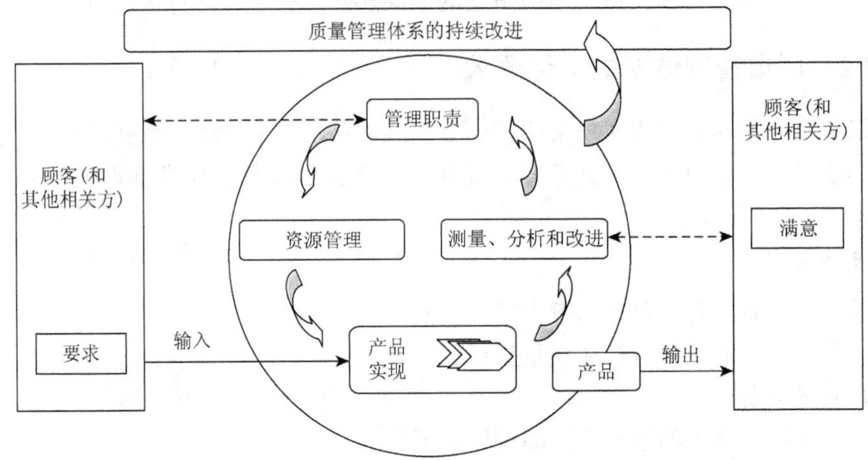

图 3-1　以过程为基础的质量管理体系模式

1. 管理职责

标准规定了组织最高管理者（在最高层指挥和控制组织的一个人或一组人）在质量管理体系中应履行的职责，主要包括领导作用和策划。

1）领导作用

（1）领导作用与承诺。

（2）针对质量管理体系的领导作用与承诺。

（3）针对顾客需求和期望的领导作用与承诺质量管理体系。

（4）质量方针。最高管理者应制定质量方针，方针应：①与组织的宗旨相适应；②提供制定质量目标的框架；③包括对满足适用要求的承诺；④包括对持续改进质量管理体系的承诺。

（5）组织的作用、职责和权限。最高管理者应确保组织内相关的职责、权限得到规定和沟通。最高管理者应对质量管理体系的有效性负责。

2）策划

（1）风险和机遇的应对措施。

（2）质量目标及其实施的策划；组织应在相关职能、层次、过程上建立质量目标。

（3）变更的策划。组织应确定变更的需求和机会，以保持和改进质量管理体系绩效。组织应有计划、系统地进行变更，识别风险和机遇，并评价变更的潜在后果。

2. 资源管理

（1）资源。组织应确定、提供建立、实施、保持和改进质量管理体系所需的资源。

（2）基础设施。组织应确定、提供和维护其运行及确保产品、服务符合性与顾客满意所需的基础设施。

（3）过程环境。组织应确定、提供和维护其运行及确保产品、服务符合性与顾客满意所需的过程环境。

（4）监视和测量设备。组织应确定、提供和维护用于验证产品符合性所需的监视与测量设备，并确保监视和测量设备满足使用要求。组织应保持适当的文件信息，以提供监视和测量设备满足使用要求的证据。

（5）知识。组织应确定质量管理体系运行、过程、确保产品和服务符合性及顾客满意所需的知识。这些知识应得到保持、保护，需要时便于获取。在应对变化的需求和趋势时，组织应考虑现有的知识基础，确定如何获取必需的更多知识。

（6）能力。组织应确定在组织控制下从事影响质量绩效工作的人员所必要的能力，并基于适当的教育、培训和经验，确保这些人员是胜任的，适用时，采取措施以获取必要的能力，并评价这些措施的有效性。

（7）意识。在组织控制下工作的人员应意识到：①质量方针；②相关的质量目标；③他们对质量管理体系有效性的贡献，包括改进质量绩效的益处；④偏离质量管理体系要求的后果。

（8）沟通。组织应确定与质量管理体系相关的内部和外部沟通的需求。

3. 产品实现

（1）运行策划和控制。组织应策划、实施和控制满足要求与标准，包括如下几项。

①建立过程准则。

②按准则要求实施过程控制。

③保持充分的文件信息，以确信过程按策划的要求实施。

组织应控制计划的变更，评价非预期的变更的后果，必要时采取措施减轻任何不良影响。组织应确保由外部供方实施的职能或过程得到控制。

（2）市场需求的确定和顾客沟通。组织应实施与顾客沟通所需的过程，以确定顾客对产品和服务的要求。

①产品和服务信息。

②问询、合同或订单的处理，包括对其修改。

③顾客反馈，包括顾客抱怨。

④适用时，对顾客财产的处理。

⑤相关时，应急措施的特定要求。

（3）与产品和服务有关要求的确定适用时，组织应确定如下几项。

①顾客规定的要求，包括对交付及交付后活动的要求。

②顾客虽然没有明示，但规定的用途或已知的预期用途所必需的要求。

③适用于产品和服务的法律法规要求。

④组织认为必要的任何附加要求。

（4）与产品和服务有关要求的评审。组织应评审与产品和服务有关的要求。评审结果的信息应形成文件。若顾客没有提供形成文件的要求，则组织在接受顾客要求前应对顾客要求进行确认。若产品和服务要求发生变更，则组织应确保相关文件信息得到修改，并确保相关人员知道已变更的要求。

（5）外部供应的产品和服务的控制。组织应确保外部提供的产品和服务满足规定的要求。

（6）外部供应的控制类型和程度。组织应根据外部供方按组织的要求提供产品的能力，建立和实施对外部供方的评价、选择与重新评价的准则。评价结果的信息应形成文件。

（7）提供外部供方的文件信息。在与外部供方沟通前，组织应确保所规定的要求是充分与适宜的。组织应对外部供方的业绩进行监视。应将监视结果的信息形成文件。

（8）产品和服务的开发。

①开发过程。组织应采用过程方法策划和实施产品与服务开发过程。

②开发控制。

③开发的转化。组织不应将开发转化为产品生产和服务提供，除非开发活动中未完成的或提出措施都已经完毕或者得到管理，不会对组织稳定地满足顾客、法律和法规要求及增强顾客满意的能力造成不良影响。

（9）产品生产和服务提供的控制。组织应在受控条件下进行产品生产和服务提供。

①标识和可追溯性。适当时，组织应使用适宜的方法识别过程输出。

②顾客或外部供方的财产。组织应爱护在组织控制下或组织使用的顾客、外部供方财产。

③产品防护。在处理过程中和交付到预定地点期间，组织应确保对产品和服务（包括任何过程的输出）提供防护，以保持符合要求。

④交付后的活动。适用时，组织应确定和满足与产品特性、生命周期相适应的交付后活动要求。

⑤变更控制。组织应有计划地和系统地进行变更，考虑对变更的潜在后果进行评价，采取必要的措施，以确保产品和服务的完整性。

⑥产品和服务的放行。组织应按策划的安排，在适当的阶段验证产品和服务是否满足要求。

⑦不合格产品和服务。组织应确保对不符合要求的产品和服务进行识别与控制，以防止其非预期的使用和交付对顾客造成不良影响。

4. 测量、分析和改进

组织应考虑已确定的风险和机遇，确保质量管理体系的符合性和有效性评价顾客满意度，组织应建立过程，确保监视和测量活动以与监视和测量的要求相一致的方式实施。组织应保持适当的文件信息，以提供“结果”的证据。组织应评价质量绩效和质量管理体系的有效性。

（1）顾客满意。组织应监视顾客对其要求满足程度的数据。适用时，组织应获取以下方面的数据。

①顾客反馈。

②顾客对组织及其产品、服务的意见与感受。

应确定获取和利用这些数据的方法。组织应评价获取的数据，以确定增强顾客满意的机会。

（2）数据分析与评价。组织应分析、评价来自监视和测量以及其他相关来源的适当数据。这应包括适用方法的确定。

（3）内部审核。组织应按照计划的时间间隔进行内部审核。

（4）管理评审。最高管理者应按策划的时间间隔评审质量管理体系，以确保其持续的适宜性、充分性和有效性。管理评审策划和实施时，应考虑变化的商业环境，并与组织的战略方向保持一致。组织应保持形成文件的信息，以提供管理评审的结果及采取措施的证据。

（5）持续改进。

①不符合与纠正措施。

②改进。组织应持续改进质量管理体系的适宜性、充分性和有效性。组织应评价、确定优先次序及决定需实施的改进。

3.4 质量审核与认证

3.4.1 质量审核的含义及其类型

审核是“为获得审核证据并对其进行客观的评价，以确定满足审核准则的程度，所进行的系统的、独立的并形成文件的过程”。从定义中可以看出，审核的目的是确定审核准则是否得到满足，审核的方法是要获取证据并对证据进行客观评价，审核的要求是审核过程应具有系统性、独立性和文件化。

质量审核是指确定质量活动和有关结果是否符合计划安排，以及这些安排是否有效地实施并适合于达到预定目标的、有系统的、独立的检查。根据审核的对象，质量审核可分为质量管理体系审核、过程质量审核、产品质量审核，以下详细介绍质量管理体系审核的类型。

审核可以是为内部或外部的目的而进行的，因此，质量管理体系审核通常分为内部质量管理体系审核和外部质量管理体系审核两大类。

1. 内部质量管理体系审核

内部质量管理体系审核即第一方审核，是一个组织对其自身的质量管理体系所进行的审核，其目的如下。

（1）据质量管理体系要求标准，对活动和过程进行检查，评价组织自身的质量管理体系是否符合质量方针、程序和管理体系及相应法规的要求。

（2）建立自我诊断、自我改进的机制。

（3）为第二方、第三方审核奠定基础。

2. 外部质量管理体系审核

外部质量管理体系审核可分第二方审核和第三方审核两类。

（1）第二方审核。第二方审核是由组织的顾客或其他人以顾客的名义进行的，可按合同规定要求对组织的质量管理体系进行审核，也可作为合同前评定组织是否具备一定的质量保证能力的措施。其目的如下：①当有建立合同关系的意向时，对供方进行初步评价；②在有合同关系的情况下，验证供方的质量管理体系是否持续满足规定的要求并且正在运行；③作为制订和调整合格供方名单的依据之一；④达成供需双方对质量要求的共识。

（2）第三方审核。第三方审核是由外部独立的服务组织（认证机构或其他独立机构）进行审核的，这类组织通常是经认可的，可提供符合要求（如 ISO 9001）的认证或注册。其目的如下：①确定质量管理体系要求是否符合规定要求；②确定现行质量管理体系实现规定质量目标的有效性；③确定受审核方的质量管理体系是否能被认证或注册；④为受审核方提供改进其质量管理体系的机会。

外部质量管理体系审核比内部质量管理体系审核有更高的独立性。

3.4.2 质量认证的涵义及其程序

关税贸易总协定（General Agreement on Tariffs and Trade，GATT）的贸易技术壁垒协议“乌拉圭回合”文本，强调了合格质量评定程序在国际贸易中的重要作用，1986 年 ISO 合格评定委员会（Committee on Conformity Assessment，CASCO）颁布了 ISO/IEC48 号指南《第三方对供方质量体系进行评价和注册的原则》，进一步促进了国际质量体系认证的协调和发展，导致了 ISO 9000 族标准质量体系认证风行全球，成为国际贸易中不可忽视的关键因素之一。我国的质量体系认证工作正式起步于 1992 年，依据我国《产品质量法》，1994 年 4 月 23 日国家技术监督局（General Administration of Quality Supervision，Inspectiou and Quarantine of the People’s Republic of China，AQSIQ）正式批准成立，开始建立和实施中国质量体系认证国家认可制度。近年来，我国的质量认证工作走上了快速、健康发展的轨道，认证机构、培训机构、认证咨询机构和认证人员的数量都在不断扩大。到 2000 年 6 月 30 日，发出质量体系认证证书 18833 张，注册的质量认证人员近 4680 人。

1. 质量认证的含义

质量认证是指由一个权威机构（第三方）对产品或质量体系作出合格的评定。这种认证已经发展成为世界范围内广泛的国际认证，它不受供、需双方经济利益的影响，是建立在公正、科学的基础之上的第三方认证，它是世界各国对产品质量和企业质量管理体系进行评价、监督、管理的通行做法和认证制度。质量认证包括以下四个方面的内容。

（1）认证的对象是产品（产品质量认证）或过程（质量体系认证）。

（2）认证的依据是标准或技术规范。ISO 9000 系列标准的发布为认证提供了必要条件，认证标准必须符合以下条件：①明确规定专门的技术特征；②规定准确而又能重现的测试方法；③统一的评定程序；④应承认并且促进技术发展。

（3）认证的方式是颁发合格证书或加施合格标志。

（4）认证的主体是第三方认证机构。

2. 质量体系认证

质量体系认证的对象是质量体系，即质量保证能力。它的主要依据是 ISO 9001：2015 标准。它的作用是能够提高顾客对供方的信任，增加订货，减少顾客对供方的检查评定，有利于顾客选择合格的供方。质量体系认证是自愿的，企业通过体系认证获得的体系认证证书不能用在所生产的产品上，但可以用于正确的宣传，它是 ISO 向各国推荐的认证制度之一。

（1）认证条件。质量体系认证要求符合以下条件：①独立的具有法律地位的合法组织；②产品符合国家标准或行业标准要求，或能按需方的图纸或提出的要求进行生产和提供服务；③正在进行生产或提供服务并有持续 3 个月以上的符合要求的生产记录；④有按照 ISO 9000 国际标准建立的质量体系文件；⑤质量体系运行无严重不合格。审核质量体系运行正常与否的依据是检查企业质量管理行为是否符合质量体系文件的要求。

（2）认证程序。质量体系认证程序如下：①递交认证申请书和签约；②提交质量体系文件；③实施现场审核；④批准与注册认证发证；⑤认证后的跟踪监督。

程序②具体包括企业在体系文件正式颁布运行后，将质量体系文件及有关资料提交给认证机构，认证机构审核文件是否符合申请认证的 ISO 9000 质量管理标准，对不符合处，写出修改页，企业根据修改页的要求，对文件谬误处进行修改，并将修改意见内容以修改页的形式返回认证中心，认证中心对修改及纠错措施进行跟踪。

程序④一般有以下三种情况出现：a. 若审核过程发现三项以上严重不符合项，则不予通过；b. 审核过程中发现 1～2 项严重不符合项或若干一般不符合项的，根据情况定出整改时间，延期通过；c. 未发现不合格，即行通过。审核组的审核报告经认证中心管理委员会讨论通过后，向认证机构推荐注册。认证机构一般在管委会会议后 10～20 天将认证证书颁发给企业。

3.5 质量管理体系的建立与实施

3.5.1 质量管理体系的建立

质量管理体系（quality management system，QMS）的建立过程如图 3-2 所示。

3.5.2 质量管理体系的实施

1. 质量管理体系的实施、运行和保持

质量体系文件是否可行有效，要在运行中检查，这一阶段的工作包括如下几点。

（1）质量体系实施的教育培训。

（2）质量体系的实施运行。

（3）内审计划的编制与审批。

（4）内部质量体系审核。

（5）纠正措施跟踪。

（6）管理评审。

评价质量体系，首先看文件化的质量体系是否建立，然后看是否按文件要求贯彻实施，并且在提供预期的结果方面是否有效，以上三个问题的回答决定了对质量体系的评价结果。内审与管理评审是企业内部对质量体系评审、检查、评价的方法，在体系文件中，对开展此项工作的目的、要求、时间间隔等均应有所规定。在质量体系实施、运行过程中，企业应逐步建立一种长期有效的信息反馈系统，对审核中发现的问题，应及时采取纠正措施，建立一种自我改进和完善的机制。

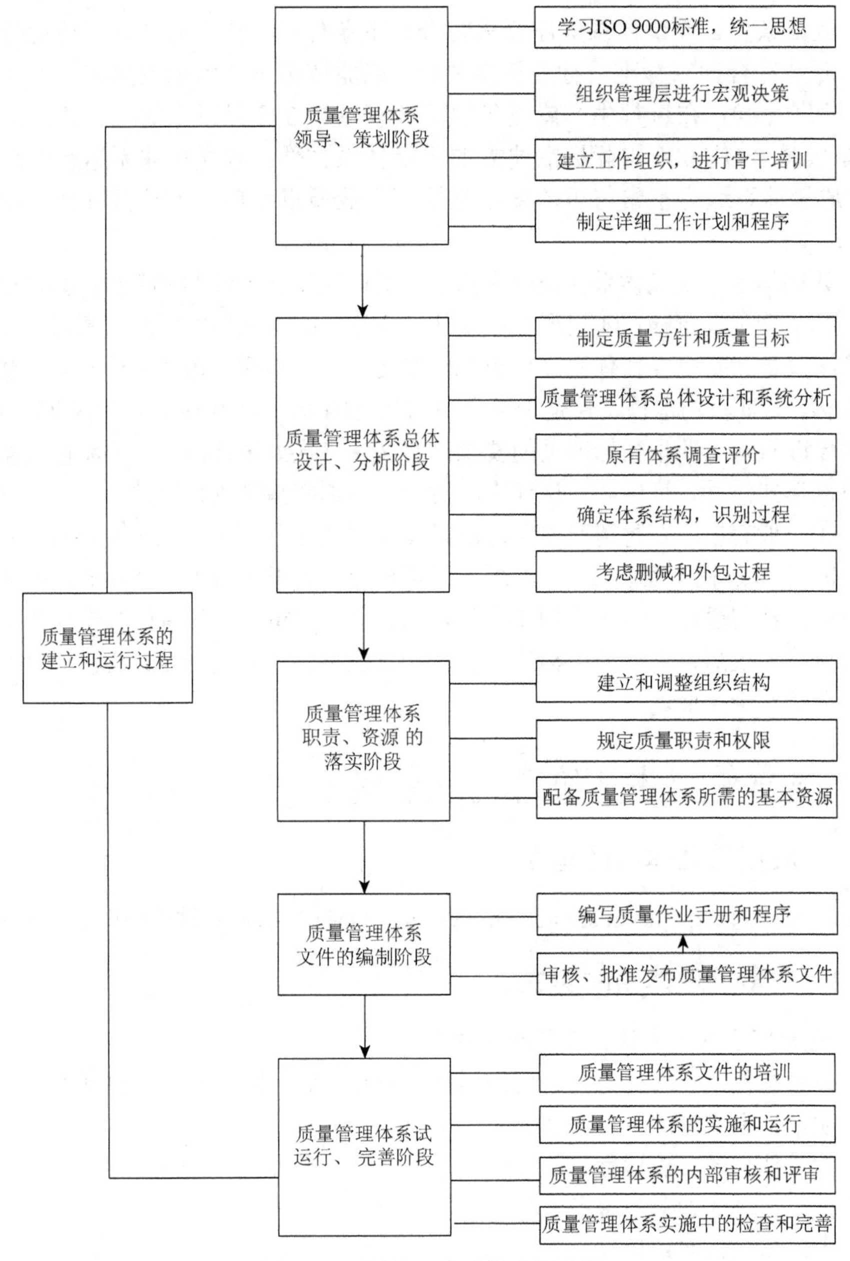

图 3-2 质量管理体系的建立过程

2. 质量管理体系的合格评定

在以上工作全部完成后，企业可根据需要申请第三方认证。

贯彻 ISO 9000 标准，建立与实施质量管理体系是一项涉及方方面面、系统性、复杂性的工作。很多企业在建立质量管理体系之前，对 ISO 9000 没有接触，靠企业本身来完成这项工作有一定的难度，因此，聘请外部的专家或顾问师指导、协助企业建立健全科学有效的质量体系，是多数企业的习惯做法。

企业建立与实施质量体系，无论采用何种途径，关键要树立正确的观念，坚持从头做起，从领导做起，树立第一次就把事情做好的良好习惯，以此为起点，以质量管理为突破口，把这种观念、想法、做法推广到企业管理的方方面面，做到凡事有章可循，凡事有人负责，凡事有据可查，凡事有准控制，企业就会少走弯路，达到事半功倍的效果。

3.6 质量、环境、职业健康安全管理体系的整合

3.6.1 管理体系整合的意义

企业主要有五个方面的受益者，他们对企业的典型期望与要求各有侧重，见表 3-4。

表 3-4 企业的受益者及其典型期望

企业的受益者	典型的期望或需要	ISO 制定国际管理标准
顾客	产品质量	ISO 9000 族标准
员工	职业/工作满意、生命安全	OHSAS 18000 系列标准
社区	认真负责社会服务、环境保护	ISO 14000 系列标准
所有方	投资收益	
供方	持续经营的机会	

ISO 针对顾客、员工、社区的需要，分别制定了 ISO 9000 族标准、OHSAS 18000 系列标准、ISO 14000 系列标准，用来规范企业的质量管理、环境管理、安全生产管理。至 2010 年 12 月，在中国获得认可的认证机构已颁发质量管理体系认证证书近 20 万份，环境管理体系认证证书 4 万份，职业健康安全管理体系认证证书 0.4 万份。企业获得环境管理体系认证证书处于加速发展的态势，职业健康安全管理体系认证正在兴起。企业都必须按国际管理标准，针对实际分别建立文件化的质量管理体系、环境管理体系、职业健康安全管理体系，如果三个管理体系分别独立运作于一个企业，则会带来管理效率的降低，协调成本和审核成本的增加等问题。如何对企业质量管理体系、环境管理体系、职业健康安全管理体系进行整合，实现管理体系一体化，就成为一个迫切的课题，本节将探讨 ISO 9000 质量管理体系、ISO 14000 环境管理体系、OHSAS 18000 职业健康安全管理体系的整合。

3.6.2 管理体系整合的基础

ISO 9000 质量管理体系、ISO 14000 环境管理体系、OHSAS 18000 职业健康安全管理体系进行整合具有如下的基础。

（1）质量、环境、职业健康安全管理体系均遵循 PDCA 循环。

（2）质量、环境、职业健康安全管理体系均鼓励与其他管理体系的整合。

（3）ISO 9001：2008、ISO 14001：2004、OHSAS 18001：1999 三个国际管理标准的编写结构相似。

3.6.3 管理体系整合的实施

企业整合管理体系，可以按照 PDCA 循环，即“策划—实施—检查—处置”的

方式进行。

1. 企业整合管理体系的策划

企业的最高管理层对建立与实施一体化管理体系的必要性、可行性应有充分的认识，也要对其艰巨性、复杂性有足够的认识，以加强企业的领导和决策。在此基础上做好以下工作。

（1）根据企业的经营方针和目标，制定并批准发布本企业的质量方针、环境方针和职业安全卫生方针，以明确企业在质量、环境和职业安全卫生方面追求的宗旨和方向。

（2）根据企业的发展战略和建立一体化管理体系的需要，确定企业的组织机构并进行职责分配，并且能够稳定一段时间。否则，待文件化管理体系建立后再行变动，返工的工作量太大。

（3）明确建立整合型管理体系的领导小组和工作小组。领导小组最好由最高管理者亲自负责，各部门负责人参加。工作小组最好由管理者代表负责，业务骨干参加。

（4）编制并批准整合型管理体系的工作计划。其主要内容包括工作阶段的划分、每一工作阶段的工作内容及达到的目的、时间安排、执行者等。

2. 企业整合管理体系的实施

（1）进行教育培训。在建立和实施整合型管理体系的不同阶段，应进行不同的培训。其主要内容如下：培训 ISO 9001、ISO 14001 和 OHSAS 18001 标准的基本知识；对编制体系文件的骨干进行文件编制的培训；对内审员和骨干进行审核知识的培训；对不同层次员工开展体系手册和程序文件的培训。

（2）整合企业的管理体系文件。企业涉及的管理体系文件主要有五种。

①文件化的质量方针、环境方针、职业安全卫生方针。

②管理手册。企业管理手册的整合主要有两种：一是由三个单独的管理手册构成；二是将 ISO 9001、ISO 14001、OHSAS 18001 标准的要求整合在一个手册中。

③程序文件。整合型管理体系的程序文件主要有两种类型：一是通用的程序文件，主要包括培训控制、文件控制、记录管理、不合格管理、内部审核、管理评审、纠正措施、预防措施、信息交流与沟通、监视和测量装置控制等；二是特定的程序文件。

④作业指导文件。企业管理体系的作业指导文件主要指用于质量管理、环境管理、职业安全卫生管理的各种作业指导书、工艺操作规程、工作标准、管理规定等。

⑤记录。对于通用的程序文件及作业指导文件所涉及的记录，应采用统一的记录格式；对于特别的程序文件及作业指导文件所涉及的记录，应编制特定的记录格式。

上述文件经审批后，作为企业内部法规来规范企业各级人员的行为。

（3）按照整合后的管理体系文件试运行。针对不同层次的人员进行质量方针、环境方针、职业安全卫生方针、管理手册、程序文件、作业指导文件等方面的培训，明确各自岗位的职责、目标、工作方法以及所依据的文件，并严格要求按程序办事。

3. 企业整合管理体系的检查

对整合后的企业管理体系可进行三级检查：一级是对其日常运行状况实施监视、测量、检查，及时发现问题和解决问题；二级是由企业聘任和授权的经过培训的内审员，按照一定的程序至少进行一次覆盖 ISO 9001、ISO 14001、OHSAS 18001 标准全部要求和所有部门的内部体系审核，重点对管理体系运行的符合性进行检查，并对发现的不合格项进行跟踪验证；三级是由最高管理者按计划主持管理评审活动，重点评审整合后管理体系的适宜性、有效性和充分性。

4. 企业整合管理体系的处置

对上述三级检查中发现的管理体系的问题，从人、机、料、法、环等方面分析原因，把该原因消除掉，防止类似问题再次发生，则企业的管理体系将有所改进和提高。

3.7　工程案例分析

3.7.1　ISO 9001：2015 的实施案例

某厂在组织机构的设置上有进出口贸易部，其主要职责是从国外购进某种化工原料，更换包装后再在国内出售，即定点生产（original equipment manufacturer，OEM）方式操作。但是工厂申请认证范围时不包括进出口贸易部。审核员在查看工厂质量管理体系覆盖的产品范围时，却看到这几种 OEM 方式的产品也列在产品目录中。审核员问："为什么质量管理体系的范围不包括进出口贸易部？"，质管部长回答："进出口贸易部的几个人工作很难推动，于是我们只好把他们排除在体系之外，以免审核时出问题。"

【案例分析】　组织对过程的删减应以不影响组织提供满足顾客和适用法律法规要求的产品的能力或责任的要求为前提，而本案例中很明显进出口贸易部的工作直接与产品质量有关，因此不能在组织的质量管理体系中删减。

【违反条款】　本案例违反了标准 ISO 9001：2015"4.3 确定质量管理体系的范围"中"组织应界定质量管理体系的边界和应用"以及"4.4.2 过程方法"中"a）确定质量管理体系所需的过程及其在整个组织中的应用"的规定。

【常见问题】　未对标准的"总要求"条款给予应有的关注，只考虑标准其他条款的具体内容，致使体系出现不协调或顾此失彼的现象；未按照本条款体现的过程方法、管理的系统方法以及 PDCA 循环的思路指导质量管理体系的建立和运行。

【应对措施】　重新确定质量管理体系需要的过程，检查有无删减过程的理由及合理性，控制过程的输入和输出及与内外部顾客的关系，按照 PDCA 模式指导质量管理体系的具体运行，促进每一过程的改进活动，增强组织质量管理体系总体的自我完善能力。

3.7.2　ISO 9000 质量管理体系的建立与实施案例

推行 ISO 9000 质量体系提升质量管理水平——厦门新创科技有限公司 ISO 的实施（资料来源于中国质量认证网）。

厦门新创科技有限公司（以下称新创公司）是美国 ITH 集团属下的 A&L 公司于 1989 年独资创办的生物高科技企业。公司成立以来所开发、生产的医用体外诊断试剂在国内同行中独树一帜，销售网络遍布全国各地，成为国内最大的体外诊断试剂厂家之一。

体外诊断试剂主要用于对血液中病毒标志物的检测，是体检和临床用血的常用检测工具。随着人们生活水平的提高和对健康的日益关注，国家卫生部门对临床用血的检测要求也越来越严格。由于国内诊断试剂行业起步晚，技术较落后，质量水平远低于同类的进口试剂，各厂家所赖以生存的只是价格优势和国家的保护政策。随着国内市场的逐渐开放，国内试剂厂家对自身的技术差距有着清醒的认识，并迫于市场和竞争的双重压力下，都力图通过提高质量水平来提高产品的竞争力。

基于以上原因，并针对公司现有的质量管理水平与不断扩大生产规模之间矛盾日益突出的现状，公司领导层审时度势，认为有必要在公司推行 ISO 9001 质量管理体系。1997 年 9 月，在美国总公司的倡议下，成立了以董事经理为组长，各部门主管为组员的“ISO 9001 推行小组”，全面负责公司 ISO 9001 质量管理体系推行过程中的决策、方针的制定和组织协调工作；聘请顾问咨询公司协助进行体系文件的编写辅导及与体系推动有关的工作；在公司内部逐层进行文件的编写、标准的培训及 5S［整理（seiri）、整顿（seiton）、清扫（seiso）、清洁（seiketsu）、素养（shitsu ke）］工作等导入 ISO 9001 体系的前期工作。

ISO 9000 质量体系作为受到广泛认可的国际管理体系，集世界上成功的管理经验之大成。针对高科技行业产品更新换代快、产研结合紧密的特点，以及公司目前的实际需要，公司决策层决定建立 ISO 9001 质量体系，并提出了“卓越品质，诚信服务”的质量方针。

在既定质量方针的指引下，并结合 ISO 9001 质量体系管理的标准化、程序的文件化的特点，明确划分了公司各职能部门的职权。随着 ISO 9001 质量体系的逐步推进，公司各部门的职责划分逐渐明确，以前的质量“三不管”地带逐渐消失，相应的扯皮、推诿的现象也减少了。

在体系初步建立之后，管理逐步制度化，质量策划和质量改进工作持续有效。作为生物高科技企业，研究、生产技术水平是产品质量的原动力。体外诊断试剂的主要成分为生物活性物质，产品的科技含量高，市场变化快，影响产品质量的不确定因素也较多。不同分供方所提供的原料甚至同一分供方所提供的不同批次的生物活性原料，用同一套生产工艺进行生产时，质量水平都有可能出现明显的差异。因此，加强对原料的监控和筛选，根据需要及时对工艺进行相应的调整，是保证产品质量的根本所在。

鉴于此，公司把质量体系的重点放在技术部门，尤其是质控部和研发部。由于诊断试剂行业的特殊性，现行的行业标准量化程度不高：国家的权威机构及卫生部检定所是以血清考核盘的形式对体外诊断试剂进行考核的。各个项目的血清考核盘分别由几十份各种临床表现的、经过定性和/或定量测定的血清或血清稀释品组成。血清考核盘是检验试剂质量水平的有效工具，但由于数量太少，多为血清稀释品，与临床表现有所差异，不利于调查质量缺陷，部分项目甚至还未出现血清考核盘，另外成本也太高，无法满足产品研发和质量控制的实际需要。针对本公司产品，他们根据 ISO 9001 标准的要求制定一套确实有效的检验方法，以准确评价产品开发质量和进行质量检验。

在推行 ISO 9001 以前，产品的生产和质控过程只对一些较易量化的指标形成检验标准，大部分的检验结果判断都是检验员根据已有的经验进行判断的。主要原材料的检验和测试项目一般按“习惯做法”进行，试验和测试量更是由检验员根据“实际需要”确定，检验结果也未形成正式的报告，有的甚至是口头通知仓库。在这种情况下，一旦出现质量问题，调查工作费时费力。同时，检验工作由特定的人员进行，其他人由于对该工作不太了解，难以对其复核，且极易形成“权威效应”，不利于工作的开展。

技术部门的产品检验程序(即质控部的三级文件)的建立和运行形式以戴明的 PDCA 循环形式进行，其具体表现如下。

1. P：操作标准化，程序文件化

在建立 ISO 9001 时，按照“说你所做，写你所说，做你所写”的原则，质控部要求每位检验员把自己平时所做的和认为应该做的检验内容，以及认为应该达到的要求等，包括平时进行判断的所有经验性的东西，尽量以文字和列表的形式表达出来，通过去粗存精，程序化后形成讨论稿。然后召集相关部门的主管及技术人员对讨论稿发表自己的看法，达成一致意见后再以统一的格式整理成操作标准和质控标准。整个文件的收集和整理工作极为艰难，所有工作花费了三四个月的时间，并几易其稿，最终才形成目前使用的检验作业指导书。

2. D：文件执行

作业指导书在开始执行时，要求生产技术人员以及检验员要从习惯做法转变到标准操作上来，很多人都感到很不适应。同时，由于文件要求同实际执行还存在一定的偏差，所以许多人颇有怨言，认为操作没必要标准化，按文件进行操作麻烦多，无形中给他们增加了工作量。另外，由于生产测试、检验和试验结果的数据量大，此前的整理和表达方式又因人而异，检验记录填写和各种表单填写很不规范。推行小组针对以上情况进行总结，鼓励对不切实际、不可操作性的部分程序提出修改意见。终于使所有执行人员克服了困难，严格按照程序进行生产和检验作业。

在执行原材料的进料检验程序之后，开始阶段出现了数量较多的不合格，质量部门顶住压力，积极会同采购部门仔细分析了产生不合格的原因，其中因验收标准要求过高的，及时对进料检验程序的相关内容进行修改；如因分供方造成的则要求分供方配合进行整改。

经过 1～2 个月的努力，取得明显的成效：产品的记录完整并系统化了，质量检验的主观性成分大为减少，标准的可操作性也明显得到加强，原材料的质量也逐步得到改善，制成品合格率和一次交验合格率得到明显的提高，质量问题引起的退货率则大幅度的降低。

3. C：检查、检讨执行情况

在文件程序化的同时，加强检验记录的审核工作和文件执行力度的检查工作。品保部把生产记录的有效性、符合性和完整性作为决定是否最终放行的检查工作之一。每次内部质量审核时，对于质检和生产技术部门的不符合项进行检讨，对于与实际操作不符合以及操作性不强的文件条款进行修改。而属于其他因素造成的不符合项，则要求技术部门分析原因，提出确实有效的纠正和预防措施，加强产品质量控制。

4. A：改进并完善

随着生物原材料的不断升级以及生产技术水平的不断进步，研发部门对现有的生产工艺提出更改，以期降低生产成本和提高产品质量。在完整的研发工作完成之后，检验操作和质控标准作为设计输出的一部分，由质控部对检验作业指导书进行增删或调整。更改后的文件化程序及时组织相关人员进行培训宣导并付诸执行。对于检验和试验过程中出现的不合格现象，由质控部和生产技术人员协力进行质量分析，找出不合格原因后及时采取有效的纠正措施，并以文件化的形式在下一步工作中贯彻执行。

经过公司上下一年多的努力，公司于 1998 年 1 月全面导入 ISO 9001 质量体系，当年 10 月取得了挪威船级社（Det Norske veritas，DNV）和中国进出口商品质量认证中心厦门评审中心的双重认证，成为国内首家通过 ISO 9001 质量体系认证的体外诊断试剂企业。

质量体系是一个持续渐进的系统。在体系的建立和运行过程中，应有效利用其渐进性，对既有的方法、制度以 PDCA 的循环方式贯彻执行，并利用每年的管理评审，对整个体系运行的有效性进行评价并作出相应的决策。

通过实行 ISO 9001 质量体系，公司的质量管理水平逐步得到提升，品质步入良性的循环。

➢复习思考题

3-1 简述 2015 版 ISO 9001 标准的主体内容。

3-2 试述八项质量管理原则。

3-3 试述 2015 版 ISO 9000 族核心标准的构成。

3-4 试述产品质量认证的特点及与质量管理体系认证的关系。

3-5 请对照 ISO 9001：2015 标准，对以下案例进行分析，从审核员的角度找出案例中的不符合项，并简述不符合的原因，提出纠正及改进措施。

（1）某建筑公司第一项目部正在建设一栋 20 层的办公楼。审核员问项目经理：“对于存在或潜在的不合格项如何进行控制？”项目经理说：“除了上个月内审时发现的三项不合格均已采取了纠正措施，平时没有发现什么不合格或潜在的不合格，因此就没必要采取纠正或预防措施了。”该公司的审核取证时间是由本次审核前一年算起，而工程已开工十个月了。

（2）某厂市场部的职责之一是负责与顾客沟通。审核员在审查市场部时询问市场部经理：“你们部门的工作目标是什么？”市场部经理说：“我们主要以销售人员的销售业绩作为主要的考核目标。因为现在市场竞争太激烈，我们采取末位淘汰制，如果销售业绩不好就只好下岗。”

第4章

设计质量管理

本章提要：质量功能展开（quality function deployment，QFD）是质量管理理论中的一项重要工具，也是设计质量管理的重要部分，无论是在全面质量管理中还是在 6σ 管理中，它都是一种将顾客需求与质量特性的实现措施紧密结合的有效工具。本章介绍的质量功能展开方法，是兼收并蓄日本、美国两国质量功能展开应用的精华，消化吸收，根据我国国情和大量工程实践经验而形成的。本章侧重介绍适用于中小规模产品开发的质量功能展开方法。

4.1 质量功能展开

质量功能展开是把顾客对产品的需求进行多层次的演绎分析，转化为产品的设计质量。质量功能展开首创于日本。1972 年，日本三菱重工有限公司的神户造船厂首次使用了“质量表”，分析如何把用户、消费者的需求变换成工程措施、设计要求。从内容上看，明显受到美国已广为推广的价值分析与价值工程（value analysis，value engineering，VA & VE）的影响。从初期的质量功能展开实例资料报道来看，运用对象还限于不太复杂的简单产品，如打火机、咖啡、自动销售机等。20 世纪 80 年代传到美国，在并行工程中运用，如飞机通信系统等大型复杂系统，获得成功后，质量功能展开的应用面及其重要意义得到极大扩展及提高。美国国防部 1988 年颁布的国防部指令 DODD 5000.51“全面质量管理”中明确规定质量功能展开为承制美军产品的厂商必须采用的技术。

4.1.1 QFD 实施方法

QFD 的基本原理就是用“质量屋（quality house，QH）”的形式，量化分析顾客需求与工程措施间的关系度，经数据分析处理后，找出满足顾客需求贡献最大的工程措施，即关键措施，从而指导设计人员抓住主要矛盾，开展稳定性优化设计，开发出顾客满意的产品。

下面以圆珠笔的开发为例，使读者对质量功能展开有一个初步的了解。圆珠笔是最通用的书写工具，其书写的字迹质量与用碳素墨水钢笔的书写质量接近，字迹流畅、均匀、牢固、不褪色，适于长期或永久保留，因此可在任何正式的场合使用。国产圆珠笔的质量与国外先进水平相比，还有很大差距。为了提高国产圆珠笔的质量，进军国际市场，采用质量功能展开的方法进行出口圆珠笔的开发。

1. 质量屋的建立

为了用质量功能展开指导圆珠笔的开发，首先要明确质量屋的概念。

质量屋也称质量表（quality chart 或 quality table），是一种形象直观的二元矩阵展开图表。图 4-1 是在分析、比较、综合国外各种形式质量屋的基础上，结合国情，并根据我国的实践经验设计的中国化的质量屋方案。在大量工程应用中，该方案具有良好的适用性。其基本结构要素如下。

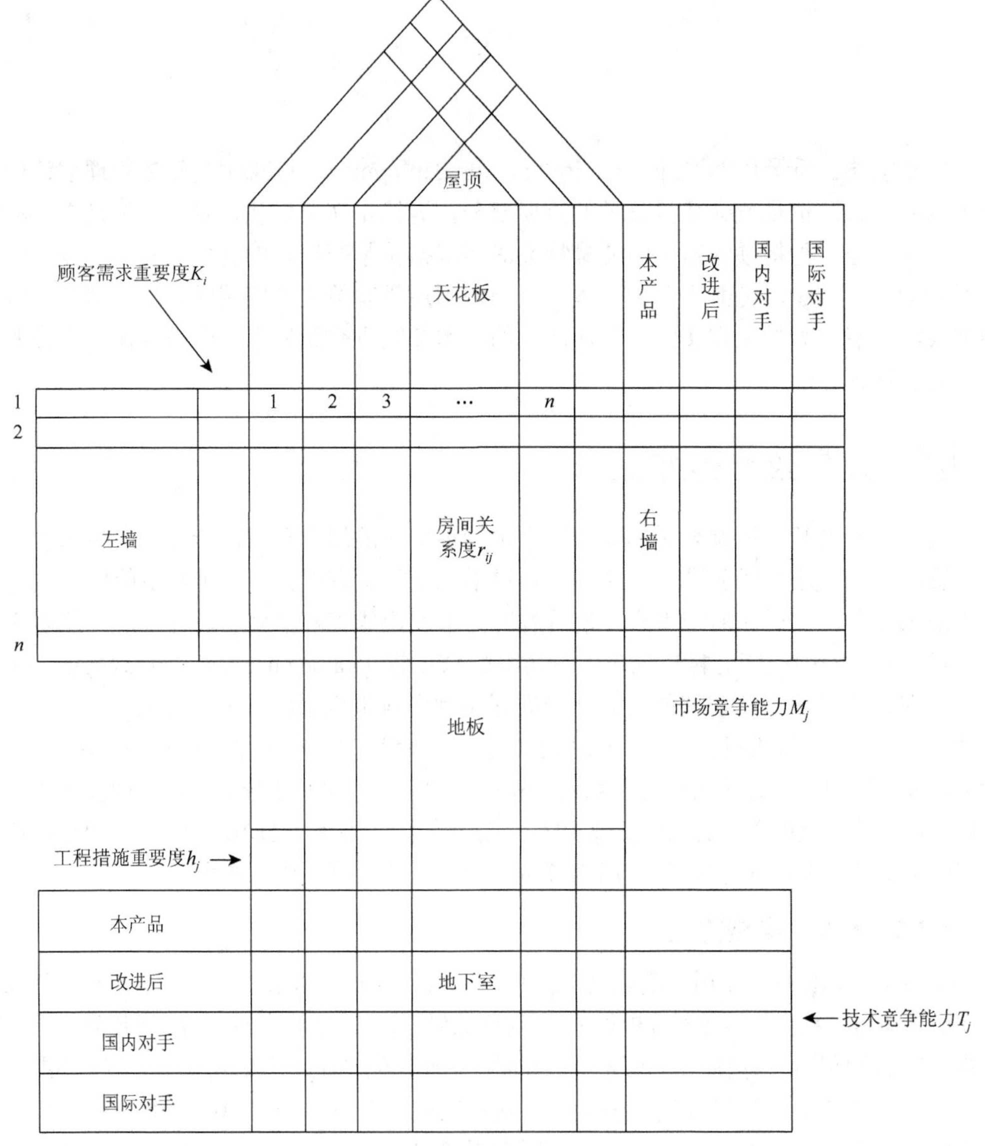

图 4-1 质量屋的结构

（1）左墙——顾客需求及其重要度。

（2）天花板——工程措施（设计要求或质量特性）。

（3）房间——关系矩阵。

（4）地板——工程措施的指标及其重要度。

（5）屋顶——相关矩阵。

（6）右墙——市场竞争能力评估矩阵。

（7）地下室——技术竞争能力评估矩阵。

质量屋的结构借用了建筑上的术语，好懂易记，并形象地喻示质量功能展开方法的结果是使顾客可以在质量大厦的庇护下，满意地享用他们所需要的产品或服务，采用质量屋的形式进行矩阵展开，不但直观易懂，具有吸引力，而且在分析和处理的信息量方面，以及在处理的深入程度和量化程度上，比其他的质量控制工具（如因果图等）要好得多。

为了建立质量屋，开发人员必须掌握第一手的市场信息，整理出对该产品的顾客需求，评定各项需求的重要程度，填入质量屋的左墙。

从技术角度，为满足上述顾客需求，提出对应的工程措施（产品设计要求），明确产品应具备的质量特性，整理后填入质量屋的天花板。

质量屋的房间用于记录顾客需求与工程措施之间的关系矩阵，其取值 r_{ij} 代表第 i 项顾客需求与第 j 项工程措施的关系度，关系越密切，取值越大。

屋顶用于评估各项工程措施之间的相关程度。主要是因为各项工程措施可能存在交互作用（包括互相叠加强化或互相抵触削弱），在选择工程措施及指标时，必须考虑交互作用的影响。相关影响度可按表 4-1 进行分类。

表 4-1　影响度划分表

影响程度	符号	影响程度	符号
强正影响	◎	强负影响	#
正影响	○	无影响	空白
负影响	×		

在质量屋的地板上填入工程措施的指标及其重要度。

给产品的市场竞争能力和技术竞争能力进行评估打分，填入质量屋右墙和地下室的相应部分。这样，质量屋的建造即告完成。

2. *顾客需求与工程措施的设定*

为了建立质量屋，必须首先收集顾客信息，整理得出顾客需求。顾客或市场的需求往往比较笼统、定性和朴素，有些意见可能有局限性。另外，随着时间的推移、经济和技术的发展、消费环境的变化，市场需求也是不断变化的。应当尽可能完整地、及时地收集第一手的市场信息。在此基础上，对这些原始信息进行整理、加工和提炼，形成系统的、有层次的、有条理的、有前瞻性的顾客需求。这项工作是极其重要的，它是一个组织正确制定产品开发战略、设定产品质量目标的基础。

经过广泛调研，顾客对圆珠笔的要求主要有书写要流利、字迹永不褪色、外形美观、使用方便、价格适中、有适当的耐用性。将这六条整理后作为顾客需求填入质量屋左墙。

从技术的角度出发，应针对顾客的需求，进行产品质量特性（设计要求）的展开

（需要时可以把质量特性划分层次），按隶属关系整理成表格，形成质量屋中的天花板部分。

圆珠笔的设计要求包括笔尖组件设计、油墨浓度选择、油墨成分确定、收放机构设计、外形设计、成本控制和材料。这七项要求没有层次上的隶属关系，作为同级工程措施并列填入质量屋的天花板。

3. 关键措施与瓶颈技术的确定

为了从上述七项工程措施中挑选出具有关键意义的几项，首先要对顾客需求进行评估，给出各项需求的重要度值；然后，确定顾客需求与工程措施两两之间的关系度（关系矩阵）；最后分别计算每项工程措施与全部顾客需求的加权关系度之和，并进行比较。加权系数即相应的顾客需求的重要度。加权关系度之和大（即对满足顾客需求贡献大）的那些工程措施就是所谓的关键措施。我们将每项工程措施对顾客需求的加权关系度之和称为工程措施的重要度，根据该重要度明确重点，集中力量实现关键的工程措施，把好钢用在刀刃上，最大限度地发挥人力、物力的作用。

关键措施的重要度应明显高于一般工程措施的重要度。例如，可将重要度高于所有工程措施的平均重要度 1.25 倍以上的工程措施列为关键措施。

（1）计算工程措施的重要度 h_j。

$$h_j = \sum K_i r_{ij} \tag{4-1}$$

式中，K_i 是顾客需求重要度；r_{ij} 是质量表的元素。

在图 4-2 中，第一项工程措施“笔尖组件设计”的重要度为

$$h_1 = \sum_{i=1}^{6} K_i r_{i1} = 5\times 9 + 4\times 0 + 3\times 1 + 3\times 1 + 1\times 1 + 2\times 2 = 56$$

（2）市场竞争能力指数 M。市场竞争能力 $M_i (i = 1, 2, \cdots, m)$。式中的下标 i 表示项数，通常包括本产品现有的市场竞争力、竞争对手（包括国内、国际）的市场竞争力以及产品改进后的市场竞争能力。对市场竞争能力指数 M 按式（4-2）计算：

$$M = \frac{\sum K_i M_i}{5\sum K_i} \tag{4-2}$$

式中，K_i 是顾客需求重要度。M 的值越大越好。

在图 4-2 中，“本产品”的市场竞争能力指数为

$$\begin{aligned} M &= \frac{\sum_{i=1}^{6} K_i M_i}{5\sum_{i=1}^{6} K_i} \\ &= \frac{5\times 4 + 4\times 3 + 3\times 4 + 3\times 4 + 1\times 4 + 2\times 5}{5\times(5+4+3+3+1+2)} \\ &= 0.78 \end{aligned}$$

（3）技术竞争能力指数 T。分析各项技术要求的技术水平 T_j（技术难度）以及对手的情况。

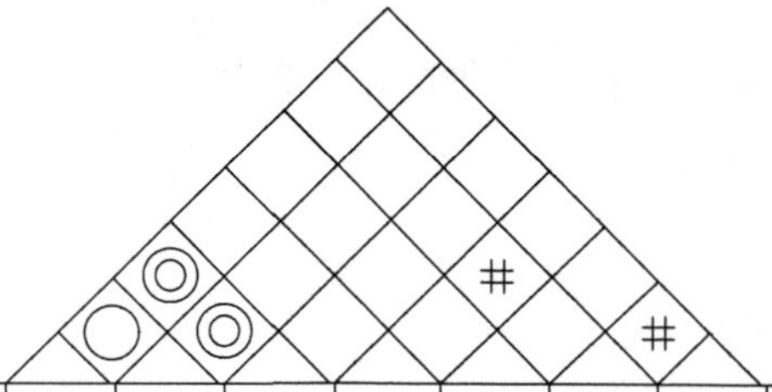

工程措施(第1级) 顾客需求(第1级)	重要度 K_i	笔尖组件设计	油墨浓度选择	油墨成分确定	收放机构设计	外形设计	成本控制	材料	市场竞争能力 M_i 本产品	改进后	国内对手	国际对手
书写流利	5	9	5	5			1	2	4	5	4	
永不褪色	4		2	9			1		3	4	3	
外形美观	3	1			3	9	1	2	4	5	4	
使用方便	3	1			8	1			4	5	5	
价格适中	1	1		2	2		9		4	5	4	
适度耐用	2	2			3		1	7	5	5	5	
		圆珠与珠座间隙适当	将浓度目标值控制在**%	选择合理的配方	收放简单，可无故障收放数次	美观大方，适合不同消费者	售价不高于1美元	选用合适的笔尖和笔杆材料	0.78	0.96	0.81	
									市场竞争能力指数 M			
工程措施重要度 h_j		56	33	63	41	30	23	30				

技术竞争能力 T_j		笔尖组件设计	油墨浓度选择	油墨成分确定	收放机构设计	外形设计	成本控制	材料	技术竞争能力指数 T
技术竞争能力 T_j	本产品	4	4	3	3	5	4	3	0.72
	改进后	5	4	4	5	5	5	4	091
	国内对手	4	4	3	4	5	4	4	0.78
	国际对手	5	5	5	5	5	4	5	0.98

图 4-2 开发优质圆珠笔第 1 级质量屋

通过对技术水平的分析及国内、国际对手的比较，可得到技术竞争能力指数：

$$T=\frac{\sum h_j T_j}{5\sum h_j} \tag{4-3}$$

在图 4-2 中，“本产品”的技术竞争能力指数为

$$\begin{aligned}T&=\frac{\sum_{j=1}^{7} h_j T_j}{5\sum_{j=1}^{7} h_j}\\&=\frac{56\times4+33\times4+63\times3+41\times3+30\times5+23\times4+30\times3}{5\times(56+33+63+41+30+23+30)}\\&=0.72\end{aligned}$$

（4）综合竞争能力指数 C。

$$C=M\,T \tag{4-4}$$

C 值越大说明竞争能力越强。

在图 4-2 中，“本产品”的综合竞争能力指数为

$$C=M\,T=0.78\times0.72=0.56$$

图 4-2 给出了开发优质圆珠笔第 1 级的质量屋。通过建立质量屋确定了两项关键措施：油墨成分和笔尖组件设计。

在该质量屋中，对新产品预期的竞争能力（市场竞争能力和技术竞争能力）也进行了分析，帮助决策者了解产品的竞争态势。

关键措施从质量角度来说必须予以保证，并从严控制，但在技术上不一定难以实现。将现有技术很难解决的技术关键称为“瓶颈技术”，在质量功能展开的过程中必须找出瓶颈，并攻克瓶颈技术。

4. 四个阶段的质量功能展开

找出圆珠笔开发的关键工程措施只是为产品设计明确了重点。由于产品开发一般要经过产品规划、零部件展开、工艺计划、生产计划四个阶段，所以有必要进行四个阶段的质量功能展开。根据某一层次的产品就是其隶属产品的“顾客”和本道工序就是上一道工序的“顾客”的原理，各个开发阶段均可建立质量屋，且各阶段质量屋的内容有内在的联系。上一阶段质量屋天花板的主要项目（关键工程措施及指标）将转换为下一阶段质量屋的左墙。质量屋的结构要素在各个阶段大体通用，但可根据具体情况适当剪裁和扩充。第一阶段（产品规划阶段）质量屋一般是最完整的，其他阶段的质量屋有可能将右墙、地下室等要素剪裁。对圆珠笔的开发而言，可以将“油墨成分确定”“笔尖组件设计”作为下一阶段即零部件展开阶段的质量屋的左墙，进一步展开对零部件设计的分析，以便将顾客的要求深入地贯彻到产品的详细设计中。在圆珠笔的工艺计划和生产计划阶段，也应类似地进行质量功能展开。

图 4-3 表示了四个阶段的质量功能展开。其中，零部件展开阶段质量屋“左墙”的顾客需求应是产品规划阶段质量屋中关键的工程措施（设计要求），“天花板”是为实现设计要求而提出的零部件特性；与此相仿，工艺计划阶段质量屋的“左墙”应为零部件特性，“天花板”是工艺要求；生产阶段质量屋的“左墙”应为工艺要求，“天花板”是生产要求。

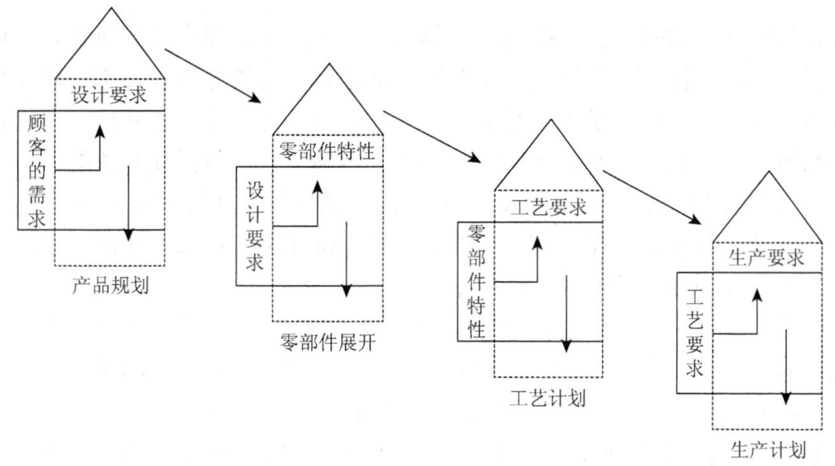

图 4-3　四个阶段的质量功能展开

并不是所有的质量功能展开都需要完整地包括上述四个阶段。根据质量功能展开工作对象的复杂程度，可以对四个阶段的质量功能展开进行剪裁或扩充。

5. *质量屋的迭代与完善*

第一轮的质量屋编制完成后，通过实际运行，可能会发现质量功能展开工作小组的认识和推断不符合或者不完全符合顾客的原意，从而导致一些顾客需求没有在质量屋中体现，或者没有正确地体现。另外，有些工程措施考虑不周，或者在实践中可能无法实现。有时顾客需求也并非都来自最终顾客，还需考虑包括协作单位、产品安装、运输、储存、销售、维修保障等各个环节的要求。为使产品满足最终顾客的需求（包括潜在需求），质量功能展开小组在产品的研制过程中，必须随时发现问题，并及时修改质量屋，使质量屋不断地得到迭代和完善，直到四个阶段的质量屋能够很好地满足产品设计、制定工艺、生产制造等全过程的需要。

第一轮四个阶段的质量屋大致在产品初步设计结束时完成。随着产品研制工作的深入，需要对各阶段的质量屋及时地、不断地进行迭代和完善，尤其在初步设计结束和投产决策两个节点上，应进行质量功能展开的评审。在产品进入市场前形成最终的四个阶段的质量屋，成为产品技术归档资料的一部分。质量屋的迭代与完善可结合设计评审、工艺评审和产品评审进行。

在新产品上市后，应继续应用质量功能展开方法，开展和优化售后服务，收集、研究顾客的意见，应用质量功能展开方法不断改进产品，提高产品质量，推出新的款式、型号，满足市场新的需求。

6. *并行工程与质量功能展开的结合运用*

并行工程的发展与市场竞争的推动和信息技术的发展密切相关：一方面，由于竞争的激化，出现了经济全球化的趋势，有实力的企业纷纷提出了全球营销战略，要求在大范围和短时间内将产品投放市场，并尽可能降低成本；另一方面，随着生产和装配向自动化方向发展、计算机技术的广泛应用，以及计算机辅助设计（computer aided design，CAD）/计算机辅助制造（computer aided manufacturing，CAM）技术的深入发展，要求产品设计和工艺人员加强合作，以改进产品的可生产性，保证产品的质量。为适应这一环境，需要对产品设计、工艺设计、制造等活动进行并行的分析和实施，研制全过程中的信息数据应在整个组织内发布，并由各个部门共享，从而推动了并行工程的发展。这意味着产品设计、工艺、生产和其他研制工作并行地开展，包括使有关的、有用的和所有潜在的信息在全组织各部门间流动，在方案论证阶段即并行地考虑安排各项有关工作，在产品设计阶段充分考虑工艺、制造、运输、维修和售后服务的需要，以便最大限度地缩短产品开发周期，并保证一次成功。

由于质量功能展开方法有效地支持了产品开发的策划工作，在组织结构上采用跨专业综合小组的形式，它的实施为并行工程的开展提供了一种载体，成为直观、形象、功能强大的工具。四个阶段的质量屋是按照并行工程原理，在产品开发早期就同步完成的，规划了产品全寿命周期的全部工作，尽可能暴露各种矛盾并予以解决，这样就避免了返工和报废，缩短了产品的研制周期，降低了成本，提高了产品的质量，保证产品研制一次成功。

当然，并行质量功能展开对跨专业综合小组提出了更高的要求，即不同的阶段应有不同技术背景的小组成员参与攻关，如图 4-4 所示；对同一小组成员，由于并行工程的需要，应兼顾不同阶段的质量功能展开。

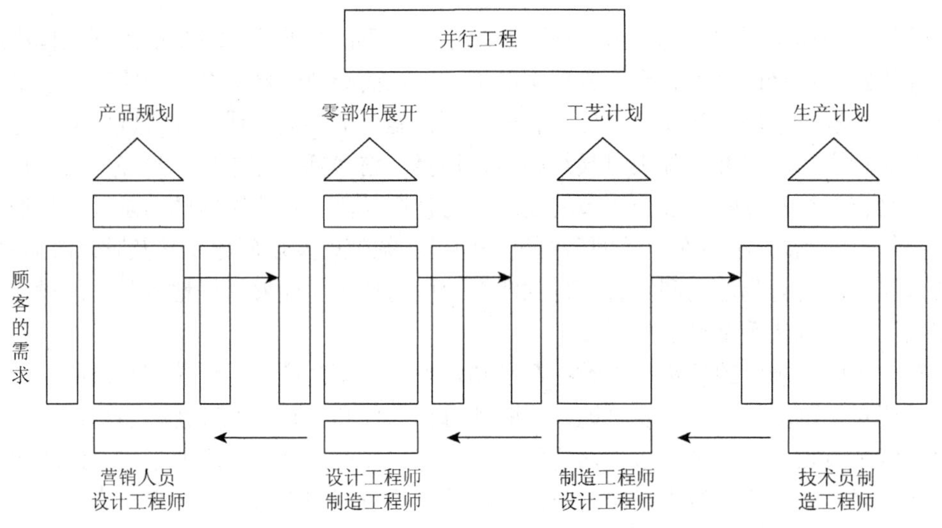

图 4-4 并行质量功能展开

并行质量功能展开的另外一个表现是，在较复杂产品的开发中，在零部件展开阶段可能不止建立一个质量屋，而是相互平行的各专业或各子系统分别根据产品规划阶段的输出建立自己的零部件展开质量屋，并行地进行质量功能展开，从各自的角度对产品的设计要求进行全面系统的演绎分析，工艺计划及生产计划阶段也是如此。

4.1.2 质量功能展开工作程序

质量功能展开的工作程序如下：调查顾客需求；测评各项需求对顾客的重要度；把顾客需求转换为技术要求；确定技术要求的满意度方向；填写关系矩阵表；计算技

术重要度；设计质量规格；技术评价；确定相关矩阵；市场评价。质量功能展开的技术路线如图 4-5 所示。

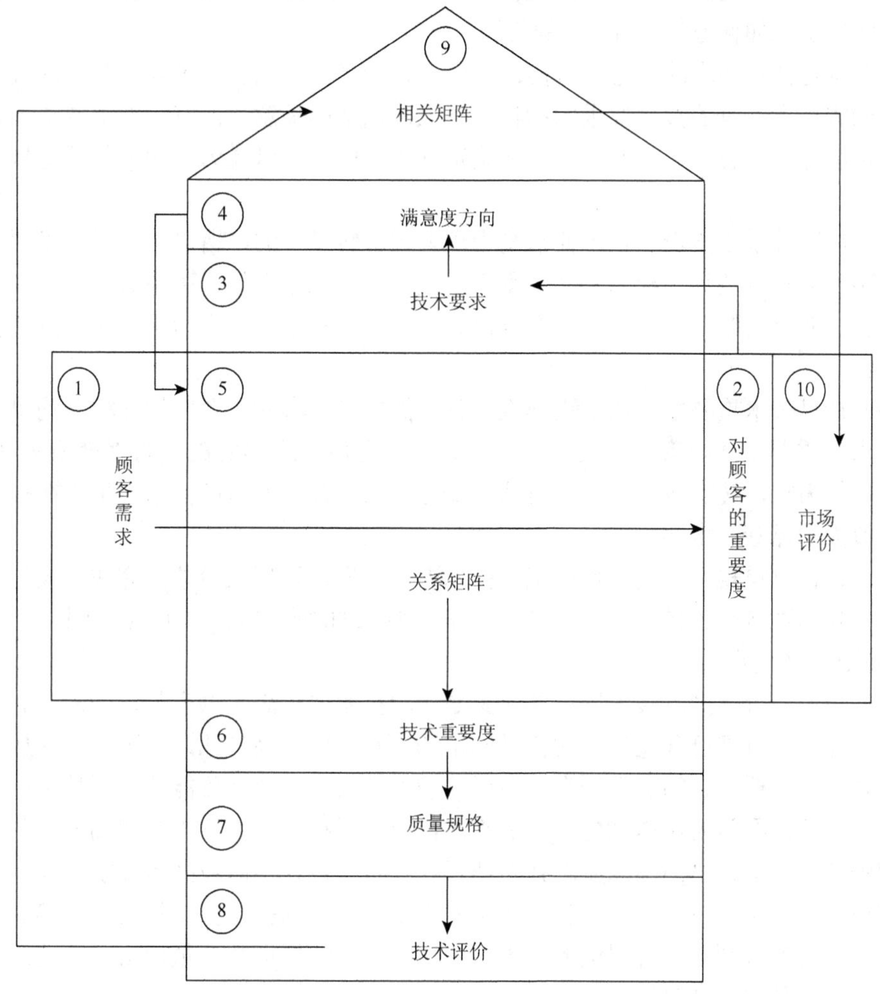

图 4-5　质量功能展开的技术路线图

（1）调查顾客需求。这一步是建造质量屋的起点，也是建造质量屋的基础。为了调查顾客需求，可采用询问法、观察法或实验法。

（2）测评各项需求对顾客的重要度。达到或超过顾客的需求是产品设计的首要原则。顾客满意是“对其要求已被满足的程度的感受”。满意度是实际效果与事前期望差异的函数：若实际效果与事前期望相符合，则感到满意；若实际效果超过事前期望，则很满意；若实际效果未能达到事前期望，则不满意或很不满意。

顾客满意是需求集成的结果，而各种需求对顾客的重要度不同，即对顾客满意的贡献不同。测评各项需求对顾客的重要度的唯一方法是对顾客进行广泛的调查。并且，每隔一定时期重新进行一次这样的调查。

（3）把顾客需求转换为技术要求。这一步由市场调查人员和工程技术人员共同把顾客的需求转换为对产品提出的技术要求，即把顾客的语言转换成工程技术人员能够把握的语言，如把图 4-2 中的“写得清楚”转换成“笔迹的对比度”“铅墨的保持能力”等。如果把在第一步所确定的顾客需求看作“是什么”（what），那么把顾客需求转换为技术要求就解决了“如何办”（how）的问题。

（4）确定技术要求的满意度方向。具体到某一产品，只有通过满足产品的技术要求来满足顾客需求。有的技术要求的指标值越大，顾客越满意；而有的技术要求的指标值越大，顾客越不满意。在开发产品时应确定这种方向性，以便为后面调整质量规格提供参考。

（5）填写关系矩阵表。技术要求是由顾客需求转换来的，所以每一项技术要求或多或少与顾客需求有关系，根据关系的紧密程度可分为三个等级：关系紧密、关系一般、关系微弱，并分别赋予 9、3、1 三个分值。所填写的关系矩阵表为确定技术重要度提供了依据。

（6）计算技术重要度。通过矩阵表与各项需求对顾客的重要度的加权平均可得各项技术要求的重要度。很有意思的是，经过这一步之后，顾客所提出的“模棱两可”“含糊不清”的需求，转变成了一个个量值。毫无疑问，开发人员应把精力集中在技术重要度指标值大的那些技术要求上。

（7）设计质量规格。这一步由工程技术人员和质量管理人员共同完成。设计质量规格就是在技术经济分析的基础上确定各项技术要求的理化指标，即解决“多少”（how many/much）的问题。

（8）技术评价。产品技术评价的对象是各项技术要求满足顾客需求的能力。为评价产品技术能力，可把已开发出来的样品同市场上知名度较高的几个品牌的产品放在一起进行比较。技术要求之间会有冲突，所以即使不计成本，也不可能使各项技术能力都达到最高。因此，经常要做些调整，在调整时，应力保技术重要度指标值高的那些技术要求，如图 4-2 所示。“油墨浓度选择”和“收放机构设计”两项技术要求的技术重要度分别占第 1 位和第 2 位，但根据技术评价的结果，这两项技术要求只达到中等。所以，仅从技术评价就可判定这种铅笔的开发不成功。为此，要调整质量规格，使这两类技术要求在同类产品中达到最优。

（9）确定相关矩阵。根据正反强弱关系，把各项技术要求之间的关系确定为四类，即强正影响、正影响、强负影响、负影响。确定相关矩阵的目的是把顾客满意度方向作量化处理，结果用于调整质量规格，提高技术评价等级。

（10）市场评价。市场评价的结果是产品满足各项顾客需求的能力。市场评价的方法与技术评价的方法相似，只是这里的评价对象是各项顾客需求。同样地，顾客需求之间往往会有冲突，所以即使不计成本，也不可能使各项顾客需求都得到最大的满足。在做调整时，应以各项需求对顾客的重要度为依据，最大限度地满足重要度指标值高的那些顾客需求。

从质量功能展开的技术路线可以看出，上述 10 个步骤的每一步都考虑了顾客需求，体现了“充分倾听顾客声音”的核心理念。因此，只要严格按照质量功能展开各个开发阶段的要求去做，所开发的产品就正是顾客真正需要的产品。

在实际应用中，如果质量屋的绘制、填写、量化计算和修改等工作用手工完成，会给质量功能展开小组带来一定的负担。另外，对组织而言，不同的质量功能展开小组用不同的方式编制质量屋，也会给这些资料在组织内的保存、传递及再利用带来困难。采用计算机辅助质量功能展开软件，可以帮助工程人员在计算机上建立工程的质量屋模型，并对其进行一系列的量化评估、迭代分析及运算比较，最终产生一套完整的质量屋，同时生成详尽的可检索调用、可保存修改的工程信息记录，有效地支持了质量功能展开的工程应用，并促进了质量功能展开技术的规范化。从长远看，计算机辅助质量功能展开软件产生的信息将融入组织内部的产品数据和管理信息流，在网络环境支持下，实现在各部门间的传递、共享和重用。

4.1.3　质量功能展开应用示例

德国 Centrotherm 公司，专业生产太阳能电池设备，可提供全套太阳能电池生产设备及技术，其高产能环保型扩散炉、管式等离子增强化学气象沉积（plasma enhance chemical vapour deposition，PECVD）、烘干/烧结炉、清洗腐蚀制绒设备以及周边 PN 结（p-n junction，p 是 positive 的缩写，代表电池正极；n 是 negative 的缩写，代表电池负极）刻蚀设备等代表了当今世界的最高水平，占领了国际上主要的高端生产线市场，近两年始终处于满负荷生产状态。PECVD 系统是一组利用镀膜舟和高频等离子激发器的系列发生器在一定的条件下发生反应的。

开发某种型号的 PECVD 设备，项目组收集有关顾客提供的信息，经过整理、加工、提炼，形成顾客的 6 条需求，填入顾客需求展开表（表 4-2）。

表 4-2　顾客需求展开表

顾客需求	准则层 B	指标层 C	
顾客满意	生产性能 B_1	1. 沉淀的薄膜质量好 2. 对有害气体防护好 3. 可靠性高且便于维修	C_{11} C_{12} C_{13}
顾客满意	外形 B_2	4. 可比国内同型号设备大 5. 美观且与生产线其他设备和谐	C_{21} C_{22}
顾客满意	经济性 B_3	6. 价格适中	C_{31}

按式 $M=\dfrac{\sum K_iM_i}{5\sum K_i}$ 计算市场竞争能力指数，见表 4-3，则现在 $\sum K_i=19$ 则

$$M_{本}=\frac{\sum K_iM_i}{5\sum K_i}=\frac{5\times4+5\times3+4\times3+2\times3+1\times3+2\times4}{5\times19}=0.674$$

$M_{改}$=0.874；$M_{内}$=0.653；$M_{外}$=0.989

将结果填入表 4-3，至此已完成了市场竞争能力指数确定表（表 4-3）。

表 4-3 市场竞争能力指数确定表

项目	重要度	比较分析			改进后
		本产品	国内对手	国外对手	
1. 沉淀的薄膜质量好	5	4	4	5	5
2. 对有害气体防护好	5	3	3	5	4
3. 可靠性高且便于维修	4	3	3	5	4
4. 可比国内同型号设备大	2	3	3	5	4
5. 美观且与生产线其他设备和谐	1	3	3	5	4
6. 价格适中	2	4	3	4	5
市场竞争能力指数 M	—	0.674	0.653	0.989	0.874

根据顾客需求，进行技术特性的描述，抽出的技术要求有控制系统设计、真空系统设计、可靠性维修性设计、成本等，展开成表 4-4。然后，对技术要求之间作相关分析，本例要求的相关影响如图 4-6 所示。

表 4-4 技术要求展开

技术要求	技术指标						
	控制系统设计	真空系统设计	气路系统设计	推拉舟装置及其他系统设计	射频电源设计	可靠性维修性设计	成本
	特征值	特征值	特征值	特征值	特征值	特征值	特征值

根据顾客需求与技术要求之间的关联性，有质量表见表 4-5。

表 4-5 质量表

顾客需求 \ 技术要求	控制系统设计	真空系统设计	气路系统设计	推拉舟装置及其他系统设计	射频电源设计	可靠性维修性设计	成本
沉淀的薄膜质量好	9	3	5	5	5	5	1
对有害气体防护好	3	5	9	5		7	3
可靠性高且便于维修	5	5	7	5	5	7	5
可比国内同型号设备大	1	1	1	1	1	3	1
美观且与生产线其他设备和谐	1						1
价格适中	1	1	1	1	3	1	3

各项技术要求（工程措施）重要度 h_j 为

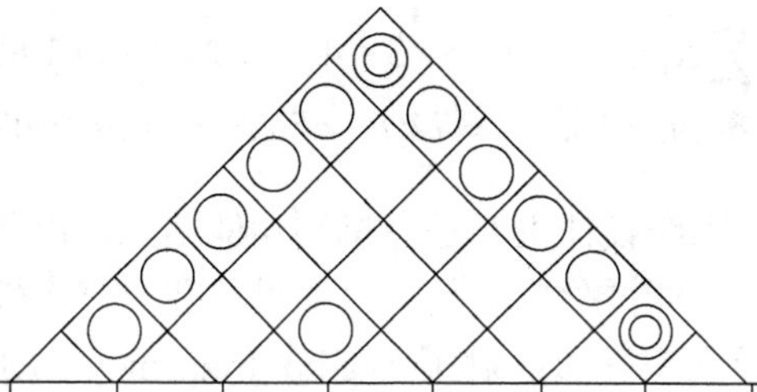

技术要求（工程措施） 顾客需求	重要度 K_j	控制系统设计	真空系统设计	气路系统设计	推拉舟装置及其他系统设计	射频电源设计	可靠性维修性设计	成本	市场竞争能力 M_j 本产品	改进后	国内对手	国外对手
1. 沉淀的薄膜质量好	5	9	3	5	5	5	5	1	4	5	4	5
2. 对有害气体防护好	5	3	5	9	5		7	3	3	4	3	5
3. 可靠性高且便于维修	4	5	5	7	5	5	7	5	3	4	3	5
4. 可比国内同型号设备略大	2	1	1	1	1	1	3	1	3	4	3	5
5. 美观且与生产线其他设备和谐	1	1						1	3	4	3	5
6. 价格适中	2	1	1	1	1	3	1	3	4	5	3	4
		主机和功能单元的电路设计	泵的抽气速率达标及能排除副产品	气密性设计达到要求	晶片舟进出反应室平稳	射频电源与负载间的阻抗匹配良好	MTBF=250小时和MTTR=60小时	售价不超过100万人民币	0.674	0.874	0.653	0.989
									市场竞争能力指数 M			
工程措施重要度 h_j		85	64	102	74	53	96	49				

技术竞争能力 T_j									技术竞争能力指数 T
	本产品	4	4	3	3	3	4	4	0.712
	改进后	5	5	4	4	4	5	5	0.912
	国内对手	3	4	3	3	3	3	3	0.624
	国外对手	5	5	5	5	5	5	4	0.981

图 4-6　某种型号 PECVD 设备一级质量屋

$$h_1 = \sum K_i r_{ij} = 5\times 9 + 5\times 3 + 4\times 5 + 2\times 1 + 1\times 1 + 2\times 1 = 85$$
$$h_2 = 64; h_3 = 102; h_4 = 74; h_5 = 53; h_6 = 96; h_7 = 49$$

经进一步分析，控制系统设计主要是主机和功能单元的电路设计；真空系统的技术要求是泵的抽气速率达标及能排除副产品；气路设计要求气密性设计达到要求；推拉舟的设计要求晶片舟进出反应室平稳；射频（radio frequency，RF）电源的设计要求射频电源与负载间的阻抗匹配良好；可靠性、维修性分别为平均故障间隔时间（mean time between failure，MTBF）=250 小时和平均恢复时间（mean time to restoration，MTTR）=6 小时；控制成本使售价不超过 100 万元人民币。由以上内容可知关键措施应是气密性设计及可靠性维修性设计。各项指标的技术水平见表 4-6。

表 4-6 技术措施及竞争力

技术指标	控制系统设计	真空系统设计	气路系统设计	推拉舟装置及其他系统设计	射频电源设计	可靠性维修性设计	成本		
技术要求重要度 h_j	85	64	102	74	53	96	49	$\sum h_j$=523	
本产品	4	4	3	3	3	4	4	0.712	竞争能力指数
改进后	5	5	4	4	4	5	5	0.912	
国内对手	3	4	3	3	3	3	3	0.624	
国外对手	5	5	5	5	5	5	4	0.981	

竞争能力指数为

$$T_{本} = \frac{\sum h_j T_j}{5\sum h_j} = \frac{85\times 4 + 64\times 4 + 102\times 3 + 74\times 3 + 53\times 3 + 96\times 4 + 49\times 4}{5\times 523} = 0.712$$

同理，

$$T_{改}=0.912;\ T_{内}=0.624;\ T_{外}=0.981$$

根据技术指标的重要度、比较分析的结果及其与项目目标的联系，以及技术能力和资源状况，给出技术指标的改进方向和具体目标。目标有三种类型：望大特性、望小特性及望目特性，可用表 4-7 所示的符号表示。

表 4-7 输出特性目标

类型	标准值	符号
望大特性	$\mu \geqslant$ USL	⇧
望小特性	$\mu \leqslant$ USL	⇩
望目特性	LSL $\leqslant \mu \leqslant$ USL	⊗

注：USL-上限（upper specification limit）；LSL-下限（low specification limit）。

综上所述，有开发某种型号 PECVD 设备的质量屋（图 4-6），质量屋的结构可以根据需要灵活地进行裁剪或扩充。

4.2 三次设计原理

20 世纪 70 年代，日本著名质量管理专家田口玄一创立了三次设计理论，他将产品的整个设计工作分为三个阶段，即系统设计（一次设计）、参数设计（二次设计）和容差设计（三次设计）。三次设计的核心思想是在产品设计阶段就进行质量控制，试图用最低的制造成本生产出满足顾客要求的、对社会造成损失最小的产品。三次设计把专业技术与统计技术紧密结合起来，通过试验和计算，用较低的成本和较短的时间寻求出设计参数的最佳组合，使产品达到最好的输出特性。

4.2.1 基本概念

1. 质量的定义

通常认为产品的质量就是产品满足用户需要的程度。田口玄一提出新的产品质量定义："所谓质量，是指上市后给社会带来的损失。"而"给社会带来的损失"是指产品的功能（即产品质量特性）波动，以及产品弊害项目所造成的损失。

田口玄一的质量定义可以表示为

质量=功能波动的损失+使用成本+弊害项目的损失

式中，弊害项目是指在生产中对工人有害的项目，如污染、噪声及安全性等。从质量管理的角度看，质量控制的目的是控制质量特性的波动，满足质量要求。因此在三项损失中，重点应考虑第一项——功能波动的损失。

2. 质量干扰

引起产品的功能波动的原因，通常称为质量干扰。质量干扰的表现形式多种多样，大致可以分为以下三种类型。

（1）外干扰。外干扰是指在产品使用或运行时，由于环境及使用条件的变化或波动，如温度、湿度、位置、输入电压、磁场、机械振动、尘埃等的变化或波动，而引起的产品功能波动。这些干扰会使质量性能不稳定，影响产品的功能正常发挥。

（2）内干扰。内干扰是指产品在贮存或使用过程中，产品本身的零件、材料随着时间的推移而发生质量变化，从而引起产品功能波动。

（3）产品间波动。由于机器（machine）、材料（material）、加工方法（method）、工人（man）、测量（measurement）和环境（environment）（5M1E）的变化，按同一规格和生产条件下生产出来的一批产品，在质量特性上存在着波动，这种波动称为产品间波动。

为保证产品的质量，应采取措施减少这三种干扰的影响，即应考虑提高产品的抗干扰能力。

4.2.2 系统设计原理及应用

系统设计即产品的功能设计，其任务是规定产品的功能，确定产品的基本结构，提出初始设计方案。

系统设计是三次设计的基础，对于结构复杂的产品，要全面考察各种参数对质量特性值的影响情况。单凭专业技术进行定性的判断是不够的，因为这样无法定量地找出经济合理的最佳参数组合。通过系统设计可以选择需要考察的因素及其水平，这里所说的因素是指构成产品这一系统的元件或构件，水平是指元件或构件的参数（或取值）。系统设计可以使用计算法和实验法两种方法。所谓实验法，就是进行某些模拟实验，以获得所需要的数据和结论，选择出最佳方案；用计算法进行设计，不必做出样品，只需用理论公式计算质量特性，并依据对计算结果的统计分析修改和完善系统设计即可。另外，对于重要的设计项目，还必须进行可行性分析，论证其技术的先进性和经济的合理性。

4.2.3 参数设计原理及应用

参数设计是产品设计的核心工作。所谓参数设计，就是选择出影响质量特性值的各元件参数的最佳值及最适宜的组合，使系统的质量特性波动小、稳定性好。在产品的制造和使用过程中，由于受到多种因素的影响，产品的输出特性总是存在着波动。要绝对消除这种波动是不可能的，但是通过合理选择参数的组合，可以极大减小这种波动的程度，从而保持质量的稳定性。

实践证明，许多产品的输出特性与参数的不同组合之间存在着非线性的函数关系。如图 4-7 所示，当因素 x 由 x_1 水平移动到 x_2 水平时，对应的特性值 y 将由 y_1 移动到 y_2。假定 x_1 水平和 x_2 水平的波动均为 Δx_1，所对应的 y_1 和 y_2 特性值的波动分别为 Δy_1 和 Δy_2。此时，虽然 x_1 水平和 x_2 水平的波动都是 Δx_1，但由于函数关系，对应的特征值 y 的波动 Δy_2 和 Δy_1 并不相等，Δy_2 要比 Δy_1 小得多，相应的特性值 y_2 要比 y_1 高。假设此时的特性值要求越高越好，这种波动变化就达到了综合性的理想效果；若特性值以 y_1 为理想要求目标值，则有$(y_2-y_1)=M$ 的差值。此时要达到综合性的理想效果，必须进一步利用非线性关系和因素水平匹配，设法消除（或弥补）M 值。

在产品设计中的参数（因素）是比较多的，不难找到一个与特性 y 呈线性关系的 z 因素，如图 4-8 所示。其线性关系为

$$y=\varphi(z)-az+b$$

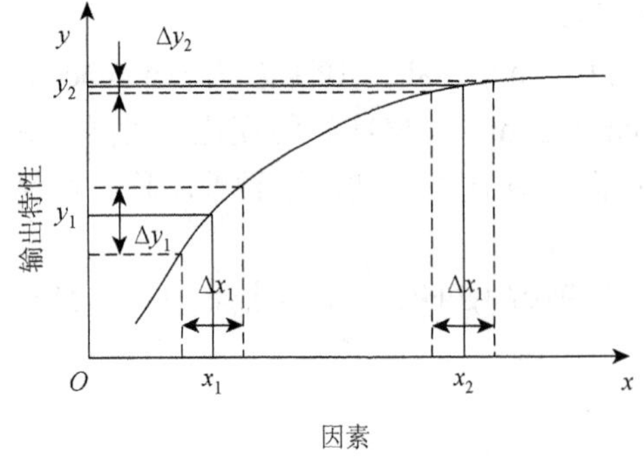

图 4-7 输出特性和因素组合的关系图

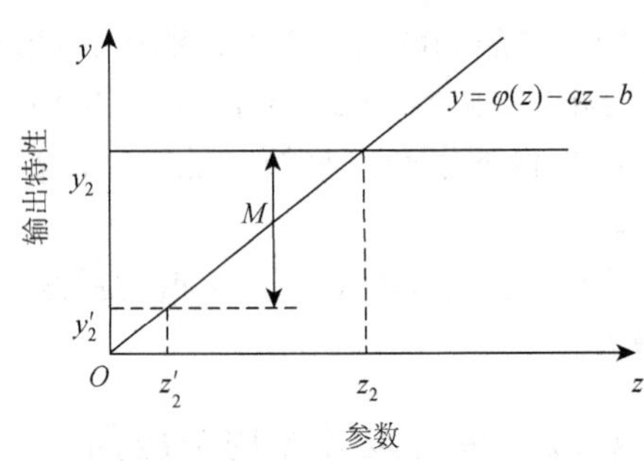

图 4-8 参数 z 和输出特性的线性关系图

由于该方程的导数为常量数，$\mathrm{d}\varphi(z)/\mathrm{d}z = a$，所以不管 z 取何值，并不影响输出特性 y 的变化率。故当因素 z 加入该系统后，并不影响原来参数组合 x 同输出特性 y 之间的变化关系。这就是说，既能保持输出特性波动小的优点（如取 x_2 值），又能通过改变 z 值的大小使输出特性 y 值由 y_2 调回到 y_2' 减小了 M。因为原 y_2 比 y_1 高出 M，改变值可使其降低一个 M 值，也就是说回到了原来的 y_1。这表明只要合理选择 x_2，可以使输出特性的波动减小到所要求的程度，然后根据目标值 y_1 及 x_2，选择合理的 z 值，使其保持 y_1 的数值。

例 4.1　有一晶体管稳压电源，输入交流电后，希望得到稳定的输出电压，目标值为直流 110V，且其波动必须控制在 ±2V，试比较分析以往的设计与参数设计的优劣，并提出优化设计方案。

解：决定稳压电源输出特性的主要因素是晶体管的电流放大倍数 H_{FE}，H_{FE} 与输出特性呈非线性关系；另一因素是调节电阻 R 的大小，其与输出特性呈线性关系，如图 4-9 所示。在以往的设计中，如果输出电压与目标值发生偏离，设计人员只要调整晶体管的工作点，使输出电压达到目标值就算完成任务，而不考虑 H_{FE} 发生变动时输出电压的波动大小。例如，原稳压电源的晶体管工作点在 $A_1 = 20$，对应的输出电压为 95V，这时，设计人员可以把 H_{FE} 调整到 $A_2 = 40$，输出电压达到 110V，其设计工作好像就完成了。可是晶体管的 H_{FE} 总会有一定范围的波动，假定设计中心值为 $A_2 = 40$，H_{FE} 就将在 20～60（$A_1 \sim A_3$）波动，对应的输出电压波动范围将是 95～120V。如果用严格挑选元器件以减少 H_{FE} 波动范围的办法来解决这个问题，势必增加成本。如果采用参数设计的思想，利用晶体管电流放大倍数与输出特性之间的非线性关系，则可经济而合理地解决这个问题。从图 4-9 可知，如选取工作点为 $A_4 = 80$，其输出电压的波动范围就可以在 120～122V，波动幅度极大减小，稳定性得到改善。不过，当选取 A_4 为工作点时，其输出电压的中心值为 121V，比要求的目标值 110V 产生了 11V 的正偏移量。这个偏移量可以用线性元件电阻进行校正。通过改变电阻 R 的大小来调整输出电压，使其达到 110V。本例中把电阻从 B_3 调整到 B_4，使电路中产生一个 11V 的负偏移量，把输出电压从 121V 调回到 110V。如此设计，既可达到所规定的目标值，又可使电路工作更加稳定和经济合理。

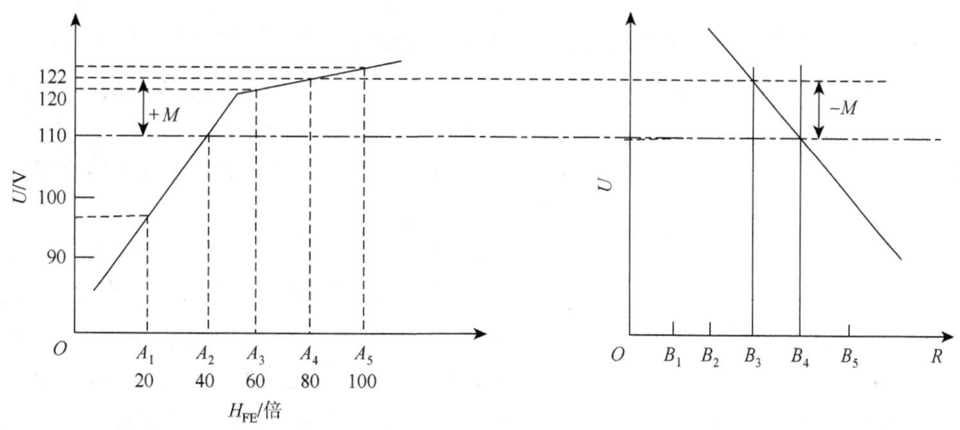

图 4-9　参数 H_{FE}、R 同输出特性的关系图

4.2.4 容差设计原理及应用

1. 容差设计的概念

产品功能界限为$\pm\Delta_0$，是产品质量特性的波动使产品丧失功能的质量特性临界值。实际上，$\pm\Delta_0$就是产品的公差范围，即允许产品特性值y在目标值m附近有$\pm\Delta_0$的波动，但这只是技术上的合理选择，在经济上不一定合理，因此，应当在经济损失最小的原则下，来制定公差范围$(m-\Delta_0, m+\Delta_0)$。为研究方便，通常把公差的1/2称为容差，只要确定了容差，也就确定了公差。

容差设计是在参数设计确定了最佳参数组合以后，进一步运用统计方法确定各个参数的公差范围，并分析研究参数公差范围和产品成本关系的方法，通过容差设计可以确定各参数的最合理的容差，使总损失最小。

2. 质量损失函数

产品质量客观存在着波动，波动有可能造成损失，所以质量损失大小与波动程度相关。质量损失函数是指产品质量的特征值偏离设计的目标值所造成的经济损失随偏离程度的变化关系。设产品设计的目标值为m，实际取值为y，当$y=m$时，其损失为0；当$y\neq m$时，即$|y-m|\neq 0$时，就有可能造成损失，质量损失函数记为$L(y)$。为了得到$L(y)$的表达式，将函数$L(y)$在$y=m$的周围展开为泰勒级数，即

$$L(y)=L(m)+\frac{L'(m)}{1!}(y-m)+\frac{L''(m)}{2!}(y-m)^2+\cdots$$

由于当$y=m$时，$L(m)=0$，即$L(y)$在$y=m$处存在极小值，所以其一阶导数$L'(\mathrm{m})=0$，上式中右端第一、二项均为0；当$y\neq m$时，即$|y-m|\neq 0$时，实际取值y在目标值m附近变化，$|y-m|$非常小，故式中第四项以后的所有高次项可以忽略不计，则质量损失函数$L(y)$的近似表达式为

$$L(y)=\frac{L''(m)}{2!}(y-m)^2$$

则

$$L(y)=k(y-m)^2$$

式中，$(y-m)^2$反映了质量特性值与目标值的接近程度，即产品功能波动大小。k是一个与y无关的常数，为单位平方偏差的经济损失，k值越大，损失也越大。$L(y)$为二次函数，故质量损失函数曲线是以m为中心的抛物线，如图4-10所示。质量损失函数中的系数k的确定有下述两种方法。

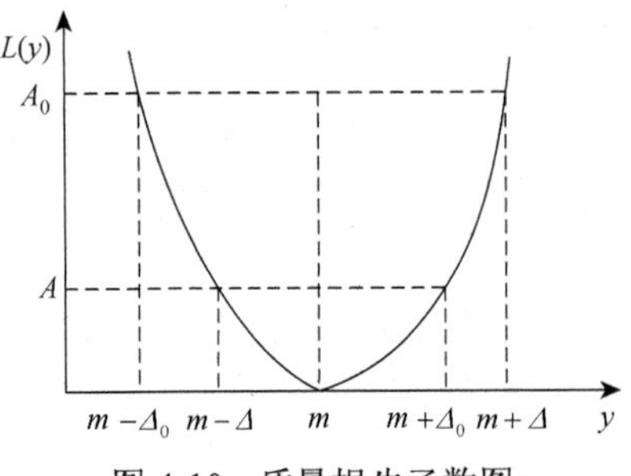

图 4-10 质量损失函数图

（1）根据功能界限Δ_0和丧失功能损失A_0确定k。功能界限Δ_0是产品能够正常发挥功能的界限值。若产品的质量特性值为y，目标值为m，则当$|y-m|<\Delta_0$时，产品能正常发挥功能；当$|y-m|\geq\Delta_0$时，产品丧失功能。设产品丧失功能时的损失为A_0，

可以认为在 $y=m\pm\Delta_0$ 两点上，$L(y)$均为 A_0。由公式 $L(y)=k(y-m)^2$ 得

$$k=\frac{A_0}{\Delta_0^2}$$

（2）根据容差 Δ 和产品不合格的损失 A 确定 k。容差是指产品合格的范围，当 $|y-m|\leqslant\Delta$ 时，产品为合格品；而当 $|y-m|>\Delta$ 时，产品为不合格品。若产品为不合格品时损失为 A，此时在 $y=m\pm\Delta$ 两点上，均有 $L(y)=A$。由公式 $L(y)=k(y-m)^2$ 得

$$k=\frac{A}{\Delta^2}$$

因此，$k=\dfrac{A_0}{\Delta_0^2}=\dfrac{A}{\Delta^2}$。

3. 容差的确定

设产品容差 $\Delta=|y_0-m|$，如图 4-11 所示，设质量特性值 y 对 m 的偏离达到容差 Δ 时，不合格所造成的损失为 A；y 对 m 的偏离超过容差 Δ 时，不合格所造成的损失与偏离 Δ 的损失是相同的。则损失函数为

$$L(y)=\begin{cases}k(y-m)^2, & |y-m|<\Delta\\ A, & |y-m|\geqslant\Delta\end{cases}$$

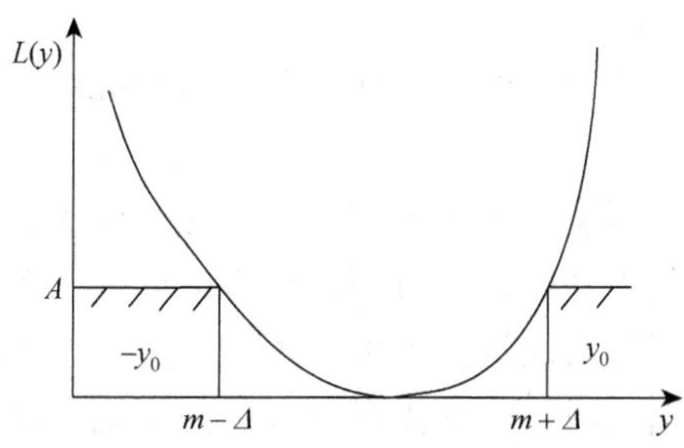

图 4-11　产品容差示意图

因为 $k=\dfrac{A_0}{\Delta_0^2}$，所以损失函数与产品特性值功能界限的关系为

$$L(y)=\frac{A_0}{\Delta_0^2}(y-m)^2$$

当 $y=m\pm\Delta$ 时，$L(y)=\dfrac{A_0}{\Delta_0^2}(m\pm\Delta-m)^2=A$，则

$$\Delta=\sqrt{\frac{A}{A_0}\Delta_0^2}$$

例 4.2　某电视机电源电路的直流输出电压 y 的目标值 m=110V，功能界限 Δ_0= 25V，丧失功能的损失 $A_0=300$ 元，不合格时的返修费 A=1 元。求损失函数中的系数 k 和容差 Δ。若某产品的直流输出电压 y=112V，则此产品该不该投放市场。

$$k=\frac{A_0}{\Delta_0^2}=\frac{300}{25^2}=0.48$$

解：（1）损失函数为

$$L(y)=0.48(y-110)^2$$

（2）又因为

$$k=\frac{A_0}{\varDelta_0^2}=\frac{A}{\varDelta^2}$$

所以

$$\varDelta=\sqrt{\frac{A}{A_0}}\varDelta_0=\sqrt{\frac{1}{300}}\times 25\text{V}=1.4\text{V}$$

（3）当 y=112V 时，相应的损失为

$$L(112)=0.48\times(112-110)^2\text{元}=1.92\text{元}$$

若不经返修就投放市场，企业虽然少花 1 元返修费，但可能会给顾客造成 1.92 元的损失，所以该产品不该投放市场。

例 4.3 某压电晶体点火器的主要性能指标是瞬态电压，其目标值 m=13000V，功能界限为 $\varDelta_0=500\text{V}$，丧失功能带来的损失 A_0=5 元。出厂前产品不合格作报废处理的损失 A=2.8 元，求该产品的容差。

解：容差 $\varDelta=\sqrt{\frac{A}{A_0}}\varDelta_0=\sqrt{\frac{2.8}{5}}\times 500\text{V}=374.25\text{V}$

即压电晶体点火器的瞬态电压的允许变化范围为 $13000\pm 374.25\text{V}$。

4. *容差设计的方法*

容差确定是根据功能界限确定系统或零部件、元器件的容差，而容差设计则是质量和成本之间的平衡。在容差设计中，一方面，要考虑提高一个或几个零部件的不确定度以改进质量；另一方面，要考虑因提高零部件不确定度所增加的成本。只有当改进质量所获取的收益大于成本的增加时，才应提高零部件的不确定度。容差设计是对影响产品输出特性的各因素进行分析研究，通过分析研究，找出关键因素，并计算损失函数，权衡质量收益，从而确定使产品寿命周期成本最低的零部件、元器件的容差。

例 4.4 某机械产品的原材料可以从 A_1、A_2、A_3 中选择。三种材料的温度系数 b、每年的磨损量 B 及价格见表 4-8。产品的功能界限 $\varDelta_0=6\text{mm}$，丧失功能时的损失 $A_0=180$ 元。产品在标准温度下的特性值的目标值 m，试问选用哪种材料比较合理?

表 4-8 材料特性数据表

材料	b / (mm / ℃)	B / (mm / 年)	价格/元
A_1	0.08	0.15	1.8
A_2	0.03	0.06	3.5
A_3	0.01	0.05	6.3

解：已知 $L(y)=\frac{A_0}{\varDelta_0^2}\varDelta^2$，其中 $A_0=180$ 元，$\varDelta_0=6\text{mm}$，$\varDelta^2$ 是由温度和磨损造成波动的合计方差，即 $\varDelta^2=\varDelta_1^2+\varDelta_2^2$。

Δ_1^2 为温度波动方差，$\Delta_1^2 = b^2\delta_{温}^2$ 。

Δ_2^2 为磨损波动方差，在 0～T 年，偏离目标值方差的平均值为

$$\Delta_2^2 = \delta_T^2 = \frac{1}{T}\int_0^T (M - Bt - m)^2 \mathrm{d}t = \frac{T^2}{3}B^2$$

将 $\delta_{温} = 15℃$ 和 T=20 年代入式 $\Delta^2 = \Delta_1^2 + \Delta_2^2$ 中，分别求得 A_1、A_2、A_3 三种材料的方差及质量损失为

$$A_1 : \Delta^2 = 0.08^2 \times 15^2 + (20^2 / 3) \times 0.15^2 = 4.44$$

$$L(y) = (180 / 6^2) \times 4.44元 = 22.2元$$

$$A_2 : \Delta^2 = 0.03^2 \times 15^2 + (20^2 / 3) \times 0.06^2 = 0.6825$$

$$L(y) = (180 / 6^2) \times 0.6825元 \approx 3.41元$$

$$A_3 : \Delta^2 = 0.01^2 \times 15^2 + (20^2 / 3) \times 0.05^2 = 0.3558$$

$$L(y) = (180 / 6^2) \times 0.3558元 \approx 1.78元$$

将上述计算结果进行整理，见表 4-9，表中总损失为价格与质量损失之和，其最小值为 6.91 元，故选用材料 A_2 最为合理。

表 4-9　容差设计表

材料	b / (mm / ℃)	B / (mm / 年)	价格/元	质量损失/元	总损失/元
A_1	0.08	0.15	1.8	22.2	24
A_2	0.03	0.06	3.5	3.41	6.91
A_3	0.01	0.05	6.3	1.78	8.08

4.2.5　三次设计示例

进气系统空燃比控制的三次设计

煤层气发动机的优良体现中最重要的就是如何建立准确的进气系统前馈处理模型。前馈处理模型准确与否，第一是建立什么样的模型，第二是模型的数据是否符合发动机工作实际情况。事实证明用步进电机控制的空气阀和燃气阀在改变阀大小的时候是有误差的，对节气门的控制时也是有误差的。相应的传感器试验测得的数据和所定的参数也是有误差的。如果不合理地解决误差，那么测得的试验数据所算得的空燃比也是不准确的，前馈处理模型的建立也就不准确。田口玄一理论的三次设计方法允许试验有误差，主要是如何控制误差，使误差对试验输出因素影响减到可以允许的范围内，以提高煤层气发动机的燃烧效率。

1. 进气系统空燃比控制的系统设计

由于发动机可控因素比较多，因素水平也比较多，相应的误差因素也较多，本书研究的是对发动机影响较大的燃料供给系统，也就是在固定的载荷下如何合理安排燃气阀、空气阀和节气门的开启大小以及相应的水平组合，以控制误差，使燃料充分燃烧，空燃比达到或者基本接近理论值。

本试验中，发动机工作时带动发电机发电，用发电机作为发动机的负载。经过理论分析

并参照试验经验，确定了如下三个可控因素，每个因素取三个水平，进行正交试验。其中 λ（空燃比）为本试验的输出特性，目标值为 $\lambda=1$。A、B、C 分别代表燃气阀开度、空气阀开度、节气门开度。它们为传感器测得的值，单位为 V，其中，燃气管直径为 25mm，空气管直径为 40mm，节气门直径为 50mm。F 为载荷，为传感器测得的发电机输出的功率，单位为 kW。

试验中，A——燃气阀开度，待选参数；

B——空气阀开度，待选参数；

C——节气门开度，待选参数；

F——载荷（3 ± 0.2kW）；

λ——实际空燃比/理论空燃比，望目特性。

2. 进气系统空燃比控制的参数设计

众多参数到底取多大的值，才能使输出质量特性 λ 最接近于既定目标值，这就是参数设计问题。本书采用内外表直积法进行设计。

本试验待选参数 A、B、C 为可控因素，参数设计的具体步骤如下。

（1）可控因素水平表。由于参数设计主要是利用非线性技术，故可控因素的水平范围尽量取大些。根据实践和相关知识，每因素取三水平进行参数设计，可控因素的水平表见表 4-10。

表 4-10 可控因素表

水平＼因素	A/V	B/V	C/V
1	0.47	1.35	0.45
2	0.48	2.20	0.60
3	0.49	3.00	0.75

此为三因素三水平试验，没有交互作用，故可以用 $L_9(3^4)$安排试验。

（2）内设计。对可控因素水平表设计试验方案，并安排到一个合适的正交表中，这个过程就称为内设计，相应的正交表为内表。进行内设计时，一定要认真考虑各因素之间的交互作用。当然能选择避免交互作用的因素更好。本设计选用 L_9（3^4）作为内表进行内设计，其表头设计见表 4-11。表中，e 为误差；η 为信噪（signal-noise，SN）比的值，$\eta=S/N$，S 为因素效因，N 为误差效应；T_1 为 1 水平上所对应的试验指标之和；T_2 为 2 水平上所对应的试验指标之和；T_3 为 3 水平上所对应的试验指标之和；T 为总和，$T=\sum_{i=1}^{n}h_i$；CT 为修正项，$\mathrm{CT}=\frac{T}{n}$；ST 为信噪比总波动平方和，$\mathrm{ST}=\sum_{i=1}^{n}y_i^2-\mathrm{CT}$。

表 4-11 内表及信噪比数据

试验号＼因素	1 A	2 B	3 C	4 （e）	η/dB
1	1	1	1	1	11.608
2	1	2	2	2	17.362

续表

试验号＼因素	1 A	2 B	3 C	4 (e)	η/dB
3	1	3	3	3	22.242
4	2	1	2	3	16.456
5	2	2	3	1	20.350
6	2	3	1	2	23.643
7	3	1	3	2	20.951
8	3	2	1	3	21.522
9	3	3	2	1	25.724
T_1	51.212	49.015	56.773	57.682	$T=179.858$ $CT=3594.322$ $ST=144.308$
T_2	60.449	59.234	59.542	61.956	
T_3	68.197	71.609	63.543	60.220	
S	48.205	85.340	7.723	3.080	

（3）误差因素水平表的确定。本试验燃气阀开度、空气阀开度、节气门开度均有误差，在参数设计中，当把它们作为可控因素考虑时，实际上是优选它们的名义值（或公称值），A'=0.470、B'=1.350、C'=0.450，由于它们均有误差，故也可作为误差因素考虑，用以考察它们对输出特性波动的影响。以内表中第一号方案为例，相应的误差因素水平表见表 4-12。因有 9 号试验，共有 9 张误差因素水平表。

表 4-12　误差因素水平表

水平＼因素	A'	B'	C'	F'
1	0.465	1.345	0.445	2.8
2	0.470	1.350	0.450	3
3	0.475	1.355	0.455	3.2

（4）质量特性值的计算。质量特征值是进行内表统计分析的基础，只有对不同方案的所有质量特征值进行分析，才能看出各个方案的优劣。质量特征值通常可以通过计算和试验得到。对于计算型的质量输出特性，直接根据影响因素的不同水平取值代入计算公式求得；而对于不可计算的质量特性值，只能通过多次试验得到需要的数值。在本试验中质量特性值为非计算的。对每张外表，应合理安排试验，得出相对应各个条件下的输出特性。

下面以内表中第 1 号试验的外表及输出特性值表中的第一号条件为例，说明输出特性的算法。

由内表中第 1 号试验的外表及输出特性值表第一号条件知，误差因素均取 1 水平，从误差因素水平表中查出相应的值为：$A'=0.465$，$B'=-1.345$，$C'=0.445$，$F'=2.8$，安排试验并计算得出 $\lambda=1.372$。可以得出其他各号条件的 λ 值，并将结果填入内表中第1号试验的外表及输出特性值。

（5）信噪比的计算。对于内表中的每号试验，根据望目特性信噪比和灵敏度的计算公式，可计算得出信噪比和灵敏度的数值。

（6）最佳方案的选择。通常，在对内表进行统计分析时，常用到两种方法：一种是极差分析法；另一种是方差分析法。极差分析法是通过极差分析和画趋势图，来进行综合比较得出试验结论。大家知道，任何试验过程都存在误差，而当这种误差比较小或试验精度要求不高时可以不考虑它。但是当误差比较大时，就必须考虑误差，方差分析法正是将试验条件不同所引起的试验结果间的差异与偶然因素所引起的试验结果的差异区分开来的一种数学方法。极差分析法简单易用，计算量也相对较小，因此在实践中应用得比较广泛。当需要试验精度高时，采用方差分析法。

由于信噪比以大为好，对照表 4-10 和表 4-11 可以看出，影响大的因素有：$A=A_3=0.49$V。

而影响小的因素 C 的水平，原则上可以任选。由此得出，待选参数中应取 $A_3B_3C_1$，即 $A=0.49$V、$B=3.00$V、$C=0.45$V。

3. 进气系统空燃比控制的容差设计

参数设计阶段确定了进气系统的最佳参数以后，下一步考虑各参数的波动对输出特性的影响。从经济性角度考虑，在不增加社会总损失的条件下，对影响较大的参数有无必要给予较小的容差范围，此即容差设计。

容差设计中正交试验的原理与参数设计基本相同。最后得出的结果是：燃气阀 $A=0.49\pm0.005$V；空气阀 $B=3.00\pm0.0025$V；节气门 $C=0.45\pm0.005$V。

即煤层气发动机在载荷 3kW 的工况下，燃气阀 A 开度为 42%，空气阀 B 开度为 72%，节气门 C 开度为 36%时。实际空燃比与理论值接近得比较好，基本可以忽略试验误差。

➢复习思考题

4-1 质量功能展开的原理是什么？“质量屋”的基本结构要素有哪些？

4-2 设从某国的基地起飞的轰炸机空袭某国。该基地的 20 架轰炸机在接到命令后有 18 架能起飞。在空中加油时，有 2 架出故障，被迫降落于邻国基地。抵达目标地后发射导弹，有 80%命中目标。问此次作战的效能 E 为多少？

4-3 某产品的寿命为指数分布，抽取 10 件做不替换的定时 300 小时的寿命试验，其间有 5 件失效，此 5 件失效品的工作时间累计为 800 小时。现给定 $\gamma=90\%$，求 θ 的单侧置信下限。

4-4 某厂拟采用正交试验探索生产三聚氰胺树脂的工艺条件，根据专业知识和实际生产经验，选用的因素及水平如表 4-13 所示。

表 4-13　因素和水平

水平＼因素	苯酚 A	pH B	丁醇加法 C
1	0.15	6	一次
2	0.12	5.5	二次

（1）请选择合适的正交表安排试验。

（2）如果把三个因素依次安排在 $L_4(2^3)$ 标的第 1、2、3 列，所得的试验结果综合评分分别为 90 分、85 分、55 分及 75 分。试分析试验结果，找出好的工艺条件。

统计控制方法与工序质量管理

本章提要：“流水线上无法生产出完全相同的两件产品”。造成质量变异的原因何在？如何才能找到其中的主要原因？本章将介绍的工序质量控制回答了这些关键的问题。正是工序的统计控制实现了质量管理的三个根本性的转变：从定性描述为主转变为定量分析为主；从事后检验为主转变为事前、事中控制为主；从产品检验为主转变为过程控制为主。本章将介绍的工序质量控制方法将有助于企业对生产或者服务过程中的各个阶段进行监控，从而使过程始终处于受控状态，以达到改进与保证质量的目的。

5.1 统计过程控制的基本原理

5.1.1 产生质量变异的原因

产品质量水平取决于六个方面的原因：操作人员、机器、原辅材料、方法、测量和环境，即 5M1E。

不同操作人员的熟练程度不同，操作方法各异，同一操作人员，在不同时间，生理和精神状态会有差异，即使在正常生理和精神状态下，同一操作人员完成的作业也不可能完全一样。机器设备的加工精度会随加工时间的增加而降低，即使经过维修也不可能与原来完全一致。不同批次的原材料必然有差异，即使同一批次的原材料，任意取出其中的一部分也会与其他部分有差异。同一种产品可能会采用不同的作业方法或工艺技术来加工，同一种作业方法的某些动作也会不同。测量器具本身也有精度上的变化，包括温度、湿度、气压、振动等在内的作业环境随时在发生变化。

正是因为这六个方面中的每一个都存在差异，所以产品质量必然会有变异。流水线上不可能生产出完全相同的两件产品。为了把质量变异控制在可接受的范围以内，把这六个方面的原因分为偶然性原因和必然性原因两大类。

偶然性原因又称为随机性原因或不可避免的原因。偶然性原因经常存在，造成产品质量的变异比较小。如操作人员技术上的微小变化、机器设备的微小振动、原材料性质的微小差异、环境温度的微小变化等。这类原因的出现带有随机性，一般不易识别，且难以消除。即使能够消除，往往在经济上也是不合算的。

必然性原因又称为系统性原因或异常原因。必然性原因往往突然发生，造成产品质量的变异较大。如操作人员未按操作规程作业、机器设备严重损坏、原材料混有其他杂质、作业环境突变等。这类原因的出现有一定的规律性，容易识别和查找，且易于采取措施予以消除。

值得指出的是，随着人们质量意识的提高和科技水平的提高，一些原来视为偶然性的原因会被作为必然性原因来对待。

把造成质量变异的原因划分为偶然性原因和必然性原因两大类具有重要的管理意义。在质量管理实践中，应把有限的人力、物力和财力放在必然性原因上。如果生产过程中造成质量变异的原因全部属于偶然性原因，那么生产过程就处于统计控制的稳定状态。在这种情况下，已经生产出来的和正在生产的产品质量变异就在可接受的范围内。反之，如果生产过程中有必然性原因在起作用，那么生产过程就脱离了统计控制状态，应及时识别和查找原因，采取有效措施消除这些必然性原因，使生产过程重新回到统计控制的稳定状态。

5.1.2　质量数据的类型

数据是开展质量管理活动的基础资料，没有数据，质量管理就成了无源之水、无本之木。质量水平通过数据来体现，质量变异需要用数据来描述。

质量数据按数轴上数的基本属性可以分为两大类，即计数值和计量值，其中，计数值根据质量特性值本身的特点，又可以分为计件值和计点值。

计数值是数轴上的整数形式，例如，在实际中统计产品的合格品及不合格品的件数，就用 0, l, 2, …整数记录。假如有一批量 N=100 件的产品批，在未经检验之前，其中的不合格品件数是未知的。那么可以用 X 表示其中不合格品件数，则 X 的取值为 $X=\{0, 1, 2, \cdots, 100\}$，$X$ 在概率论中称为离散型随机变量，因为它的取值范围虽然明确，但取值具有随机性，只有在检验之后才能确定下来。如果检验的是铸件下的气孔数或布匹上的疵点数，那么所统计的计点值也是离散型随机变量。

计量值表现为数轴上所有点的形式，是连续的和稠密的，根本没有空隙。例如，只要测量的精度能够达到，而且也有必要进行精密测度，那么就可以将螺栓的长度测度到无限精确，其误差要多么小就有多么小。如果把螺栓长度作为随机变量 X，那么 X 称为连续型随机变量。

如上所述，质量数据分类可以概括如下。

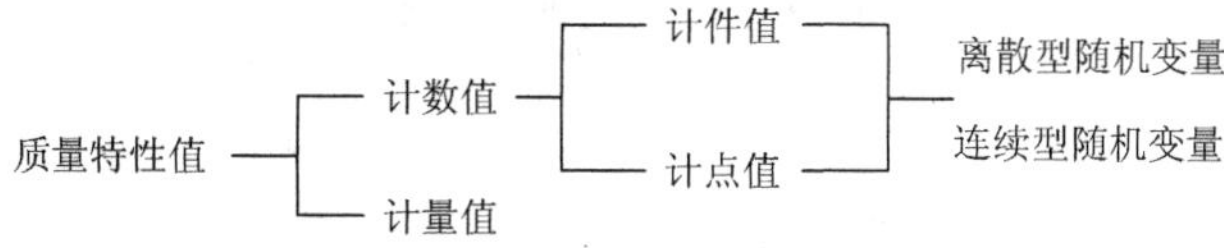

5.1.3　质量变异的统计规律

1. 计数值的变异规律及度量

1）超几何分布（hypergeometric distribution）

超几何分布的研究对象是有限总体无放回抽样，即考虑样本抽取后对总体素质的影响。这里所说的总体可以是一批数量有限的产品（如 $N=100$ 件），在进行产品检验时，从中随机抽取样本（如 $n=10$ 件）后，因为样本中可能含有不合格品，所以使总体批产品的内涵会发生变化，超几何分布是处理考虑这类影响的一类概率分布。

超几何分布概率计算公式为

$$P(d)=\frac{C_D^d C_{N-D}^{n-d}}{C_N^n}$$

式中，N 为产品批量；D 为 N 中的不合格品数；$N-D$ 为 N 中的合格品数：n 为从 N 中随机抽取的样本大小；d 为 n 中的不合格品数；$n-d$ 为 n 中的合格品数；$P(d)$ 为在 n 中恰含有 d 件不合格品的概率；C_D^d 为不合格品的组合；C_{N-D}^{n-d} 为合格品的组合；C_N^n 为从 N 中随机抽取 n 件的组合。

例 5.1 将生产中的 12 个乒乓球放入一个盒中，如图 5-1 所示，其中有 3 个不合格品，现从中随机抽取样本大小为 $n=4$ 的样本进行检验，试求发现其中有一个不合格品的概率。

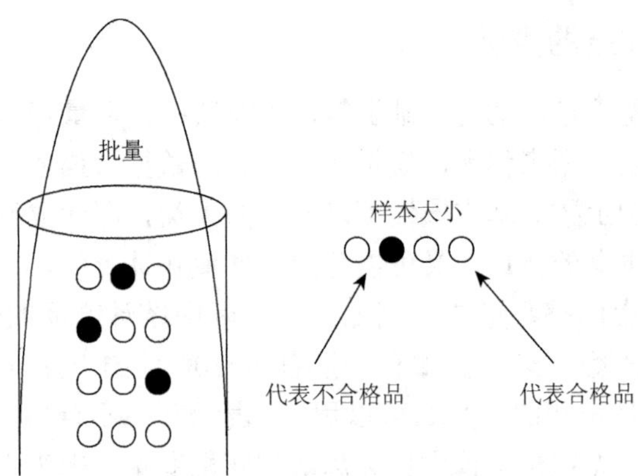

图 5-1 乒乓球抽样示意图

解：由已知条件得 $N=12$，$D=3$，$n=4$，$d=1$，如图 5-1 所示。

因为

$$P(d)=\frac{C_D^d C_{N-D}^{n-d}}{C_N^n}$$

所以

$$P(d=1)=\frac{C_3^1 C_9^3}{C_{12}^4}=0.509$$

同理可以求出：

$$P(d=0)=0.255$$

$$P(d=2)=0.218$$

$$P(d=3)=0.018$$

设事件 A 为必然事件，根据概率的性质，则有

$$P(A)=P(d=0)+P(d=1)+P(d=2)+P(d=3)=1$$

验证：

$$P(A)=0.255+0.509+0.218+0.018=1$$

当然，如果要知道样本中的不合格品数少于 2 个的可能性，则有

$$\begin{aligned}P(d\leqslant 1)&=P(d=0)+P(d=1)\\&=0.255+0.509\\&=0.764\end{aligned}$$

如果要知道样本中的不合格品数多于 1 个的可能性，则有

$$\begin{aligned}P(d\geqslant 2)&=P(d=2)+P(d=3)\\&=0.218+0.018\\&=0.236\end{aligned}$$

或根据概率的性质得

$$\begin{aligned}P(d\geqslant 2)&=1-P(d\leqslant 1)\\&=1-0.764\\&=0.236\end{aligned}$$

例 5.2　在产品验收检查中，将 20 个零件作为一批交验，如果从中随机抽取 4 件进行检验，由于各交验批的产品质量不同，所以其超几何概率分布也不同，假设连续交验的 4 批零件中所含不合格品数分别为 1 件、3 件、5 件和 7 件，试通过计算和图形说明它们的概率分布形态。

解：（1）当 $N=20$， $D=1$，n=4 时，有

$$\begin{aligned}P(d\leqslant 1)&=P(d=0)+P(d=1)\\&=\frac{C_1^0C_{19}^4}{C_{20}^4}+\frac{C_1^1C_{19}^3}{C_{20}^4}\\&=0.8+0.2\\&=1\end{aligned}$$

（2）当 $N=20$， $D=3$， n=4 时，有

$$\begin{aligned}P(d\leqslant 3)&=P(d=0)+P(d=1)+P(d=2)+P(d=3)\\&=\frac{C_3^0C_{17}^4}{C_{20}^4}+\frac{C_3^1C_{17}^3}{C_{20}^4}+\frac{C_3^2C_{17}^2}{C_{20}^4}+\frac{C_3^3C_{17}^1}{C_{20}^4}\\&=0.491+0.421+0.084+0.004\\&=1\end{aligned}$$

（3）当 $N=20$， $D=5$， n =4 时，有

$$\begin{aligned}P(d\leqslant 4)&=P(d=0)+P(d=1)+P(d=2)+P(d=3)+P(d=4)\\&=\frac{C_5^0C_{15}^4}{C_{20}^4}+\frac{C_5^1C_{15}^3}{C_{20}^4}+\frac{C_5^2C_{15}^2}{C_{20}^4}+\frac{C_5^3C_{15}^1}{C_{20}^4}+\frac{C_5^4C_{15}^0}{C_{20}^4}\\&=0.282+0.469+0.217+0.031+0.001\\&=1\end{aligned}$$

（4）当 $N=20$，$D=7$，$n=4$ 时，有

$$
\begin{aligned}
P(d \leqslant 4) &= P(d=0)+P(d=1)+P(d=2)+P(d=3)+P(d=4) \\
&= \frac{C_7^0 C_{13}^4}{C_{20}^4}+\frac{C_7^1 C_{13}^3}{C_{20}^4}+\frac{C_7^2 C_{13}^2}{C_{20}^4}+\frac{C_7^3 C_{13}^1}{C_{20}^4}+\frac{C_7^4 C_{13}^0}{C_{20}^4} \\
&= 0.148+0.413+0.338+0.094+0.007 \\
&= 1
\end{aligned}
$$

将上述计算的结果分别绘制成图 5-2 中的（a）～（d）四个概率分布图，使产品质量和样本中的不合格数以及概率分布的关系更加直观。

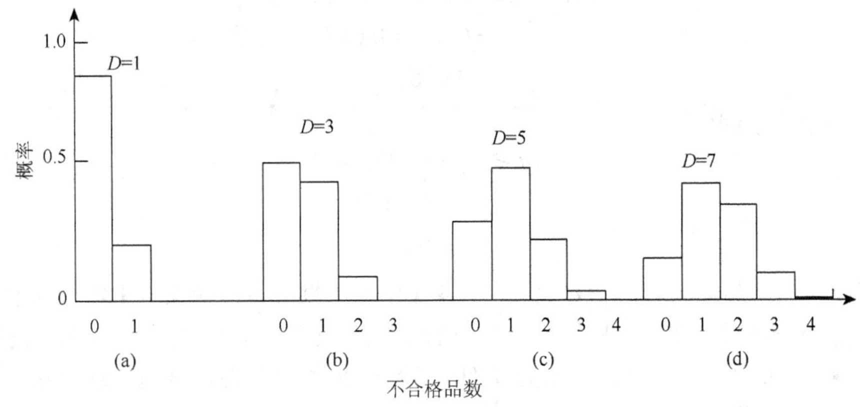

图 5-2　不同质量批的超几何分布（N=20，n=4）

2）二项分布（binomial probability distribution）

二项分布的研究对象是总体无限有放回抽样，当研究的产品批量很大，如 N=1000 件或者 $N \to \infty$（实际中的一个连续的生产过程作为总体）时，在这种情况下，如果再用超几何分布去研究是十分困难或完全不可能的，然而，用二项分布解决这类问题就变为现实。

根据概率论与数理统计推断的基本原理，当 $N \geqslant 10n$ 时，可以用二项分布逼近超几何分布，其误差在工程上是允许的，有概率统计原理证明超几何分布的极限形式是二项分布。

根据伯努利（Bernouli）定理，二项分布的概率计算公式为

$$P(d)=C_n^d p^d (1-p)^{n-d}$$

式中，n 为样本大小；d 为 n 中的不合格品数；p 为产品的不合格品率；$(1-p)$为产品的合格率，即 $q, p+q=1$。

二项分布规律主要用于具有计件值特征的质量特性值分布规律的研究。如在产品的检验和验收中批产品合格与否的判断，以及在工序控制过程中所应用的不合格品率 p 控制图和不合格品数 pN 控制图的统计分析。

例 5.3　今有一批产品，批量很大，N=1000。产品不合格率 p=0.01，现从中随机抽取 n=10 件，试求经检验后，发现有 1 件不合格品的概率有多大?至少有 2 件不合格品的概率有多大?

解：（1）
$$\begin{aligned}P(d=1)&=C_n^d p^d(1-p)^{n-d}\\&=C_{10}^1(0.01)^1(1-0.01)^9\\&=0.091\end{aligned}$$

若考虑样本对总体的影响，则用超几何分布计算，即

$$P(d=1)=\frac{C_D^d C_{N-D}^{n-d}}{C_N^n}=\frac{C_{Np}^d\ C_{N-Np}^{n-d}}{C_N^n}=\frac{C_{10}^1 C_{990}^9}{C_{1000}^{10}}=0.092$$

显然用超几何分布计算是最准确的，但计算比较麻烦，而且由已知条件可知，$N\geqslant 10n$ 的条件满足，所以可以采用二项分布近似计算。

（2）
$$\begin{aligned}P(d\geqslant 2)&=1-P(d<2)\\&=1-P(d=0)-P(d=1)\\&=1-C_{10}^0(0.01)^0(0.99)^{10}-C_{10}^1(0.01)^1(0.99)^9\\&=1-0.904-0.091\\&=0.005\end{aligned}$$

例 5.4　有一交验批 N 很大，产品不合格率为 p，样本大小为 n，试绘图描述以下条件的二项分布规律，并加以分析。

$$①p=0.10,\begin{cases}n=5\\n=15\\n=30\end{cases};\quad ②p=0.05,\begin{cases}n=5\\n=15\\n=30\end{cases}$$

解：（1）相同质量水平的交验批，当样本大小 n 增加时，二项分布逐渐趋于一种对称分布，即正态分布（由大数定律和中心极限定理证明）。如图 5-3 和图 5-4 所示（计算从略），以图 5-3 为显著。

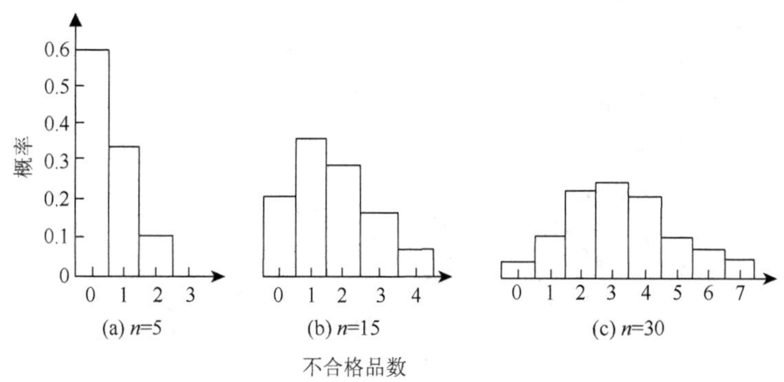

图 5-3　不同样本大小 n 的二项分布（p=0.10）

（2）相同的样本大小，不同质量水平的交验批，二项分布规律随不合格品率的增大而逐渐趋于一种对称分布，即正态分布（本节后面将加以介绍），如图 5-3（c）和图 5-4（c）相比较所示。

在图 5-5 和图 5-6 所示的两族折线图中，能够更清楚地看出上述分析的趋势。同时，可以由图 5-5 中的 $p=0.25$，$n=24$，以及图 5-6 中的 $p=0.1$，$n=50$ 得出以下结论。

当 $N\geqslant 10n$，$p\leqslant 0.1$ 或 $np\geqslant 4\sim 5$ 时，就可以用正态分布代替二项分布进行近似计算，实际上，在一定的条件下，正态分布是二项分布的极限形式。

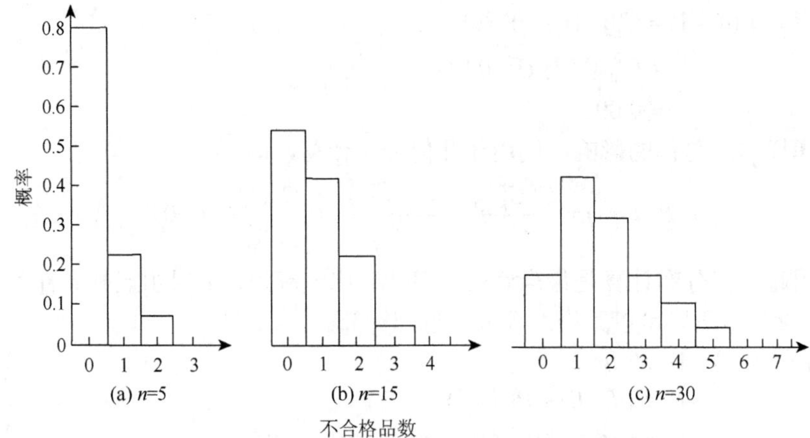

图 5-4 不同样本大小 n 的二项分布（p=0.05）

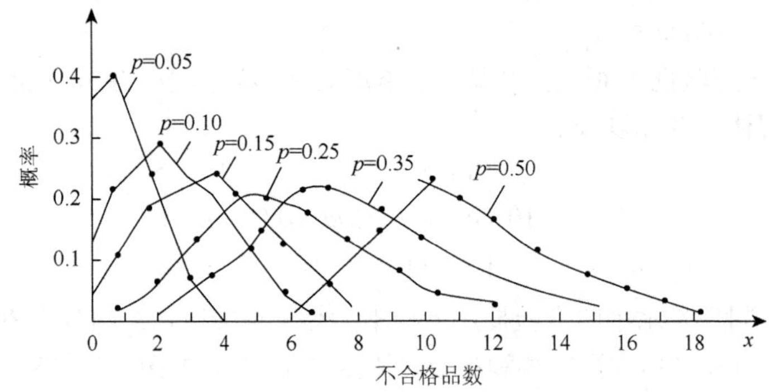

图 5-5 相同样本大小 n 的二项分布（n=24）

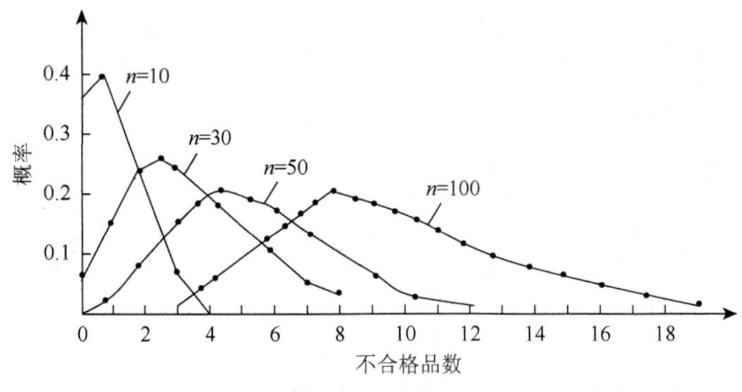

图 5-6 相同质量水平的二项分布（p=0.1）

二项分布的平均值和标准差为

$$\text{平均值}\ \overline{x} = np$$

$$\text{标准差}\ \sigma = \sqrt{npq}$$

式中，n 为样本大小；p 为总体的不合格品率；q 为总体的合格品率。

3）泊松分布（poisson distribution）

泊松分布研究的对象是具有计点值特征的质量特性值，如布匹上出现疵点的规律、机床发生故障的规律。自然界和生活中也有大量现象服从泊松分布规律，如每天超级市场的顾客人数、每分钟到达公共汽车站的乘客人数等。

泊松分布的概率计算公式为

$$P(d=k)=\frac{\lambda^k \mathrm{e}^{-\lambda}}{k!}$$

式中，$\lambda=np$；n 为样本大小；p 为单位不合格率（缺陷率）；e=2.718281。

例 5.5　在产品的加工过程中，观察产品在装配中发生的缺陷，经统计每台产品的平均装配缺陷数 λ=0.5，试求在检验中发现恰有 1 个缺陷的概率有多大?

解：$P(d=k)=\frac{\lambda^k \mathrm{e}^{-\lambda}}{k!}=\frac{0.5\mathrm{e}^{-0.5}}{1!}=0.303$

上式可用计算器做计算或查附表 2 最为方便。查附表 2 得

$$\begin{aligned}P(d=1)&=P(d\leqslant 1)-P(d=0)\\&=0.910-0.607\\&=0.303\end{aligned}$$

附表 2 中括号内的数为累积概率。

泊松分布的平均值和标准差为

$$平均值\ \overline{x}=\lambda(np)$$

$$标准差\ \sigma=\sqrt{\lambda}$$

例 5.6　利用例 5.3 中的条件，采用泊松分布计算。

解：$\lambda=np=10\times 0.01=0.1$，则

$$P(d=k)=\frac{\lambda^k \mathrm{e}^{-\lambda}}{k!}=\frac{0.1\mathrm{e}^{-0.1}}{1!}$$

查附表 2 得

$$P(d=1)=0.091$$

实际上，当 $np<4$ 时，用二项分布和泊松分布计算可以得出几乎相同的结果，而用泊松分布计算显然更方便，可以查泊松分布表（附表 2）。

有泊松定理证明，当 $np\geqslant 5$ 时，正态分布是泊松分布的极限形式，如图 5-7 所示。

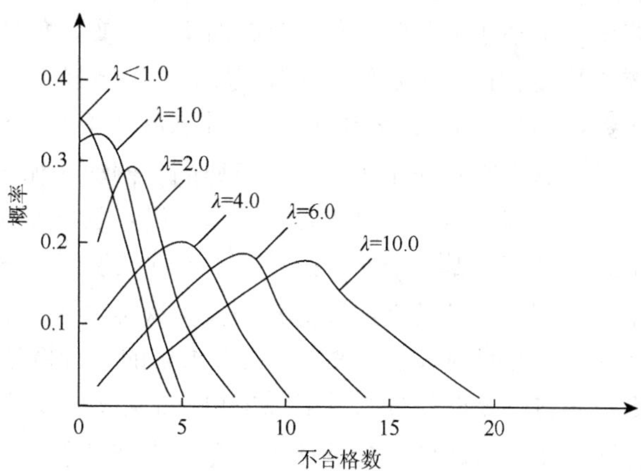

图 5-7　泊松分布变化规律（$\lambda=np$）

2. 计量值的变化规律及度量

1）正态分布的研究对象

在企业的生产和经营活动中，正态分布是应用最为广泛的一种概率分布。例如，在机械加工的生产活动中，当质量特性值具有计量性质时，应用正态分布去控制和研究质量变化的规律，包括公差标准的制定，生产误差的计算和分析，生产设备的调整，工序能力的分析，产品质量的控制和验收等。因此，了解正态分布的基本参数和生产过程状态的关系是十分必要的。

2）正态分布概率计算

正态分布的概率计算公式为

$$F(X)=\frac{1}{\sqrt{2\pi}\sigma}\int_{-\infty}^{x}\mathrm{e}^{-(x-\mu)^2/2\sigma^2}\mathrm{d}x$$

式中，μ 为总体平均值；σ 为总体标准差。

若随机变量 X 为计量质量特性值，并服从正态分布，则记作 $X \sim N(\mu,\sigma^2)$。当 $\mu=0,\sigma=1$ 时，正态分布称为标准正态分布，记作 $X \sim N(0.1)$。用标准正态分布研究实际问题是十分方便的，可以借助标准正态分布表（附表 3）计算分布概率，标准正态分布的概率密度曲线如图 5-8 所示，标准正态分布的概率计算公式为

$$F(X)=\int_{-\infty}^{x}\frac{1}{\sqrt{2\pi}}\mathrm{e}^{-x^2/2}\mathrm{d}x$$

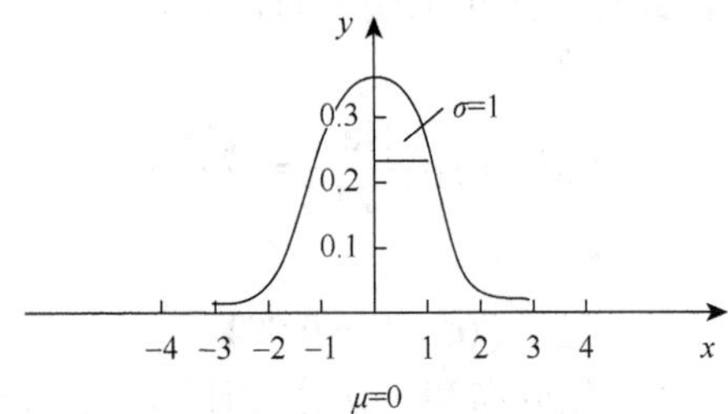

图 5-8 标准正态分布曲线

3）正态分布的平均值和标准差

正态分布的平均值 μ 描述了质量特性值 x 分布的集中位置，如图 5-9 所示。而正态分布的标准差 σ 描述了质量特性值 x 分布的分散程度，如图 5-10 所示。μ 和 σ 为正态分布的两个重要基本参数，只要 μ 和 σ 两者确定下来，那么服从正态分布的质量特性值 x 的分布曲线就唯一确定了，这在实际应用中是十分重要的。例如，如图 5-9 所示，x 表示某加工零件的长度尺寸，假设 $\mu_0=0$ 的分布符合质量标准，也就是说，$\mu_0=0$ 的分布描述了一个生产过程的控制状态，那么 $\mu_2=3$ 就显示了零件长度尺寸偏长的一个失控的生产状态。如果根据生产过程收集的数据统计分析结果为这种状态，就必须分析原因，采取措施，调整恢复到 $\mu_0=0$ 的控制状态，否则会出现大量的不合格品。而 $\mu_1=-2$ 的分布状态也属于失控状态，此时描述的零件尺寸显然偏短。上述关于分布中心 μ 发生右偏移或左偏移的状态，都属于生产过程的失控状态。可见，生产过程的失控状态是可以通过正态分布的平均值 μ 的变化显示出来的。

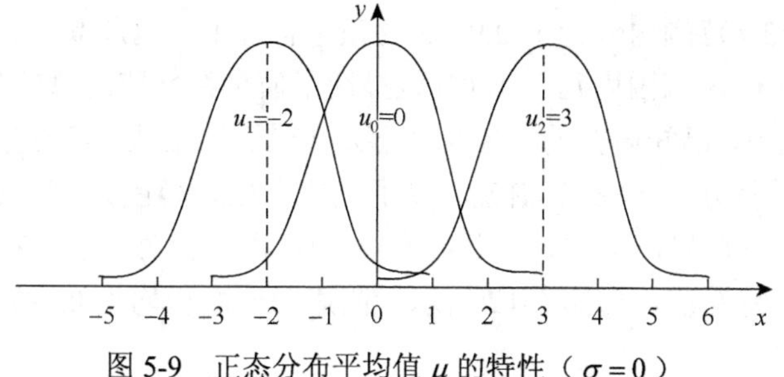

图 5-9　正态分布平均值 μ 的特性（$\sigma=0$）

如图 5-10 所示，假设通过三次生产状态的统计分析，μ 没有发生变化($\mu=0$)，然而 σ 出现了三种不同的情况，$\sigma_1=0.5$、$\sigma_2=1.0$ 和 $\sigma_3=1.5$。如果 $\sigma_2=1.0$ 是符合质量标准要求的，那么 $\sigma=1.5$ 的生产状态说明零件长度尺寸有更大的分散性。如果与公差界限比较，一定会出现超出上公差和下公差的不合格品，这也是一个失控状态，是不允许的。而 $\sigma_1=0.5$ 的情况说明零件尺寸长度分布更集中了，也就是加工的精度提高了。分析其原因，也许是采用了新技术、新工艺或新设备。由此可见，σ 的变化也描述了生产过程的状态。因此，不难想到，在实际中，如果质量特性值是服从或近似服从正态分布规律的，那么可以通过 μ 和 σ 的变化控制生产过程状态，这就是工序质量控制的基本原理。

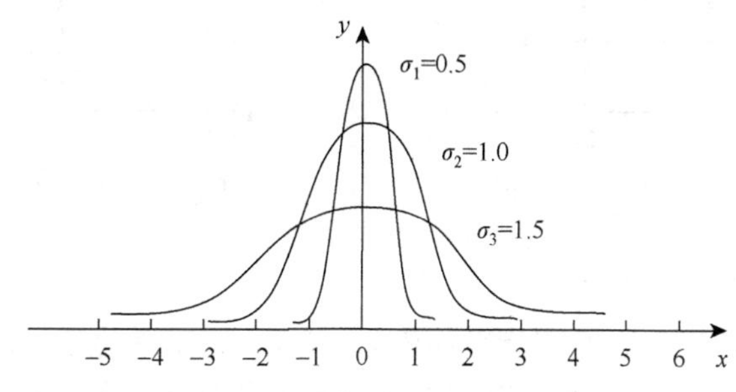

图 5-10　正态分布标准差 σ 的特性（$\mu=0$）

4）“3σ”原则

根据标准正态分布规律可以计算以下概率：

$$\begin{aligned}\Phi(x)&=p(\mu-\sigma<x<\mu+\sigma)\\&=p\left[-\sigma<(x-\mu)<\sigma\right]\\&=p\left(-1<\frac{x-\mu}{\sigma}<1\right)\\&=\Phi(1)-\Phi(-1)\end{aligned}$$

查附表 3 得

$$\Phi(x)=\Phi(1)-\Phi(-1)=0.8413-0.1587=0.6826$$

同理，

$$P(\mu-2\sigma<x<\mu+2\sigma)=\Phi(2)-\Phi(-2)=0.9546$$
$$P(\mu-3\sigma<x<\mu+3\sigma)=\Phi(3)-\Phi(-3)=0.9973$$

将上述三个计算结果用图 5-11 描述，并得出以下重要结论：若质量特性值 x 服从正态分布，那么在$\pm 3\sigma$范围内包含了 0.9973 的质量特性值，这就是所谓的“3σ”原则。因此可以断言，在$\pm 3\sigma$范围内几乎 100%地描述了质量特性值的总体分布规律。所以，在实际问题的研究中，已知研究的对象总体服从（或近似服从）正态分布，就不必从$-\infty$到$+\infty$去分析，只着重分析$\pm 3\sigma$范围就可以了，因为$\pm 3\sigma$范围几乎 100%地代表了总体。应该指出，“3σ”原则与σ无关，无论σ值大些，还是相对小些，在$\pm 3\sigma$范围内都包含了 0.9973 的质量特性值，如图 5-12 所示，阴影部分面积均为 0.9973。

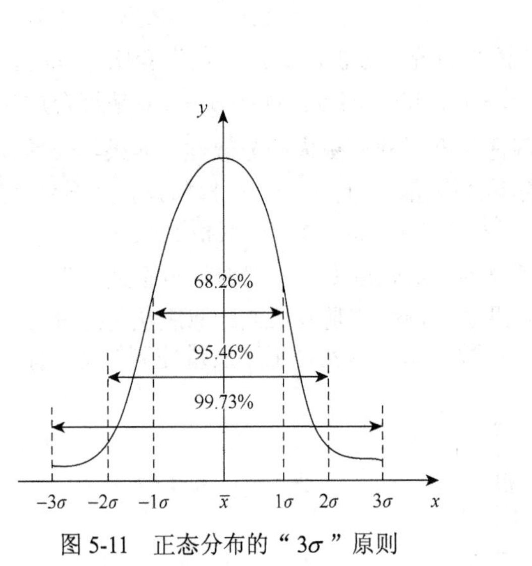

图 5-11　正态分布的“3σ”原则

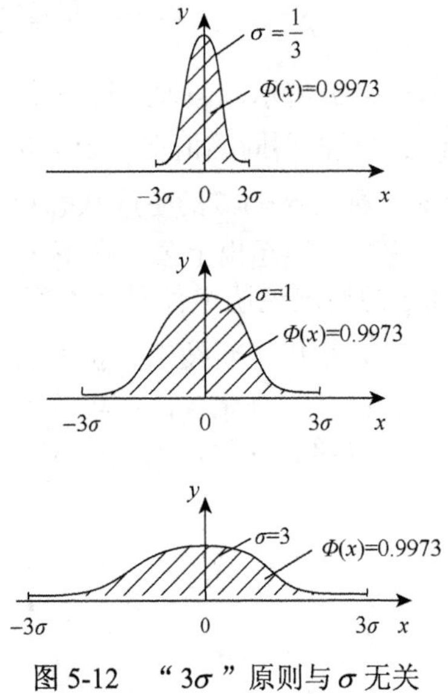

图 5-12　“3σ”原则与σ无关

5）正态分布的概率计算分析

例 5.7　某儿童食品包装的重量平均值为 296g，标准差为 25g，假设该产品的重量服从正态分布，已知重量规格下限为 273g，求低于规格下限的不合格品率为多少?

解：已知$\mu \doteq \overline{x} = 296, \sigma = 25, x_{\mathrm{L}} = 273$。

设标准正态变量为u，则

$$u = \frac{x_{\mathrm{L}} - \overline{x}}{\sigma}$$

$$\Phi(u) = \Phi\left(\frac{x_{\mathrm{L}} - \overline{x}}{\sigma}\right) = \Phi\left(\frac{273 - 296}{25}\right) = \Phi(-0.92)$$

查附表 3 得

$$\Phi(-0.92) = 0.1788$$

如图 5-13 所示，该生产加工工序低于下限的不合格率为 0.1788。

假设$\overline{x} = 296\text{ g}$是产品重量标准的公差中心，那么要减少不合格品率，提高产品质量，就是要提高包装的重量精度，也就是要采取有效措施减小σ，使包装的重量更加集中，从而降低不合格品率，保护消费者的利益，提高企业的信誉。

假设$\overline{x} = 296\text{ g}$相对公差中心向左偏移，则需要采取措施使分布中心$\overline{x}(\mu)$向右调整，那么低于$x_{\mathrm{L}}$的不合格率会下降。

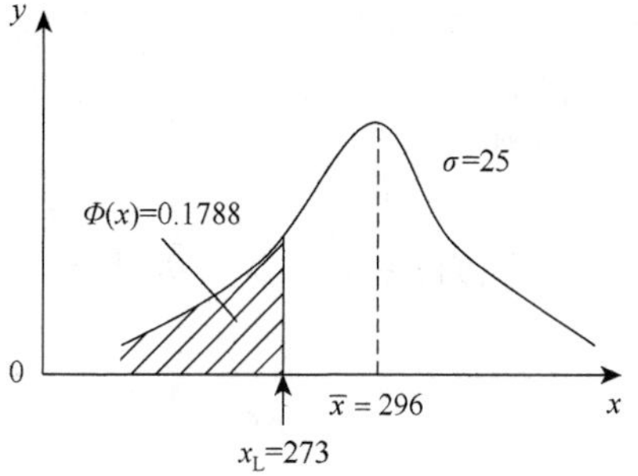

图 5-13 产品重量超出下限的不合格品率

例 5.8 已知 $x_{\mathrm{L}}=273\,\mathrm{g}$，$\sigma=25$，对例 5.7 的产品不合格率规定不得超过 0.01，试求 $\bar{x}$ 应控制的中心位置。

解：已知 $x_{\mathrm{L}}=273, \sigma=25$，允许不合格率 $p=0.01$，根据正态分布的性质，超出质量标准上、下界限的不合格品率各为 0.005，所以有

$$\Phi(u)=0.005$$

查附表 3 得

$$\mu=-2.58$$

而

$$u=\frac{x_{\mathrm{L}}-\bar{x}}{\sigma}$$

则

$$\bar{x}=x_{\mathrm{L}}-u\sigma=273-(-2.58)\times 25=337.5$$

因此，公差中心应定在 337.5g，生产过程中将分布中心控制在 337.5g，才能保证不合格品率不超过 0.01。调整后的生产过程状态如图 5-14 所示。

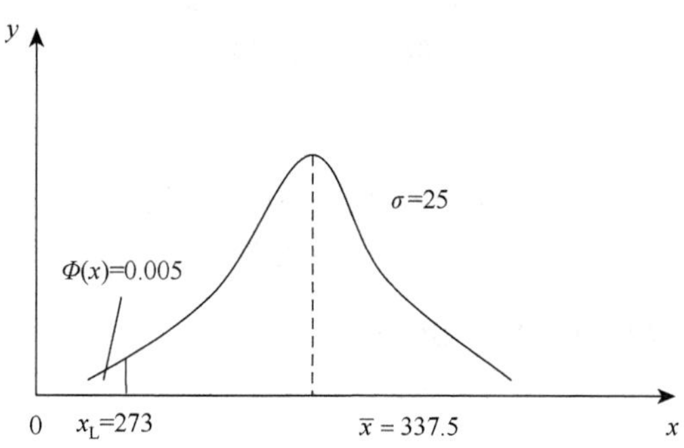

图 5-14 分布中心 $\bar{x}(\mu)$ 向右调整

应当指出的是，例 5.8 的情况只是一种假设，显然这种情况下公差 T 相对 $\bar{x}$ 太大了，因为

$$T/2=\bar{x}-x_{\mathrm{L}}=337.5-273=64.5$$

所以 $T=129$。这意味着单件产品顾客和生产者都可能要承受最高可达 64.5g 的损失。

例 5.9 （利用例 5.7 和例 5.8 的分析结果）假设 $\bar{x}=296\,\mathrm{g}$ 为标准包装重量，即为公差中心 M，允许不合格率为 0.0l，$x_{\mathrm{L}}=273\,\mathrm{g}$，那么唯一的途径是提高包装的精度，即减小 σ，试根据以上条件计算 σ 值。

解：$\Phi(u)=0.005$。

查附表 3 得

$$u=-2.58$$

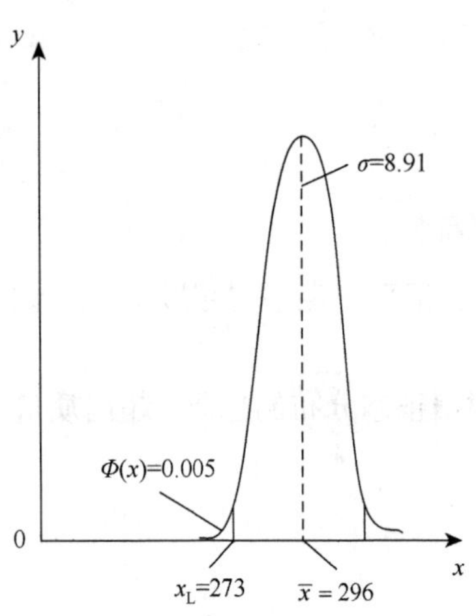

图 5-15 提高包装精度的效果

因为 $u=\dfrac{x_L-\overline{x}}{\sigma}$，所以有

$$\sigma=\frac{x_L-\overline{x}}{u}=\frac{273-296}{-2.58}=8.91$$

提高包装精度以后的产品重量分布状态如图 5-15 所示。应该指出，在实际生产中，对分布中心 $\mu(\overline{x})$ 的调整相对于对 σ 的调整容易得多。要将 σ 由 25g 调整到 8.91g，也许要投入比较多的资金，且要对生产工艺和设备做比较大的改进，是否采用上述方案需要做可行性分析才能最后决定。

例 5.10 在例 5.7 的条件下，试求包装重量高于 346g 的概率。

解：如图 5-16 所示，根据概率分布的基本定义得

$$\begin{aligned}1-\Phi(u)&=1-\Phi\left(\frac{x_i-\overline{x}}{\sigma}\right)\\&=1-\Phi\left(\frac{346-296}{25}\right)\\&=1-\Phi(2)\end{aligned}$$

查附表 3 得

$$\Phi(2)=0.9773$$

所以

$$\begin{aligned}1-\Phi(2)&=1-0.9773\\&=0.0227\end{aligned}$$

因此，有 2.27%的产品包装重量高于 346g。

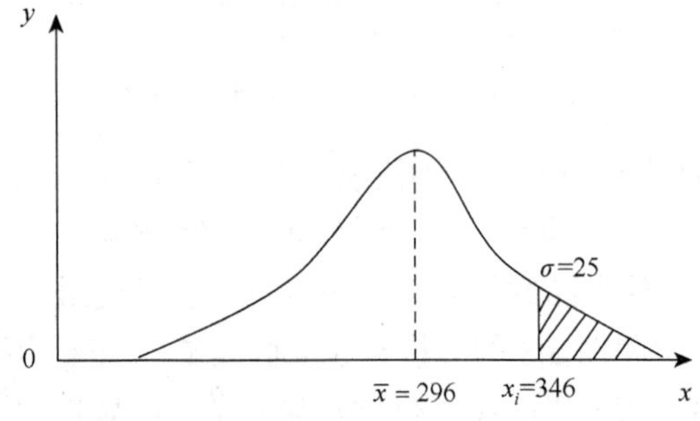

图 5-16 包装重量大于 346g 概率

例 5.11　某地区民用电压检测得到平均电压 $\overline{x}=228.5\text{V}$，标准差为 1.25V，求供电电压在 226～230V 的概率（图 5-17）。

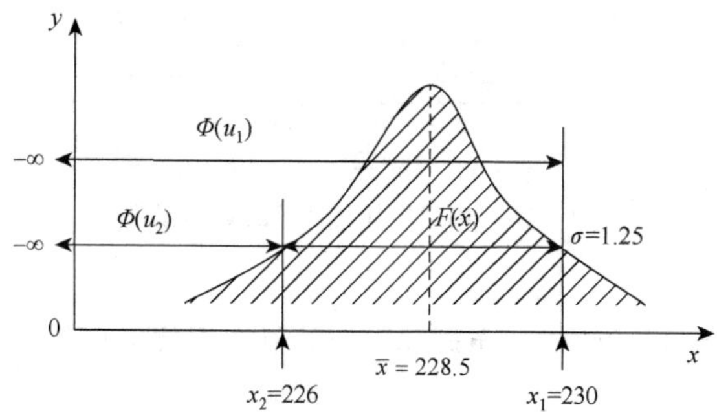

图 5-17　供电电压在 226～230V 的概率

解：根据概率分布的基本定义和性质有

$$\begin{aligned}F(x)&=\Phi(u_1)-\Phi(u_2)\\&=\Phi\left(\frac{x_1-\overline{x}}{\sigma}\right)-\Phi\left(\frac{x_2-\overline{x}}{\sigma}\right)\\&=\Phi\left(\frac{230-228.5}{1.25}\right)-\Phi\left(\frac{226-228.5}{1.25}\right)\\&=\Phi(1.2)-\Phi(-2)\end{aligned}$$

查附表 3 得

$$\begin{aligned}F(x)&=\Phi(1.2)-\Phi(-2)\\&=0.8849-0.0183\\&=0.8666\end{aligned}$$

所以，有 86.66%的电压值在 226～230V。

例 5.12　假设有 15%的用户电压低于 225V，标准差为 1.25V，预测此时用户的平均电压为多少？

解：已知 $\Phi(u)=0.15$。

查附表 3 得

$$u=-1.04$$

而

$$\Phi(u)=\Phi\left(\frac{x_i-\overline{x}}{\sigma}\right)$$

$$u=\frac{x_i-\overline{x}}{\sigma}$$

经整理得

$$\overline{x}=x_i-u\sigma=225-(-1.04)\times1.25=226.3$$

所以，控制平均供电电压为 226.3V，那么其中就有 15%的用户电压低于 225V，如图 5-18 所示。

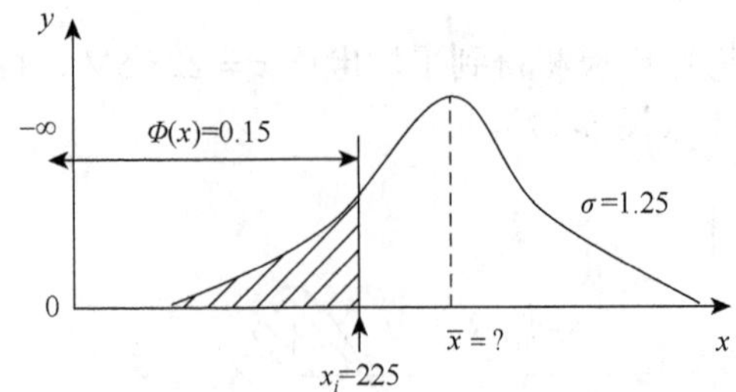

图 5-18 用户电压低于 225V 的概率

6）小结

对上述关于计量值和计数值分布规律的讨论做以下概要归纳（近似计算的条件）。

二项分布：

$$\frac{N \geqslant 10n, p \leqslant 0.1}{\text{或} np \geqslant 4 \sim 5} \rightarrow \text{正态分布}$$

泊松分布：

$$\underline{np \geqslant 5} \rightarrow \text{正态分布}$$

由此可见，用正态分布研究质量变异的规律是十分方便的，所以正态分布在质量管理中有着特别重要的理论价值和实际价值。

5.1.4 生产过程的质量状态

1. 统计过程控制

过程控制的概念与实施过程监控的方法早在 20 世纪 20 年代就由美国的休哈特（Shewhart）提出。今天的统计过程控制与当年的休哈特方法并无根本的区别。在第二次世界大战后期，美国开始将休哈特方法在军工部门推行。但是，上述统计过程控制方法尚未在美国工业牢固扎根，第二次世界大战就已结束。战后，美国成为当时工业强大的国家，没有外来竞争力量去迫使美国公司改变传统方法，只存在美国国内的竞争。由于美国国内各公司都采用相似的方法进行生产，竞争性不够强，于是过程控制方法在 1950～1980 年这一阶段内，逐渐从美国工业中消失。

反之，战后经济遭受严重破坏的日本在 1950 年通过休哈特早期的一个同事戴明博士，将统计过程控制的概念引入日本。在 1950～1980 年，经过 30 年的努力，日本跃居世界质量与生产率的领先地位。美国著名质量管理专家伯格（Berger）指出，日本成功的基石之一就是统计过程控制。

在日本强有力的竞争之下，从 80 年代起，统计过程控制在西方工业国家复兴，并列为高科技之一。例如，加拿大钢铁公司（Stelco）在 1988 年列出的该公司七大高科技方向如下：①连铸；②炉外精炼钢包冶金站；③真空除气；④电镀锌流水线；⑤电子测量；⑥高级电子计算机；⑦统计过程控制。

美国从 20 世纪 80 年代起开始推行统计过程控制。美国汽车工业已大规模推行了统计过程控制，如福特汽车公司、通用汽车公司、克莱斯勒汽车公司等，上述美国三大汽车公司在 ISO 9000 的基础上还联合制定了 QS 9000 标准，在与汽车有关的行业中，颇为流行。美国钢铁工业也大力推行了统计过程控制，如美国 LTV 钢铁公司，内陆钢铁公司、伯利恒钢铁公司等。

统计过程控制就是应用统计技术对过程中的各个阶段进行监控，从而达到改进与保证质量的目的。统计过程控制强调全过程的预防。

统计过程控制给企业各类人员都带来好处。对于生产第一线的操作者，可用统计过程控制方法改进他们的工作；对于管理干部，可用统计过程控制方法消除在生产部门与质量管理部门间的传统矛盾；对于领导干部，可用统计过程控制方法控制产品质量，减少返工与浪费，提高生产率，最终可增加上缴利税。

统计过程控制的特点如下。①统计过程控制是全系统的，全过程的，要求全员参加，人人有责。这点与全面质量管理的精神完全一致。②统计过程控制强调用科学方法（主要是统计技术，尤其是控制图理论）来保证全过程的预防。③统计过程控制不仅可用于生产过程，而且可用于服务过程和一切管理过程。

1）统计过程控制的三个发展阶段

统计过程控制迄今已经经历了三个发展阶段，即统计过程控制、统计过程控制与诊断及统计过程控制、诊断与调整。

（1）第一阶段为统计过程控制。SPC 是美国休哈特在 20 世纪二三十年代所创造的理论，它能科学地区分出生产过程中产品质量的偶然波动与异常波动，从而对过程的异常及时告警，以便人们采取措施，消除异常，恢复过程的稳定。这就是所谓的统计过程控制。

（2）第二个阶段为统计过程控制与诊断。统计过程控制虽然能对过程的异常进行告警，但是它并不能告诉我们是什么异常，发生于何处，即不能进行诊断。1982 年，我国张公绪首创两种质量诊断理论，突破了传统的美国休哈特质量控制理论，开辟了统计质量诊断的新方向。从此统计过程控制上升为统计过程控制与诊断，统计过程控制与诊断是统计过程控制的进一步发展，也是统计过程控制的第二个发展阶段。1994 年，张公绪与其博士生郑慧英提出多元逐步诊断理论。1996 年，张公绪又提出两种质量多元诊断理论，解决了多工序、多指标系统的质量控制与诊断问题。目前统计过程控制与诊断已进入实用性阶段，我国仍然居于领先地位。

（3）第三个阶段为统计过程控制、诊断与调整（statistical process control diagnosis and adjustment，SPCDA）。正如同患者确诊后要进行治疗，过程诊断后自然要加以调整，故统计过程控制、诊断与调整是统计过程控制与诊断的进一步发展，也是统计过程控制的第三个发展阶段。这方面国外刚刚起步，他们称其为算法的统计过程控制（algorithmic statistical process control，ASPC），目前尚无实用性的成果。张公绪与他的博士生也正在进行这方面的研究。

2）统计过程控制和统计过程控制与诊断的实施步骤

进行统计过程控制和统计过程控制与诊断有下列步骤。

步骤 1：培训统计过程控制和统计过程控制与诊断。培训内容要有下列各项：统计过程控制的重要性；正态分布等统计基本知识；质量管理七种工具，其中特别是要对控制图深入学习；两种质量诊断理论；如何制订过程控制图；如何制订过程控制标准等。

步骤 2：确定关键变量（即关键质量因素）。具体又分为以下两点。

（1）对全厂每道工序都要进行分析（可用因果图），找出对最终产品影响最大的变量，即关键变量（可用排列图）。如美国 LTV 钢铁公司共确定了大约 20000 个关键变量。

（2）找出关键变量后，列出过程控制网图。所谓过程控制网图，即在图中按工艺流程顺序将每道工序的关键变量列出。

步骤 3：提出或改进规格标准。具体又分为以下两点。

（1）对步骤 2 得到的每一个关键变量进行具体分析。

（2）对每个关键变量建立过程控制标准，并填写过程控制标准表，见表 5-1。

表 5-1　过程控制标准表

所在车间		控制点		控制因素		文件号		制定日期	
控制内容									
过程标准									
控制理由									
测量规定									
数据报告途径									
控制图	有无建立控制图		控制图类型		制定者制定日期		批准者批准日期		
纠正性措施									
操作程序									
审核程序									
制定者		审批者		审批日期					

本步骤最困难，最费时间。例如，制订一个部门或车间所有关键变量的过程控制标准，大约需要两个多人年（即一个人要工作两年多）。

步骤 4：编制控制标准手册，在各部门落实。将具有立法性质的有关过程控制标准的文件编制成明确易懂、便于操作的手册，供各道工序使用。如美国 LTV 钢铁公司共编制了 600 本上述手册。

步骤 5：对过程进行统计监控。主要应用控制图对过程进行监控。若发现问题，则需对上述控制标准手册进行修订，即反馈到步骤 4。

步骤 6：对过程进行诊断，并采取措施解决问题。可注意以下几点。

（1）可以运用传统的质量管理方法，如七种工具，进行分析。

（2）可以应用诊断理论，如两种质量诊断理论，进行分析和诊断。

（3）在诊断后的纠正过程中有可能引出新的关键质量因素，即反馈到步骤 2～步骤 4。

推行统计过程控制的效果是显著的。如美国 LTV 钢铁公司 1984 年实施了统计过程控制后，劳动生产率提高了 20%以上。

以预防为主是一种主动管理方式，生产过程质量控制的主要目的是保证工序能始终处于受控状态，稳定持续地生产合格品。为此，必须及时了解生产过程的质量状态，判断其失控与否。如前所述，这一目的是通过了解和控制 μ、σ 两个重要参数实现的。通常，在实际中对动态总体（生产过程）进行随机抽样，统计计算所收集的数据，得到样本统计量，即样本的平均值 $\bar{x}$ 和样本的标准差 S，用 $\bar{x}$ 和 s 去估计 μ、σ，由 μ 和 σ 的变化情况与质量标准规格进行比较，做出生产过程状态的判断，这一过程的依据是数理统计学的统计推断原理。

2. 生产过程状态

生产过程状态从 μ 和 σ 的情况出发，可以分为以下两种表现形式。

控制状态（也称稳定状态）—— μ 和 σ 不随时间变化，且在质量规格范围内。

失控状态
- 稳定状态(也称假稳定状态)—— μ 和 σ 不随时间变化，但不符合质量规格要求。
- 不稳定状态—— μ 和 σ 其中之一或两者随时间变化，且不符合质量规格要求。

1）控制状态（in control）

如图 5-19 所示，μ_0 和 σ_0 是经调整后控制的理想状态，即符合质量标准要求。从图中可见，随时间推移，生产过程的质量特性值或其统计量均在控制界限之内，且均匀分布，这就是所谓的控制状态，也是生产过程控制的目的。

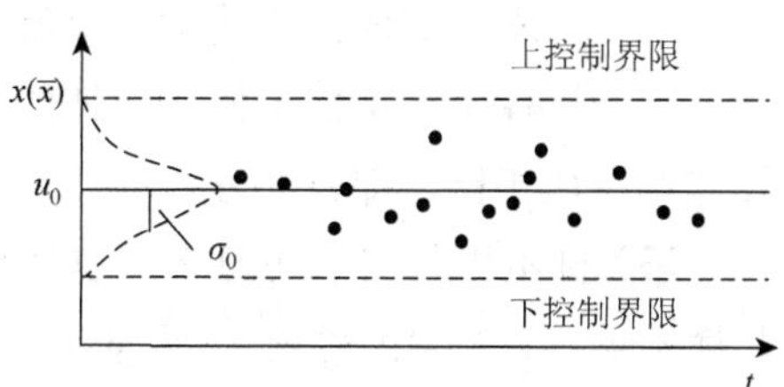

图 5-19　生产过程的控制状态

2）失控状态（out of control）

（1）稳定状态（假稳定状态）。如图 5-20 所示，μ 和 σ 不随时间变化，但质量特性值（或其统计量）的分布超出了控制界限，图中为超出上控制界限的情况，这时生产过程处于失控状态，需要采取措施，针对原因将 μ_1 调整恢复到 μ_0 的分布中心位置上来。这种情况属于有系统性原因存在的表现形式。

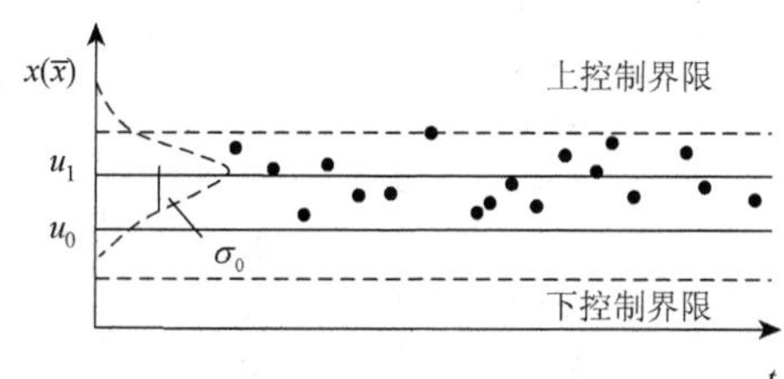

图 5-20　生产过程的失控状态

（2）不稳定状态。如图 5-21 所示，μ 随时间推移发生变化，图中为 μ 逐渐变大的情况。例如，在实际中刀具的不正常磨损使加工零件的外径尺寸变得越来越大。这种情况说明生产过程有系统性原因存在，所以发生失控，应该查明原因及时消除影响。使生产过程状态恢复到图 5-19 所示的受控状态，才能保证产品质量。又如图 5-22 所示，A 为控制状态；B 为 μ 变化、σ 未变的失控状态；C 为 μ 未变而 σ 变大的失控状态。其他失控状态的表现形式类似，不再赘述。

3. 生产过程状态的统计推断

根据统计推断的参数估计原理，样本平均值 $\bar{x}$ 和样本极差 R 有以下重要性质。

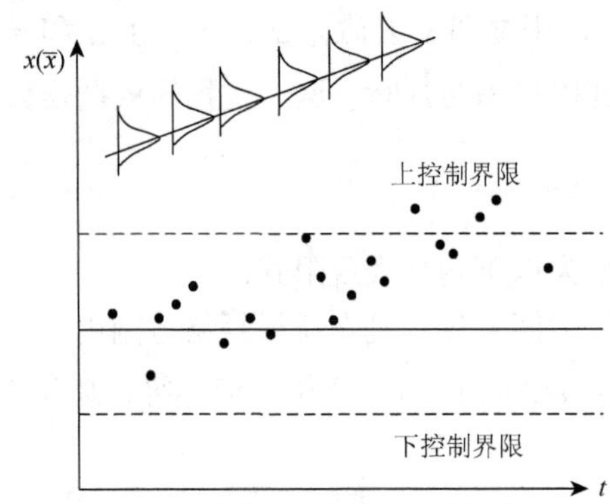

图 5-21 生产过程的失控状态（μ 变化）

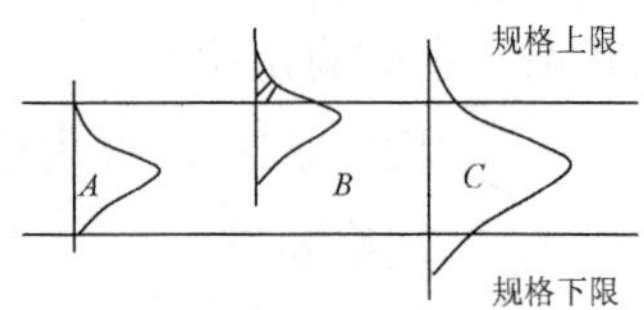

图 5-22 生产过程的状态比较

（1）样本平均值 $\bar{x}$ 的数学期望就是总体的均值 μ，即 $E(\bar{x})=\mu$。

（2）用样本平均值 $\bar{x}$ 估计总体的均值 μ，估计的精度与样本大小 n 成反比，与总体标准差 σ 成正比，即 $\sigma_{\bar{x}}=\sigma/\sqrt{n}$。

（3）样本极差的平均值 $\bar{R}$ 是总体标准差 σ 的无偏估计量，即 $\sigma=\bar{R}/d_2$。其中，d_2 是与样本大小 n 有关的参数，d_2 根据数理统计原理计算所得，见表 5-2（计算从略）。

表 5-2 d_2 与 d_3 数据表

样本大小 n	d_2	d_3	样本大小 n	d_2	d_3
2	1.128	0.853	14	3.407	0.762
3	1.693	0.888	15	3.472	0.755
4	2.059	0.880	16	3.532	0.749
5	2.326	0.864	17	3.588	0.743
6	2.534	0.848	18	3.640	0.738
7	2.704	0.833	19	3.689	0.733
8	2.847	0.820	20	3.735	0.729
9	2.970	0.808	21	3.778	0.724
10	3.028	0.797	22	3.819	0.720
11	3.173	0.787	23	3.858	0.716
12	3.258	0.778	24	3.895	0.712
13	3.336	0.770	25	3.931	0.709

所以，在实际中可以用样本平均值 $\bar{x}$ 估计总体的均值 μ，用样本极差 R 估计总体标准差 σ，统计量 $\bar{x}$ 和 R 在理论上都是无偏估计量。其统计推断的思路如图 5-23 所示。这样就解决了实际中的一个重要问题，那就是总体常常是未知的，生产过程状态作为总体是动态的，因此在实际中求得总体的 μ 和 σ 的真值往往是不现实或没有必要的。特别是概率论和数理统计原理指出，对任意分布，当样本大小 n 充分大时，其样本平均值 $\bar{x}$ 的分布就趋于正态分布。所谓 n 充分大，一般指 $n>30$ 就可以满足条件。$\bar{x}$ 的分布随 n 的增大而变化的情况如图 5-24 所示。

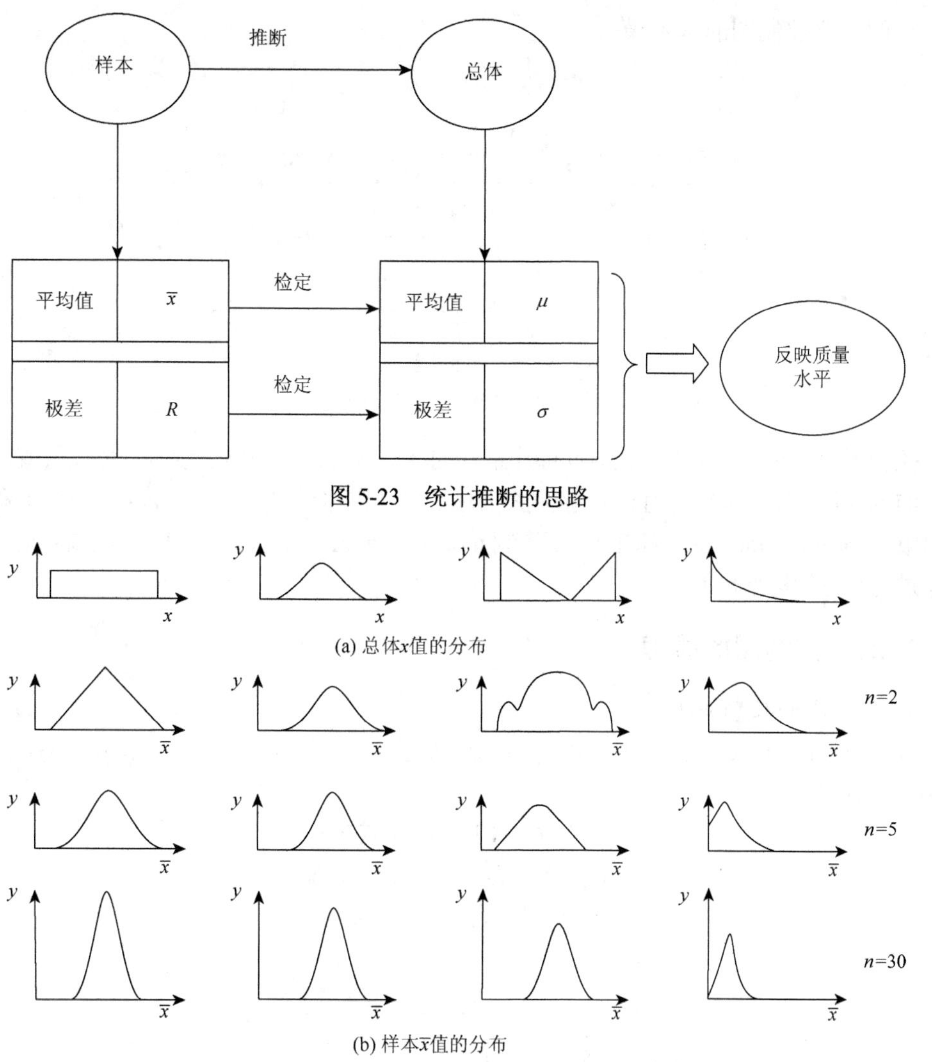

图 5-23　统计推断的思路

图 5-24　$\bar{x}$ 的分布随 n 的增大而变化的情况

5.2　工序质量控制图

20 世纪 20 年代，美国的休哈特首先提出了过程控制的概念和实现过程控制的方法。近一个世纪以来，统计过程控制的理论和方法得到了广泛的应用。有关调查资料显示，在经济发达的国家中，仅就中小企业的实际调查结果发现，采用统计过程控制图的企业平均每家超过 100 例，这不仅说明了类似这些企业的现代化管理水平，也证实了控制图应用的广泛前景。

5.2.1　控制图的概念

控制图是控制生产过程状态，保证工序加工产品质量的重要工具。应用控制图可以对工序过程状态进行分析、预测、判断、监控和改进。图 5-25 以单值控制图，即以 x 图为例说明一般控制图的基本模式。

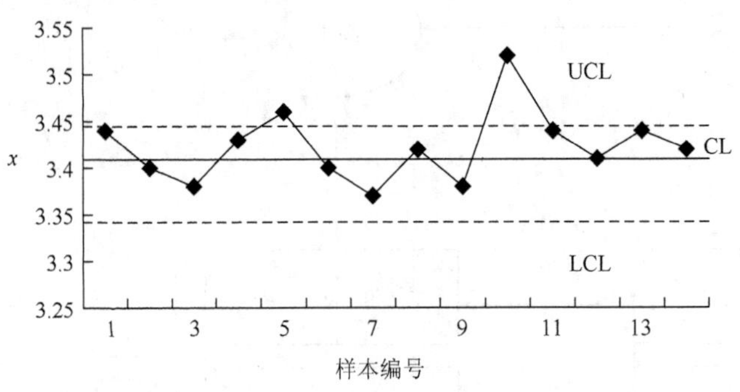

图 5-25 单值控制图（x 图）

控制图的横坐标通常表示按时间顺序抽样的样本编号，纵坐标表示质量特性值或质量特性值的统计量（如样本平均值$\bar{x}$）。控制图有中心线（也称平均值）(central line，CL）和上控制界限（upper central limit，UCL)、下控制界限（lower central limit，LCL)，控制界限是判断工序过程状态的标准尺度。

5.2.2 控制图的原理

1. 控制图的控制界限

通常控制图根据"3σ"原则确定控制界限，如图 5-26 所示，x 图的中心线和上、下控制界限为

中心线：$CL=\mu$ （或$\bar{x}$）

上控制界限：$UCL=\mu+3\sigma$

下控制界限：$LCL=\mu-3\sigma$

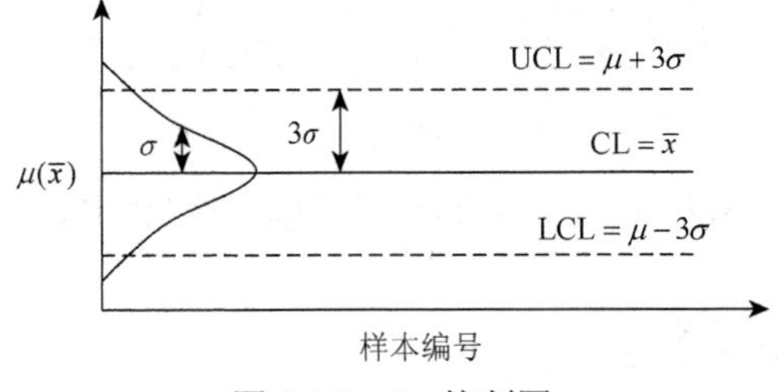

图 5-26 3σ 控制图

如图 5-27 所示，$\bar{x}$ 控制图的控制界限为

中心线：$CL=\mu$ （或$\bar{\bar{x}}$）

上控制界限：$UCL=\bar{\bar{x}}+3\sigma_{\bar{x}}$

下控制界限：$LCL=\bar{\bar{x}}-3\sigma_{\bar{x}}$

2. 控制图的两类错误

（1）第一类错误。处于控制状态的生产过程，若以"3σ"原则确定控制界限，那么在抽样检验中，将有 99.73%的质量特性值或质量特性值的统计量落在控制界限之内。而落在控制界限之外的概率为 0.27%，是一个小概率事件。在控制状态下，小

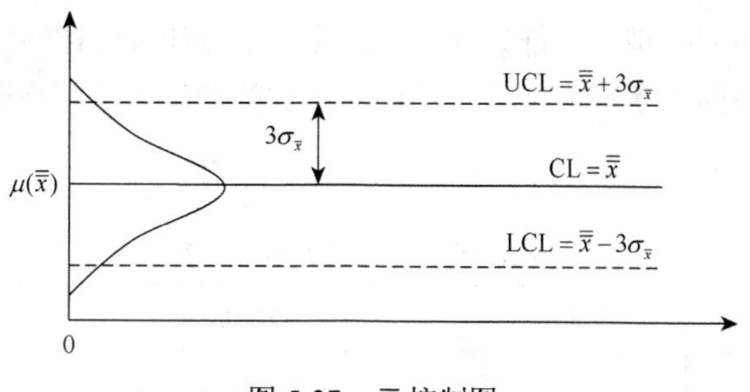

图 5-27　$\bar{x}$ 控制图

概率事件一旦发生，就会因样本点落在控制界限之外而判断生产过程失控，但是，事实上是虚发信号，由此所做出的错误判断称为控制图的第一类错误。通常把第一类错误的概率记作 α，在 3σ 控制图中，$\alpha = 0.0027$。根据正态分布的原理，$\alpha/2 = 0.00135$，如图 5-28 所示。

2）第二类错误。如图 5-28 所示，分布中心由 μ_0 变化到 μ_1，生产过程确实失控，但是仍然有一定比例的质量特性值（如 μ_1 状态的阴影部分）落在控制界限之内，由此做出生产过程正常的错误判断，这就是控制图的第二类错误。第二类错误的概率通常记作 β，那么（$1-\beta$）称为控制图的检出力，如图 5-28 所示，是能够做出正确判断的概率。实际中，β 值可应用正态分布规律进行计算。

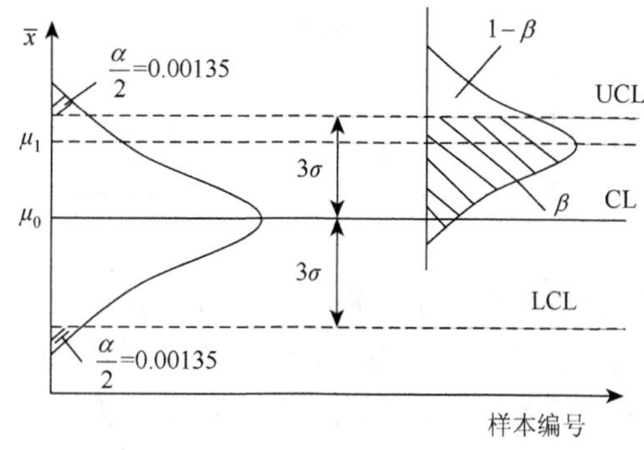

图 5-28　控制图的两类错误

3. 控制图的分类

控制图按质量数据特点可以分为计量值控制图和计数值控制图两大类，根据国家标准 GB 4091—2001，常用控制图及主要特征见表 5-3。

1）计量值控制图

计量值控制图的基本思路是利用样本统计量反映和控制总体数字特征的集中位置（μ）和分散程度（σ），如表 5-4 所示。计量值控制图对系统性原因的存在反应敏感，所以具有及时查明并消除异常的明显作用，其效果比计数值控制图显著。计量值控制图经常用来预防、分析和控制工序加工质量，特别是控制图的联合使用（表 5-4），能够提供比较多的信息，帮助综合分析工序生产状态，改进加工质量。在生产实际中，有许多产品加工的关键工序和关键工位都设立了控制点，采用计量值控制图对重要质量特性值严格控制，保持充足的工序能力，从而保证关键件的质量，达到整机的优良质量，实践证明这是有效的。

表 5-3 常用控制图及主要特征

特征值		分布	控制图名称	符号名称
计量值		正态分布	平均值-极差控制图 平均值-标准差控制图 中位数-极差控制图 单值-移动极差控制图	$\bar{x}$-R 控制图 $\bar{x}$-S 控制图 $\tilde{x}$-R 控制图 x-R_s 控制图
计数值	计件值	二项分布	不合格品率控制图 不合格品数控制图	p 控制图 p_n 控制图
	计点值	泊松分布	单位缺陷数控制图 缺陷数控制图	μ 控制图 C 控制图

表 5-4 计量值控制图的分类

控制图名称	集中位置 μ	分散程度 σ
$\bar{x}$-R 图	样本平均值 $\bar{x}$	样本极差 R
$\bar{x}$-S 图	样本平均值 $\bar{x}$	样本标准差 S
$\tilde{x}$-R 图	样本中位数 $\tilde{x}$	样本极差 R
x-R_s 图	样本单值 x	样本移动极差 R_s

2）计数值控制图

计数值控制图是以不合格品数、不合格品率、缺陷数等质量特性作为研究和控制的对象，其作用和计量值控制图相同，目的是分析和控制生产工序的稳定性、预防不合格品的发生、保证产品质量。常用计数值控制图分为如下两类。

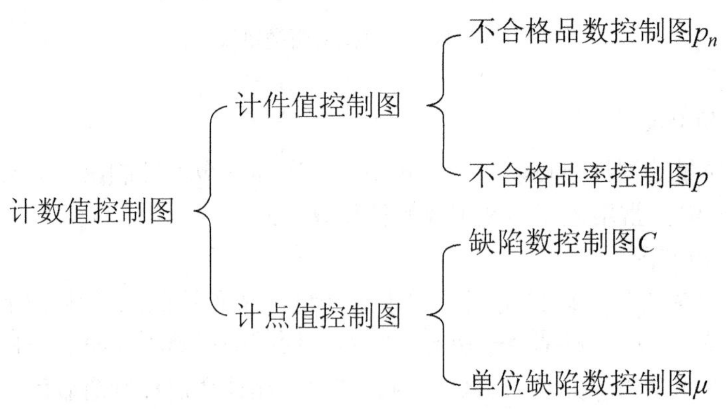

有关计量值和计数值控制图的统计量、系数及控制界限，见表 5-5。

表 5-5　计量值和计数值控制图的统计量、系数及控制界限

分类	控制图名称		统计量	控制界限	控制界限修订	统计量及系数说明
计量值控制图	$\bar{x}-R$ 图	$\bar{x}$ 图	样本平均值 $\bar{x}$ 样本极差 R	$\mathrm{CL}=\bar{x}(\mu)$ $\mathrm{UCL}=\bar{x}+A_2\bar{R}$ $\mathrm{LCL}=\bar{x}-A_2\bar{R}$	$\mathrm{CL}=\bar{x}'$ $\mathrm{UCL}=\bar{x}'+A\sigma'$ $\mathrm{LCL}=\bar{x}'-A\sigma'$	$\bar{x}'=\bar{x}_{\mathrm{nw}}=\left(\sum\bar{x}-\bar{x}_{\mathrm{d}}\right)/(m-m_{\mathrm{d}})$ $\sigma'=\bar{R}_{\mathrm{nw}}/d_2$ $\bar{R}_{\mathrm{nw}}=\left(\sum R-R_{\mathrm{d}}\right)/(m-m_{\mathrm{d}})$ m 为原来的组数； m_{d} 为剔除的组数； $\bar{x}_{\mathrm{d}}$ 为剔除的样本组的平均值； R_{d} 为剔除一组的极差； $A_1,A_2,d_2,D_1,D_2,D_3,D_4$ 是与 n 有关的参数， 参见表 5-7
		R 图	样本极差 R	$\mathrm{CL}=\bar{R}$ $\mathrm{UCL}=D_4\bar{R}$ $\mathrm{LCL}=D_3\bar{R}$	$\mathrm{CL}=\bar{R}_{\mathrm{nw}}$ $\mathrm{UCL}=D_2\sigma'$ $\mathrm{LCL}=D_1\sigma'$	
	$\bar{x}-S$ 图	$\bar{x}$ 图	样本平均值 $\bar{x}$ 样本极差 R	$\mathrm{CL}=\bar{\bar{x}}$ $\mathrm{UCL}=\bar{\bar{x}}+A_1S$ $\mathrm{LCL}=\bar{\bar{x}}-A_1S$	$\mathrm{CL}=\bar{x}'$ $\mathrm{UCL}=\bar{x}'+A\sigma'$ $\mathrm{LCL}=\bar{x}'-A\sigma'$	$\sigma'=\bar{\sigma}_{\mathrm{nw}}/C_2$ $\bar{\sigma}_{\mathrm{nw}}=\left(\sum\sigma-\sigma_{\mathrm{d}}\right)/(m-m_{\mathrm{d}})$ σ_{d} 为剔除的样本组的标准差； A_1,B_1,B_2,B_3,B_4,C_2 是与 n 有关的参数，参见表 5-7
		S 图	样本极差 S	$\mathrm{CL}=S$ $\mathrm{UCL}=B_4S$ $\mathrm{LCL}=B_3S$	$\mathrm{CL}=\bar{\sigma}_{\mathrm{nw}}$ $\mathrm{UCL}=B_2\sigma'$ $\mathrm{LCL}=B_1\sigma'$	
计数值控制图	p 图		不合格品率 p	$\mathrm{CL}=\bar{p}$ $\mathrm{UCL}=\bar{p}+\sqrt{\dfrac{\bar{p}(1-\bar{p})}{n}}$ $\mathrm{LCL}=\bar{p}-\sqrt{\dfrac{\bar{p}(1-\bar{p})}{n}}$	$\mathrm{CL}=p'$ $\mathrm{UCL}=p'+\sqrt{\dfrac{p'(1-p')}{n}}$ $\mathrm{LCL}=p'-\sqrt{\dfrac{p'(1-p')}{n}}$	$p'=\bar{p}_{\mathrm{nw}}=\left(\sum np-np_{\mathrm{d}}\right)/\left(\sum n-n_{\mathrm{d}}\right)$ np_{d} 为剔除的样本组内不合格品率； n_{d} 为剔除的样本组的样本容量
	C 图		缺陷数 C	$\mathrm{CL}=\bar{C}$ $\mathrm{UCL}=\bar{C}+3\sqrt{\bar{C}}$ $\mathrm{LCL}=\bar{C}-3\sqrt{\bar{C}}$	$\mathrm{CL}=C'$ $\mathrm{UCL}=C'+3\sqrt{C'}$ $\mathrm{LCL}=C'-3\sqrt{C'}$	$C'=\bar{C}_{\mathrm{nw}}=\left(\sum C-C_{\mathrm{d}}\right)/(K-K_{\mathrm{d}})$ C_{d} 为剔除的样本缺陷数； K_{d} 为剔除的样本组数

5.2.3　控制图的设计

1. 计量值控制图的设计

在计量值控制图中，常用的典型控制图是平均值-极差控制图，即 $\bar{x}$-R 控制图，下面就以 $\bar{x}$-R 控制图为例说明计量值控制图的设计。

1）收集数据

假设从齿轮钻孔工序收集记录的 100 个孔径尺寸数据，见表 5-6。表中详细记录了收集数据的时间，样本大小 n=4（n=4～5 为宜），共收集了 25 组合计 100 个数据。并以表格形式规范化计算每组数据的 $\bar{x}$ 和 R，最后容易地得到 $\bar{\bar{x}}$ 和 $\bar{R}$。

表 5-6　齿轮钻孔工序收集记录的 100 个孔径尺寸数据

样本组	日期	时间	测定值				平均值 $\bar{x}$	极差 R
			x_1	x_2	x_3	x_4		
1	12/23	8：50	35	40	32	33	6.35	0.08
2		11：30	46	37	36	41	6.40	0.10

续表

样本组	日期	时间	测定值				平均值 $\bar{x}$	极差 R
			x_1	x_2	x_3	x_4		
3	12/23	1：45	34	40	34	36	6.36	0.06
4		3：45	69	64	68	59	6.65	0.10
5		4：20	38	34	44	40	6.39	0.10
6	12/27	8：35	42	41	43	34	6.40	0.09
7		9：00	44	41	41	46	6.43	0.05
8		9：40	33	41	38	36	6.37	0.08
9		1：30	48	52	49	51	6.50	0.04
10		2：50	47	43	36	42	6.42	0.11
11	12/28	8：30	38	41	39	38	6.39	0.03
12		1：35	37	37	41	37	6.38	0.04
13		2：25	40	38	47	35	6.40	0.12
14		2：35	38	39	45	42	6.41	0.07
15		3：55	50	42	43	45	6.45	0.08
16	12/29	8：25	33	35	29	39	6.34	0.10
17		9：25	41	40	29	34	6.36	0.12
18		11：00	38	44	28	58	6.42	0.30
19		2：35	33	32	37	38	6.35	0.06
20		3：15	56	55	45	48	6.51	0.11
21	12/30	9：35	38	40	45	37	6.40	0.08
22		10：20	39	42	35	40	6.39	0.07
23		11：35	42	39	39	36	6.39	0.06
24		2：00	43	36	35	38	6.38	0.08
25		4：25	39	38	43	44	6.41	0.06
合计							160.25	2.19
							$\bar{\bar{x}}$=6.41	$\bar{R}$=0.09

注：表中数据基本数为 6.00mm。

2）确定控制界限

$\bar{x}$-R 控制图是一类联合使用的计量值控制图，其中包括平均值 $\bar{x}$ 控制图和极差 R 控制图两个控制图。

前面在讨论控制图原理时已经介绍过，$\bar{x}$ 控制图和 R 控制图上分别有中心线、上控制界限、下控制界限三条控制界限。

以上三条控制界限的位置，在 $\bar{x}$ 控制图上为

$$\text{中心线：} \mathrm{CL} = \mu \text{（或} \bar{\bar{x}} \text{）}$$

$$上控制界限：\ \mathrm{UCL}=\bar{\bar{x}}+3\sigma_x$$
$$下控制界限：\ \mathrm{LCL}=\bar{\bar{x}}-3\sigma_x$$

在 R 控制图上为

$$中心线：\ \mathrm{CL}=\bar{R}$$
$$上控制界限：\ \mathrm{UCL}=\bar{R}+3\sigma_R$$
$$下控制界限：\ \mathrm{LCL}=\bar{R}-3\sigma_R$$

根据参数估计原理，其中，$\sigma_x=\frac{\sigma}{\sqrt{n}}$，$\bar{R}=d_2\sigma$，$\sigma_R=d_3\sigma$ 。所以，$\bar{x}$ 控制图的上、下控制界限为

$$\mathrm{UCL}=\bar{\bar{x}}+3\sigma_x=\bar{\bar{x}}+3\frac{\sigma}{\sqrt{n}}=\bar{\bar{x}}+\frac{3}{d_2\sqrt{n}}\bar{R}=\bar{\bar{x}}+A_2\bar{R}$$

$$\mathrm{TCL}=\bar{\bar{x}}-3\sigma_{\bar{x}}=\bar{\bar{x}}-3\frac{\sigma}{\sqrt{n}}=\bar{\bar{x}}-\frac{3}{d_2\sqrt{n}}\bar{R}=\bar{\bar{x}}-A_2\bar{R}$$

式中，系数 $A_2=\dfrac{3}{d_2\sqrt{n}}$，$A_2$ 值可以根据样本大小 n 由表 5-7 查得。

表 5-7　计算 3σ 控制界限的参数

样本大小 n	平均数控制图用			标准数控制图用					极差控制图用					
	A	A_1	A_2	C_2	B_1	B_2	B_3	B_4	d_2	d_3	D_1	D_2	D_3	D_4
2	2.121	3.760	1.880	0.5642	0	1.843	0	3.627	1.128	0.853	0	3.686	0	3.267
3	1.732	2.394	1.023	0.7236	0	1.858	0	2.568	1.693	0.888	0	4.358	0	2.575
4	1.500	1.880	0.729	0.7979	0	1.808	0	2.266	2.059	0.880	0	4.698	0	2.282
5	1.342	1.596	0.577	0.8407	0	1.756	0	2.089	2.326	0.864	0	4.918	0	2.115
6	1.225	1.410	0.483	0.8686	0.026	1.711	0.030	1.970	2.534	0.848	0	5.078	0	2.004
7	1.134	1.277	0.419	0.8882	0.105	1.672	0.118	1.882	2.704	0.833	0.205	5.203	0.076	1.924
8	1.061	1.175	0.373	0.9027	0.167	1.638	0.185	1.815	2.847	0.820	0.387	5.307	0.136	1.864
9	1.000	1.094	0.337	0.1913	0.219	1.609	0.239	1.761	2.970	0.808	0.546	5.394	0.184	1.816
10	0.949	1.028	0.308	0.9227	0.262	1.584	0.284	1.716	3.078	0.797	0.687	5.469	0.223	1.777
11	0.905	0.973	0.285	0.9300	0.299	1.561	0.321	1.679	3.173	0.787	0.812	5.534	0.256	1.744
12	0.866	0.925	0.266	0.9353	0.331	1.541	0.354	1.646	3.258	0.778	0.924	5.592	0.284	1.716
13	0.832	0.884	0.249	0.9410	0.359	1.523	0.382	1.618	3.336	0.770	1.026	5.646	0.308	1.692
14	0.802	0.848	0.235	0.9453	0.384	1.507	0.406	1.594	3.407	0.762	1.121	5.693	0.329	1.671
15	0.775	0.816	0.223	0.9490	0.406	1.492	0.428	1.572	3.472	0.755	1.207	5.737	0.348	1.652
16	0.750	0.788	0.212	0.9523	0.427	1.478	0.448	1.552	3.532	0.749	1.285	5.779	0.364	1.636
17	0.728	0.762	0.203	0.9551	0.445	1.465	0.466	1.534	3.588	0.734	1.359	5.817	0.379	1.621

同理，R 控制图的控制界限为

$$\begin{aligned}\mathrm{UCL} &= \overline{R}+3\sigma_R = d_2\sigma+3d_3\sigma=(d_2+3d_3)\sigma \\ &= (d_2+3d_3)\frac{\overline{R}}{d_2}=\left(1+3\frac{d_3}{d_2}\right)\overline{R} \\ &= D_4\overline{R}\end{aligned}$$

$$\begin{aligned}\mathrm{LCL} &= \overline{R}-3\sigma_R = d_2\sigma-3d_3\sigma=(d_2-3d_3)\sigma \\ &= (d_2-3d_3)\frac{\overline{R}}{d_2}=\left(1-3\frac{d_3}{d_2}\right)\overline{R} \\ &= D_3\overline{R}\end{aligned}$$

式中，D_4 和 D_3 是系数，$D_4=1+3\dfrac{d_3}{d_2}$，$D_3=1-3\dfrac{d_3}{d_2}$，同理，D_3、D_4 的值可以根据样本大小 n 由表 5-7 查得。

由表 5-7 查得，当 $n=4$ 时，$A_2=0.729$，$D_3=0$，$D_4=2.282$，由表 5-6 计算得 $\overline{\overline{x}}=6.41$，$\overline{R}=0.09$。所以 $\overline{x}$ 图的控制界限为

$$\begin{aligned}&\mathrm{CL}=\overline{\overline{x}}=6.41 \\ &\mathrm{UCL}=\overline{\overline{x}}+A_2\overline{R}=6.41+0.729\times0.09=6.48 \\ &\mathrm{LCL}=\overline{\overline{x}}-A_2\overline{R}=6.41-0.729\times0.09=6.34\end{aligned}$$

同理，R 图的控制界限为

$$\begin{aligned}&\mathrm{CL}=\overline{R}=0.09 \\ &\mathrm{UCL}=D_4\overline{R}=2.282\times0.09=0.21 \\ &\mathrm{LCL}=D_3\overline{R}=0\end{aligned}$$

3）绘制控制图

图 5-29 为 $\overline{x}$-R 图的初始控制界限，将样本统计量 $\overline{x}$ 和 R 逐一描点在图上，然后用折线连接起来。在实际中，常为使用控制图的工位，预先设计标准的控制图表格，便于现场统计填写和绘制控制图。

4）控制界限修正

由图 5-29 中的样本点状态可以看出如下几点。

（1）$\overline{x}$ 图中有第 4、9、20 号三个样本点出界。

（2）R 图中有第 18 号样本点出界。

（3）控制界限内的样本点排列多数偏于中心线以下。

在实际中对上述情况进行具体分析，结果确认第 9 号样本点出界是偶然性原因引起的，而第 4、18、20 号三个样本点出界是系统性原因引起的，应该加以剔除，然后利用剩余的样本统计量重新修正控制界限。具体修正如下。

首先按以下公式计算 $\overline{\overline{x}}_{\mathrm{nw}}$、$\overline{R}_{\mathrm{nw}}$：

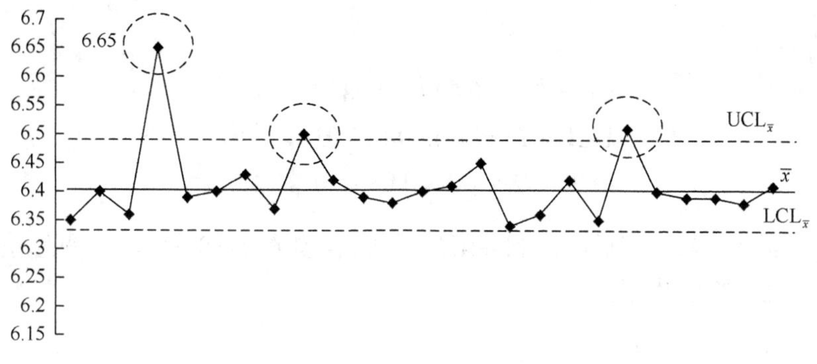

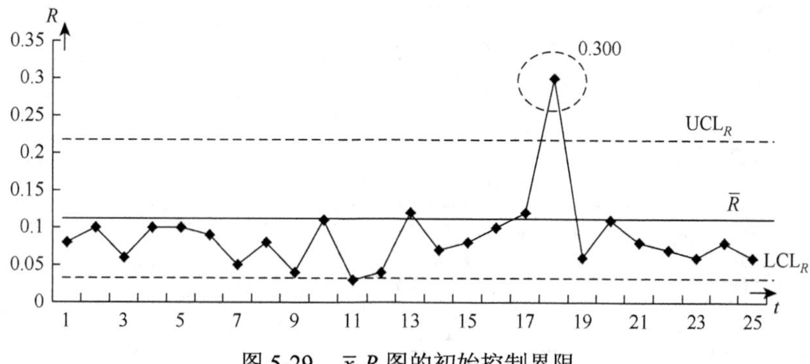

图 5-29　$\bar{x}$-R 图的初始控制界限

$$\bar{\bar{x}}_{\text{nw}}=\frac{\sum\bar{x}-\bar{x}_{\text{d}}}{m-m_{\text{d}}}=\frac{160.25-6.65-6.51}{25-2}=6.40$$

$$\bar{R}_{\text{nw}}=\frac{\sum R-R_{\text{d}}}{m-m_{\text{d}}}=\frac{2.19-0.30}{25-1}=0.079$$

式中，$\bar{x}_{\text{d}}$ 为剔除的样本组的平均值；m_{d} 为剔除的样本组数；R_{d} 为剔除一组的极差；m 为原有的样本组数。

利用修正的 $\bar{x}_{\text{nw}}$ 和 $\bar{R}_{\text{nw}}$ 确定 $\bar{x}'$ 和 σ' 的值：

$$\bar{x}'=\bar{\bar{x}}_{\text{nw}}=6.40$$

查表 5-7，当 $n=4$ 时，$A=1.500$，$d_2=2.059$，$D_1=0$，$D_2=4.698$，而

$$\sigma'=\frac{\bar{R}_{\text{nw}}}{d_2}=\frac{0.079}{2.059}=0.038$$

所以，修正后的控制界限如下。

$\bar{x}$ 图：

$$\text{CL}=6.40$$
$$\text{UCL}=\bar{x}'+A\sigma'=6.40+1.500\times0.038=6.46$$
$$\text{LCL}=\bar{x}'-A\sigma'=6.40-1.500\times0.038=6.34$$

R 图：

$$\mathrm{CL}=\overline{R}_{\mathrm{nw}}=0.079\cong0.08$$
$$\mathrm{UCL}=D_2\sigma'=4.698\times0.038=0.18$$
$$\mathrm{LCL}=D_1\sigma'=0\times0.038=0$$

将初始控制界限与修正后的控制界限加以比较，如图 5-30 所示，可见修正后的控制图的线下移，而且控制界限变窄。

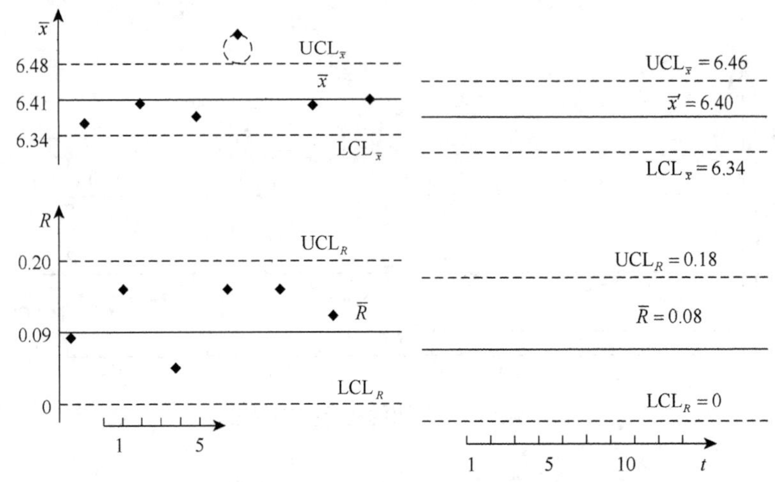

图 5-30 $\overline{x}$-R 图初始和修正后控制界限的比较

5）控制图的使用和改进

如图 5-31 所示，经过修正的控制图投入使用后通常要继续改进，以保证和提高控制质量的能力及水平。图 5-31 中二月控制图的控制界限就是利用一月控制图的数据重新进行计算得到的。如此继续下去，可以清楚地看到控制图的不断改进。图 5-31 中显示的七月控制图状况已经达到了比较好的控制效果。这时如果认为目的基本达到，就不必再做控制图的每月修正，只做定期抽样检验、判断工序状态的保持情况就可以了。

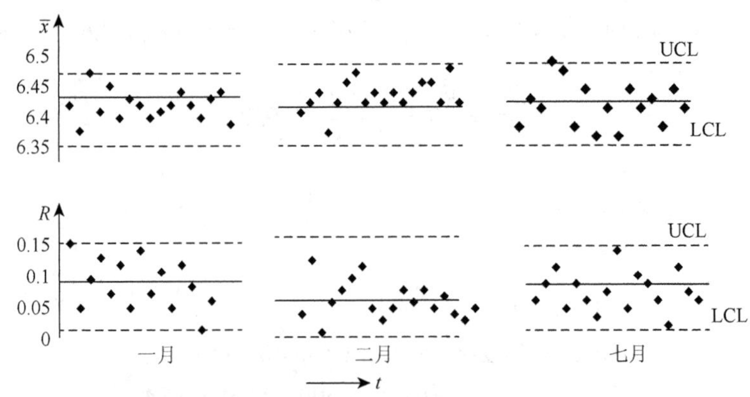

图 5-31 修正后的控制图投入使用和改进

其他类型的计量值控制图原理相同，具体设计和使用方法可参考有关工序质量控制的专业书籍，在此不再赘述。

2. 计数值控制图的设计

1）计件值控制图的设计

（1）样本大小 n 相同的 p 图。

①收集数据。某产品五月的检验数据见表 5-8，共检验了 25 个样本，样本大小 $n=300$。

表 5-8 某产品五月的检验数据

样本号	样本数 n	不合格数 np	不合格率 p	样本号	样本数 n	不合格数 np	不合格率 p
1	300	12	0.040	14	300	3	0.010
2	300	3	0.010	15	300	0	0.0
3	300	9	0.030	16	300	5	0.017
4	300	4	0.013	17	300	7	0.023
5	300	0	0.0	18	300	8	0.027
6	300	6	0.020	19	300	16	0.053
7	300	6	0.020	20	300	2	0.007
8	300	1	0.003	21	300	5	0.017
9	300	8	0.027	22	300	6	0.020
10	300	11	0.037	23	300	0	0.0
11	300	2	0.007	24	300	3	0.010
12	300	10	0.033	25	300	2	0.007
13	300	9	0.030	合计	7500	138	—

②确定控制界限。

$$\mathrm{CL}=\overline{p}=\frac{\sum np}{\sum n}=\frac{138}{7500}=0.018$$

$$\mathrm{UCL}=\overline{p}+3\sqrt{\frac{\overline{p}(1-\overline{p})}{n}}=0.018+3\sqrt{\frac{0.018(1-0.018)}{300}}=0.041$$

$$\mathrm{LCL}=\overline{p}-3\sqrt{\frac{\overline{p}(1-\overline{p})}{n}}=0.018-3\sqrt{\frac{0.018(1-0.018)}{300}}=-0.005\cong 0(\text{这种情况通常取}0)$$

③绘制 p 控制图。如图 5-32 所示，将中心线、下控制界限和上控制界限绘在坐标纸上，并将 25 个样本点逐个描在控制图上，标出超出界限的样本点。

④ p 控制图的修正。由于 p 图的下限不可能为负值，所以定为 0。从图 5-32 中看出，第 19 号样本出界，经过分析是系统性原因引起的，所以要剔除，重新计算不合格品率的平均值。

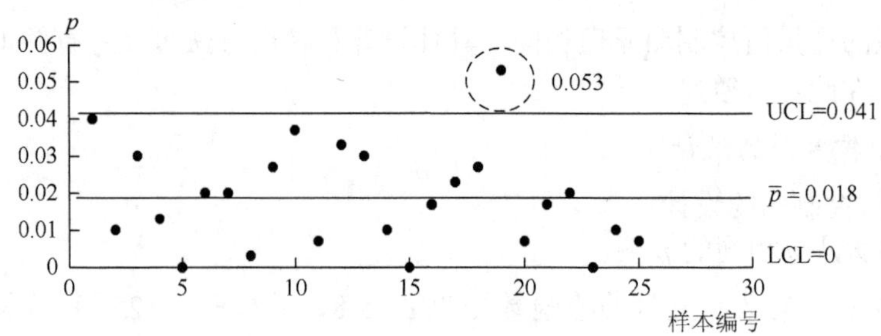

图 5-32　p 图的初始控制界限（n 相同）

因为

$$\bar{p}_{nw}=\frac{\sum np-np_d}{\sum n-n_d}$$

式中，np_d 为剔除的样本中不合格品数；n_d 为剔除的样本大小。

所以参照表 5-8 的数据得

$$\bar{p}_{nw}=\frac{138-16}{7500-300}=0.017$$

令

$$p'=\bar{p}_{nw}$$

则修正后的 p 图控制界限为

$$\mathrm{CL}=p'=0.017$$

$$\mathrm{UCL}=p'+3\sqrt{\frac{p'(1-p')}{n}}=0.017+3\sqrt{\frac{0.017(1-0.017)}{300}}=0.039$$

$$\mathrm{LCL}=p'-3\sqrt{\frac{p'(1-p')}{n}}\cong 0$$

⑤ p 控制图的使用和改进。利用五月收集的数据设计并修正的 p 控制图，在七、八两个月仍然继续加以改进，如图 5-33 所示，直到控制的质量水平稳定且满足需要为止。然后，定期检验工序的控制状态，使其保持即可。图 5-33 清楚显示了不断改进的控制图能更好地保证产品的质量。

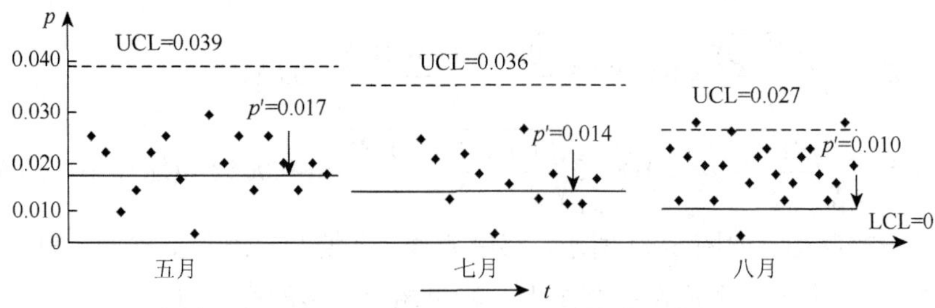

图 5-33　p 控制图的使用和改进

（2）样本大小 n 不同的 p 图。

①收集数据。表 5-9 是某手表厂三、四月收集的 27 组数据，其样本大小各不相同。

表 5-9　某手表厂三、四月收集的 27 组数据

样本编号	样本大小 n	不合格数 np	不合格率 p	UCL	LCL
三月 29	2385	47	0.20	0.029	0.011
30	1451	18	0.012	0.031	0.009
31	1935	74	0.038	0.030	0.010
四月 1	2450	42	0.017	0.028	0.012
2	1997	39	0.020	0.029	0.011
5	2168	52	0.024	0.029	0.011
6	1941	47	0.024	0.030	0.010
7	1962	34	0.017	0.030	0.010
8	2244	29	0.013	0.029	0.011
9	1238	39	0.032	0.032	0.008
12	2289	45	0.020	0.029	0.011
13	1464	26	0.018	0.031	0.009
14	2061	49	0.024	0.029	0.011
15	1667	34	0.020	0.030	0.010
16	2350	31	0.013	0.029	0.011
19	2354	38	0.016	0.029	0.011
20	1509	28	0.018	0.031	0.009
21	2190	30	0.014	0.029	0.011
22	2678	113	0.042	0.028	0.012
23	2252	58	0.026	0.029	0.011
26	1641	52	0.032	0.030	0.010
27	1782	19	0.011	0.030	0.010
28	1993	30	0.015	0.030	0.010
29	2382	17	0.007	0.029	0.011
30	2132	46	0.022	0.029	0.011
合计	50515	1037	—	—	—

②确定控制界限。根据表 5-9 计算得到初始控制界限，见表 5-9 中最后两列数据（计算从略）。

③绘制 p 控制图。如图 5-34 所示，此图显示了与图 5-32 的差异。

④ p 控制图的修正。如图 5-34 所示，31 日/3 月、22 日/4 月、26 日/4 月和 29 日/4 月的 4 点在控制界限之外，经分析 31 日/3 月和 22 日/4 月的两个样本点是异常点，应剔除。26 日/4 月是正常点，应保留，而 29 日/4 月是 p 图中的特别优良表现，也应保留。所以，新的不合格品率的平均值为

$$\overline{p}_{\mathrm{nw}}=\frac{\sum np-np_{\mathrm{d}}}{\sum n-n_{\mathrm{d}}}=\frac{1037-74-113}{50515-1935-2678}=0.018$$

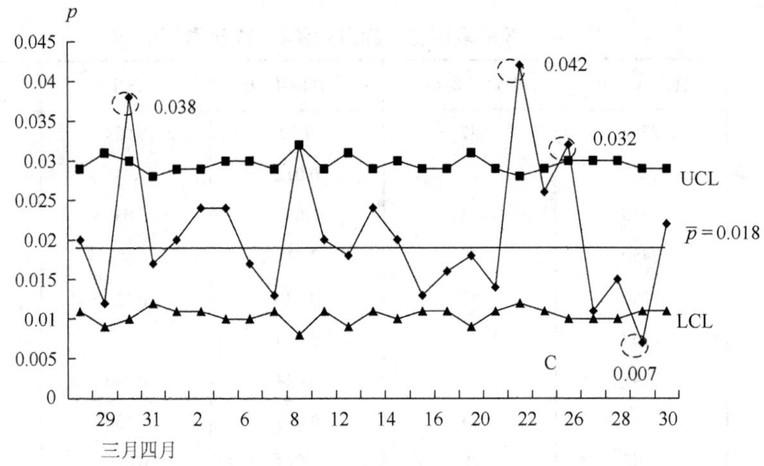

图 5-34 p 图的初始控制界限（n 不同）

然后计算各样本组的修正界限（从略）。实际中，由于各样本组样本大小 n 不相同，在 n 的差别不大时，为了简化控制界限，也可以采用平均样本数 $\bar{n}$ 来代替各样本组的样本数 n，然后用 $\bar{n}$ 计算上、下控制界限。

$$\bar{n}=\frac{\sum n}{m}=\frac{50515}{25}=2020.6\approx 2000$$

当 $\bar{n}=2000$ 时，

$$\begin{aligned}\mathrm{UCL}&=p'+3\sqrt{\frac{p'(1-p')}{\bar{n}}}\\&=0.018+3\sqrt{\frac{0.018(1-0.018)}{2000}}=0.027\end{aligned}$$

$$\begin{aligned}\mathrm{LCL}&=p'-3\sqrt{\frac{p'(1-p')}{\bar{n}}}\\&=0.018-3\sqrt{\frac{0.018(1-0.018)}{2000}}=0.009\end{aligned}$$

如图 5-35 所示，其控制界限比图 5-34 显著简化了，但对明显靠近控制界限的样本点，要单独计算其控制界限。例如，11 日/5 月和 24 日/5 月，经分析确认 11 日/5 月是异常点，而 24 日/5 月是正常点，超出上界的 14 日/5 月也是异常点。

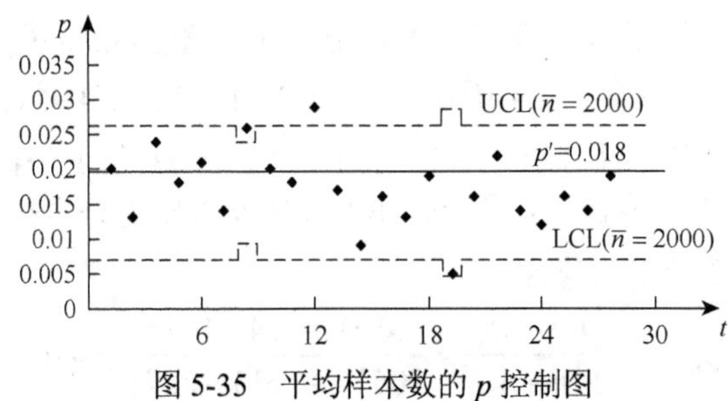

图 5-35 平均样本数的 p 控制图

另外，在实际中，可以根据实际情况设计如图 5-36 所示的不同样本大小 n、针对同一产品生产的不合格品率控制图，能够比较方便地统计、分析和判断生产过程的质量控制状态。

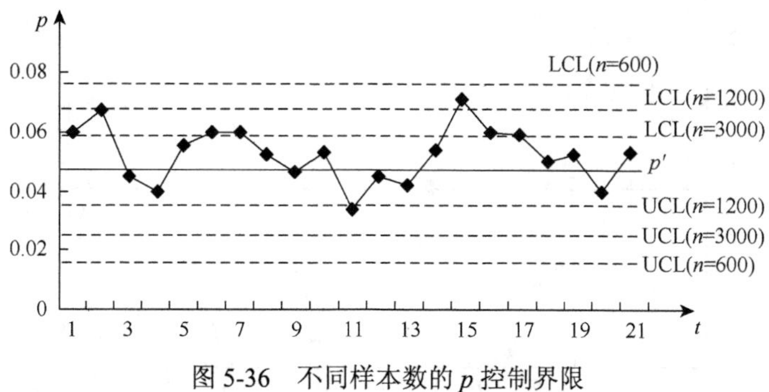

图 5-36 不同样本数的 p 控制界限

2）计点值控制图的设计（缺陷数 C 控制图）

（1）收集数据。对某产品同一部位 50cm^2 表面进行检验，记录其缺陷数。表 5-10 收集了 25 个样本的数据。

表 5-10 某产品同一部位 50cm^2 表面缺陷数检验样本

样本号	样本量/cm^2	缺陷数	评注	样本号	样本量/cm^2	缺陷数	评注
1	50	7	表面粗糙	14	50	3	外壳划伤
2	50	6		15	50	2	
3	50	6		16	50	7	
4	50	3		17	50	5	
5	50	22		18	50	7	
6	50	8		19	50	2	
7	50	6		20	50	8	
8	50	1		21	50	0	
9	50	0		22	50	4	
10	50	5		23	50	14	
11	50	14		24	50	4	
12	50	3		25	50	3	
13	50	1		总数		$\sum C=141$	

（2）确定控制界限。根据表 5-10 计算得 C 控制图的控制界限为

$$\mathrm{CL}=\frac{\sum C}{m}=\frac{141}{25}=5.64$$

$$\mathrm{UCL}=\bar{C}+3\sqrt{\bar{C}}=5.64+3\sqrt{5.64}=12.76\cong 13$$

$$LCL = \overline{C} - 3\sqrt{\overline{C}} = 5.64 - 3\sqrt{5.64} = -1.48 \cong 0 \text{（取为 0）}$$

（3）绘制C控制图。将计算所得的控制界限绘在坐标图上，将25个样本点逐一标在图5-37上，并顺序连成折线图，特别标明出界点。

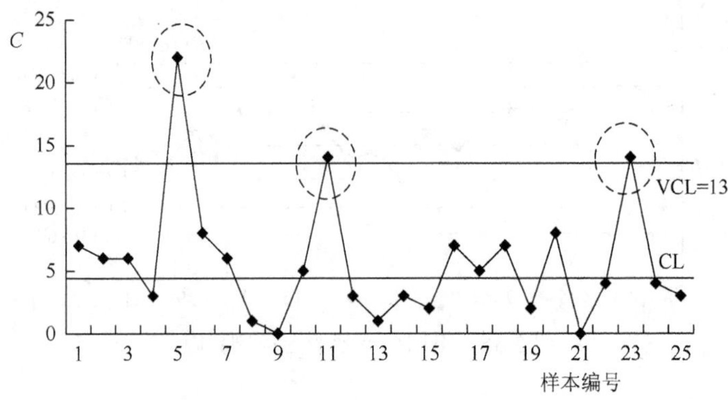

图5-37　C控制图的初始控制界限

（4）C控制图的修正。由图5-37可知，第5、11和23号三个样本点出界。经分析，第5、23号两个样本点是系统性原因引起的，应剔除，而第11号样本点是偶然性原因引起的，可以保留。根据以上分析结果对控制界限加以修正。

新的样本缺陷数的平均值$\overline{C}_{\mathrm{nw}}$为

$$C' = \overline{C}_{\mathrm{nw}} = \frac{\sum C - C_{\mathrm{d}}}{m - m_{\mathrm{d}}} = \frac{141 - 22 - 14}{25 - 2} = 4.56$$

所以有

$$CL = C' = 4.56$$

$$UCL = C' + 3\sqrt{C'} = 4.56 + 3\sqrt{4.56} = 10.97 \cong 11$$

$$LCL = C' - 3\sqrt{C'} = 4.56 - 3\sqrt{4.56} = -1.85 \cong 0 \text{（取为 0）}$$

修正后的控制图投入使用后，仍可继续得到较佳的C'值，然后利用所得的C'值再求新的修正界限，以应用于后续的产品质量控制中。

如此推移，控制图不断改进（图5-31和图5-33），产品质量不断提高，最后稳定在满足要求的水平上。而后，对这一状态定期检测，使其受控状态保持下去，达到合格质量的重复性和再现性。

应该指出，在计数值控制图中，还有不合格品数p_n控制图、单位缺陷数μ控制图等（表5-3），其设计原理和使用方法与上述控制图相同，详细内容可参考有关专业书籍。

5.2.4　控制图的分析与判断

用控制图识别生产过程的状态，主要是根据样本数据形成的样本点位置以及变化趋势进行分析和判断。图 5-38 为典型的受控状态，而失控状态表现在以下两个方面。

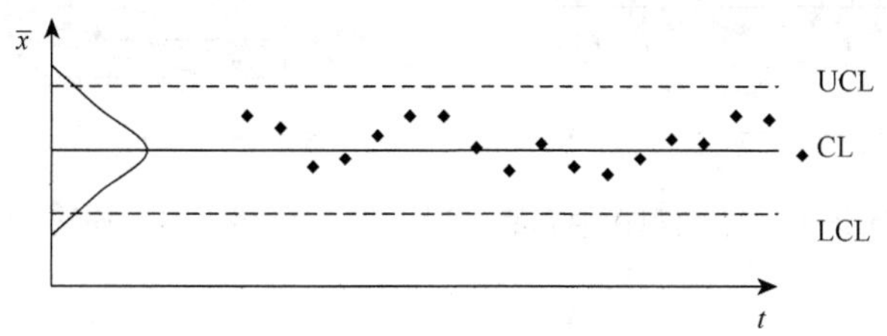

图 5-38　控制图的受控状态

（1）样本点超出控制界限。

（2）样本点在控制界限内，但排列异常。

1. 受控状态

如图 5-38 所示，如果控制图上所有的点都在控制界限以内，而且排列正常，则说明生产过程处统计控制状态。这时生产过程只有偶然性因素影响，在控制图上的正常表现如下。

（1）所有样本点都在控制界限之内。

（2）样本点均匀分布，位于中心线两侧的样本点约各占 1/2。

（3）靠近中心线的样本点约占 2/3。

（4）靠近控制界限的样本点极少。

2. 失控状态

生产过程处于失控状态的明显特征是有一部分样本点超出控制界限。除此之外，如果没有样本点出界，但样本点排列和分布异常，也说明生产过程状态失控。典型失控状态有以下几种情况。

1）有多个样本点连续出现在中心线一侧

（1）连续 7 点或 7 点以上出现在中心线一侧，如图 5-39 所示。

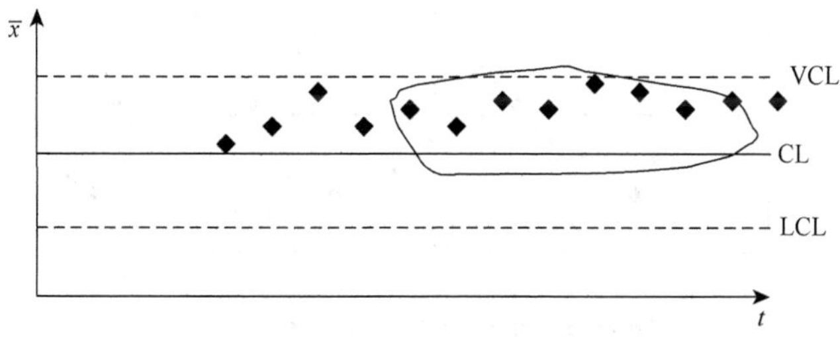

图 5-39　连续 7 点或 7 点以上出现在中心线一侧

（2）连续 11 点至少有 10 点出现在中心线一侧，如图 5-40 所示。

（3）连续 14 点至少有 12 点出现在中心线一侧。

根据概率统计原理，上述类似情况属于小概率事件，一旦发生就说明生产状态失控。

2）连续 7 点上升或下降

如图 5-41 所示，此情况也属于小概率事件。

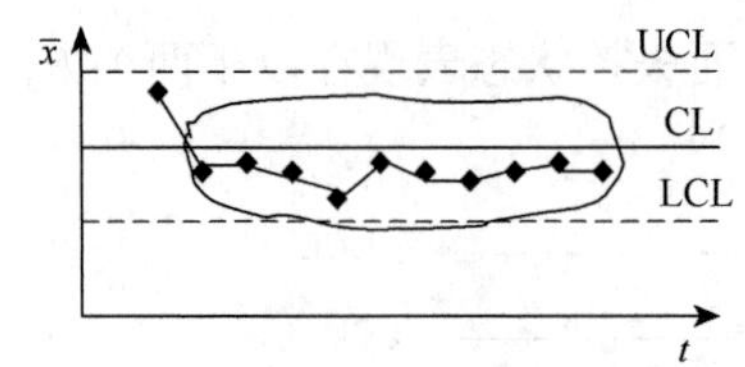

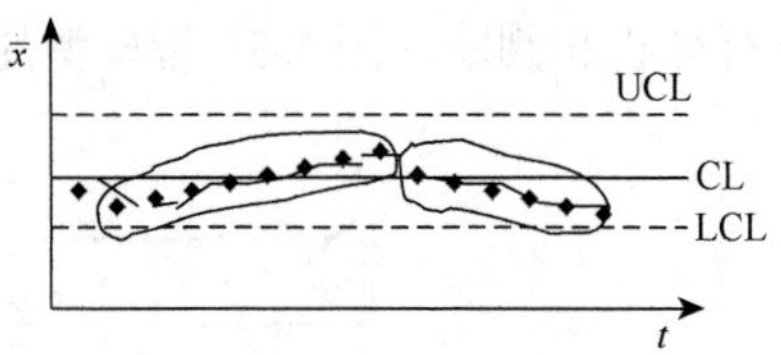

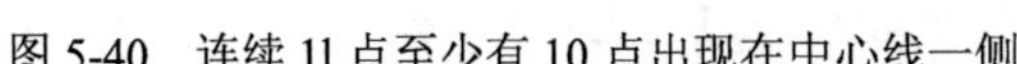
图 5-40 连续 11 点至少有 10 点出现在中心线一侧　　图 5-41 连续 7 点上升或下降

3）有较多的边界点

如图 5-42 所示，图中阴影部分为警戒区，有以下 3 种情况属于小概率事件。

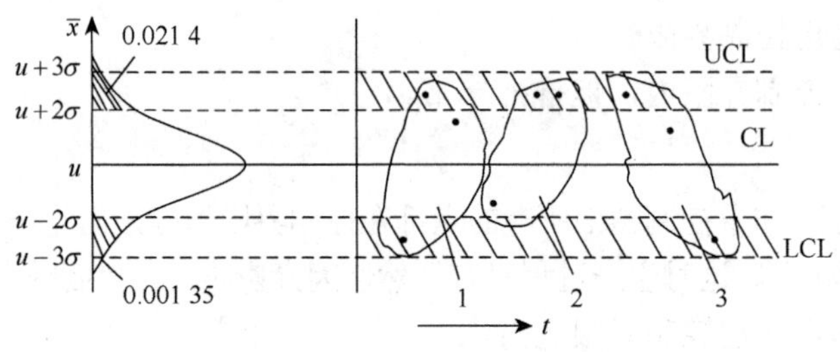

图 5-42 小概率事件情况

（1）连续 3 点中有 2 点落在警戒区内。

（2）连续 7 点中有 3 点落在警戒区内。

（3）连续 10 点中有 4 点落在警戒区内。

4）样本点的周期性变化

如图 5-43 所示，控制图上的样本点呈现周期性变化的分布状态，说明生产过程中有周期性因素影响，使生产过程失控，所以应该及时查明原因，予以消除。

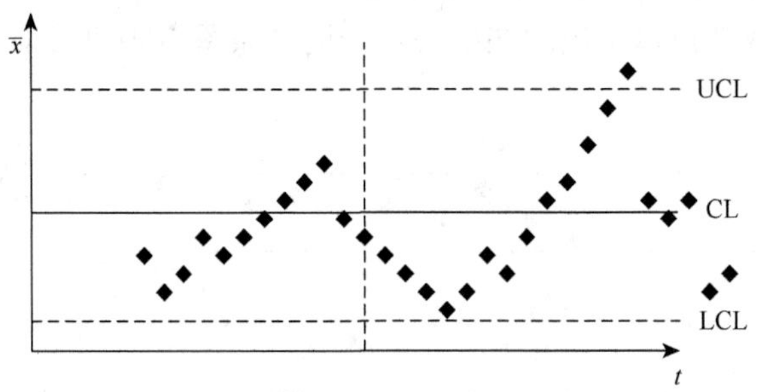

图 5-43 失控状态——周期性变化

5）样本点分布的水平位置突变

如图 5-44 所示，从第 i 个样本点开始，分布的水平位置突然变化，应查明系统性原因，采取纠正措施，使其恢复受控状态。

6）样本点分布的水平位置渐变

如图 5-45 所示，样本点的水平位置逐渐变化，偏离受控状态，说明有系统性原因影响，应及时查明，并采取措施加以消除。

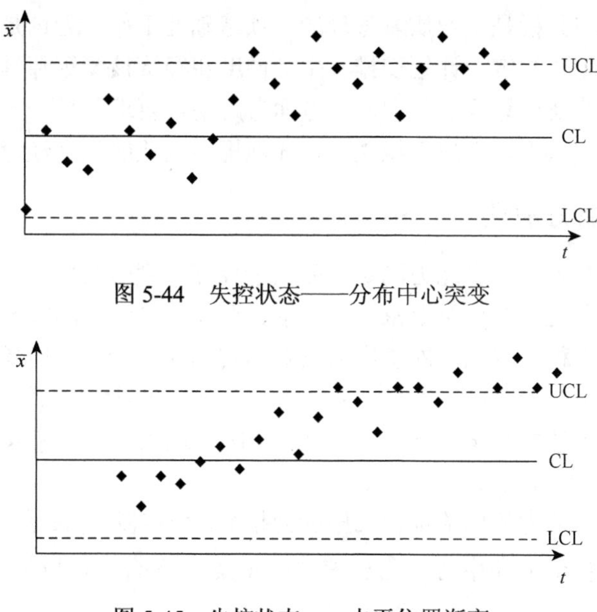

图 5-44 失控状态——分布中心突变

图 5-45 失控状态——水平位置渐变

7）样本点的离散度变大

如图 5-46 所示，控制图中的样本点呈现较大的离散性，即标准差 σ 变大，说明有系统性原因影响。如原材料规格不统一、样本来自不同总体等因素，查明情况后，要及时采取措施加以消除。

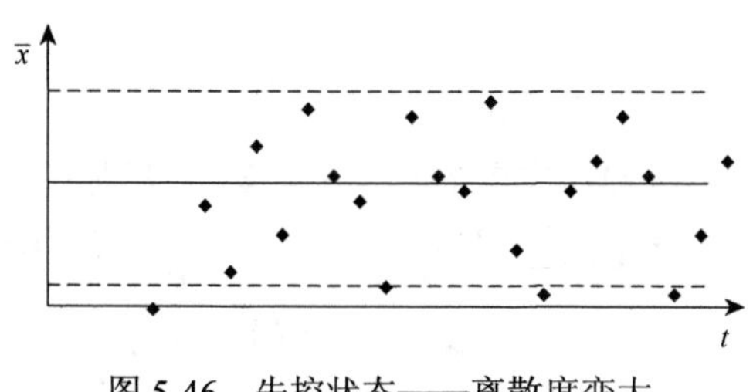

图 5-46 失控状态——离散度变大

多年来，由于控制图理论研究和应用的发展，在休哈特控制图基本原理的基础上产生了许多种类的控制图。如多变量控制图、验收控制图、指数加权移动平均控制图、累积和控制图、通用控制图、准控制图以及极坐标控制图等。无论是哪一类型的控制图，在变化着的制造环境和服务环境中，其有效性都是控制图研究与应用的关键所在。

5.3 工序能力测定与分析

5.3.1 工序能力的基本概念

工序能力是指工序的加工质量满足技术标准的能力。它是衡量工序加工内在一致性的标准。工序能力取决于影响质量的六个方面的因素，即 5M1E。

工序能力测定与分析是企业质量管理的一项基础性工作。无论是对质量管理本身，还是对产品设计、工艺制定、计划安排、生产调度和经济核算等都具有重要的意义。企业只有在设计、工艺及计划等工作中，一方面考虑用户要求；另一方面考虑加工过程的工序能力，改善工艺水平，合理组织生产，才能提高企业的生产经营效果。

5.3.2 工序能力指数

工序能力指数是表示工序能力满足产品质量标准程度的指标。质量标准是指生产过程所加工的产品必须达到的质量要求（即标准、公差、允许范围等），一般用 T 表示。工序能力则是指处于稳定状态下的工序所具备的实际加工能力，通常用 B 表示。

当工序处于稳定状态时，产品的计量质量特性值有 99.73%落在 $\mu \pm 3\sigma$ 范围内。即稳定的生产过程所加工的产品至少有 99.73%落在 6σ 范围内，这几乎包括了全部产品。因此，通常用 6σ 表示工序能力，即 $B = 6\sigma$ 。

质量标准与工序能力的比值称为工序能力指数，通常以 C_p 表示。根据是否为双向公差要求以及质量特性值分布中心 μ 与公差中心 M 是否重合，可以把 C_p 的计算分为以下三种情况。

1. 双向公差要求，μ 与 M 重合

根据工序能力指数的基本计算公式：

$$C_p = \frac{T}{6\sigma} = \frac{T}{6S} = \frac{T_U - T_L}{6S}$$

式中，T 为公差幅度；T_U 为公差上限；T_L 为公差下限；σ 为总体标准差（实际中，用样本标准差 S 来估计）。

2. 双向公差要求，μ 与 M 不重合

当分布中心 μ 与公差中心 M 不重合而发生偏移时，要对 C_p 值进行修正。为了区别 μ 与 M 重合情况下的 C_p 值，修正的工序能力指数记作 C_{pk} 。 C_{pk} 的近似计算公式为

$$C_{pk} = C_p(1-k)$$

其中，k 为修正系数，且

$$k = \frac{|M-\mu|}{T/2} = \frac{|M-\bar{x}|}{T/2} = \frac{|E|}{T/2}$$

式中，E 为偏移量；k 也称为偏移系数。

实际中，常用 $\bar{x}$ 来估计 μ 。

C_{pk} 的管理含义是：即使加工精度保持不变，当 μ 与 M 不重合时，工序能力也会降低，偏差越大，工序能力越小。所以，在实际质量管理中，不但要控制加工精度，还要尽可能地把加工中心保持在一定的范围内。

3. 单向公差要求

在有些情况下，质量标准只规定单侧的界限。如机电产品的力学强度、耐电压强度、寿命、可靠性等，要求不低于某个下限值，而上限越大越好。而有时又只有上限要求，如机械工业产品的清洁度、噪声、形位公差（同心度、平行度、垂直度、径向跳动等）、

原材料所含杂质等，其下限越小越好，只要规定一个上限就可以了。

单向公差要求 C_p 值的计算公式是由双向公差要求 C_p 值的基本计算公式推导而来的，即

$$C_p = \frac{T}{6\sigma} = \frac{T_U - T_L}{6\sigma} = \frac{T_U - \mu}{6\sigma} + \frac{\mu - T_L}{6\sigma}$$

因为正态分布是对称分布，所以

$$T_U - \mu = \mu - T_L$$

因此只有下限要求的 C_p 值为

$$C_{pL} = 2\frac{\mu - T_L}{6\sigma} = \frac{\mu - T_L}{3\sigma}$$

同理得

$$C_{pU} = 2\frac{T_U - \mu}{6\sigma} = \frac{T_U - \mu}{3\sigma}$$

5.3.3　工序等级及工序能力评价

利用工序能力指数可把每个工序质量划分为 5 个等级，见表 5-11。根据工序等级，可以对现在和将来生产的产品有所了解，进而有重点地采取措施加以管理。工序能力等级及工序能力指数的评价见表 5-11。应当指出，通常所谓的工序能力不足或过高，都是针对特定生产制造过程、特定产品的特定工序而言的，不应当理解为统一的模式。如化工、电子、机械等工业生产过程都具有其自身的特点。

表 5-11　工序能力指数 C_p 值评价标准

工序能力指数	工序能力等级	图例	工序能力评价
$C_p > 1.67$	特级	y, T_L, T_U, x	工序能力过高
$1.33 < C_p < 1.67$	一级	y, T_L, T_U, x	工序能力充足
$1.00 < C_p < 1.33$	二级	y, T_L, T_U, x	工序能力尚可
$0.67 < C_p < 1.00$	三级	y, T_L, T_U, x	工序能力不充足
$C_p < 0.67$	四级	y, T_L, T_U, x	工序能力太低

➢复习思考题

5-1 简述产生质量变异的原因。

5-2 区分偶然性原因和必然性原因在质量管理上有何意义？

5-3 质量控制图分为几种类型？分别说明各种质量控制图的适用对象。

5-4 什么是工序能力？什么是工序能力指数？

5-5 根据正态分布曲线的性质分别说明发生第一类错误和第二类错误的原因。

5-6 ××公司生产一种房屋装饰用高档管件。××公司作为供应商同某大型建材批发零售商签署了一项合同。近来，在××公司向该建材批发零售商配送这种管件不久后，收到了一些关于内丝公差太大的投诉。这让××公司有点震惊，因为正是它作为优质管件生产商的良好信誉，才被选为东方家园的A级供应商的。由于拥有训练有素、尽职尽责的优秀员工，××公司对其制造能力一向很有自信。公司总裁回忆起两年前曾接到过来自建筑公司类似的投诉，但当时并未给以足够的重视。

在总经理的建议下，总裁聘请了一名质量顾问来帮助查找引起这类质量问题的根本原因，想要从根本上解决这类质量问题。质量顾问以切内螺纹加工为突破口进行调查分析。切割操作的理想指标是 40.000mm，公差是 0.125mm。因此，规范上限是 $T_U = 39.875\ \text{mm}$，规范下限是 $T_L = 40.125\ \text{mm}$。顾问建议在7天内，随机抽取每班生产的5个产品，并记录实际尺寸。表5-12汇总了采集到的7天中的数据。

表 5-12 ××公司某管件统计数据

轮班	样本	观测值/mm				
		1	2	3	4	5
1	1	39.970	40.017	39.898	39.937	39.992
2	2	39.947	40.013	39.993	39.997	40.079
3	3	40.050	40.031	39.999	49.963	40.045
1	4	40.064	40.061	40.016	40.041	40.006
2	5	39.948	40.009	39.962	39.990	39.979
3	6	40.016	39.989	39.939	39.981	40.017
1	7	39.946	40.057	39.992	39.973	39.955
2	8	39.981	40.023	39.992	39.992	39.941
3	9	40.043	39.985	40.014	39.986	40.000
1	10	40.013	40.046	40.096	39.975	40.019
2	11	40.043	40.003	40.062	40.025	40.023
3	12	39.994	40.056	40.033	40.011	39.948
1	13	39.995	40.014	40.018	39.966	40.000
2	14	40.018	39.982	40.028	40.029	40.044
3	15	40.018	39.994	39.995	40.029	40.034
1	16	40.025	39.951	40.038	40.009	40.003
2	17	40.048	40.046	39.995	40.053	40.043

续表

轮班	样本	观测值/mm				
		1	2	3	4	5
3	18	40.030	40.054	39.997	39.993	40.010
1	19	39.991	40.001	40.041	40.036	39.992
2	20	40.022	40.021	40.022	40.008	40.019

请就以下问题进行讨论。

(1) 根据表 5-12 中的数据，绘制质量控制图，并判断生产过程是否受控？如果工序失控，可能的原因是什么？

(2) ××公司螺纹加工的工序能力如何？该公司如何从根本上解决这类质量问题？

第6章 质量检验与抽样方案设计

本章提要：检验就是通过观察和判断，适当地结合测量、试验所进行的符合性评价。检验是质量控制的一个关键环节，通过检验可以分离并剔除不合格品；对生产过程及时做出数据分析，可以及时预测不合格品的产生，以避免损失。本章将系统地介绍企业生产中质量检验和抽样检验的相关知识，着重解释分析计数型抽样检验的原理和抽样方案设计，为现代质量管理，特别是组织实施 ISO 9000 质量管理体系与进行质量控制提供重要的工具。

6.1 企业生产中的质量检验

在早期的生产经营活动中，生产和检验本来是合二为一的，生产者就是检验者。后来随着生产的发展，以及劳动专业分工的细化，检验逐渐从生产过程中分离出来，成为一个独立的过程。但是，生产和检验是一个有机的整体，检验是生产中不可缺少的环节。

6.1.1 质量检验的概念

在国际标准ISO 9000:2005《质量管理体系——基础和术语》中将“检验”（inspection）定义为“通过观察和判断，适当地结合测量、试验所进行的符合性评价”。英国标准（British Standard，BS）将“检验”定义为：“按使用要求来测量、检查、试验、计量或比较一个项目的一种或多种特性的过程。”总之，质量检验是指借助于某种手段和方法，对产品和质量特性进行测定，并将测得的结果同规定的产品质量标准进行比较，从而判断其合格或者不合格。符合标准的产品为合格品，予以通过；不符合标准的产品为不合格品，根据具体情况予以返修、报废或者降级使用。

6.1.2 质量检验的方式、类型和主要文件

1. 质量检验的方式

质量检验的方式按照其不同特征主要分为以下五种（表 6-1）。

表 6-1 质量检验的方式

特征	分类	定义
数量	全数检验	全数检验是指对一批待检验的产品 100%地进行检验
	抽样检验	根据数理统计原理预先制定抽样方案，从交验的一批产品中，随机抽取部分样品进行检验，根据样品的检验结果，按照规定的判断准则，判定整批产品是否合格，并决定是接收还是拒收该批产品，或采取其他处理方式
质量特性值	计数抽样方法	从批量产品中抽取一定数量的样品（样本），检验该样本中每个样品的质量，确定其合格或不合格，然后统计合格品数，与规定的“合格判定数”比较，决定该批产品是否合格的方法
	计量抽样方法	从批量产品中抽取一定数量的样品（样本），检验该样本中每个样品的质量，然后与规定的标准值或技术要求进行比较，以决定该批产品是否合格的方法
检验性质	理化检验	借助物理、化学的方法，使用某种测量工具或仪器设备，如千分尺、千分表、验规、显微镜等所进行的检验
	官能检验	根据人的感觉器官对产品的质量进行评价和判断
完整性	破坏性检验	产品的检验是破坏性的，产品被检查以后，本身就不复存在或不能再使用了
	非破坏性检验	检验对象被检查以后仍然完整无缺，不影响其使用性能
目的	验收检查	为了判断被检验的产品是否合格，从而决定是否接收该件或该批产品
	监控检查	为了控制生产过程的状态，也就是要检定生产过程是否处于稳定的状态

2. 基本检验类型

质量检验的基本检验类型见表 6-2。

表 6-2 基本检验类型

类型	定义	形式
进货检验	指外购原材料、外购配套件和外协件入厂时的检验	首件（批）样品检验
		成批进货检验
工序检验	为了防止连续出现大批不合格品，避免不合格品流入下道工序继续进行加工，工序检验不仅要检验产品，还要检定影响产品质量的主要工序要素	首件检验
		巡回检验
		末件检验
完工检验	指在某一加工或装配车间全部工序结束后的半成品或成品的检验	半成品检验
		成品检验

3. 质量检验的主要文件

1）过程流程图

过程流程图描述了产品形成的全过程，包括从原材料、零部件的投入，到各个加工和检验环节，以及运输、包装和存储等一系列过程。图 6-1 是一个衬衫生产简化过程流程图，图 6-2 是某企业“提供某项电讯服务”的过程流程图。可见，服务业的过程流程图也包含一系列的服务节点，且在关键节点上的质量检验是不可缺少的，只是根据生产或服务的特点以及产品结构的不同，质量检验的方式和方法不同而已。

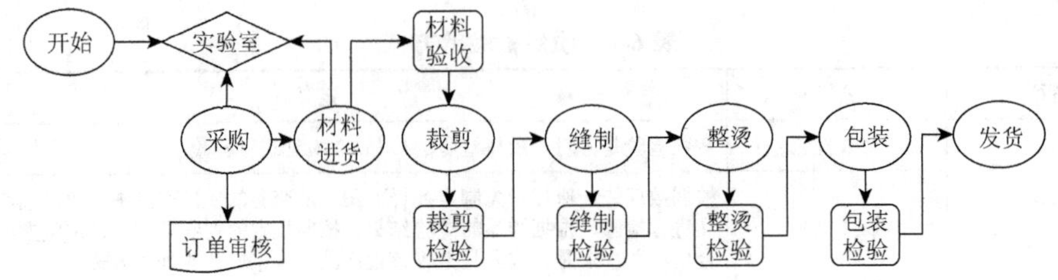

图 6-1 衬衫生产过程流程图

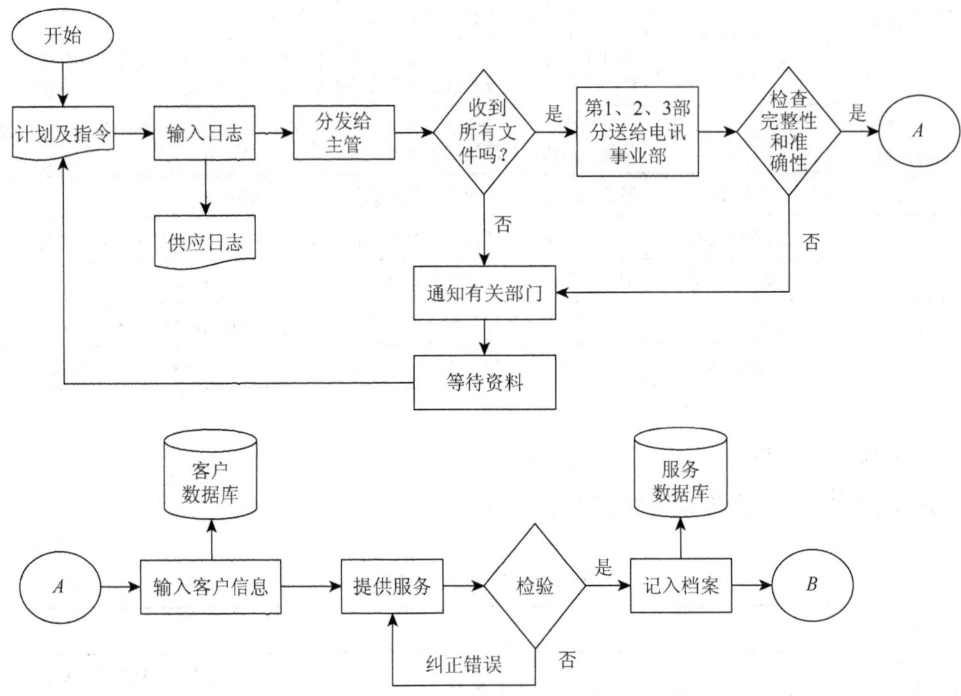

图 6-2 某企业“提供某项电讯服务”的过程流程图

2）质量特性分析表

质量特性分析表是按产品（包括零件或部件）编制的。例如，在表 6-3 中应详细列出各道工序所需检验的质量特性，并指出这些特性的主要影响因素，以此作为检验人员进行检验的依据。制定质量特性分析表的主要参考文件如下：①产品图纸或技术规格；②工序质量要求及工艺规范；③工序管理点要求；④与顾客或下道工序要求变更有关的质量指标文件。

表 6-3 工序质量特性分析表

车间：××	产品名称：××	编定日期：××			
生产线或部门：	零件号及名称：	编定者：			
		影响因素			
工序	缺陷	设备	工装	材料	操作者
10 下料	材料及成分，厚度			●	●
	尺寸		●		

续表

工序	缺陷	设备	工装	材料	操作者
10 下料	毛刺	●			
20 铣齿	齿距		●		
	齿深		●		
	毛刺	●			
	齿尖锐度	●			
30 锉齿	齿面是否全部锉出	●	●		●
	是否有漏锉的齿	●	●		●
40 抛光	表面粗糙度				●
50 腐蚀印字	字体是否清晰		●		
	打印位置是否正确		●		
60 冲压	尺寸		●		
	毛刺	●			
70 齿部错位	错位是否一致		●		
	划分		●		
80 清洗涂塑	是否有未涂到处	●			

资料来源：中国质量管理协会. 1990. 质量检验. 北京：北京理工大学出版社。

3）质量检验指导书

质量检验指导书的主要作用，是使检验人员按检验指导书规定的检验项目、检验要求和检验方法进行检验，保证质量检验工作的有效性，以防止错检、漏检等情况的发生。

质量检验指导书的格式，通常根据企业的不同生产类型、不同检验流程等具体情况进行设计。表 6-4 为某原材料进厂检验指导书。由表 6-4 清楚可见，质量检验指导书也是检验规程，它相当于传统质量检验管理中的“质量检验卡”。通常，对建立质量控制点的工序，以及关键和重要零件都必须编制检验指导书。检验指导书应对被检验的质量特性提出明确具体的要求，并规定检验方法、抽样方案、所需量具，以及检验示意图等。表 6-4 和表 6-5 为某原材料进厂检验指导书和产品质量检验指导书。

表 6-4　原材料进厂检验指导书

<table>
<tr><td>物料名称</td><td colspan="2"></td><td colspan="2">采购单号</td><td></td></tr>
<tr><td>物料号</td><td colspan="2"></td><td colspan="2">使用单位</td><td></td></tr>
<tr><td>检验项目号</td><td colspan="2">质量特性要求</td><td colspan="2">检查方法</td><td>检查频次</td></tr>
<tr><td></td><td colspan="2"></td><td colspan="2"></td><td></td></tr>
<tr><td>编制</td><td>校对</td><td></td><td>批准</td><td></td><td></td></tr>
</table>

表 6-5 产品质量检验指导书

零件名称		零件件号		检验频次	发出日期
TTAl		B×30-02-100		全检	
注意事项	1. 测量前清除毛刺和硬点 2. 在使用杠杆卡规检验时，其活动脚需松开进出，防止零件表面划伤 3. 需用量块校准尺寸，并清除量块误差 4. 在检验接触精度时，需保持塞规清洁，防止拉毛、起线 5. 在使用各种量仪时，应具备有效期内的合格证				
序号	检验项目	检验要求	测量器具	检验方法、方案	重要度
1	尺寸公差：配合间隙	<0.01	内径千分尺、量块、杠杆卡规	与 100 件研配，莫氏锥孔处允许略小	2 级
2	粗糙度：ϕ 60 外圆	0.1	样板比较	目测	
3	粗糙度：$\phi 60_{-0.01}^{-0.05}$ 处	0.4	样板比较	目测	
4	粗糙度：莫氏#4 锥孔	0.4/8	样板比较	目测	
5*	圆度：ϕ 60 外圆	0.002	杠杆卡规	H3—4	2 级△
6*	平行度：	0.002	杠杆卡规	1—2	2 级△
（以下略）					

注：*为关键项目，不得申请回用；△为工序质量控制点。

4）质量缺陷的严重性分级

质量缺陷的严重性分级最早是由美国贝尔电话公司首先提出的。最初的质量缺陷严重性分级是在设计人员对质量特性重要性分级的基础上，并在一个跨部门组织指导下进行的，这些分级除了考虑功能性质量特性，还必须包括外观、包装等因素。

（1）缺陷严重性分级的缺陷值。以典型的制造业为例，产品质量缺陷的分级是在产品设计人员对质量特性重要性分级的基础上进行的。但在具体划分等级时，必须特别着重考虑对顾客使用的影响。同时，还要考虑企业的实际情况和不同的产品工艺。通常，采用的分级不宜过多过繁，一般 3～5 级就足够了。把缺陷严重性分为四级，每一级都规定了相应的缺陷值，缺陷值的划分大致见表 6-6。

表 6-6 缺陷严重性分级的缺陷值

序号	分级	缺陷的严重性	缺陷值		
1	A 级	致命缺陷	100	100	240
2	B 级	严重缺陷	50	50	10
3	C 级	一般缺陷	25	10	4
4	D 级	轻微缺陷	5	1	1

资料来源：中国质量管理协会. 1990. 质量检验. 北京：北京理工大学出版社。

（2）缺陷严重性分级的原则。如果将质量缺陷分为三级，往往是把 C 级和 D 级统称为轻微缺陷。有关资料显示，目前，采用三级分类的趋势有所上升。如下所述。

A 级：致命缺陷，指质量缺陷将危害生命安全或影响产品重要技术性能。

B 级：严重缺陷，指不符合主要测试项目要求，但不影响生命安全的缺陷。

C 级：轻微缺陷，指不符合次要测试项目要求，但基本不影响产品性能的缺陷。

按照这样分级，缺陷严重性分级的原则见表 6-7。表 6-8 为某厂的机械产品缺陷分级表。

表 6-7　质量缺陷严重性分级的原则

缺陷等级代码	缺陷	对产品和服务本身的影响	对顾客和社会的危害	承担责任表现
A	致命缺陷（临界缺陷）	产品功能	很大	法律责任，并造成信誉和经济损失
B	严重缺陷（主要缺陷）	产品效用	较大	造成信誉和经济损失
C	轻微缺陷（次要缺陷）	基本不影响功能	较小	不会造成信誉和经济损失

表 6-8　某厂的机械产品缺陷分级表

缺陷内容	缺陷分级		
	A	B	C
（一）包装质量			
1. 包装箱外部尺寸不符合规定			△
2. 包装箱的摆放不正确、不清楚			△
3. 包装箱的底架不牢固	△		
4. 包装箱的底座或支架固定缺少元件		△	
（略）			
（二）外观质量			
1. 机床上各种标牌歪斜、不平整、不牢固			△
2. 机床结合面边沿、缝隙超过规定			△
3. 外露加工面有明显磕碰、生锈			△
4. 错误安装、漏装标牌		△	
（略）			
（三）结构性能质量			
1. 液压系统漏油、影响液压性能	△		
2. 进给手轮、工作台手轮、液压操作手柄超过规定力		△	
3. 各连锁动作失灵、砂轮架快速进退、动作错乱，会造成安全事故	△		
4. 机床噪声超过规定值		△	
（略）			

资料来源：中国质量管理协会. 1990. 质量检验. 北京：北京理工大学出版社。

6.1.3 不合格品的管理

不合格品管理是质量检验以致整个质量管理过程中的重要环节。为了区别不合格品和废品这两个不同的概念，通常把不合格品管理称为不良品管理，其中包括废品、返修品和回用品。在不合格品管理的实践中，企业积累总结了以下主要经验。

1.“三不放过”的原则。

一旦出现不合格品，则应做到如下几点。①不查清不合格的原因不放过。因为不查清原因，就无法进行预防和纠正，也不能防止其重复发生。②不查清责任不放过。这样做主要是为了帮助责任者吸取教训，以利及时纠正和不断改进。③不落实改进的措施不放过。查清不合格的原因和查清责任者，目的都是落实改进的措施。

2. 两种“判别”职能。

检验管理工作中有如下两种“判别”职能。

（1）符合性判别。符合性判别是指判别生产出来的产品是否符合技术标准，即是否合格，这种判别的职能是由检验员或检验部门来承担的。

（2）适用性判别。适用性和符合性有密切联系，但不能等同。符合性是相对于质量技术标准来说的，具有比较的性质；而适用性是指适合顾客要求。不合格品不等同于废品，它可以判为返修后再用，或者直接回用。这类判别称为适用性判别。由于这类判别是一件技术性较强的工作，所以检验部门难以胜任，通常是由不合格品审理委员会审理决定的。这类审理委员会称为不合格品评审小组（material review board，MRB），一般是由设计、工艺、质量、检验、计划、销售和顾客代表共同组成的，重要产品应有严格的审查程序和制度。

3. 分类处理

对于不合格品通常有以下处理方法。

（1）报废。对于不能使用，如影响人身财产安全或经济上产生严重损失的不合格品，应予以报废处理。

（2）返工。返工是一个程序，它可以完全消除不合格，并使质量特性完全符合要求。通常，检验人员就有权做出返工的决定，而不必提交不合格品审理委员会审查。

（3）返修。返修与返工的区别在于返修不能完全消除不合格品，而只能减轻不合格的程度，使部分不合格品能基本满足使用要求。

（4）原样使用。原样使用也称为直接回用，就是不加返工和返修，直接交给顾客。这种情况必须有严格的申请和审批制度，特别是要将实际情况如实告诉顾客，得到顾客的认可。

4. 不合格品的现场管理

（1）不合格品的标记。凡经检验为不合格品的产品、半成品或零部件，应当根据不合格品的类别，分别涂以不同的颜色或做出特殊的标志。如在废品的致废部位涂上红漆，在返修品上涂以黄漆，在回用品上打上“回用”的印章等办法，以示区别。

（2）不合格品的隔离。对各种不合格品在涂上（或打上）标记后，应立即分区进行隔离存放，避免在生产中发生混乱。在填写废品单后，应及时放于废品箱或废品库中，严加保管和监视。隔离区的废品应由专人负责保管，定期处理销毁。不合格品的处理流程如图 6-3 所示。

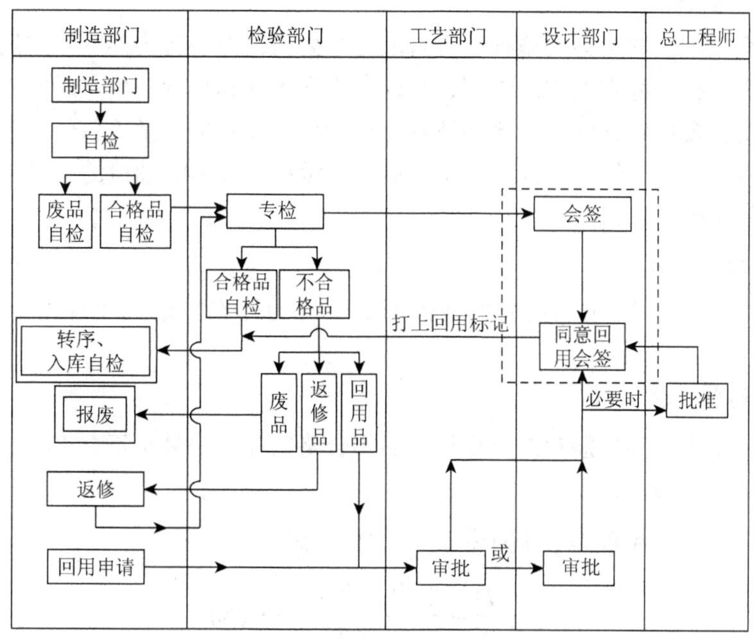

图 6-3　不合格品的处理流程

6.2　抽样检验

6.2.1　抽样检验的术语

质量检验的方式多种多样，选用得当既可以获得真实状况，又可以节约检验费用，缩短检验时间。检验方式按检验对象的数量划分，可分为全数检验和抽样检验两种。

全数检验是逐个检验交验产品的每一个基本单位，要求产品 100%合格。这种检验方式能提供较完整的检验数据，获得较全面的质量信息。

抽样检验是指根据数理统计原理预先制定抽样方案，从交验的一批产品中，随机抽取部分样品进行检验，根据样品的检验结果，按照规定的判断准则，判定整批产品是否合格，并决定是接收还是拒收该批产品，或采取其他处理方式。既然是以样本数据表征检验对象——一批产品的质量特征，那么就存在一定风险，合格批的产品不等于其中产品全部合格，不合格批的产品不等于其中产品全部不合格。在质量管理中往往需要解决的是如何确定和选取合适的抽样验收方案，以确保生产方和消费方的双方利益，为此首先明确一下抽样检验中的几个常用的术语。

1. 单位产品和样本大小 n

单位产品是为了实施抽样检查而对产品划分的单位量。它是抽样检验的基本单位，如单件产品、一个部件、一定长度或一定重量的产品，它与采购、销售、生产和运输过程中的单位产品可以一致，也可以不一致。不合格品的定义、批量的确定、不合格品率的计算都以单位产品为基础。样本是由一个或多个单位产品构成的，通常将样本大小记作 n。

2. 批和批量 N

批也指交验批。它是为实施抽样检查汇集起来的、在一致条件下生产的产品。所谓“一致条件”是指“稳定的生产过程、相同的生产条件和相近的生产时间”。

批量指交验批所包含的单位产品数量。在抽样检验中构成了“总体”，通常用字母 N 表示。批量小，可节约一些抽检费用，但是批量过小会影响抽检的代表性，而且一旦被拒收，其经济损失过大。

3. 合格判定数 A_c

在抽样方案中，预先规定的判定批产品合格的样本中最大允许不合格数，记作 A_c 或 C。

4. 不合格判定数 R_e

在抽样方案中，预先规定的判定批产品不合格的样本中最小不合格数，记作 R_e。

5. 批不合格品率

它是批中不合格品数 D 占整个批量 N 的百分比，即

$$p=\frac{D}{N}=\frac{\text{批中不合格品数}}{\text{批量}}(\%)$$

6. 过程平均不合格品率

它指连续批产品的平均不合格品率，一般用各批的不合格品率的平均值表示。假设有 k 批产品，其批量分别为 $N_1, N_2, \cdots, N_k$，则过程平均不合格品率为

$$p=\frac{\sum_{i=1}^{k} p_i}{k}=\frac{\sum_{i=1}^{k} D_i}{\sum_{i=1}^{k} N_i},\quad k \geqslant 20$$

在实际工作中，常以各批样本的平均不合格品率来代替上式，假设有 k 批产品，其批量分别为 $n_1, n_2, \cdots, n_k$，各批中相应的不合格品数为 $d_1, d_2, \cdots, d_k$，则过程平均不合格品率为

$$\overline{p}=\frac{\sum_{i=1}^{k} p_i}{k}=\frac{\sum_{i=1}^{k} d_i}{\sum_{i=1}^{k} n_i} \tag{6-1}$$

计算过程平均不合格品率是为了了解交验批产品的整体质量水平，这对设计合理的抽样方案、保证验收产品的质量，以及保护生产方和消费方利益都是重要的。

7. 合格质量水平（acceptable quality level，AQL）

AQL 也称可接收质量水平，是对连续交验批产品规定的可接收的过程平均不合格品

率的上限值。它是生产方能够保证稳定达到的实际质量水平指标，也是消费方所能接受的产品质量水平。

8. 批最大允许不合格品率（lot tolerance percent defective，LTPD）

这是指用户能够接受的产品批的极限不合格品率值。LTPD 值的合理确定直接影响消费方的利益。

9. 生产方风险（produce's risk）α

生产方所承担的合格批被判为不合格批的风险，记作 α。

10. 消费方风险（consumer's risk）β

消费方所承担的不合格批被判为合格批的风险，记作 β。

6.2.2 检样方案的种类

1. 一次抽样方案（single sampling inspection）

从批量为 N 的交验产品中只抽取一个样本 n 进行检验。如果 n 中不合格品数 d 小于等于预先规定的一个合格判定数 C，即 $d \leqslant C$ 时，判定批产品合格，予以接收；如果 $d>C$，则判定批产品不合格，予以拒收。其操作程序如图 6-4 所示。

例 6.1 当 $N=100, n=10, C=1$ 时，一次抽样方案表示为 $(100,10,1)$。其含义为从批量为 100 件的交验产品中，随机抽取 10 件样本检验。如果发现这 10 件产品中有 2 件以上不合格品，则判定该产品不合格，予以拒收。其操作程序如图 6-5 所示。

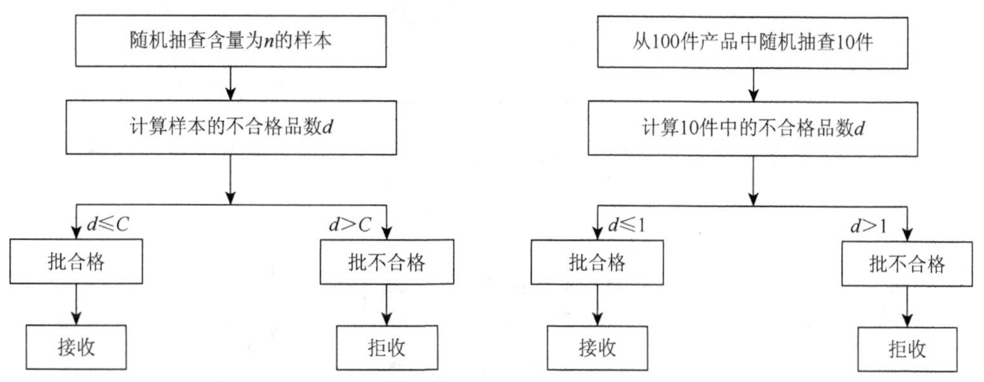

图 6-4 一次抽样方案(N, n, C)程序框图　　图 6-5 抽样方案(100, 10, 1)程序框图

2. 二次抽样方案（double sampling inspection）

从交验批中先后抽取两个样本，其抽样方案包括五个参数，即 $(N,n_1,n_2;C_1,C_2)$ 或 $(N,n_1,n_2;A_{c1},R_{e1};A_{c2},R_{e2})$。其中，$n_1$ 为抽取的第一个样本大小；n_2 为抽取的第二个样本大小；C_1 为抽取第一个样本时合格判定数；C_2 为抽取第二个样本时合格判定数。其操作程序如图 6-6 所示。

例 6.2 某企业生产的电器元件，有些性能测试成本较高，该厂和用户协商，为减少检查样本数量，采用二次抽样方案(2500, 80, 80; 2, 5; 6, 7)。已知批量 N=2500，产品 AQL 为 1.5%。其操作程序如图 6-7 所示。

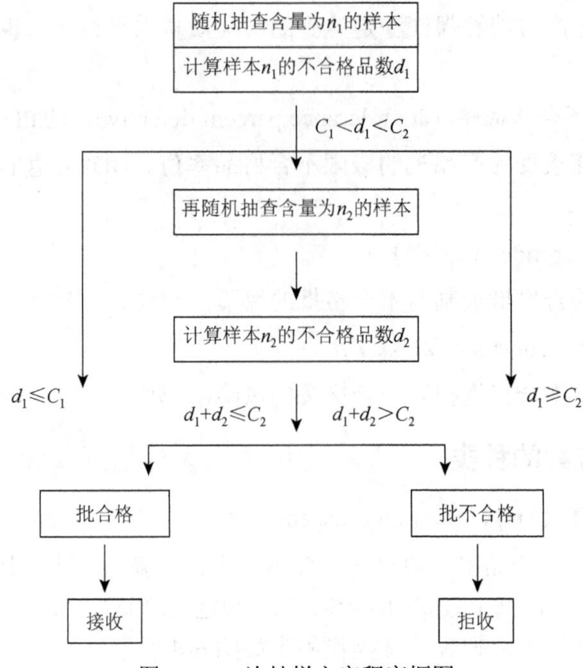

图 6-6　二次抽样方案程序框图

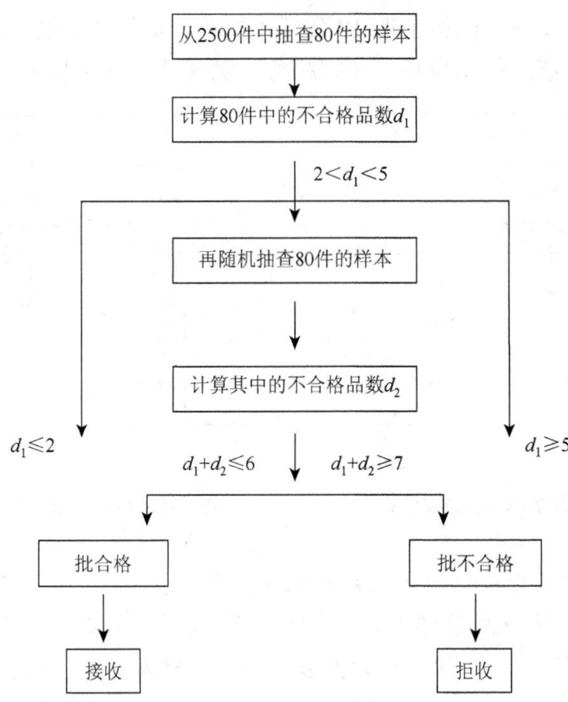

图 6-7　抽样方案(2500, 80, 80; 2, 5; 6, 7)程序框图

3. 多次抽样方案（multiple sampling inspection）

需要经过三次以上的抽样与判断才能定出批质量是否合格的抽查方案称为多次抽样方案。表 6-9 是一个五次抽样方案，其操作程序如图 6-8 所示。

表 6-9　五次抽样方案

样本编号 i	样本大小 n_i	$\sum_i n_i$	接收数 C_i	拒收数 R_{ei}
1	20	20	*	2
2	20	40	0	3
3	20	60	1	3
4	20	80	2	4
5	20	100	3	4

注：*表示该方案不允许抽查第一个样本之后做出接收的决定。

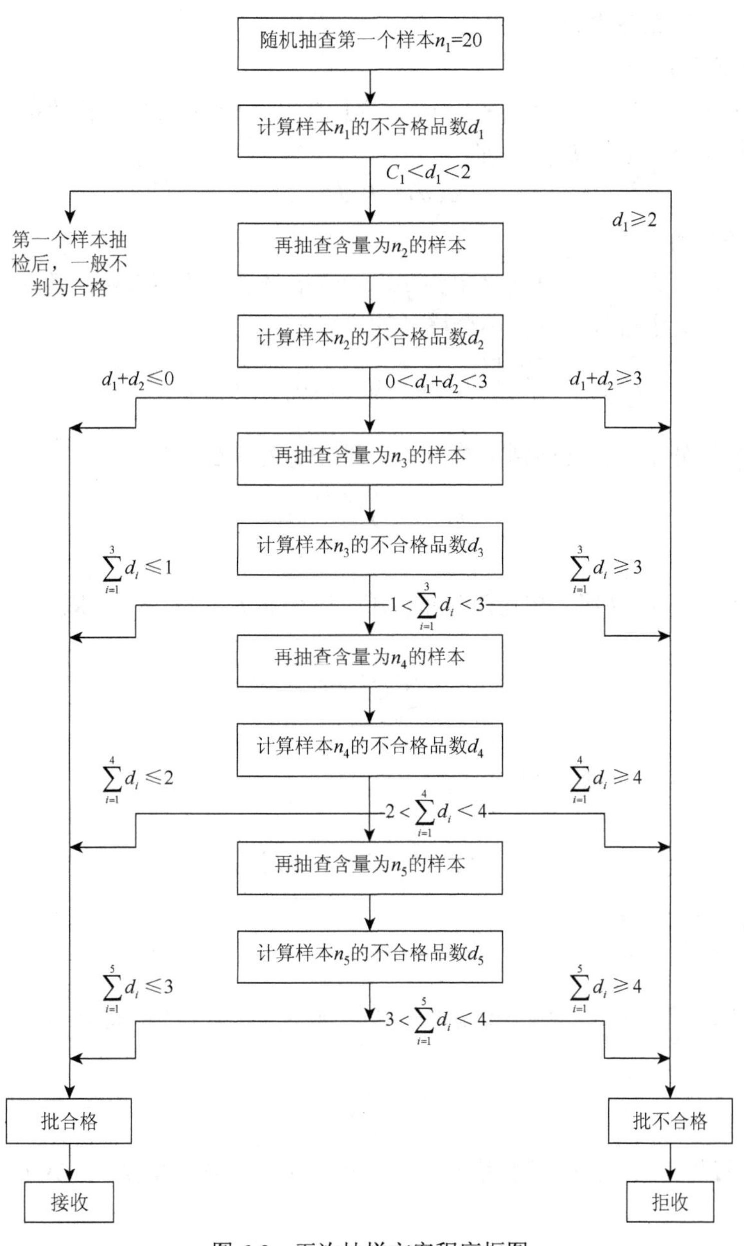

图 6-8　五次抽样方案程序框图

6.3 计数抽样检验

计数抽样检验是指在判断批产品是否可接收时，只利用样本中不合格品数目或者缺陷数目的抽检方法。该方法计算工作量少，检验管理也比较简单，而且能把产品多种质量特性作为整体，规定为一个质量标准。

6.3.1 统计分析

接收概率的计算公式如下。

1）接收概率 $L(p)$

设产品的批量为 N，不合格品率为 p，一次抽样方案 (N, n, C)，则称随机事件“$d \leqslant C$”的概率为接收概率，记作 $L(p)$，即

$$L(p) = P\{d \leqslant C\}$$

2）接收概率的计算

设产品的批量为 N，不合格品率为 p，则该批产品中的不合格品数 $D=Np$。现从 N 件中任取 n 件，其中恰好有 d 件不合格品的概率为

$$\frac{C_D^d C_{N-D}^{n-d}}{C_N^n}, \quad d = 0,1,2,\cdots,\min(D,n)$$

上式称为超几何分布，若合格判定数为 C，则接收概率 $L(p)$ 为

$$L(p) = \sum_{d=0}^{C} \frac{C_D^d C_{N-D}^{n-d}}{C_N^n} \tag{6-2}$$

当 N 很大，$\frac{n}{N} < 0.1$ 时，超几何分布可用二项分布 $B(d; n, p)$ 近似。当 $n \leqslant D$ 时，有

$$L(p) = \sum_{d=0}^{C} C_n^d p^d (1-p)^{n-d} \tag{6-3}$$

式中，$p = \frac{D}{N}$。当 $n > D$ 时，有

$$L(p) = \sum_{d=0}^{C} C_n^d f^d (1-f)^{D-d} \tag{6-4}$$

式中，$f = \frac{n}{N}$。

当 N 很大，$\frac{n}{N} < 0.1$，且 $p < 0.10$ 时，超几何分布可用泊松分布 $P(d; n, p)$ 近似，即

$$L(p) = \sum_{d=0}^{C} \frac{\lambda^d}{d!} \mathrm{e}^{-\lambda} \tag{6-5}$$

例 6.3 设批量 N=100，不合格品率 p=0.02，采用抽样方案 (N, n, C)=(100, 10, 0)，求接收概率。

解：用超几何分布计算接收概率 $L(p)$：

$$L(p)=\sum_{d=0}^{C}\frac{C_D^d C_{N-D}^{n-d}}{C_N^n}=\frac{C_2^0 C_{98}^{10}}{C_{100}^{10}}=\frac{90\times 89}{100\times 99}=0.8091$$

例 6.4　设批量 N=1000，不合格品率 p=0.04，采用抽样方案(N, n, C)=(1000, 30, 1)，求接收概率。

解：$\dfrac{n}{N}=\dfrac{30}{100}=0.03<0.10$，$D=Np=1000\times 0.04=40$。

（1）用二项分布计算，则

$$L(p)=\sum_{d=0}^{C}C_n^d p^d(1-p)^{n-d}=0.96^{30}+C_{30}^1\times 0.04\times 0.96^{29}=0.6612$$

（2）用泊松分布计算，$\lambda=np=30\times 0.04=1.2$，则

$$L(p)=\sum_{d=0}^{C}\frac{\lambda^d}{d!}\mathrm{e}^{-\lambda}=\mathrm{e}^{-1.2}+1.2\mathrm{e}^{-1.2}=0.6626$$

6.3.2　抽样方案的特性曲线——OC 曲线

对于具有不同不合格率 p_i 的交验批产品，采用抽样方案(N, n, C)都可以求出相应的接收概率 L（p_i）。现以 p_i 为横坐标，以 L（p_i）为纵坐标可以画出一条曲线，这条曲线可以表示这一抽样方案的操作特性，简称 OC 曲线（operation characteristic curve）。

例 6.5　对于不同的 p_i，用二项分布计算 n=50，C=1 的接收概率。

解：利用公式（6-3）得到表 6-10。

表 6-10　n=50，C=1 的接收概率（对应不同 p_i）

p_i/%	0	1	2	3	4	5	6	7	8	9	10
L（p_i）	1	0.91	0.74	0.56	0.40	0.28	0.19	0.13	0.08	0.05	0.03

利用表 6-10 数据在直角坐标上画出一条 OC 曲线，如图 6-9 所示。该曲线将抽样方案与产品质量联系在一起，当 p 发生变动时，其接收概率的变动幅度迅速，这在一定程度上，可以说明抽样方案判断产品质量好坏的能力较强。

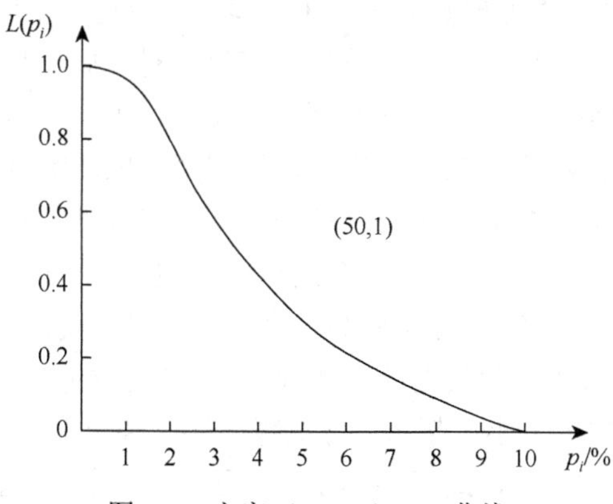

图 6-9　方案（50，1）OC 曲线

6.3.3 OC 曲线的变化规律

对于给定的抽样方案，OC 曲线是唯一确定的。OC 曲线的变化依赖三个参数：批量大小 N，样本大小 n，以及合格判定数 C。三个参数有任何一个改变时，OC 曲线的形状也随之改变，方案的性能也发生变化。

（1）当样本大小 n 和合格判定数 C 一定时，批量 N 对 OC 曲线的影响。如图 6-10 所示的三条 OC 曲线代表三个单次抽样方案(N, n, C)。它们尽管是三个不同的抽样方案，但其 OC 曲线十分接近。这说明批量 N 的大小对 OC 曲线的影响很小。因此，常常只用(n, C)两个参数来表示一个单次抽样方案。事实上，如果将单次抽样方案(∞, 90, 0)的 OC 曲线绘在图 6-10 中，会发现尽管 $N=\infty$，但该抽样方案的 OC 曲线与抽样方案(900, 90, 0)的 OC 曲线几乎重合。

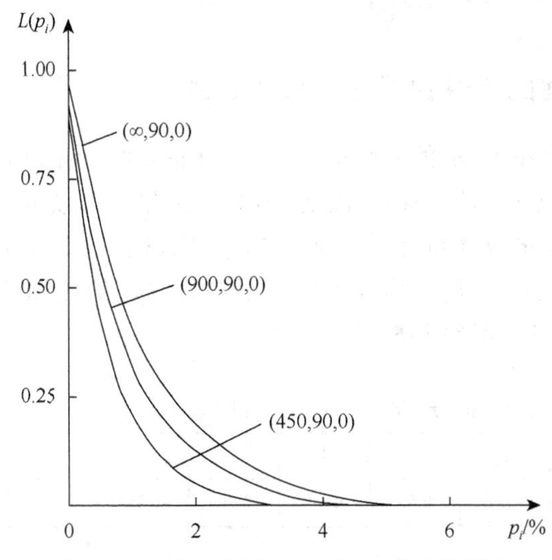

图 6-10　n 和 C 固定，N 对 OC 曲线的影响

（2）当批量 N 和样本大小 n 一定时，合格判定数 C 对 OC 曲线的影响。如图 6-11 所示，用实线表示的三条 OC 曲线代表三个不同的单次抽样方案(N, n, C)。随着 C 的变化，OC 曲线在水平位置和曲线倾斜率两方面都发生了变化。当 C 变小时，OC 曲线左移，而且曲线变陡，这说明抽样方案的性能发生了变化。对于同一批交验产品，其不合格率为 p_i，合格判定数 C 越小的方案，其接收概率也越低，说明抽样方案变得严格了。具体方案严格的程度和合理性，应该从实际出发，根据用户的质量要求和生产者的平均质量水平，对不同抽样方案的 OC 曲线进行比较分析，确定合理的样本大小 n 和合格判定数 C。另外，随 C 的变大，在同一 p_i 时，接收概率水平也增大，说明抽样方案变宽松了。现将图 6-11 中虚线表示的 OC 曲线 4 和 OC 曲线 2 作一比较，显然，OC 曲线 4 所代表的单次抽样方案比 OC 曲线 2 所代表的单次抽样方案严格得多，上述两个方案的 N 和 C 相同，但 n 不同，说明样本大小 n 越大，方案越严格，这一点在感性上也是容易理解的，因为 n 最大可以取到趋近于 N，此时相当于全检了，检验比例越大，越容易发现不合格品，方案也就变得严格了。

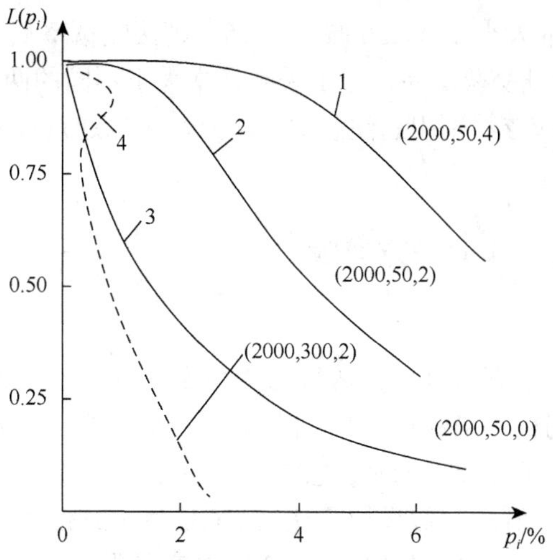

图 6-11　N 和 n 固定，C 对 OC 曲线的影响

（3）当批量 N 和合格判定数 C 一定时，样本大小 n 对 OC 曲线的影响。如图 6-12 所示，代表三个单次抽样方案(N, n, C)。随着 n 变大，OC 曲线变陡，抽样方案变严格了。反之，随着 n 变小，OC 曲线倾斜度逐渐变缓，方案变宽松。

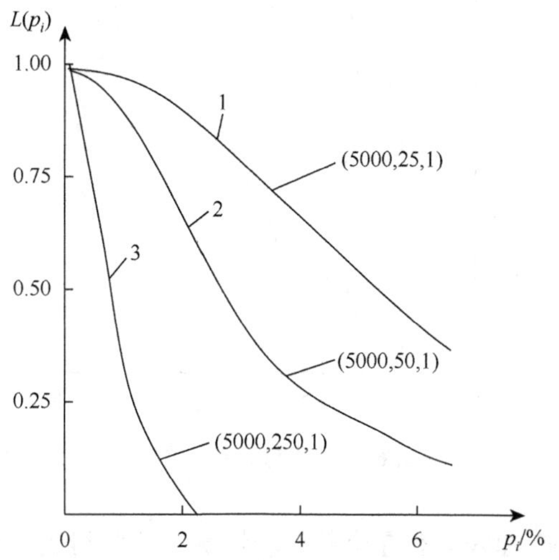

图 6-12　N 和 C 固定，n 对 OC 曲线的影响

例如，当 p_i=0.02 时，曲线 1、2 和 3 的接收概率相差悬殊，利用泊松分布接收概率（累计概率）表查出累积值 L（p_i），进行定量比较的结果见表 6-11。

表 6-11　不同抽样方案的接收概率

p_i	C	np_i	L（p_i）
0.02	1	25×0.02=0.5	0.910
0.02	1	50×0.02=1.0	0.736
0.02	1	250×0.02=5.0	0.041

当 p_i=0.02 时，样本大小 n 从 250 减少到 25，则接收概率从 0.041 增大到 0.910，可见，对 p_i=0.02 的同一批交验产品，由于采用样本大小不同的两个抽样方案，其接收概率却相差 0.869，这是应该特别引起注意的。由此，可以通过样本大小 n 的变化研究采用合理的验收抽样方案。

6.3.4 生产方风险和消费方风险

1. 理想的 OC 曲线

抽样方案总是涉及消费者和生产者双方的利益。对生产者来说，希望达到用户质量要求的产品批能够高概率被接收，特别要防止优质的产品批被错判拒收；而对消费者来说，则希望尽量避免或减少接收质量差的产品批，一旦产品批质量不合格，应以高概率拒收。如图 6-13 所示，假设用户认为 AQL 为 1.5%，那么，理想的 OC 曲线应该是当产品批的不合格率 $p_i \leq 1.5\%$时，对交验的产品批 100%接收；而当批不合格率 $p_i > 1.5\%$时，对交验的产品批 100%拒收。即若 $p_i \leq 1.5\%$，则 $L(p_i)=1$；若 $p_i > 1.5\%$，则 $L(p_i)=0$。

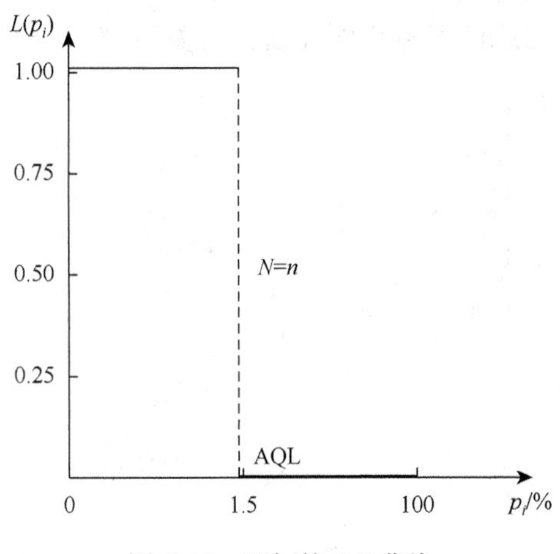

图 6-13 理想的 OC 曲线

这种垂直线型的 OC 曲线只有在全数检验情况下才能得到，所以，也称为理想的 OC 曲线。但如前所述，全数检验往往是不现实或没有必要的，那么抽样检验就成为必然。尽管全数检验的 OC 曲线是不现实的，但它为寻找现实、合理的 OC 曲线指出了方向，那就是遵循消费者和生产者的利益平衡原则。

2. 现实的 OC 曲线

根据概率论与数理统计原理所设计的验收抽样方案，其主要特点之一就是它的风险性。由于是用样本推断总体，当然难免犯小概率错误，推断中的四种可能判断见表 6-12，所以就引起了产生风险的可能性。如前所述，其风险可分为生产方风险和消费方风险两类。

表 6-12　抽样检查的四种可能判断（一次抽样）

批的真实质量	抽样数据	判断	评价
$p \leqslant p_0$	$d \leqslant A_c$	接收该批	正确
$p \leqslant p_0$	$d > A_c$	拒收该批	犯第一类错误
$p > p_0$	$d \leqslant A_c$	接收该批	犯第二类错误
$p > p_0$	$d > A_c$	拒收该批	正确

（1）生产方风险 α。它是指因采用验收抽样方案使生产方承担将合格批产品错判为不合格批产品而拒收的风险。生产方风险概率 α（犯第一类错误概率）一般在 0.01～0.10 取值，实际中常取 α=0.05，其含义是如果供需双方认可，那么在 100 批合格的交验产品中，生产方要承担的风险是平均有 5 批被错判为不合格而拒收，这是一个统计概念。

（2）消费方风险 β。它是指在抽样验收时，使消费方承担将不合格批产品错判为合格批产品而接收的风险，一般消费方风险概率（犯第二类错误概率）常取 β=0.10，其含义是如果供需双方认可，那么在 100 批不合格的交验产品中，消费方要承担的风险是平均有 10 批被错判为合格而接收。

图 6-14 是一个 N=4000、n=300、C=4 的抽样方案的 OC 曲线，其中包含了四个重要参数，即 α=0.05,β=0.10,AQL=0.7%,LTPD=2.6% 。由此可作如下分析。

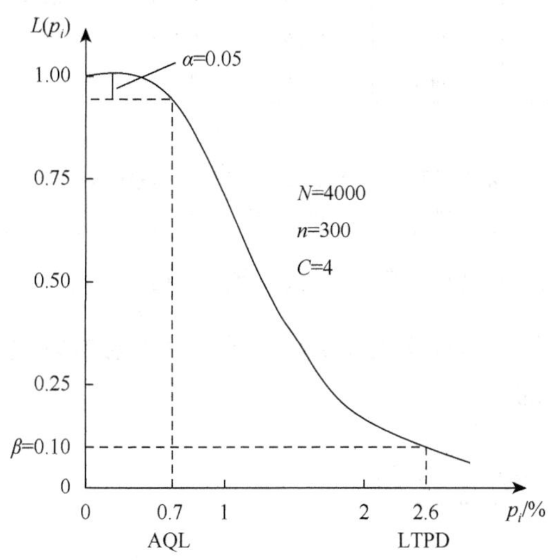

图 6-14　现实的 OC 曲线

当 p_i<0.7%时，L（p_i）>0.95。

当 p_i>0.7%时，L（p_i）急剧减小。

当 p_i>2.6%时，L（p_i）<0.10。

在实际中，AQL 通常代表了生产方和消费方协商后共同认可的批产品不合格品率，也是在正常情况下生产方能够达到的过程平均不合格品率，它代表了生产方的平均质量水平。因此，AQL 成为抽样方案的重要参数，这个思路的一般性描述为：当 p_i<AQL 时，L（p_i）>$1-\alpha$；当 p_i>AQL 时，L（p_i）<$1-\alpha$。

LTPD 代表了消费方能够接受的批不合格品率的极限。因此，LTPD 也成为抽样方案的重要参数，这个思路的一般性描述为：当 p_i>LTPD 时，L（p_i）<β。

总之，AQL 和 LTPD 是验收抽样检查理论中的两个重要概念，也是设计抽样方案的重要参数，它们代表了抽样方案的特性，也代表了消费方和生产方双方的利益。

6.3.5 百分比抽样的不合理性

所谓百分比抽样，就是不论批量大小如何，都按相同的百分比从批中抽取样本，且合格判定数相同。

百分比抽样貌似公正合理，实际上是很不科学的抽样方法。下面的例子将使我们看得更加清楚。设产品批量分别为：N_1=1000，N_2=2000，N_3=4000。按百分比抽样，抽取 0.5%的样本，合格判定数 C=0，由此得三个不同的抽样方案：(5, 0)，(10, 0)，(20, 0)。为直观起见，将三个方案的接收概率列出表（按二项分布计算），见表 6-13。

表 6-13 三种抽样方案的接收概率

p / $L(p)$ / (n, C)	0.01	0.02	0.05	0.10	0.15	0.20	0.25
(5, 0)	0.951	0.904	0.774	0.590	0.444	0.328	0.237
(10, 0)	0.904	0.817	0.599	0.349	0.197	0.107	0.056
(20, 0)	0.818	0.668	0.358	0.122	0.039	0.012	0.003

由表 6-13 不难看出，采用百分比抽样，当批质量相同时，其接收概率有很大差异。这种差异表明，百分比抽样将造成对大批过严，对小批过宽。正是由于这一点，生产方乐于以小批交付验收。从接收概率的计算公式看，当 N 很大，$\frac{n}{N}<0.10$ 时，批量 N 的大小对接收概率的影响甚微，但样本大小 n 对接收概率的影响较大。所以，百分比抽样在理论上是没有科学依据的。

6.4 计数抽样方案设计

前面介绍了计数抽样方案，人们自然要问："抽样方案中的参数如何确定呢？"要回答这个问题，涉及建立抽样方案的准则，不同的准则将得到不同的抽样方案。常用的准则分为三类：标准型准则、挑选型准则和调整型准则。下面介绍在不同准则下的抽样方案。

6.4.1 标准型抽样方案

标准型抽样方案是指所选定的抽样方案能同时满足生产方和消费方的质量保证要求。一般不需要抽样的历史资料，因此，此方案适用于孤立批产品的检验。

当给定接收上限 AQL=p_0，拒收下限 LTPD=p_1，以及生产方风险 α、消费方风险 β，对产品批的不合格品率 p，标准型抽样方案指优质产品批满足 $p \leqslant p_0$ 时，以不低于 $1-\alpha$ 的概率接收；劣质产品批满足 $p \geqslant p_1$ 时，以不超过 β 的概率接收。对于待定的合格判定数 C 和样本中的不合格品数 d，有

$$\begin{cases} P(d \leqslant C) = 1-\alpha, & p = p_0 \\ P(d \leqslant C) = \beta, & p = p_1 \end{cases} \tag{6-6}$$

若样本中的合格品数的概率分布服从泊松分布，则方程（6-6）变为

$$\begin{cases} \displaystyle\sum_{d=0}^{C} \frac{(np_0)^d}{d!} \mathrm{e}^{-np_0} = 1-\alpha \\ \displaystyle\sum_{d=0}^{C} \frac{(np_1)^d}{d!} \mathrm{e}^{-np_1} = \beta \end{cases} \tag{6-7}$$

式中，p_0，p_1，α，β 为预先给定的已知数，利用泊松分布累积值表，由两个方程可以得到唯一确定的 n 和 C 值。

当 α=0.05，β=0.10 时，对任意给定的一对 p_0 和 p_1，利用国家标准 GB/T 13262—2008 设计的表 6-14，可以查到满足式（6-7）的 n 和 C 值，于是得到所需要的抽样方案(n, C)。

例 6.6　已知 p_0=0.095%，α=0.05；p_1=0.95%，β=0.10，试求一次抽样方案。

解：查表 6-14，由 p_0=0.095%行和 p_1=0.95%列相交，其交点为（395, 1），即抽样方案为 $n=395, C=1$。

6.4.2　挑选型抽样方案

所谓挑选型抽样检查，是以不合格品率表示产品批的质量，用预先规定的抽样方案对产品批进行检查，合格的批直接被接收，不合格的批需要经过全数检查将其中的不合格产品换成合格产品后再被接收。显然，该种抽样检查不适用于不能全部检查的场合，一般大都应用于下述非破坏性场合：连续生产的产品一批接一批入库时；各工序间的半成品交接时；向指定消费方连续供货时。制订挑选型抽样方案的准则为：控制消费方风险 β，使平均检查件数最少；或者控制检后平均不合格品率 AQL，使平均检验件数最少。

对于一次计数挑选型抽样方案，挑选型抽样方案（道奇-罗米格抽样方案）的过程如下。

（1）确定平均检验件数。设有一批产品，其批量为 N。假定此种产品的过程平均不合格品率为 $\overline{p}$，估计 $\overline{p}$ 的公式为

$$\overline{p} = \frac{d_1+d_2+\cdots+d_k}{n_1+n_2+\cdots+n_k}, \quad k \geqslant 20$$

式中，n_i 为第 i 批产品的样本大小；d_i 为第 i 批样本中的不合格品数，i=1, 2, …, k。不妨将 $\overline{p}$ 看作此种产品总体的不合格品率，从每批产品中抽取的样本都可看作此产品总体中的样本，再将此产品总体看作无限的。如果采用一次抽样方案(n, C)，则接收概率为 $L(\overline{p}) = P(d \leqslant C)$，其中，$d$ 为 n 个样本中的不合格品总数，拒收概率为 $1-L(\overline{p})$。

表 6-14　不合格品率的计数标准型一次抽样方案（***n*,*C***）　　（单位：%）

p_0 \ p_1	0.75	0.85	0.95	1.05	1.20	1.30	1.50	1.70	1.90	2.10	2.40	2.60	3.00	3.40	3.80	4.20	4.80
0.095	750,2	425,1	395,1	370,1	345,1	315,1	280,1	250,1	225,1	210,1	185,1	160,1	68,0	64,0	58,0	54,0	49,0
0.105	730,2	665,2	380,1	355,1	330,1	310,1	275,1	250,1	225,1	200,1	185,1	160,1	150,1	60,0	56,0	52,0	48,0
0.120	700,2	650,2	595,2	340,1	320,1	295,1	275,1	245,1	220,1	200,1	180,1	160,1	150,1	130,1	54,0	50,0	46,0
0.130	930,3	625,2	580,2	535,2	305,1	285,1	260,1	240,1	220,1	200,1	180,1	160,1	150,1	130,1	115,1	48,0	45,0
0.150	900,3	820,3	545,2	520,2	475,2	270,1	250,1	230,1	215,1	195,1	175,1	160,1	140,1	130,1	115,1	100,1	43,0
0.170	1105,4	795,3	740,3	495,2	470,2	430,2	240,1	220,1	205,1	190,1	175,0	160,1	140,1	125,1	115,1	100,1	92,1
0.190	1295,5	980,4	710,3	665,3	440,2	415,2	370,2	210,1	200,1	185,1	170,1	155,1	140,1	125,1	115,1	100,1	92,1
0.210	1445,6	1135,5	875,4	635,3	595,3	395,2	365,2	330,2	190,1	175,1	165,1	155,1	140,1	125,1	115,1	100,1	92,1
0.240	1620,7	1305,6	1015,5	785,4	570,3	525,3	350,2	325,2	300,2	170,1	160,1	145,1	135,1	125,1	115,1	100,1	90,1
0.260	1750,8	1435,7	1165,6	910,5	705,4	510,3	465,3	310,2	290,2	265,2	150,1	140,1	130,1	120,1	110,1	100,1	90,1
0.300	2055,10	1545,8	1275,7	1025,6	810,5	625,4	450,3	410,3	275,2	260,2	240,2	135,1	125,1	115,1	110,1	98,1	88,1
0.340		1820,10	1385,8	1145,7	920,6	725,5	555,4	400,3	365,3	250,2	230,2	210,2	120,1	110,1	105,1	96,1	86,1
0.380			1630,10	1235,8	1025,7	820,6	640,5	490,4	355,3	330,3	220,2	205,2	190,2	110,1	100,1	92,1	86,1
0.420				1450,10	1100,8	910,7	725,6	565,5	440,4	315,3	295,3	195,2	180,2	165,2	95,1	88,1	82,1
0.480					1300,10	985,8	810,7	545,5	505,5	390,4	285,3	260,3	175,2	165,2	150,2	84,1	80,1
0.530						1165,10	875,8	715,7	495,5	454,5	350,4	255,3	230,3	155,2	145,2	135,2	76,1
0.600							1035,10	770,8	640,7	435,5	405,5	310,4	225,3	205,3	140,2	125,2	115,2
0.670								910,10	690,8	570,7	390,5	360,5	275,4	200,3	185,3	125,2	115,2
0.750									815,10	620,8	510,7	350,5	320,5	250,4	180,3	165,3	110,2
0.850										725,10	550,8	455,7	310,5	285,5	220,4	160,3	145,3
0.950											650,10	490,8	405,7	275,5	255,5	195,4	104,3
1.05												580,10	435,8	360,7	245,5	225,5	175,4
1.20												715,13	515,10	390,8	280,6	220,5	165,4
1.30													635,13	465,10	350,8	250,6	195,5

续表

p_0 \ p_1	0.75	0.85	0.95	1.05	1.20	1.30	1.50	1.70	1.90	2.10	2.40	2.60	3.00	3.40	3.80	4.20	4.80
1.50													825,18	565,13	410,10	310,8	220,6
1.70														745,18	505,13	360,10	275,8
1.90															660,18	445,13	325,10
2.10																585,18	400,13
2.40																	520,18
2.60																	
3.00																	
3.40																	
3.80																	
4.20																	
4.80																	
5.30																	
6.00																	
6.70																	
7.50																	
8.50																	
9.50																	
10.50																	
p_0 / p_1	0.71～0.80	0.81～0.90	0.91～1.00	1.01～1.12	1.13～1.25	1.26～1.40	1.41～1.60	1.61～1.80	1.81～2.00	2.01～2.24	2.25～2.50	2.51～2.80	2.81～3.15	3.16～3.55	3.56～4.00	4.01～4.50	4.51～5.00

表 6-14　不合格品率的计数标准型一次抽样方案（n,C）（续）

（单位：%）

5.30	6.00	6.70	7.50	8.50	9.50	10.5	12.0	13.0	15.0	17.0	19.0	21.0	24.0	26.0	30.0	34.0	p_1 / p_0
45,0	41,0	37,0	33,0	30,0	27,0	24,0	22,0	19,0	17,0	15,0	13,0	11,0	10,0	9,0	8,0	7,0	0.091～0.100
44,0	40,0	37,0	33,0	29,0	27,0	24,0	21,0	19,0	17,0	15,0	13,0	11,0	10,0	9,0	7,0	7,0	0.101～0.112
43,0	39,0	36,0	33,0	29,0	26,0	24,0	21,0	19,0	17,0	15,0	13,0	11,0	10,0	9,0	7,0	7,0	0.113～0.125
41,0	38,0	35,0	32,0	29,0	26,0	23,0	21,0	19,0	17,0	15,0	13,0	11,0	10,0	9,0	7,0	6,0	0.126～0.140
40,0	37,0	33,0	31,0	28,0	26,0	23,0	21,0	19,0	16,0	15,0	13,0	11,0	10,0	9,0	7,0	6,0	0.141～0.160
38,0	35,0	33,0	30,0	27,0	25,0	23,0	21,0	18,0	16,0	15,0	13,0	11,0	10,0	9,0	7,0	6,0	0.161～0.180
82,1	34,0	31,0	29,0	26,0	24,0	22,0	21,0	18,0	16,0	14,0	13,0	11,0	10,0	9,0	7,0	6,0	0.181～0.200
82,1	72,1	30,0	28,0	25,0	23,0	22,0	20,0	18,0	16,0	14,0	13,0	11,0	10,0	9,0	7,0	6,0	0.201～0.224
82,1	72,1	64,1	27,0	25,0	23,0	21,0	19,0	18,0	16,0	14,0	12,0	11,0	10,0	9,0	7,0	6,0	0.225～0.250
80,1	72,1	64,1	56,1	24,0	22,0	20,0	19,0	17,0	16,0	14,0	12,0	11,0	10,0	9,0	7,0	6,0	0.251～0.280
80,1	70,1	64,1	56,1	50,1	21,0	19,0	18,0	17,0	15,0	14,0	12,0	11,0	10,0	9,0	7,0	6,0	0.281～0.315
80,1	70,1	62,1	56,1	50,1	45,1	19,0	17,0	16,0	15,0	13,0	12,0	11,0	10,0	9,0	7,0	6,0	0.316～0.355
78,1	70,1	62,1	56,1	50,1	45,1	40,1	17,0	15,0	14,0	13,0	12,0	11,0	10,0	9,0	7,0	6,0	0.356～0.400
76,1	68,1	62,1	56,1	49,1	45,1	40,1	35,1	15,0	14,0	12,0	11,0	10,0	9,0	8,0	7,0	6,0	0.401～0.450
74,1	68,1	62,1	56,1	49,1	44,1	40,1	35,1	31,1	13,0	12,0	11,0	10,0	9,0	8,0	7,0	6,0	0.451～0.500
70,1	64,1	60,1	54,1	49,1	44,1	39,1	35,1	31,1	28,1	11,0	11,0	10,0	9,0	8,0	7,0	6,0	0.501～0.560
68,1	62,1	58,1	54,1	48,1	44,1	39,1	35,1	31,1	27,1	24,1	10,0	9,0	9,0	8,0	7,0	6,0	0.561～0.630
105,2	59,1	56,1	52,1	47,1	43,1	39,1	35,1	31,1	27,1	24,1	21,1	9,0	8,0	8,0	7,0	6,0	0.631～0.710
105,2	94,2	54,1	49,1	46,1	42,1	38,1	35,1	31,1	27,1	24,1	21,1	19,1	8,0	7,0	7,0	6,0	0.711～0.800
100,2	90,2	84,2	47,1	44,1	40,1	38,1	34,1	31,1	27,1	24,1	21,1	19,1	17,1	7,0	7,0	6,0	0.801～0.900
130,3	86,2	82,2	74,2	42,1	39,1	36,1	34,1	30,1	27,1	24,1	21,1	19,1	17,1	15,1	6,0	6,0	0.901～1.00
125,3	115,3	78,2	72,2	64,2	37,1	35,1	32,1	30,1	27,1	23,1	21,1	19,1	17,1	15,1	6,0	6,0	1.01～1.12

续表

5.30	6.00	6.70	7.50	8.50	9.50	10.5	12.0	13.0	15.0	17.0	19.0	21.0	24.0	26.0	30.0	34.0	p_1 \ p_0
155,4	115,3	105,3	70,2	64,2	58,2	33,1	31,1	29,1	26,1	23,1	21,1	18,1	17,1	15,1	6,0	6,0	1.13～1.25
150,4	135,4	100,3	66,2	62,2	58,2	52,2	30,1	28,1	25,1	23,1	21,1	18,1	16,1	15,1	13,1	5,0	1.26～1.40
175,5	130,4	120,4	90,3	58,2	54,2	50,2	47,2	26,1	24,1	21,1	20,1	18,1	16,1	14,1	13,1	5,0	1.41～1.60
195,6	155,5	115,4	110,4	78,3	52,2	49,2	45,2	47,2	23,1	21,1	20,1	18,1	16,1	14,1	13,1	11,1	1.61～1.80
245,8	175,6	140,5	105,4	95,4	70,3	47,2	44,2	41,2	36,2	21,1	19,1	18,1	16,1	14,1	13,1	11,1	1.81～2.00
290,10	220,8	155,6	125,5	95,4	86,4	62,3	42,2	39,2	36,2	32,2	18,1	17,1	16,1	14,1	13,1	11,1	2.01～2.24
360,13	260,10	195,8	140,6	110,5	84,4	76,4	56,3	37,2	34,2	31,2	28,2	16,1	15,1	14,1	12,1	11,1	2.25～2.50
470,18	320,13	230,10	175,8	125,6	100,5	74,4	54,3	50,3	33,2	30,2	28,2	25,2	15,1	13,1	12,1	11,1	2.51～2.80
	415,18	280,13	205,10	155,8	110,6	86,5	66,4	48,3	44,3	29,2	27,2	25,2	22,2	13,1	12,1	11,1	2.81～3.15
		350,17	250,13	180,10	140,8	100,6	78,5	60,4	42,3	39,3	26,2	24,2	22,2	20,2	11,1	10,1	3.16～3.55
			310,17	225,13	165,10	125,8	90,6	70,5	52,4	37,3	35,3	23,2	21,2	20,2	17,2	10,1	3.56～4.00
				275,17	200,13	145,10	110,8	78,6	62,5	46,4	33,3	31,3	20,2	19,2	17,2	10,1	4.01～4.50
					245,17	180,13	130,10	100,8	70,6	54,5	41,4	30,3	28,3	18,2	17,2	15,2	4.51～5.00
						220,17	160,13	115,10	86,8	62,6	48,5	37,4	27,3	25,3	16,2	15,2	5.01～5.60
							195,17	140,13	100,10	68,7	54,6	43,5	33,4	23,3	22,3	14,2	5.61～6.30
								175,17	120,12	82,9	60,7	48,6	38,5	29,4	21,3	14,2	6.31～7.10
									150,16	105,12	74,9	54,7	44,6	34,5	26,4	18,3	7.11～8.00
										130,16	90,12	66,9	48,7	39,6	30,5	23,4	8.01～9.00
											115,16	82,12	58,9	43,7	34,6	27,5	9.01～10.0
												105,16	74,12	52,9	38,7	26,5	10.1～11.2
5.01～5.60	5.61～6.30	6.31～7.10	7.11～8.00	8.01～9.00	9.01～10.0	10.1～11.2	11.3～12.5	12.6～14.0	14.1～16.0	16.1～18.0	18.1～20.0	20.1～22.4	22.5～25.0	25.1～28.0	28.1～31.5	31.6～35.5	p_0 \ p_1

按照均值的概念，挑选型一次抽样方案的平均检验件数为

$$\overline{I}=n\sum_{d=0}^{C}B(d;n,\overline{p})+N\left[1-\sum_{d=0}^{C}B(d;n,\overline{p})\right]=n+(N-n)\left[1-\sum_{d=0}^{C}B(d;n,\overline{p})\right]$$

当 n 较大，$\frac{n}{N}\leqslant 0.10,\overline{p}\leqslant 0.10$ 时，上式可用泊松分布形式表示为

$$\overline{I}=n+(N-n)\left[1-\sum_{d=0}^{C}P(d;n\overline{p})\right] \tag{6-8}$$

（2）一次极限质量抽样方案的确定方法。规定一个极限不合格品率 p_t。当 n 较大，$\frac{n}{N}\leqslant 0.10,\overline{p}\leqslant 0.10$ 时，有

$$L(p_t)=\sum_{d=0}^{C}P(d;np_t) \tag{6-9}$$

挑选型一次极限质量抽样方案的准则，即 $L(p_t)=0.10$ 时，对任意给定的 N 和 $\overline{p}$，求 C 与 n 的值，使式（6-8）给出的 $\overline{I}$ 值最小。为说明道奇-罗米格的一次极限质量抽样表，请看例 6.7。

例 6.7 已知 N=1000，p_t=5%，$\overline{p}$=0.5%，$L(p_t)$=0.10，求 n 与 C 的值，并使 $\overline{I}$ 最小。

解：由 $L(p_t)$=0.10 得 $\sum_{d=0}^{C}\frac{\lambda^d}{d!}\mathrm{e}^{-\lambda}=0.10$

利用泊松分布累积值表，查出对应于各个 C 值的 np_t 值，并由 np_t/p_t 求出 n 值，见表 6-15。

表 6-15 泊松分布接收概率表（附表 2 截选）

C	np_t	$n=np_t/p_t$
0	2.3	46
1	3.9	78
2	5.3	106
3	6.7	134
4	8.0	160
5	9.2	184

比较表 6-15 中 6 对 (n, C) 决定的平均检验件数 $\overline{I}$，见表 6-16。

表 6-16 平均检验件数表

C	n	$n\overline{p}$	$L(\overline{p})$	$1-L(\overline{p})$	$\overline{I}$
0	46	0.23	0.80	0.20	237
1	78	0.39	0.94	0.06	133
2	106	0.53	0.98	0.02	124
3	134	0.67	0.995	0.005	138
4	160	0.80	0.998	0.002	162
5	184	0.92	0.9995	0.0005	184

由表 6-16 可知，使平均检验件数最小的方案是 n=106，C=2。

（3）一次极限质量抽样表。道奇-罗米格的一次极限质量抽样表，将极限质量分为 8 个档次：0.5%、1.0%、2.0%、3.0%、4.0%、5.0%、7.0%、10.0%，规定消费方风险 β=0.10。

例 6.8　已知批量 N=1000，规定极限不合格品率 p_t=1.0%，β=0.10。根据产品质量的历史资料，估计过程平均不合格品率 $\bar{p}$=0.22%，求使平均检验件数最少的一次抽样方案。

解：在表 6-17 中，由过程平均为 0.21%～0.30%所在列与批量为 801～1000 所在行的交叉点，读得 n=335，C=1，故所求方案为（335, 1）。

表 6-17　一次极限质量抽样表（p_t=1.0%，β=0.10）

过程平均/%	0～0.010			0.011～0.10			0.11～0.20			0.21～0.30			0.31～0.40			0.41～0.50		
批量 N	n	C	P_L/%	n	C	P_L/%	n	C	P_L/%	n	C	P_L/%	n	C	P_L/%	n	C	P_L/%
1～30	全	0	0	全	0	0	全	0	0	全	0	0	全	0	0	全	0	0
121～150	120	0	0.06	120	0	0.06	120	0	0.06	120	0	0.06	120	0	0.06	120	0	0.06
151～200	140	0	0.08	140	0	0.08	140	0	0.08	140	0	0.08	140	0	0.08	140	0	0.08
201～300	165	0	0.10	165	0	0.10	165	0	0.10	165	0	0.10	165	0	0.10	165	0	0.10
301～400	175	0	0.12	175	0	0.12	175	0	0.12	175	0	0.12	175	0	0.12	175	0	0.12
401～500	180	0	0.13	180	0	0.13	180	0	0.13	180	0	0.13	180	0	0.13	180	0	0.13
501～600	190	0	0.13	190	0	0.13	190	0	0.13	190	0	0.13	190	0	0.13	305	1	0.14
601～800	200	0	0.14	200	0	0.14	200	0	0.14	330	1	0.15	330	1	0.15	330	1	0.15
801～1000	205	0	0.14	205	0	0.14	205	0	0.14	335	1	0.17	335	1	0.17	335	1	0.17
1001～2000	220	0	0.15	220	0	0.15	360	1	0.19	490	2	0.21	490	2	0.21	610	3	0.22
2001～3000	220	0	0.15	375	1	0.20	505	2	0.23	630	3	0.24	745	4	0.26	870	5	0.26
3001～4000	225	0	0.15	380	1	0.20	510	2	0.24	645	3	0.25	880	5	0.28	1000	6	0.29
4001～5000	225	0	0.16	380	1	0.20	520	2	0.24	770	4	0.28	895	5	0.29	1120	7	0.31
5001～7000	230	0	0.16	385	1	0.21	655	3	0.27	780	4	0.29	1020	6	0.32	1260	8	0.34
7001～10000	230	0	0.16	520	2	0.25	660	3	0.28	910	5	0.32	1050	7	0.34	1500	10	0.37
10001～20000	390	1	0.21	525	2	0.26	725	4	0.31	1040	6	0.35	1400	9	0.39	1980	14	0.43
20001～50000	390	1	0.21	530	2	0.26	920	5	0.34	1300	8	0.39	1890	13	0.44	2570	19	0.48
50001～100000	390	1	0.21	670	3	0.29	1040	6	0.36	1420	9	0.41	2120	15	0.47	3150	23	0.50

注：表中“全”表示全数检验；P_L 表示拒收下限。

6.4.3 调整型抽样方案

1. 抽样方案的设计

调整型抽样方案指对于一系列的连续批产品，根据对样本的检验结果，按照抽样程度的规定，从一个抽样方案转移到另一个严格程度不同的抽样方案，具体的抽样方案加转移规则构成了调整型抽样方案的抽样计划。显然该方案适用于连续批的检验。

制订调整型抽样方案的准则为：控制生产方风险，并通过抽样方案严格程度的调整，保证产品使用质量。一般情况下采用正常抽样方案，若批质量显著变好，可以采用放宽抽样方案；若批质量变坏，则采用加严抽样方案。

我国标准化工作者参照国际标准 ISO 2859，制定了我国的抽样标准 GB/T 2828.1—2012。它适用于连续批的计数抽样逐批检查，是以 AQL 为质量指标的抽样标准，其设计过程如下。

1）确定 AQL

AQL 是调整型抽检方案的基本参数，也是选择方案时依据的质量标准。AQL 是指在抽样检验中，供需双方共同认为满意的判定批合格或不合格的过程平均不合格品率［式（6-1）］的上限值。

确定 AQL 值一般采用以下几种方法。

（1）按用户要求的产品质量决定 AQL 值。当用户根据使用要求和经济条件，提出必须保证的质量水平（不合格品率或百单位缺陷数）时，应将其质量要求定为 AQL 值。若提供的产品质量低劣，为达到用户要求的质量水平，交货时，对不合格批往往要进行全数检验，因而应注意检验时间和成本。

（2）根据缺陷级别决定 AQL 值。按照致命缺陷、重缺陷、轻缺陷或致命不合格品、重不合格品和轻不合格品，分别规定 AQL 值。越是重要的检验项目，验收后的不合格品所造成的损失越大，AQL 值应更严格。

（3）考虑检验项目数的多少决定 AQL 值。若同一检验项目有多个，如缺陷检验项目有 3 个，则 AQL 值可取得稍大一些。

（4）依据过程平均来确定 AQL 值。此种方法多用于单一品种大批量生产，且已掌握大量质量情报的场合。

（5）与供应商协商确定 AQL 值。为使用户要求的质量与供应者的生产能力协调，供、购双方可直接协商确定 AQL 值。由于是协商确定的，既可使 AQL 值确定得合理，又可减少双方的纠纷。此法多用于新产品检验等质量情报少的场合。

2）确定抽检水平

抽检水平反映批量与样本量之间关系的等级。GB/T 2828.1—2012 中规定检查水平有 7 级：一般检查水平Ⅰ、Ⅱ、Ⅲ三级和特殊检查水平 S-1、S-2、S-3、S-4 四级。一般检查水平Ⅱ是标准检验水平，无特殊要求时采用水平Ⅱ。而四种特殊检查水平适用于破坏性检验或检验费用高的情况，由于抽取样本大小比较小，所以又称为小样本检验。

在三个一般检查水平中，当批量给定后，样本大小随检查水平而变化。水平Ⅱ抽取样本大小比水平Ⅰ大；而水平Ⅲ又比水平Ⅱ大。一般，检查水平Ⅰ、Ⅱ、Ⅲ样本大小的比例为 0.4∶1∶1.6。选择抽检水平时，一般应考虑下列因素：产品的复杂程度与价格、检验费用、是否是破坏性检查、保证 AQL 的重要性、生产的稳定性、批产品之间质量差异程度及批内产品质量波动的大小等。

3）宽严程度的转换规则

宽严程度的转换规则是判断批质量变化以及确定方案宽严程度的尺度，有以下规则。

（1）从正常检查转换为加严检查。一般首批检查从正常检查开始。当进行正常检查时，只要初次检查（即第一次提交检查，而不是不合格批经过返修或挑选后再次提交检查）连续 5 批或不到 5 批中有 2 批不合格，那么从下一批开始转为加严检查。

（2）从加严检查转换为正常检查。进行加严检查时，若连续 5 批合格，则从第 6 批恢复正常检查。

（3）从正常检查转换为放宽检查。下列条件同时满足，方可转入放宽检查：①连续 10 批（不包括再次提交检验批）正常检查合格；②连续的 10 批中抽取的样本，其中不合格品总数（或缺陷总数）在放宽检查界限 L_R 以下；③生产稳定；④检查员或主管者认为可以转入放宽检查。

（4）从放宽检查转换为正常检查。出现下列任何一种情况，都应从下一批开始将放宽检查转换为正常检查。①一批产品不合格。②一批产品附条件合格。即在放宽检查方案中，有部分方案具有以下特点：合格判定数 A_C 和不合格判定数 R_e 不是连续的正整数。当样本中的不合格品数 d 在 A_c 和 R_e 之间时，即 $A_c > d > R_e$ 时，判该批为合格批，予以接收，但从下一批开始必须恢复“正常检查”。③生产不稳定或生产中断。④检查员或主管者认为有必要恢复正常检查。

（5）暂停检查。自加严检查开始，连续 10 批均停留在加严检查时，原则上应暂停检查，待生产方采取了改进产品质量的措施后，才能恢复加严检查。

综上所述，放宽检查是非强制性的，即使生产方提供的产品非常好，如果不经检查员许可，仍然不能采用放宽检查。但是，由正常检查转为加严检查，是带有强制性的，这是调整型抽样体系的重要原则。

2. 抽样方案的确定

按照以上调整型抽样方案的设计过程，计数调整型一次、二次抽样方案的确定过程如下。

1）计数调整型一次抽样方案确定的步骤

（1）读取样本字码。根据产品的批量 N 和检查水平，从 GB/T 2828.1—2012《样本大小字码表》中（表 6-18）读取字码，找到批量大小所在的行及指定检查水平所在的列，从相交栏可得样本大小的字码。

表 6-18　样本大小字码表

批量 N 的范围	特殊检查水平				一般检查水平		
1～8	S-1	S-2	S-3	S-4	I	II	III
9～15	A	A	A	A	A	A	B
16～25	A	A	A	A	A	B	C

续表

批量N的范围	特殊检查水平				一般检查水平		
26～50	A	A	B	B	B	C	D
51～90	A	B	B	C	C	D	E
91～150	B	B	C	C	C	E	E
151～280	B	C	D	E	E	G	H
281～500	B	C	D	E	F	H	J
501～1200	C	C	E	F	G	J	K
1201～3200	C	D	E	G	H	K	L
3201～10000	C	D	F	G	J	L	M
10001～35000	C	D	F	H	K	M	N
35001～150000	D	E	G	J	L	N	P
150001～500000	D	E	G	J	M	P	Q
≥500001	D	E	H	K	N	Q	R

（2）选用确定的抽样方案。根据样本大小字码、AQL、抽样方案的形式以及宽严程度，在GB/T 2828.1—2012表3～表6（本书表6-19～表6-22）中选取。

表6-19　GB/T 2828.1—2012表3一次正常检查抽样方案（部分）

样本大小字码	样本大小	AQL/%																			
		0.040		0.065		0.10		0.15		0.25		0.40		0.65		1.0		1.5		2.5	
		A_c	R_e	A_c	R_e	A_c	R_e	A_c	R_e	A_c	R_e	A_c	R_e	A_c	R_e	A_c	R_e	A_c	R_e	A_c	R_e
A	2																				
B	3																			↓	
C	5																	↓		0	1
D	8															↓		0	1	↑	
E	13													↓		0	1	↑		↓	
F	20											↓		0	1	↑		↓		1	2
G	32									↓		0	1	↑		↓		1	2	2	3
H	50							↓		0	1	↑		↓		1	2	2	3	3	4
J	80					↓		0	1	↑		↓		1	2	2	3	3	4	5	6
K	125			↓		0	1	↑		↓		1	2	2	3	3	4	5	6	7	8
L	200	↓		0	1	↑		↓		1	2	2	3	3	4	5	6	7	8	10	11
M	315	0	1	↑		↓		1	2	2	3	3	4	5	6	7	8	10	11	14	15
N	500	↑		↓		1	2	2	3	3	4	5	6	7	8	10	11	14	15	21	22
P	800	↓		1	2	2	3	3	4	5	6	7	8	10	11	14	15	21	22	↑	
Q	1250	1	2	2	3	3	4	5	6	7	8	10	11	14	15	21	22	↑			
R	2000	2	3	3	4	5	6	7	8	10	11	14	15	21	22	↑					

注：↓表示用箭头下面的第一个抽样方案，如果样品大小等于或超过批量，则进行100%的检查；↑表示用箭头上面的第一个抽样方案。

表 6-20　GB/T 2828.1—2012 表 4 一次加严检查抽样方案（部分）

样本大小字码	样本大小	AQL/%																			
		0.15		0.25		0.40		0.65		1.0		1.5		2.5		4.0		6.5		10	
		A_c	R_e	A_c	R_e	A_c	R_e	A_c	R_e	A_c	R_e	A_c	R_e	A_c	R_e	A_c	R_e	A_c	R_e	A_c	R_e
A	2															↓		↓			
B	3															↓		0	1		
C	5													↓		0	1			↓	
D	8											↓		0	1			↓		1	2
E	13									↓		0	1			↓		1	2	2	3
F	20							↓		0	1			↓		1	2	2	3	3	4
G	32					↓		0	1			↓		1	2	2	3	3	4	5	6
H	50			↓		0	1			↓		1	2	2	3	3	4	5	6	8	9
J	80	↓		0	1			↓		1	2	2	3	3	4	5	6	8	9	12	13
K	125	0	1			↓		1	2	2	3	3	4	5	6	8	9	12	13	18	19
L	200			↓		1	2	2	3	3	4	5	6	8	9	12	13	18	19	↑	
M	315	↓		1	2	2	3	3	4	5	6	8	9	12	13	18	19	↑			
N	500	1	2	2	3	3	4	5	6	8	9	12	13	18	19	↑					
P	800	2	3	3	4	5	6	8	9	12	13	18	19	↑							
Q	1250	3	4	5	6	8	9	12	13	18	19	↑									
R	2000	5	6	8	9	12	13	18	19	↑											
S	3150	↑		↑		↑		↑													

注：↓表示用箭头下面的第一个抽样方案，如果样品大小等于或超过批量，则进行 100%的检查；↑表示用箭头上面的第一个抽样方案。

表 6-21　GB/T 2828.1—2012 表 5 一次放宽检查抽样方案（部分）

样本大小字码	样本大小	AQL/%																	
		1.0		1.5		2.5		4.0		6.5		10		15		25		40	
		A_c	R_e	A_c	R_e	A_c	R_e	A_c	R_e	A_c	R_e	A_c	R_e	A_c	R_e	A_c	R_e	A_c	R_e
A	2							↓		0	1			↓		1	2	2	3
B	2					↓		0	1	↑		↓		1	2	1	2	2	3
C	2			↓		0	1	↑		↓		0	1	1	2	1	2	2	3
D	3	↓		0	1	↑		↓		0	1	1	2	1	2	2	3	3	4
E	5	0	1	↑		↓		0	1	1	2	1	2	2	3	3	4	5	6
F	8	↑		↓		0	1	1	2	1	2	2	3	3	4	5	6	7	8
G	13	↓		0	1	1	2	1	2	2	3	3	4	5	6	7	8	10	11
H	20	0	1	1	2	1	2	2	3	3	4	5	6	7	8	10	11	↑	
J	32	1	2	1	2	2	3	3	4	5	6	7	8	10	11	↑			

续表

样本大小字码	样本大小	AQL/%																	
		1.0		1.5		2.5		4.0		6.5		10		15		25		40	
		A_c	R_e	A_c	R_e	A_c	R_e	A_c	R_e	A_c	R_e	A_c	R_e	A_c	R_e	A_c	R_e	A_c	R_e
K	50	1	2	2	3	3	4	5	6	7	8	10	11	↑		↑		↑	
L	80	2	3	3	4	5	6	7	8	10	11	↑							
M	125	3	4	5	6	7	8	10	11	↑									
N	200	5	6	7	8	10	11	↑											
P	315	7	8	10	11	↑													
Q	500	10	11	↑															
R	800	↑																	

注：↓表示用箭头下面的第一个抽样方案，如果样品大小等于或超过批量，则进行100%的检查；↑表示用箭头上面的第一个抽样方案。

表 6-22 GB/T 2828.1—2012 表 6 一次特宽检查抽样方案（部分）

样本大小字码	样本大小	AQL/%																	
		1.0		1.5		2.5		4.0		6.5		10		15		25		40	
		A_c	R_e	A_c	R_e	A_c	R_e	A_c	R_e	A_c	R_e	A_c	R_e	A_c	R_e	A_c	R_e	A_c	R_e
A	2							↓		0	1			↓		3	4	4	5
B	2					↓		0	1	↑		↓		2	3	3	4	4	5
C	2			↓		0	1	↑		↓		1	2	2	3	3	4	4	5
D	3	↓		0	1	↑		↓		1	2	2	3	3	4	4	5	5	6
E	5	0	1	↑		↓		1	2	2	3	3	4	4	5	5	6	7	8
F	8	↑		↓		1	2	2	3	3	4	4	5	5	6	7	8	9	10
G	13	↓		1	2	2	3	3	4	4	5	5	6	7	8	9	10	12	13
H	20	1	2	2	3	3	4	4	5	5	6	7	8	9	10	12	13	↑	
J	32	2	3	3	4	4	5	5	6	7	8	9	10	12	13	↑			
K	50	3	4	4	5	5	6	7	8	9	10	12	13	↑					
L	80	4	5	5	6	7	8	9	10	12	13	↑							
M	125	5	6	7	8	9	10	12	13	↑									
N	200	7	8	9	10	12	13	↑											
P	315	9	10	12	13	↑													
Q	500	12	13	↑															
R	800	↑																	

注：↓表示用箭头下面的第一个抽样方案，如果样品大小等于或超过批量，则进行100%的检查；↑表示用箭头上面的第一个抽样方案。

（3）查表确定抽样方案。在所选用的抽样方案表中，根据得到的样本大小字码水平，向右，在样本大小栏内读出样本大小 n，再从这一字码所在行和所指定的 AQL 值所在列的相交栏，读出合格判定数 A_c 和不合格判定数 R_e，得到抽样方案$(n; A_c, R_e)$。

如果相交栏是箭头，则沿箭头方向，读出箭头所指的第一个合格判定数 A_c 和不合格判定数 R_e，然后，由此判定数组所在行向左，在样本大小栏读出相应的样本大小 n。

如果按上述查表方法，对不同类别的不合格品和不同类别的缺陷，得到不同的样本大小，则可以采用样本大小的最大者所对应的抽样方案。

例 6.9　已知 AQL=0.1%，IL=Ⅲ，求 N=50 时，正常检查一次抽样方案。

解：（1）由表 6-18 N=50，IL=Ⅲ读出样本大小字码为 D。

（2）在表 6-19 中，由样本大小字码 D 所在行，与 AQL=0.10%所在列的交点处查得[↓]，这表明应使用箭头下面的第一个方案[125; 0, 1]。

由于该方案的样本大小大于批量，所以使用抽样方案[50; 0, 1]。

例 6.10　某电子元件的验收检验中采用 GB/T 2828.1—2012，规定 AQL=0.65%，IL=Ⅰ，求 N=1000 时，加严检查一次抽样方案。

解：（1）由表 6-18 读出样本大小字码为 G。

（2）在表 6-20 中，由样本大小 G 所在行，与 AQL=0.65%所在列的相交处，这表明应使用箭头上的第一个方案[32; 0, 1]。

应当注意，在订货方同意的情况下，可以使用判定数组为[1, 2]的一次抽样方案代替判定数组为[0, 1]的方案。在本例中，若需要将判定数组[0, 1]的一次方案改为判定数组[1, 2]的一次方案，则可用加严检查一次抽样方案[125; 1, 2]。

例 6.11　已知 AQL=4.0%，IL=Ⅱ，求 N=3000 放宽检查一次抽样方案。若放宽检查不合格，再求相应的特宽检查一次抽样方案。

解：（1）由表 6-18 查得样本大小字码为 K。

（2）在表 6-21 中查得的判定数组为[5, 6]，对应的样本大小 n=50，故求出抽样方案为[50; 5, 6]。如果放宽检查不合格，则相应的特宽检查一次抽样方案（表 6-22）为[50; 7, 8]。

例 6.12　某电子器件的验收检验中采用 GB/T 2828.1—2012，规定 B 类不合格 AQL=0.65%，C 类不合格 AQL=2.5%，IL=Ⅱ，求 N=500 正常检查一次抽样方案。

解：（1）由表 6-18 查得样本大小字码为 H。

（2）在表 6-19 中查得 B 类不合格正常检查一次方案为[80; 1, 2]，查得 C 类不合格对应的正常检查一次方案为[50; 3, 4]。

（3）为了使 B 类和 C 类不合格的正常检查一次方案的样本大小保持一致，可以改变 C 类不合格正常检查一次方案为[80; 5, 6]。

应当注意，对非同类的不合格品，查得不同的样本大小时，可以使用较大样本所对应的抽样方案。

2）计数调整型二次抽样方案确定的步骤

计数调整型二次抽样方案的步骤与计数调整型一次抽样方案一样。

例 6.13　已知产品交验批量 N=20000 件，其 AQL=1.5%，选用检查水平Ⅰ。试求出正常、加严和放宽的二次抽样方案。

解：结果见表 6-23。

（1）正常检查的抽样方案。根据批量 N=20000 件，检查水平 I，可从表 6-18 中得知样本大小字码为 K。再由表 6-24 查得字码为 K、AQL＝1.5%的正常检查抽样方案见表 6-23。

（2）加严检查的抽样方案。由表 6-25 查得字码为 K、AQL＝1.5%的加严检查抽样方案见表 6-23。

（3）放宽检查的抽样方案。由表 6-26 查得字码为 K、AQL＝1.5%的放宽检查抽样方案见表 6-23。

表 6-23　二次加严放宽检查抽样方案表（截选）

	n	A_c	R_e
正常检查	80	2	5
	80	6	7
加严检查	80	1	4
	80	4	5
放宽检查	32	0	4
	32	3	6

表 6-24　二次抽样方案——正常检查主表

字码	抽样次数	样本量	累计样本量	AQL/% 0.010	0.015	0.025	0.040	0.065	0.10	0.15	0.25	0.40	0.65	1.0	1.5	2.5	4.0	5.5	10	15	25	40	65	100	150	250	400	650	1000
				A_c R_e	A_c R_e	A_c R_e	A_c R_e	A_c R_e	A_c R_e	A_c R_e	A_c R_e	A_c R_e	A_c R_e	A_c R_e	A_c R_e	A_c R_e	A_c R_e	A_c R_e	A_c R_e	A_c R_e	A_c R_e	A_c R_e	A_c R_e	A_c R_e	A_c R_e	A_c R_e	A_c R_e	A_c R_e	A_c R_e
A				↓	↓	↓	↓	↓	↓	↓	↓	↓	↓	↓	↓	↓	↓	+	↓	↓	+	+	+	+	+	+	+	+	+
B	第一 第二	2 2	2 4	↓	↓	↓	↓	↓	↓	↓	↓	↓	↓	↓	↓	↓	+	↑↓		0 2 1 2	0 3 3 4	1 4 4 5	2 5 6 7	3 7 8 9	5 9 12 13	7 11 18 19	11 16 26 27	17 22 37 38	25 31 56 57
C	第一 第二	3 3	3 6	↓	↓	↓	↓	↓	↓	↓	↓	↓	↓	↓	↓	+	↑↓		0 2 1 2	0 3 3 4	1 4 4 5	2 5 6 7	3 7 8 9	5 9 12 13	7 11 18 19	11 16 26 27	17 22 37 38	25 31 56 57	↑
D	第一 第二	5 5	5 10	↓	↓	↓	↓	↓	↓	↓	↓	↓	↓	↓	+	↑↓		0 2 1 2	0 3 3 4	1 4 4 5	2 5 6 7	3 7 8 9	5 9 12 13	7 11 18 19	11 16 26 27	17 22 37 38	25 31 56 57	↑	↑
E	第一 第二	8 8	8 16	↓	↓	↓	↓	↓	↓	↓	↓	↓	↓	+	↑↓		0 2 1 2	0 3 3 4	1 4 4 5	2 5 6 7	3 7 8 9	5 9 12 13	7 11 18 19	11 16 26 27	17 22 37 38	25 31 56 57	↑	↑	↑
F	第一 第二	13 13	13 26	↓	↓	↓	↓	↓	↓	↓	↓	↓	+	↑↓		0 2 1 2	0 3 3 4	1 4 4 5	2 5 6 7	3 7 8 9	5 9 12 13	7 11 18 19	11 16 26 27	↑	↑	↑	↑	↑	↑
G	第一 第二	20 20	20 40	↓	↓	↓	↓	↓	↓	↓	↓	+	↑↓		0 2 1 2	0 3 3 4	1 4 4 5	2 5 6 7	3 7 8 9	5 9 12 13	7 11 18 19	11 16 26 27	↑	↑	↑	↑	↑	↑	↑
H	第一 第二	32 32	32 64	↓	↓	↓	↓	↓	↓	↓	+	↑↓		0 2 1 2	0 3 3 4	1 4 4 5	2 5 6 7	3 7 8 9	5 9 12 13	7 11 18 19	11 16 26 27	↑	↑	↑	↑	↑	↑	↑	↑
J	第一 第二	50 50	50 100	↓	↓	↓	↓	↓	↓	+	↑↓		0 2 1 2	0 3 3 4	1 4 4 5	2 5 6 7	3 7 8 9	5 9 12 13	7 11 18 19	11 16 26 27	↑	↑	↑	↑	↑	↑	↑	↑	↑
K	第一 第二	80 80	80 160	↓	↓	↓	↓	↓	+	↑↓		0 2 1 2	0 3 3 4	1 4 4 5	2 5 6 7	3 7 8 9	5 9 12 13	7 11 18 19	11 16 26 27	↑	↑	↑	↑	↑	↑	↑	↑	↑	↑
L	第一 第二	125 125	125 250	↓	↓	↓	↓	+	↑↓		0 2 1 2	0 3 3 4	1 4 4 5	2 5 6 7	3 7 8 9	5 9 12 13	7 11 18 19	11 16 26 27	↑	↑	↑	↑	↑	↑	↑	↑	↑	↑	↑
M	第一 第二	200 200	200 400	↓	↓	↓	+	↑↓		0 2 1 2	0 3 3 4	1 4 4 5	2 5 6 7	3 7 8 9	5 9 12 13	7 11 18 19	11 16 26 27	↑	↑	↑	↑	↑	↑	↑	↑	↑	↑	↑	↑

续表

字码	抽样次数	样本量	累计样本量	AQL% 0.010	0.015	0.025	0.040	0.065	0.10	0.15	0.25	0.40	0.65	1.0	1.5	2.5	4.0	5.5	10	15	25	40	65	100	150	250	400	650	1000
				A_c R_e	A_c R_e	A_c R_e	A_c R_e	A_c R_e	A_c R_e	A_c R_e	A_c R_e	A_c R_e	A_c R_e	A_c R_e	A_c R_e	A_c R_e	A_c R_e	A_c R_e	A_c R_e	A_c R_e	A_c R_e	A_c R_e	A_c R_e	A_c R_e	A_c R_e	A_c R_e	A_c R_e	A_c R_e	A_c R_e
N	第一	315	315			+	↑↓		0 2	0 3	1 4	2 5	3 7	5 9	7 11	11 16	↑												
	第二	315	630						1 2	3 4	4 5	6 7	8 9	12 13	18 19	26 27													
P	第一	500	500		+	↑↓		0 2	0 3	1 4	2 5	3 7	5 9	7 11	11 16	↑													
	第二	500	1000					1 2	3 4	4 5	6 7	8 9	12 13	18 19	26 27														
Q	第一	800	800	+	↑		0 2	0 3	1 4	2 5	3 7	5 9	7 11	11 16	↑														
	第二	800	1600				1 2	3 4	4 5	6 7	8 9	12 13	18 19	26 27															
R	第一	1250	1250	↑		0 2	0 3	1 4	2 5	3 7	5 9	7 11	11 16	↑															
	第二	1250	2500			1 2	3 4	4 5	6 7	8 9	12 13	18 19	26 27																

注：↓表示用箭头下面的第一个抽样方案，如果样品大小等于或超过批量，则进行100%的检查；↑表示用箭头下面的第一个抽样方案；+表示用对应的一次抽样方案或用下面的有的二次抽样方案。

表 6-25 二次抽样方案——加严检查主表

字码	抽样次数	样本量	累计样本量	AQL/%																									
				0.010	0.015	0.025	0.040	0.065	0.10	0.15	0.25	0.40	0.65	1.0	1.5	2.5	4.0	5.5	10	15	25	40	65	100	150	250	400	650	1000
				A_c R_e	A_c R_e	A_c R_e	A_c R_e	A_c R_e	A_c R_e	A_c R_e	A_c R_e	A_c R_e	A_c R_e	A_c R_e	A_c R_e	A_c R_e	A_c R_e	A_c R_e	A_c R_e	A_c R_e	A_c R_e	A_c R_e	A_c R_e	A_c R_e	A_c R_e	A_c R_e	A_c R_e	A_c R_e	A_c R_e
A				↓	↓	↓	↓	↓	↓	↓	↓	↓	↓	↓	↓	↓	↓	↓	↓	↓	↓	+	+	+	+	+	+	+	+
B	第一	2	2	↓	↓	↓	↓	↓	↓	↓	↓	↓	↓	↓	↓	↓	↓	+	↓	↓	0 2	0 3	1 4	2 5	3 7	6 10	9 14	15 20	23 29
	第二	2	4																		1 2	3 4	4 5	6 7	11 12	15 16	23 24	34 35	52 53
C	第一	3	3	↓	↓	↓	↓	↓	↓	↓	↓	↓	↓	↓	↓	↓	+	↓	↓	0 2	0 3	1 4	2 5	3 7	6 10	9 14	15 20	23 29	↑
	第二	3	6																	1 2	3 4	4 5	6 7	11 12	15 16	23 24	34 35	52 53	
D	第一	5	5	↓	↓	↓	↓	↓	↓	↓	↓	↓	↓	↓	↓	+	↓	↓	0 2	0 3	1 4	2 5	3 7	6 10	9 14	15 20	23 29	↑	↑
	第二	5	10																1 2	3 4	4 5	6 7	11 12	15 16	23 24	34 35	52 53		
E	第一	8	8	↓	↓	↓	↓	↓	↓	↓	↓	↓	↓	↓	+	↓	↓	0 2	0 3	1 4	2 5	3 7	6 10	9 14	15 20	23 29	↑	↑	↑
	第二	8	16															1 2	3 4	4 5	6 7	11 12	15 16	23 24	34 35	52 53			
F	第一	13	13	↓	↓	↓	↓	↓	↓	↓	↓	↓	↓	+	↓	↓	0 2	0 3	1 4	2 5	3 7	6 10	9 14	↑	↑	↑	↑	↑	↑
	第二	13	26														1 2	3 4	4 5	6 7	11 12	15 16	23 24						
G	第一	20	20	↓	↓	↓	↓	↓	↓	↓	↓	↓	+	↓	↓	0 2	0 3	1 4	2 5	3 7	6 10	9 14	↑	↑	↑	↑	↑	↑	↑
	第二	20	40													1 2	3 4	4 5	6 7	11 12	15 16	23 24							
H	第一	32	32	↓	↓	↓	↓	↓	↓	↓	↓	+	↓	↓	0 2	0 3	1 4	2 5	2 5	6 10	9 14	↑	↑	↑	↑	↑	↑	↑	↑
	第二	32	64												1 2	3 4	4 5	6 7	6 7	15 16	23 24								
J	第一	50	50	↓	↓	↓	↓	↓	↓	↓	+	↓	↓	0 2	0 3	1 4	2 5	3 7	6 10	9 14	↑	↑	↑	↑	↑	↑	↑	↑	↑
	第二	50	100											1 2	3 4	4 5	6 7	11 12	15 16	23 24									
K	第一	80	80	↓	↓	↓	↓	↓	↓	+	↓	↓	0 2	0 3	1 4	2 5	3 7	6 10	9 14	↑	↑	↑	↑	↑	↑	↑	↑	↑	↑
	第二	80	160										1 2	3 4	4 5	6 7	11 12	15 16	23 24										
L	第一	125	125	↓	↓	↓	↓	↓	+	↓	↓	0 2	0 3	1 4	2 5	3 7	6 10	9 14	↑	↑	↑	↑	↑	↑	↑	↑	↑	↑	↑
	第二	125	250									1 2	3 4	4 5	6 7	11 12	15 16	23 24											
M	第一	200	200	↓	↓	↓	↓	+	↓	↓	0 2	0 3	1 4	2 5	3 7	6 10	9 14	↑	↑	↑	↑	↑	↑	↑	↑	↑	↑	↑	↑
	第二	200	400								1 2	3 4	4 5	6 7	11 12	15 16	23 24												
N	第一	315	315	↓	↓	↓	+	↓	↓	0 2	0 3	1 4	2 5	3 7	6 10	9 14	↑	↑	↑	↑	↑	↑	↑	↑	↑	↑	↑	↑	↑
	第二	315	630							1 2	3 4	4 5	6 7	11 12	15 16	23 24													

续表

字码	抽样次数	样本量	累计样本量	AQL/% 0.010	0.015	0.025	0.040	0.065	0.10	0.15	0.25	0.40	0.65	1.0	1.5	2.5	4.0	5.5	10	15	25	40	65	100	150	250	400	650	1000
				A_c R_e	A_c R_e	A_c R_e	A_c R_e	A_c R_e	A_c R_e	A_c R_e	A_c R_e	A_c R_e	A_c R_e	A_c R_e	A_c R_e	A_c R_e	A_c R_e	A_c R_e	A_c R_e	A_c R_e	A_c R_e	A_c R_e	A_c R_e	A_c R_e	A_c R_e	A_c R_e	A_c R_e	A_c R_e	A_c R_e
P	第一	500	500	↓	↓	+	↓	↓	0 2	0 3	1 4	2 5	3 7	6 10	9 14	↑	↑	↑	↑	↑	↑	↑	↑	↑	↑	↑	↑	↑	↑
	第二	500	1000						1 2	3 4	4 5	6 7	11 12	15 16	23 24														
Q	第一	800	800		+	↓		0 2	0 3	1 4	2 5	3 7	6 10	9 14	↑														
	第二	800	1600					1 2	3 4	4 5	6 7	11 12	15 16	23 24															
R	第一	1250	1250	+	↑		0 2	0 3	1 4	2 5	3 7	6 10	9 14	↑															
	第二	1250	2500				1 2	3 4	4 5	6 7	11 12	15 16	23 24																
S	第一	2000	2000	↑		0 2	↑	↑	↑	↑	↑	↑	↑																
	第二	2000	4000			1 2																							

注：↓表示用箭头下面的第一个抽样方案，如果样品大小等于或超过批量，则进行100%的检查；↑表示用箭头下面的第一个抽样方案；+表示用对应的一次抽样方案或用下面的有的二次抽样方案。

表 6-26　二次抽样方案——放宽检查主表

字码	抽样次数	样本量	累计样本量	AQL/% 0.010 A_c R_e	0.015 A_c R_e	0.025 A_c R_e	0.040 A_c R_e	0.065 A_c R_e	0.10 A_c R_e	0.15 A_c R_e	0.25 A_c R_e	0.40 A_c R_e	0.65 A_c R_e	1.0 A_c R_e	1.5 A_c R_e	2.5 A_c R_e	4.0 A_c R_e	5.5 A_c R_e	10 A_c R_e	15 A_c R_e	25 A_c R_e	40 A_c R_e	65 A_c R_e	100 A_c R_e	150 A_c R_e	250 A_c R_e	400 A_c R_e	650 A_c R_e	1000 A_c R_e
A																	↓	+			+	+	+	+	+	+	+	+	+
B																↓	+	↑↓		+	+	+	+	+	+	+	+	+	+
C															↓	+			+	+	+	+	+	+	+	+	+	+	
D	第一 第二	2 2	2 4											↓	+	↑↓		0 2 0 2	0 3 0 4	0 4 1 5	0 4 3 6	0 5 4 7	2 7 6 9	3 8 8 12	5 10 12 16	7 12 18 22	11 17 26 30	↑	↑
E	第一 第二	3 3	3 6										↓	+	↑↓		0 2 0 2	0 3 0 4	0 4 1 5	0 4 3 6	0 5 4 7	2 7 6 9	3 8 8 12	5 10 12 16	7 12 18 22	11 17 26 30	↑		
F	第一 第二	5 5	5 10									↓	+	↑↓		0 2 0 2	0 3 0 4	0 4 1 5	0 4 3 6	0 5 4 7	2 7 6 9	3 8 8 12	5 10 12 16	↑	↑	↑			
G	第一 第二	8 8	8 16								↓	+	↑↓		0 2 0 2	0 3 0 4	0 4 1 5	0 4 3 6	0 5 4 7	2 7 6 9	3 8 8 12	5 10 12 16	↑						
H	第一 第二	13 13	13 26							↓	+	↑↓		0 2 0 2	0 3 0 4	0 4 1 5	0 4 3 6	0 5 4 7	2 7 6 9	3 8 8 12	5 10 12 16	↑							
J	第一 第二	20 20	20 40						↓	+	↑↓		0 2 0 2	0 3 0 4	0 4 1 5	0 4 3 6	0 5 4 7	2 7 6 9	3 8 8 12	5 10 12 16	↑								
K	第一 第二	32 32	32 64					↓	+	↑↓		0 2 0 2	0 3 0 4	0 4 1 5	0 4 3 6	0 5 4 7	2 7 6 9	3 8 8 12	5 10 12 16	↑									
L	第一 第二	50 50	50 100				↓	+	↑↓		0 2 0 2	0 3 0 4	0 4 1 5	0 4 3 6	0 5 4 7	2 7 6 9	3 8 8 12	5 10 12 16	↑										
M	第一 第二	80 80	80 160			↓	+	↑↓		0 2 0 2	0 3 0 4	0 4 1 5	0 4 3 6	0 5 4 7	2 7 6 9	3 8 8 12	5 10 12 16	↑											
N	第一 第二	125 125	125 250		↓	+	↑↓		0 2 0 2	0 3 0 4	0 4 1 5	0 4 3 6	0 5 4 7	2 7 6 9	3 8 8 12	5 10 12 16	↑												
P	第一 第二	200 200	200 400	↓	+	↑↓		0 2 0 2	0 3 0 4	0 4 1 5	0 4 3 6	0 5 4 7	2 7 6 9	3 8 8 12	5 10 12 16	↑													
Q	第一 第二	315 315	315 630	+	↑		0 2 0 2	0 3 0 4	0 4 1 5	0 4 3 6	0 5 4 7	2 7 6 9	3 8 8 12	5 10 12 16	↑														
R	第一 第二	500 500	500 1000	↑		0 2 0 2	0 3 0 4	0 4 1 5	0 4 3 6	0 5 4 7	2 7 6 9	3 8 8 12	5 10 12 16																

注：↓表示用箭头下面的第一个抽样方案，如果样品大小等于或超过批量，则进行 100%的检查；↑表示用箭头下面的第一个抽样方案；+表示用对应的一次抽样方案或用下面的有的二次抽样方案。

➤复习思考题

6-1 简述全数检验、抽样检验的优缺点及其适用场合。

6-2 什么是接收概率?

6-3 什么是 OC 曲线?

6-4 OC 曲线有什么特点?

6-5 OC 曲线参数的变化对抽样特性有什么影响?

6-6 抽样检验中的两种错误是什么?为什么会发生?

6-7 已知抽样检验方案$(N,n,C)=(100,5,1)$,计算$p=5\%$时的接收概率$L(p)$。

6-8 根据二项分布概率公式,分别对抽样检验方案$n_1=90$,$n_2=30$,$n_3=9$,$C=0$,计算$p=5\%$时的接收概率$L(p)$。

6-9 已知抽样检验方案的$n=20$,$C=2$,试画出$N=60$、100、200、400、800、∞时的 OC 曲线。

6-10 已知抽样检验方案$(N,n,C)=(1000,30,3)$,试画出此方案的 OC 曲线。若预先规定$p_0=0.42\%$,$p_1=5.3\%$;$\alpha=0.05$,$\beta=0.10$,求n和C。

6-11 已知 AQL=1.0%,采用 S-4 水平,求$N=200$时,正常检查一次和二次抽样方案。

6-12 已知 AQL=10%,采用 S-4 水平,求$N=200$时,加严检查一次和二次抽样方案。

6-13 已知 AQL=10%,采用Ⅱ水平,求$N=1000$时,放宽检查一次和二次抽样方案。

质量成本管理

本章提要：质量成本是指企业为获得顾客满意的质量并对组织外部做出质量保证而发生的费用，以及没有达到顾客满意的质量而造成的损失。对质量成本的管理和控制是在质量管理与成本管理的基础上结合而成的，它的形成不仅有利于企业优化产品质量，而且有利于企业在达到预期质量水平的情况下寻求利益的最大化。质量成本管理为保证和提升产品质量、提高企业的经济效益与社会效益发挥了重要的作用。本章将全面地介绍企业中质量成本管理和控制的相关知识，着重解释质量成本核算、质量成本分析等质量成本管理体系，最后介绍质量成本管理中的关键环节和“零缺陷”理念下的质量成本管理，为企业实施质量管理提供依据和指导。

7.1 质量成本的含义

“质量成本”这一名词是由美国质量管理专家费根鲍姆于20世纪50年代最先提出的，随后，美国又一著名的质量管理专家朱兰提出了“矿中黄金”的概念，其实质就是质量成本。时至今日，学者对于质量成本概念的解释层出不穷，这里所阐述的质量成本概念以及质量成本管理体系其实就是在20世纪60年代之后，在实施全面质量管理的实践中所逐渐形成和发展起来的成本管理的一个分支学科。

对于质量成本的具体含义，美国质量管理专家费根鲍姆、朱兰等的观点具有一定的代表性。费根鲍姆认为，质量成本是工厂和公司的质量成本，包括控制成本和控制失效成本，其中前者又包括预防成本和鉴定成本，而后者则包括内部损失成本和外部损失成本。朱兰认为，质量成本是企业为了确证和提高产品的质量而支出的一切费用，与因不符合质量标准而造成的一切损失之和。

根据上述国外专家给出的概念，并结合我国企业的现状，质量成本可以定义为：企业为获得顾客满意的质量并对组织外部做出质量保证而发生的费用，以及没有达到顾客满意的质量而造成的损失。一般分为运行质量成本和外部质量保证成本，如图7-1所示。

1. 运行质量成本

运行质量成本是指质量体系运行后，为达到和保持所规定的质量水平而支付的费用。包括预防成本、鉴定成本、内部损失成本和外部损失成本四大项。

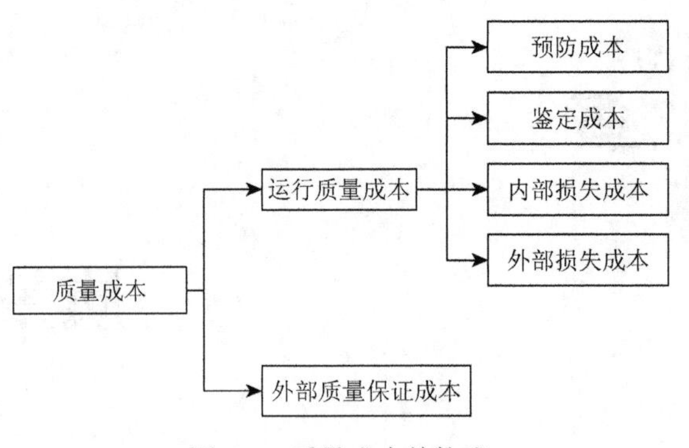

图 7-1 质量成本的构成

（1）预防成本。为预防产品不能达到顾客满意的质量所支付的费用。主要包括需求分析与合同评审费、设计质量控制费、采购质量控制费、生产质量控制费、成品质量控制费、顾客服务费、质量改进费、质量管理费、质量奖励费、工资费（专职质量管理人员的工资及附加费）等。

（2）鉴定成本。为评定产品是否达到所规定的质量要求，进行试验、检验和检查所支付的费用。主要包括进货检验费、工序检验费、成品检验费、安装检验费、支付检验费、检验、验证试验和测量管理费、检验、验证试验和测量设备费、工资费（专职从事产品质量检验、验证试验和计量的人员的工资及附加费）等。

（3）内部损失成本。产品在交付前因未能达到规定的质量要求所造成的损失。主要包括进货损失、废品损失、返工和返修损失、停工损失、降级损失、不合格处理费等。

（4）外部损失成本。产品在交付前后未能达到顾客满意的质量所造成的损失。主要包括索赔费、退货损失、降价损失、保修费等。

2. 外部质量保证成本

外部质量保证成本是指根据顾客要求，组织向顾客提供证实质量保证能力所发生的费用，包括特殊的和附加的质量保证措施、程序、数据、证实试验以及评定的费用。

7.2 质量成本管理的概念

在企业发展过程中，质量成本管理占据着举足轻重的地位，在提高产品质量的基础上，企业要对质量成本进行适当的分析和预测，并进行系统的核算考核，对结果进行分析评价，从而达到质量成本考核和控制的目的，企业所做的这一系列活动概括起来就是质量成本管理。

所谓质量成本管理，是指企业对质量成本进行的预测、计划、核算、分析、控制、考核等一系列有组织的活动，以寻求适当的质量成本为手段，提高产品质量水平、过程的质量管理水平和质量保证能力。

质量成本管理的最终目的就是要达到质量、成本和效益的最优化。实现这一目的的关键是准确核算质量成本，加以分析，并得出考核结果。质量成本管理是整个企业管理活动的重要组成部分，不能独立于企业其他的经营管理活动。质量成本管理是在质量管理和成本管理的基础上结合而成的，它的形成不仅有利于企业优化产品质量，而且有利于企业在达到预期质量水平的情况下寻求利益的最大化。

7.3　质量成本管理的特征

自 20 世纪 50 年代以来，质量成本管理在企业管理实践中不断得以发展，为保证和提升产品质量、提高企业的经济效益与社会效益发挥了重要的作用。质量成本是企业降低其他成本的有力保证。质量成本管理所具有的特征有以下四点。

（1）广泛性。质量成本管理对功能、成本、服务和环境等多方面都提出了满足用户需要的要求，既适用于有形的产品，也适用于无形的服务，包括服务质量和工作质量等。由此可见，现代成本管理工作覆盖了物质生产部门和非物质生产部门的管理效益状况，具有一定的广泛性。

（2）动态性。质量成本管理随着社会环境和市场竞争的变化，包含的内容和要求相应地改变，质量成本是相对变化发展的，随着社会科技的进步、知识的不断更新，内涵和要求也更加丰富。因此，质量成本管理必须随着产品质量适用性的变化而不断变化，时刻保持着自身的动态性。

（3）收益性。质量成本管理的目的就是通过核算反映质量与收益之间的关系，不断寻求两者之间的最佳结构，从而为质量经营决策提供有力依据。因此，质量成本不仅要及时反映企业质量成本支出，还要反映质量收益，以便进行经济效益核算，进而做出正确的经济决策。

（4）多样性。质量成本除了主要采用货币计量工具，还要兼用实物计量、工时计量等多种计量形式。

7.4　质量成本管理的意义

质量成本自提出以来，随着 60 多年来该理论在实践中的不断应用与发展，现在已经发展成为世界范围内企业进行质量管理的主要手段之一。而自 20 世纪 80 年代初以来，质量成本管理相关内容被引入中国，并开始在我国的一些企业中进行实践。实践证明，质量成本是客观存在的，加强对质量成本的管理和控制有利于提高企业经济效益。

1. 降低成本、增加效益

质量成本管理工作贯穿于企业生产活动的全过程，包括产品从设计、生产到销售的各个环节。全面的质量成本管理有效地反映了企业生产经营活动的质量经济效果，使管理者充分掌握由于产品质量提高而产生的成本费用以及质量管理工作出现的问题，以便及时采取措施降低质量成本，最终达到成本与效益的平衡。

2. 促进企业管理水平的提高

质量成本管理工作的开展可以使企业管理者清楚地了解本公司的质量成本管理现

状，找出与竞争对手之间的差距，准确做出自己的市场定位。同时，质量成本管理工作的开展能够暴露出企业产品质量缺陷和质量管理存在的问题。因此可以说，质量成本管理水平的提高意味着企业管理水平的整体提高。

7.5 质量成本管理体系

7.5.1 质量成本核算

1. 质量考核表

计算质量成本首先必须有良好的基础管理工作，有完整而准确的统计资料，提供准确无误的数据，否则就没有意义。很多企业的质量成本管理失效，原因就在于此。其次，必须正确区分以下几项：生产成本和质量成本；完工产品和在制品质量控制费用；质量费用应划归哪一产品；某项费用是否应计入质量成本；显见成本和隐含成本等。另外，要对质量费用进行正确分类。

（1）在会计科目中增设“质量成本”一级科目，以便监督和反映质量成本费用的增减变动情况；下设预防成本、鉴定成本、内部损失成本、外部损失成本四个二级科目；在二级会计科目下设明细账，明确各个科目计算的内容，以便分门别类地对一定时期内发生的各种质量成本进行汇集和计算。

（2）对已明确的质量成本开支，可直接计入质量成本科目的二级科目和子项目。

（3）对于不易直接划分的质量成本，可先计入产品成本科目，然后由财务部门根据原始凭证予以区分，最后计入质量成本。

（4）根据质量成本统计和财务账目汇集结果，按质量报表进行最后汇总。汇总的形式可根据工厂的实际情况进行，如按质量成本项目进行汇总或按产品、零件工序进行汇总。

根据分类后的质量成本构成，设置汇总表和有关的明细表，如质量成本汇总表（表 7-1）、质量成本预防费用明细表、质量成本鉴定费用明细表、质量成本内部损失明细表、质量成本外部损失明细表、质量成本外部保证费用明细表等。

表 7-1 质量成本汇总表

所属期间								单位	
质量成本项目（一级科目）	顺号	核算内容（二级科目）	内容简要说明	本月实际		本年累计		去年同期累计	
				金额/元	占总额/%	金额/元	占总额/%	金额/元	占总额/%
预防成本	1	质量培训费							
	2	质量管理活动费	奖励						
	3	质量评审费	审核费						
	4	其他预防成本	质量扣款						
		小计							

续表

所属期间						单位		
质量成本项目（一级科目）	顺号	核算内容（二级科目）	内容简要说明	本月实际		本年累计		去年同期累计	
				金额/元	占总额/%	金额/元	占总额/%	金额/元	占总额/%
鉴定成本	5	试验检验费	检验费						
	6	检测设备维修费							
	7	检测设备折旧费	检测设备						
	8	质检员工资							
	9	其他鉴定成本							
		小计							
内部损失成本	10	废品损失							
	11	返修费							
	12	停工损失							
	13	设计变更损失							
	14	其他内部故障成本							
		小计							
外部损失成本	15	退货损失							
	16	索赔费							
	17	保修费							
	18	其他外部故障成本							
		小计							
质量成本合计									
制表：					日期：				

2. *质量成本核算的方法*

质量成本数据来自于各种凭证和台账，在进行质量成本核算时，应认真分析成本核算项目构成，在实践中不断探索，具体核算流程如图 7-2 所示。目前，国内外企业对质量成本核算主要采取以下 3 种基本方法。

（1）统计核算方法。采用货币、实物、工时等多种计量工具，运用一系列的统计指标和统计图表以及统计调查的方法取得资料，并通过对统计数据的分组、整理获得所要求的各种信息，以揭示质量经济性的基本规律，不注重质量成本数据的完整性及准确性（相对准确即可）。

（2）会计核算方法。采用货币作为统一计量单位：采用设置账户、复式记账、填制凭证、登记账簿、成本计算和分析、编制会计报表等一系列方法，对质量管理全过程进

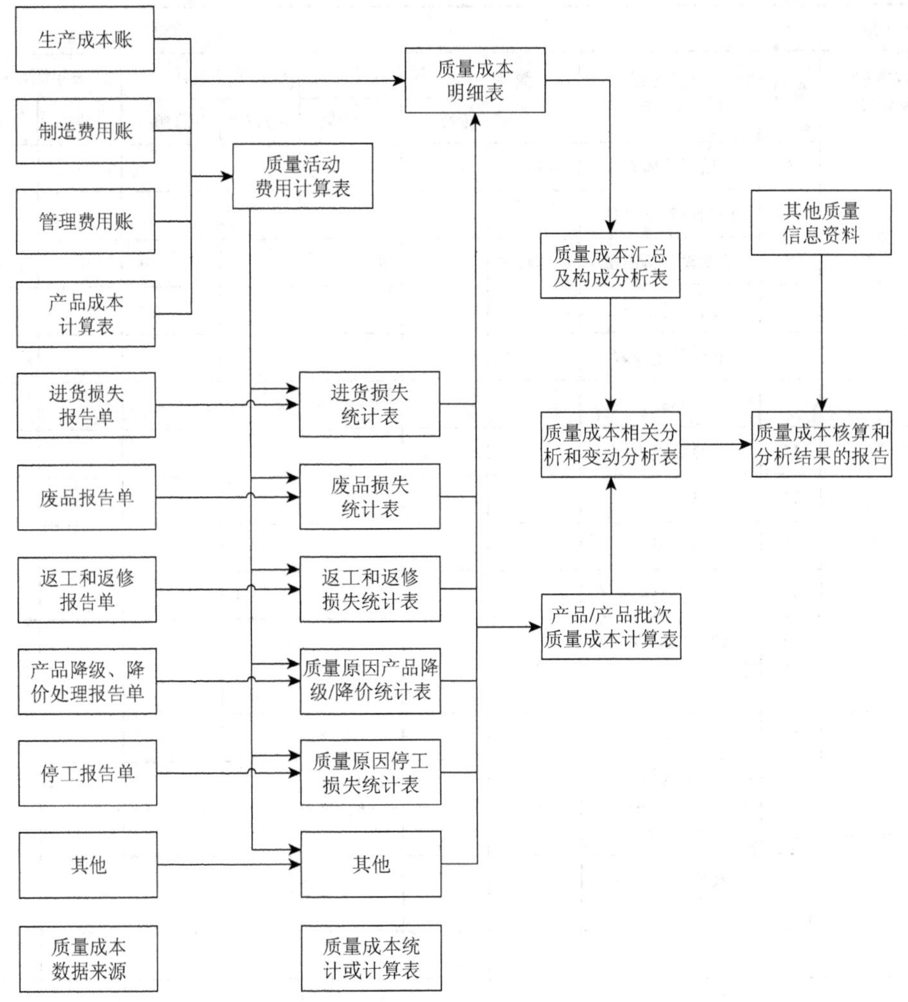

图 7-2　质量成本核算流程图

行准确、系统、全面和综合的记录与反映；严格以审核无误的凭证为依据，质量成本资料必须完整、准确，整个核算过程与现行的成本核算相类似。

（3）统计与会计相结合的核算方法。此核算方法即根据质量成本数据的来源不同，而采取灵活的处理方法。其特点如下：采用货币、实物、工时等多种计量工具；采取统计调查、会计记账等方法收集数据；方式灵活机动，资料力求完整。

质量成本是一项专项成本，具有现行财务成本的一些特征，但它更是一种经营管理成本，其出发点和归宿点都是为质量经营管理服务。因此，它不可能拘泥于现行财务成本核算的规章制度，而应体现出自己的特殊性。质量成本核算方法的理想选择是：以会计核算为主，以统计核算和业务核算为辅。其基本特征如下：以货币计量为主，适当辅之以实物计量、工时计量，以及其他指标，如合格品率、社会贡献率等；主要通过会计专门方法来获取质量成本资料，但在具体运用这些专门方法时，可根据具体情况灵活处理，如对有些数据的收集不必设置原始凭证，也不必进行复式记账，账簿记录也可极大简化。质量成本的归集和分配应灵活多样。对那些用会计方法获得的信息，力求准确、完整；而对通过统计手段、业务手段获取的资料，原则上只要求基本准确，也不要求以原始凭证作为获取信息的必备依据。

实际进行质量成本核算时，应从我国实际情况出发，以会计核算为主，统计核算为辅。显见成本按会计科目，采用会计方法计算；隐含质量成本按统计科目，采用统计科目估算。

3. *质量成本核算的基础工作*

质量成本核算的基础工作包括建立健全各种原始记录，建立健全计量和计价制度，建立健全成本核算责任制等。

（1）建立健全各种原始记录。质量成本核算的各种原始记录包括各种台账、表格、卡片、报表等。企业应根据不同的核算要求，设计不同格式的原始凭证，以便及时登记、收集与质量成本有关的数据。

（2）建立健全计量和计价制度。质量成本的范围涉及从设计到售后服务的各个环节，且很多与产品成本混杂在一起，需要进行仔细的分离。有些属于隐含的、潜在的支出，更需要通过建立一整套完善的计量、计价制度，才能相对完整地收集到质量成本数据。这一切都依赖于配置灵敏、准确的计量和检测器具，并保持良好的工作状态，建立必要的计量制度，同时，还应根据企业实际及市场行情，制定不同的评价标准，为质量成本充分运用货币手段打下基础。

（3）建立健全成本核算责任制。质量成本各项数据的记录、收集、计算、考核、分析、控制、改进、奖惩只有与责任单位紧密联系起来，才能落到实处，取得成效。质量成本核算责任制的主要内容包括：质量成本各项内容的责任分解；在充分利用现有财会人员的基础上，培训、充实各级质量成本核算员，并明确职责分工；建立质量成本数据分离、记录、审核、汇集、计算、传递、报告的工作程序和规章，确保质量成本核算的及时、准确。

4. *质量损失的核算*

（1）质量损失的账户设置。一般应设置“质量损失”总账，下设“产品质量损失”“工作质量损失”两个二级账户。明细科目的设置可根据各企业质量损失的大小，以及质量损失各具体项目的构成情况，择其要者设置，以有利于对最重要的质量损失账目进行收集和控制。

（2）质量损失各部门责任分解。在设计开发阶段造成的不良设计损失、最优设计损失、更改损失、更改设计损失由技术开发部门、工艺设计部门负责；在生产阶段造成的报废损失、停工损失、减产损失、降级降价损失等由生产部门、检验部门负责；在销售阶段造成的索赔费、退货换货损失、诉讼费、包修费用、各种质量罚款损失、市场份额下降损失等由销售服务部门负责；质量计划工作中的设计损失由技术开发、工艺设计部门负责；采购损失和储备保管损失由采购部门、物流部门负责；人力资源损失由人力资源部门负责；销售服务阶段造成的质量信誉损失等由销售服务部门负责；质量计划工作中的各种机会损失原则上由质量管理部门负责，各相关部门协助。

7.5.2 质量成本分析

质量成本分析是指通过对质量成本各个构成科目核算数据的分析，找出质量方面存在的问题和管理上的薄弱环节，提出需要改进的措施，并向各级领导提供资料信息和建议，以便对质量中的问题做出正确的处理决策。质量成本分析是质量成本管理的重点环节之一。

企业对核算后的质量成本进行分析时应注意两点：一是围绕质量指标体系进行分析，以反映质量管理的有效性和规律性；二是应用正确的分析方法找出产生质量损失的主要原因，围绕重点问题找出改进点，制订措施进行解决。

质量成本分析方法有定性成本分析和定量成本分析两种。通过定性分析可以加强质量成本管理的科学性和实效性，定量分析可以计算出科学的经济效益，作为评价质量体系有效性的评价依据。组织应当根据质量管理的需要，结合工程技术和经营管理等多种技术经济因素，灵活地运用多种分析方法，分析质量成本数据。在进行质量成本分析时应当特别注意以下几点。

（1）密切结合具体的质量预防、控制和改进活动。

（2）将定量分析和定性分析相结合。

（3）与成本分析、经济效益分析和工程技术分析相结合。

（4）将质量成本数据及其指标在本组织不同时期进行纵向对比，而不应当与其他组织横向对比。

（5）不脱离产品性质及质量要求，在质量水平和成本之间进行简单的权衡分析。

质量成本的定量分析方法有质量成本指标分析法、质量成本趋势分析法、质量成本排列图分析法、质量成本灵敏度分析法、质量成本投资报酬分析法、质量成本指数分析法等。

1. 质量成本指标分析法

质量成本评价指标是指组织的质量成本总额、质量成本五大构成项目（预防成本、鉴定成本、内部损失成本、外部损失成本和外部质量保证成本）及其明细项目和相关指标的增减值或增减率，可以用来评价、分析组织加强质量管理和实施质量改进的效果。常用的评价指标有以下几个。

1）质量成本构成指标

质量成本构成指标是指预防成本、鉴定成本、内部损失成本、外部损失成本、外部质量保证成本各占质量总成本的比例，它是用来说明和分析质量成本构成项目的比例关系的，以便寻找适宜的质量成本。它适用于企业内部考核和分析，还可以作为控制费用支出和故障损失的计划指标。实际应用中，可以采用列表方法对质量成本项目及其明细项目进行构成分析，以便发现关键的质量成本明细项目，并可以将结果用直方图和圆饼图来表示。质量成本构成指标有

$$\text{预防成本率}=\frac{\text{预防成本}}{\text{质量成本}}\times 100\%$$

$$鉴定成本率=\frac{鉴定成本}{质量成本}\times 100\%$$

$$内部损失成本率=\frac{内部损失成本}{质量成本}\times 100\%$$

$$外部损失成本率=\frac{外部损失成本}{质量成本}\times 100\%$$

$$外部质量保证成本率=\frac{外部质量保证成本}{质量成本}\times 100\%$$

2）质量成本相关指标

质量成本相关指标是指质量成本与销售收入、生产成本、利润等相关基数的比值，可以从一个侧面反映产品质量和质量管理的状况以及对经济效益的影响程度。建立质量成本相关指标应明确指标所具有的实际含义，注重指标数据应来源于相同的核算对象和核算期，以保证指标具有科学性和实用性。常用的相关指标有

$$产值质量成本率=\frac{质量成本}{总产值}\times 100\%$$

$$质量成本率=\frac{质量成本}{总成本}\times 100\%$$

$$销售收入质量成本率=\frac{质量成本}{销售收入}\times 100\%$$

$$利润质量成本率=\frac{质量成本}{销售利润}\times 100\%$$

$$销售收入内部损失率=\frac{内部损失}{销售收入}\times 100\%$$

$$销售收入外部损失率=\frac{外部损失}{销售收入}\times 100\%$$

$$生产成本质量损失率=\frac{内部故障成本}{生产成本}\times 100\%$$

$$损益质量损失率=\frac{内部故障成本+外部故障成本}{利润(或亏损)}\times 100\%$$

3）质量成本变动指标

质量成本目标指标是指组织的总质量成本、质量成本项目及其明细项目、质量成本的结构指标和相关指标的增减值或增减率。通过变化原因的分析研究，可以找出导致指标变化的主要因素，以便及时采取措施。实际应用时，根据质量成本分析的需要，可以计算报告期（或本批次）相对于基期（或上批次）的变动情况，也可以计算实际值对于目标值的完成情况。变动指标一般有

总质量成本减少值=基期质量成本总额−报告期质量成本总额

预防成本减少值=基期预防成本−报告期预防成本

鉴定成本减少值=基期鉴定成本−报告期鉴定成本

内部损失成本减少值=基期内部损失成本−报告期内部损失成本

外部损失成本减少值=基期外部损失成本−报告期外部损失成本

2. 质量成本趋势分析法

质量成本趋势分析法是在积累一定质量成本数据的基础上，通过绘制趋势图对较长一段时期内的总质量成本、质量成本各项目、质量成本构成指标或相关指标的变化，进行连续的观察和分析，可以从总体上动态地、直观地观察产品质量和质量管理的情况，发现薄弱环节和偏差趋势，预测产品质量状况的发展前景。

趋势分析是比较期质量成本水平关于基期质量成本水平的简单对比。这种分析方法指出，应在合理的时间内归集成本后，再尝试得出结论或制订行动计划。

3. 质量成本排列图分析法

质量成本排列图分析是对质量成本数据按明细项目、产品类别、缺陷类型、责任部门、加工设备、操作者等进行划分，通过绘制排列图寻找影响产品质量及经济效益的关键少数因素。在实际应用中，主要用于对内部故障成本和外部故障成本的追踪式排列图分析，应注意密切联系工艺技术和管理问题，与产品质量的趋势分析和因果分析相结合。由排列图可以分析出影响质量成本的主要因素、次要因素和一般因素，然后针对主要因素，提出改进措施。

表 7-2 为某厂各项质量成本分析的结果，根据该表的数据画出的质量成本各个项目的排列图如图 7-3 所示。

表 7-2　各项质量成本项目构成及占比

项目	内部损失	鉴定费用	预防费用	外部损失	合计
金额	208794.08	54057.91	8754.75	3075.12	274681.86
百分比/%	76	19.68	3.20	1.12	100
累计百分比/%	76	95.68	98.88	100	—

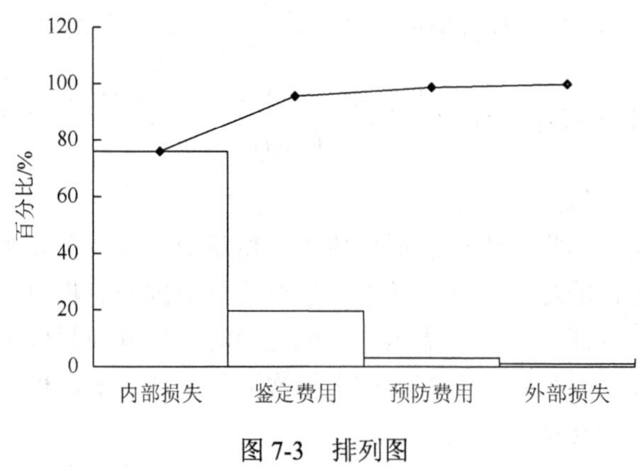

图 7-3　排列图

根据排列图（图 7-3）可知，内部损失太大，而预防费用太小。说明应增加投资，主要是增加预防费用，质量总成本还有很大的下降潜力。如果把本期的排列图与上期的排列图进行对照比较，则可以得到更多的信息。

4. 质量成本灵敏度分析法

质量成本灵敏度分析是对质量成本的四个构成项目进行投入、产出分析，以反映一定时期内质量成本变化的效果或特定的质量改进项目的效果。灵敏度的含义是每增加单位质量投入所减少的质量损失，用 α 来表示，包括第一灵敏度和第二灵敏度。

（1）第一灵敏度。

$$\alpha_1 = \frac{P + A}{\Delta F}$$

式中，A 为鉴定成本；P 为预防成本；ΔF 为报告期损失成本与基期损失成本的差值。

灵敏度 α_1 的含义是每减少单位损失成本所花费的鉴定成本和预防成本的费用，α_1 越小，表明质量改进越有意义。

（2）第二灵敏度。

$$\alpha_2 = \frac{\Delta F}{\Delta(P + A)}$$

式中，ΔF 为报告期损失成本与基期损失成本的差值；$\Delta(P+A)$为计划期内预防成本与鉴定成本之和的增加量。

若 $\alpha_2 < 0$，则说明内外部损失成本不仅没有降低，反而增加，表明质量改进效果不好；若 $\alpha_2 = 0$，则表示计划期内发生的内外部损失成本与上期内外部损失成本相同，质量改进没有成效；若 $0 < \alpha_2 < 1$，则说明计划期质量改进取得一定效果，但不明显；若 $\alpha_2 \geqslant 1$，则说明投入较少的鉴定成本和预防成本，就可使质量得到显著的改进，内外部损失成本降低的幅度最大。

5. 质量成本投资报酬分析法

质量成本投资报酬分析是指在进行质量改进投资决策时，对改进方案的投资回报所进行的分析，它是一种事前的决策分析。增加投资的目的是减少内部损失与外部损失。所以增加投资的效益，就是增加单位投资所获得的内外损失的减少额。

假定 K_1 为基期质量成本利润额，K_2 为报告期质量成本利润额，C_1 为基期质量成本的投入额，C_2 为报告期质量成本的投入额，则因质量改进增加的利润额（包括因质量改进措施减少的损失和因改进产品质量能够增加的利润）为

$$\Delta K = K_2 - K_1$$

因质量改进需要的投入额（包括在预防和鉴定方面增加的投入额）为

$$\Delta C = C_2 - C_1$$

投资报酬率为

$$t = \frac{\Delta K}{\Delta C} = \frac{K_2 - K_1}{C_2 - C_1} \times 100\%$$

6. 质量成本指数分析法

经济符合性水平质量成本分析与控制数学模型，即传统的朱兰质量成本特性曲线模型（图 7-4），允许产品质量水平（用产品合格率来表示）有缺陷存在。它的目的在于寻求质量损失成本（内部损失成本与外部损失成本之和）和质量保证成本（预防成本与鉴定成本之和）的均衡点，认为损失成本和保证成本交叉点时的总质量成本最小，此时对

应的产品合格率 P^*就是生产过程中应该控制的最佳质量水平。

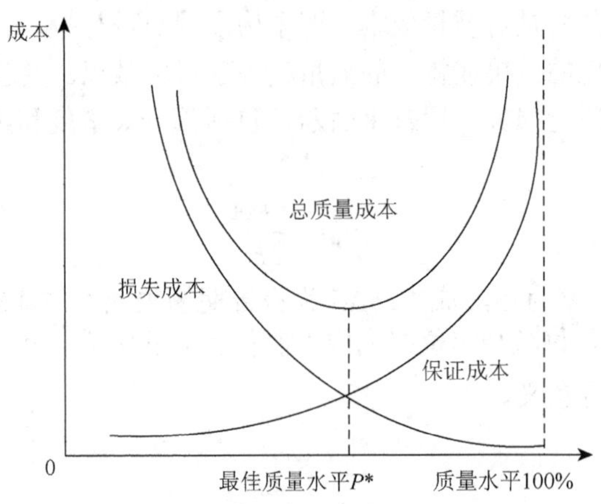

图 7-4 符合性质量成本特性曲线

总质量成本包括质量损失成本与质量保证成本，质量损失成本是指内部损失成本与外部损失成本之和，用负指数函数表示，其函数模型为 $L(Q)=a_1\mathrm{e}^{-b_1Q}$（$a_1>0,b_1>0$）。质量保证成本是指预防成本与鉴定成本之和，用指数函数表示，其函数模型为 $A(Q)=a_2\mathrm{e}^{b_2Q}$（$a_2>0,b_2>0$）。

因此，总质量成本指数分析函数模型为

$$C(Q)=L(Q)+A(Q)=a_1\mathrm{e}^{-b_1Q}+a_2\mathrm{e}^{b_2Q},\quad a_1>0,b_1>0,a_2>0,b_2>0$$

最佳质量水平为

$$P^*=\frac{\ln a_1b_1-\ln a_2b_2}{b_1+b_2}$$

式中，a_1 是产品合格率趋向于 100%时，所发生的最小废次品损失费用；a_2 是产品合格率趋向于 100%时，所发生的最大成本费用；b_1 和 b_2 是指数函数的斜率参数。

由朱兰质量成本特性曲线模型（图 7-4）可以看出，在产品质量水平由 0 提高到最佳质量水平 P^*的过程中，损失成本急剧下降，在这一范围内提高质量水平能大幅度地降低质量成本。在产品质量水平由最佳质量水平 P^*提高到质量水平接近于“零缺陷”的过程中，损失成本下降缓慢，保证成本却迅速上升，说明在这一范围内，随着产品质量水平的提高，总质量成本也在上升，即质量投入越大，产品合格率也就越高。

7.5.3 质量成本控制

1. 质量成本控制的含义

产品质量是与一切企业生存、盈利和发展相关的大问题。在质量成本一定的前提下，高质量的产品不仅能给企业创造满意的收入，还能为企业在市场上树立良好的口碑。然而，过高的质量成本也可能使企业丧失竞争优势，获得的利润也会很有限。其实，质量成本控制对每一个企业的长远发展都有着重要的作用。企业必须采取一切措施有效控制质量成本。

质量成本控制是指企业按照成本目标，在现有的技术与经济条件下，对质量成本的形成和发生进行必要的、积极的调整，通过揭示偏差、及时纠正，进而采取措施，从而实现最佳质量效益的行为。开展质量成本控制的意义可归纳为以下几个方面。

（1）对质量成本进行控制是提高企业经济效益、增强企业活力的重要手段。企业的一个中心工作就是要通过质量成本控制，把提高产品质量过程中的各种耗费控制在一个合理水平，减少浪费，以较少的消耗和占用，取得尽量好的质量，提高企业的经济效益；通过加强质量成本控制，来保证产品质量，使企业在市场竞争中具有较强的生命力和竞争力，以求得不断发展壮大。

（2）通过质量成本控制来提高企业的现代化管理水平。质量成本控制是一项综合性工作，涉及企业诸多部门和生产经营的诸多环节。为此，在质量成本控制过程中，各方面人员要积极配合、协调行动，实行科学的管理，保证企业质量成本控制顺利进行。因此，加强质量成本控制，能够促进和提高企业的管理水平，增强市场的应变能力。

（3）质量成本控制是建立企业内部经济责任制的必要条件。企业要真正成为自主经营、自负盈亏的商品生产者和经营者，就必须建立企业内部经济责任制。质量成本控制就是要分清企业内部各单位对质量成本形成应承担的经济责任，以便进行合理的奖罚，促使企业内部各单位进一步加强管理，使质量总成本控制在一个较低的水平。

2. 质量成本控制的步骤

（1）事前控制。根据质量成本计划所规定的目标，为各项费用开支和资源消耗确定其数量界限，形成质量成本费用指标计划，作为目标质量成本控制的主要标准，以便对费用开支进程进行检查和评价。

（2）事中控制。监督控制产品质量形成全过程的质量成本发生额，即对日常发生的各种费用都要按照既定的标准进行监控，力求做到所有直接费用都不突破定额，各项间接费用都不超过预算。

（3）事后控制。查明实际质量成本偏离目标质量成本的原因，并提出切实可行的措施，改进质量，降低成本。

3. 质量成本控制的实施程序

根据 GB/T 13339—2009《质量成本管理导则》，质量成本控制的实施程序如下。

（1）进行质量管理知识的教育和培训。

（2）建立质量成本管理体系，明确职责，为实施质量成本管理提供组织保证。

（3）结合本部门、本企业的实际情况制定质量成本管理方法，使质量成本管理有章可循。

（4）根据质量成本管理目标制定质量成本计划。

（5）定期对质量成本的各项费用进行核算和分析。

（6）定期对质量成本进行考核。

（7）根据质量成本分析编写质量成本报告，为质量改进提供依据。

（8）根据质量成本报告，结合具体情况，确定质量改进目标，制定相应的质量改进措施，并组织落实。调整本部门、本企业的质量管理工作重点，增强质量管理体系的有效性。

4. 提升质量成本控制的措施

（1）树立正确的企业质量成本控制意识。一是要让企业全员重视企业的质量成本控制活动，尤其要加强对企业决策人员的质量成本控制教育，使质量成本控制观念深入人心；二是要培养正确的质量成本观，即企业的质量成本控制应当以追求最佳质量成本为目标，而非纯粹追求质量成本的最小化，从而消除不计成本地追求高质量，寻求尽可能低的产品成本而不惜牺牲质量的极端认识；三是要调动各部门开展质量成本控制的参与性，要让各部门了解到本部门在质量成本控制中的作用，改变原来认为质量成本控制只是个别部门任务的错误观念，使企业的质量成本控制成为员工自觉自愿参与的行动。

（2）构建全员参与的企业质量成本控制体系。企业质量成本控制体系一般包括质量成本控制部门责任体系、质量成本控制部门奖惩体系和质量成本核算管理体系等内容。首先，质量成本控制部门责任体系要求对各个部门的成本控制有合理的分工。一般由技术部门负责控制预防成本，主要是对质量工作费、质量培训费及新产品评审费等成本的控制；由质量检验部门负责控制鉴别成本，主要是对进货检验费、工序检验费、检测设备维修费及产品质量认证费等成本的控制。其次，对质量成本控制的奖惩手段必须加以制度化，即要求构建质量成本控制部门奖惩体系，如此企业的质量成本控制活动就有了实施奖惩的依据和标准，从而避免了因奖惩不公而造成人员的心理不平衡，防止了自身职责未完成部门的责任逃脱。最后，企业必须构建质量成本核算管理体系，以便明确质量成本各项目的数额，以便开展质量成本分析。为此，企业可以依据质量成本的构成项目设置预防成本、鉴别成本、内部损失、外部损失和外部保证成本五个台账。

（3）理性确定企业质量成本控制的重点内容。按照现代质量成本控制理念，在产品生产之前所发生的质量成本，基本上都是可控的；在产品生产过程中所发生的质量成本，只有部分是可控的；在产品完工或销售之后所发生的质量成本，因产品质量水平已经定型，几乎是完全不可控的。显然，事前控制结果最佳，事中控制结果一般，事后控制结果极差。因此，企业质量成本控制应该强化对产品生产之前的质量成本控制，如可以适当增加预防成本以及鉴定成本。虽然专家对各类质量成本的适当比例关系及它们之间的合理变化规律没有研究出一个统一的标准，但企业应该根据自身的特点，结合自身开展质量成本控制实践所摸索的经验，找出使企业总质量成本最小化的各成本项目之间的比例，设计出质量成本控制的关键过程。此外，质量成本控制要坚持在全面控制的基础上，重点加强特殊控制。这样既可以避免局部环节控制发生问题，又可以取得控制重点的成果。

（4）抓好企业质量成本控制的全程落实。质量成本控制要求把控制落实到企业经营的全过程，特别是落实到常常被忽视的投产前的市场调研、产品开发、产品设计等一系列过程中。事实上，加大在设计阶段进行质量成本控制的力度往往能取得最佳效果。设计阶段的质量成本控制，重点在于加强市场调查力度、合理设置企业产品的使用寿命、做好原材料质量以及工艺的选择等三个方面。其中，市场调查的目标包括明确顾客对产品功能的需求，分析产品的潜在需求和发展趋势，了解产品外观的潮流；产品使用寿命的多余意味着质量过剩，隐含着成本的增加和资源的浪费；原材料质量和制作工艺的选择不仅要充分考虑质量要求，而且要注重创新。

（5）做好企业质量成本控制数据的处理工作。为了解决企业质量成本原始数据采集方面的不准确问题，需要从规范采集工作、建立高效灵敏的质量成本信息反馈系统等方面着手。前者要求做好数据采集的制度设计和监督，同时加强对相关工作人员的培训。后者实现的是质量成本信息在质量成本控制的各个链条之间的反向输送。质量成本信息反馈包括内部反馈和外部反馈。内部反馈是指企业内部质量成本数据的反馈流转。外部反馈是指产品进入销售领域或使用过程，顾客根据产品使用过程的质量情况，提供质量成本数据的反馈过程。这两个反馈共同作用，从而不断优化和降低质量成本。另外，对于隐性质量成本数据的搜集，企业应该根据自身特征，选择最适合的方法估算隐性质量成本。对任何企业而言，经济效益的提高、经营活力的增强、管理水平的提升都离不开高效的质量成本控制。虽然我国企业的质量成本控制才刚起步，面临着众多困难，存在诸多不规范之处，效果不能令人满意，但只要企业努力作为，最终将全面实现质量成本的最优化。

7.6　质量成本管理的关键环节

1. 成本项目具体设置

我国各行业企业在推行质量成本制度的过程中，设置了不全相同而又基本一致的质量成本项目。企业在核算质量成本时，对所包含的项目可根据具体情况进行增减，以便使质量成本结构更好地满足本企业的特定需要。

2. 质量成本分析

质量成本分析是质量成本管理的关键环节之一，它是由质管部门与财务部门协同完成的，主要是通过质量成本核算的资料，对质量成本的形成、变动原因进行分析和评价，找出产品质量的缺陷以及管理工作中的薄弱环节，为降低质量成本、寻求合理质量水平、增加经济效益寻求途径，并为撰写公司质量报告提供资料，为提出质量改进建议提供基础。

3. 质量成本考核

（1）质量成本考核的内涵。质量成本考核就是对质量成本责任企业和个人的质量成本指标完成情况进行考察与评价，以达到褒扬和鞭策全体成员不断提升质量成本管理绩效的目标。

（2）质量成本指标考核体系的建立。建立科学又完善的质量成本指标考核体系，是企业质量成本管理的前提和基础。实践表明，企业建立质量成本指标考核体系应坚持以下三原则：系统性原则、有效性原则和科学性原则。

7.7 “零缺陷”理念下的质量成本管理

传统的质量成本观认为当控制成本（即预防成本和鉴定成本）增加时，损失成本（即内部损失成本和外部损失成本）就会减少，也就是说，两者是此消彼长的关系。那么对一个具体的产品的质量而言，肯定存在着一点，在这一点的边际上，控制成本的增加值正好等于损失成本的减少值，此时，再增加任何控制成本都会大于损失成本的减少，这一点通常称为“可接受质量水平”。在质量改进到这一点以前，增加控制成本，减少的次品率会使整个企业关于此产品的质量总成本降低，但一旦逾越这一点，企业的总质量成本反而会上升，因此，理性的厂商会把产品的质量控制在“可接受质量水平”。这种质量观实际上是答应企业生产一定数量的次品。

但是，传统的质量成本观忽略了一点，那就是在现代商业社会中，企业时时刻刻都处于激烈竞争当中，只有高质量才能使厂商在竞争中占据有利位置。换言之，传统的质量成本观可能低估了外部损失成本，没有将隐性质量成本考虑在内。

而在 20 世纪 80 年代兴起的“零缺陷”质量成本观认为：假如企业增加其预防成本和鉴定成本并降低损失成本，则随后预防成本和鉴定成本也能得到降低。与传统质量观不同，这种观点认为，最初看起来似乎是控制成本和损失成本是此消彼长的，可实际情况表明，总质量成本可以实现永久降低。这种成本观不允许有次品出现，或者说要求产品的缺陷接近于零。当这样做时，人们发现并没有出现传统质量观认为的控制成本的上升将使总质量成本大幅度上升，而是控制成本一开始要增加，然后就降低，而产品的零缺陷使得损失成本变为零，总质量成本也降低了。更重要的是，企业的次品率接近于零，将极大提高企业的市场竞争力。这种成本观的出发点正如美国质量控制协会在推荐降低质量成本战略中所说的那样：①每一个失败都有其根本原因；②失败原因是可以预防的；③预防比其他质量相关作业成本要低一些，即“一盎司的预防胜过一磅的治疗”。

可以看出，“零缺陷”理念下的质量成本管理是一种动态的质量成本观，认为质量的改进是一个没有止境的过程，很多实施这种质量成本治理方法的企业得出了和这种成本观相同的结果。在面对产品的质量成本时，我们应该意识到，质量总成本节约的每一分钱都可以直接转移到税前利润中，这也是我们需要不断改进产品、降低质量成本的一个原因。

➢复习思考题

7-1 什么是质量成本？质量成本主要由哪几部分构成？

7-2 什么是质量成本管理？质量成本管理的特征有哪些？

7-3 质量成本核算的基本方法有哪些？

7-4 质量成本定量分析的方法有哪几种？

7-5 简述提升质量成本控制的措施。

7-6 谈谈你对“零缺陷”理念下的质量成本管理的认识。

第8章

复杂装备研制供应链质量管理

本章提要：供应链质量管理就是对分布在整个供应链范围内的产品质量的产生、形成和实现过程进行管理，从而实现供应链环境下产品质量控制与质量保证。构建一个完整有效的供应链质量保证体系，确保供应链具有持续而稳定的质量保证能力，能对用户和市场的需求快速响应，并提供优质的产品和服务，是供应链质量管理的主要内容。供应链的组织结构和业务流程与单个企业相比，存在明显的动态性，供应链环境下质量管理的手段与方法应能适应其动态性。

8.1 供应链质量管理概述

供应链质量管理（supply chain quality management，SCQM）是供应链管理（supply chain management，SCM）和质量管理（quality management，QM）的结合与交叉，主要以供应链的视角分析并解决协同制造过程中的质量管理问题。在供应链质量管理要求下，企业与其供应商实行战略性合作来管理企业之间质量活动的相关流程，以达到高质量绩效的目的。

1. 供应链质量管理的含义

由于激烈的市场竞争和专业化的技术要求，绝大多数加工制造型企业放弃了“大而全”“小而全”的运营模式，通过多企业构成的战略合作联盟开展协同生产，主要表现为“主制造商-供应商”（manufacturer-suppliers，M-S）生产模式。在“主制造商-供应商”生产体系中，制造商扮演生产组织者和系统集成者的角色，主要负责构建高效的供应链、产品的总体设计以及为供应商制定质量要求。制造商要求其供应商必须生产并提供符合其质量要求的高品质零部件，否则，制造商可拒绝接受该批产品，并根据合同中的质量条款对供应商进行惩罚。搜集齐所有符合质量要求的零部件之后，制造商将对供应链中采购到的外购产品进行组装和总装，并将最终的复杂产品交付给客户使用。

根据质量工程学可知，下游企业的产品质量并不仅取决于其生产过程中的制造或组装能力，同样受限于其上游供应商提供零部件的质量水平。因此，产品的整体质量不仅依赖于制造商的总装能力，同样极大地取决于供应商提供产品（外购系统、零件、部件、组件等）的质量水平。产品的质量竞争已经从制造商之间的质量竞争拓展到其供应链之间的质量竞赛。产品的质量竞争力取决于制造商的供应链整体质量管理水平，产品间的质量竞争正是其供应链整体质量的竞争。因此，制造商必须严格监控其供应链的整体质量水平，以期望在激烈的市场竞争中获得一定的质量优势和市场领先地位。供应链质量也可以理解为制造商对供应链中厂商提供产品的质量满意程度，供应链质量管理工作实际上是制造商针对供应商产品开展的一系列的质量管理活动。

2. 供应链质量管理体系

供应链质量管理体系可以看作一类由系统构成的系统（system of systems，SoS）。随着客户质量需求的逐步多样化，供应链的规模也日益庞大。供应链网络中存在着成百上千的供应商，他们自主地选择经营策略，可以视为一个个独立的经济个体或生产系统。因此，供应链由许多独立分布的企业构成，可以视作 SoS。因此，复杂产品供应链质量极大地依赖于各个企业的质量保障活动。现如今，尽管仍有一些问题需要解决，但 SoS 理念已深入人心，并且成功地应用于不同领域，以解决一些具有挑战性的问题。根据上面的分析可知，SoS 理念和框架对于解决复杂产品供应链中的质量问题有着重要的参考价值，可以督促独立运营的异构供应商实现一个较高的质量水平。

3. 中国商飞 C919 客机供应链体系

出于国家产业安全、打破国外航空企业垄断等目的，我国于 2008 年 5 月在上海以“独立企业主体”的模式成立了中国商用飞机有限责任公司，旨在以市场化角度自主研发中国人自己的商用客机。作为复杂产品的典型代表，C919 型号客机为中国商飞旗下正在研发的大型干线商用客机，其产品结构复杂，科技要求高，技术难度大，项目质量风险大。

为了取得商业成功，中国商飞公司按市场机制运行，以“主制造商-供应商”的模式组织国内外一流的系统供应商，打造 C919 的全球供应链体系。目前，中国商飞公司拥有中航工业沈飞、哈飞、成飞、西飞等 9 家国内一级机体供应商；美国汉胜公司、德国利勃海尔集团、美国派克宇航集团等 14 家国外一级系统供应商。其中，国际系统供应商主要分布在美国、加拿大、法国、德国、英国等国家，国内机体供应商分布在哈尔滨、沈阳、成都、西安等地。

不难看出，C919 商用飞机的整体质量极大地依赖于这些供应商提供产品的质量水平。如果中国商飞公司希望在与波音、空客、庞巴迪等同行的市场竞争中取得质量优势，就必须严格监控和管理其外购产品质量，以提升供应链的整体质量水平。在现如今的商业环境下，针对 C919 客机的外协系统供应商，如何科学合理地开展供应链质量管理，是保证 C919 客机整体质量的关键抓手。

8.2 供应商质量体系调研

供应商质量体系调研的目的在于，确定供应商的质量系统是否具有“提供符合质量要求的产品”的能力，这是供应链质量管理的第一步。主要根据产品，对采购产品的质量制定供应商评价标准，应用调查表等工具对供应商的基本情况进行调查，并分析过程保障能力。

调查内容主要包括如下几项：①供应商生产设备与检测设备的整体水平；②供应商生产过程的过程能力（过程能力指数或者西格玛水平）；③供应商生产产品的主要原材料来源；④供应商的主要顾客及市场信誉；⑤供应商遵纪守法的情况等。

1. 供应商质量调研的目标

当企业准备了解供应商所用的质量标准，或是推荐应用的质量标准时，应根据不同的调研对象来确定质量调研的目标，供应商产品质量调研的目标见表 8-1。

表 8-1 供应商产品质量调研的目标

考察对象	调研目标
潜在供应商	反映其产品质量的整体情况和典型问题
新开发供应商	是否能够提供企业所需要的产品质量及其质量保障能力
合作中的供应商	是否能够持续、稳定地提供符合企业质量要求的产品
有问题的供应商	为了能够为企业提供符合质量要求的产品，必须做出哪些改进
整改后的供应商	为了提供符合质量要求的产品，是否做了必需的改进
供应商质量保障系统	是否遵循为了提供企业所需要的产品质量要求而必须遵循的规程

为接到一个大订单或者得到更多订单，供应商会有针对性地表现出较好的一面。因此，在确定质量调研目标时，制造商必须对供应商的感情因素进行估计。否则，产品质量调研结果可能失真。

2. 供应商质量调研的准备

在进行产品质量调研之前，采购方应做好相关准备工作。在此阶段中，采购方不仅要做好资料收集工作，而且要组建一支专业、高效的调研团队。

1）收集供应商资料

当企业准备对一家供应商进行调研时，应尽可能多地收集与供应商相关的事实和数据。在进行这项工作时，务必记住企业和供应商之间存在的合作关系。

（1）收集现有供应商的资料。假如是对现有供应商进行调研，则应先重温企业中已有文件。这些文件主要有检验报告、采购人员的定期报告、纠正措施的记录、交付记录、未完成合同数量、产品规格记录等。

假如该供应商曾经出现过质量问题，则应与企业内的设计人员、采购人员、检验人员以及生产人员接触和沟通，听取他们对该供应商的评价。

（2）收集新开发或潜在供应商的资料。对于新开发或潜在供应商，在进行资料搜集时，要仔细查看采购人员的考察报告。同时，综合分析供应商的年度报告以及在同行中得到的信息。当这家供应商的资料通过一般渠道很难找到时，也可从同行业其他公司的类似信息中寻求帮助。当然，这些初始信息绝不能用于对一家供应商的预先判断，而只能作为寻找供应商时的指导信息。

（3）收集从未合作过的供应商的资料。当与一家从未合作过的供应商打交道时，应重点关注企业的期望需求和水平，以及供应商满足特殊要求的能力。

例如，一家制药公司在寻找药盒供应商时，发现这家企业居然没有质量控制部门或质量检查员，但是这家企业却完全有能力以合适的价格生产符合要求的产品。这时，真正的质量工程师应有足够的专业知识来分辨：在一个陌生的领域里，目前的真实情况是怎样的，并应该从供应商那里获得什么样的信息来进行辅助判断。

2）组建调研团队

通常情况下，调研团队可能只由质量工程师或来自各个领域的专家组成，无论调研的范围有多大，或者调研人员的数量有多少，每位调研人员都应牢记自己是调研团队的一员，代表的是采购方企业。

调研团队要对供应商的劳资谈判、采购政策、新设计概念、加工能力或安全方面有全方位的了解。故而，调研活动会在供应商有关部门内轮流开展（如人力资源、开发、工程、采购或仓储等部门）。

基于此，在组建调研团队之前，采购方企业应合理预测团队构成对企业相关部门的影响，进而确定团队成员及对应的责任。避免权责不清，并让调研成员对企业目标有清晰的认知。

3. 产品质量调研的展开

做好相关的准备工作之后，采购方就可以正式展开产品质量调研了。具体调研可参照以下步骤和要求。

1）召开首次会议

调研团队抵达供应商的工厂之后，首先要召开第一次会议。这是一个让双方彼此了解的机会。在会议中，调研团队应准确地解释调研目标、即将做什么，以及期望得到的结果。

（1）介绍调研团队。如果采购人员是调研团队中的一员，曾与供应商有过接触，那么就让他来介绍调研团队成员，并强调调研工作的重要性，以及此次调研对今后双方合作的影响。

（2）供应商的代表。最理想的状态是：供应商一方的质量经理、销售经理、工程部门的领导、运营经理、行政人员及总经理全部参加会议，使供应商的各级管理人员都能了解此次调研活动的范围和目的。

（3）首次会议的内容。调研人员应简单地介绍自己在公司中的角色、在供应商领域中的相关经验，以及自己对供应商正在被考虑的零件、材料或服务的认知。

下一步就是请供应商代表对自己的公司进行全面介绍，质量经理介绍企业的质量管理系统。质量经理应简要地介绍对设计信息的处理、加工，检验设备、检验和检测的内容，支持整个过程的记录文档。

第一次会议还应提及该批零件、材料或服务的最重要的特征和关键特性，这给供应商的质量经理提供了一次机会，使其能更详细、更有深度地解释系统是如何控制要求的。

2）从质量系统中调研

调研团队关心的主要问题是如何观察质量系统。质量系统之间各不相同，因此，调研人员必须从高级管理层的政策、员工性格、环境等方面进行考察，重点关注质量规划和过程控制。质量规划应集中于预防缺陷；努力在人员能力较弱或不足时，提供最好的控制；提供设计方案并记录反馈信息等方面。正确衡量质量规划的有效性，应注意对质量成本的分解。过程控制要关注控制元素是否被包括在操作人员的书面过程指示内；供应商对规格的最低要求是否符合过程控制的一部分；能否辨别、评估、分离不符合规格的产品；质量规划中是否提供了相应措施来防止缺陷的再次发生。

3）从参观中获取更多信息

参观工厂是确认所需要信息的最直接的、也是最佳的途径。参观工厂时应做好的工作项目应当包括以下几点。

（1）检查生产现场，是否满足 5S 标准。

（2）检查仪器和设备，是否经常使用或运行良好。

（3）检查质量手册，场内人员是否熟悉设备并经常使用。

（4）观察质量检验，质量检验标准是否规范并严格执行。

（5）专有信息和保密协议，是否严格执行。

4）评估记录系统

在评估记录系统之前，调研团队必须对管理和合同要求做出定义。多数情况下，合同不仅要求记录产品质量状况的证据，还要求包括影响质量的各方面，如检验记录、检测数据单、原材料证明、热处理记录、校正数据、镀层记录、X 射线检查记录等。

评估检验记录系统的最有效方法就是：选择一个批次/零件，并跟踪到原材料状态。选择一个时效适宜的样品，而且该样品应在供应商能接受的最长的时间框架内。在这个时间段里，任何质量不合格的理由都只能是借口。

5）结束会议

结束会议是调研团队与供应商管理人员的最后一次接触。会议应先指出潜在供应商的质量系统的优势所在，以使他们充满信心。之后，具体讲述在调研的过程中发现的不符合要求的地方（按重要性依次讲述），并在结束会议上向对方作出说明，经双方讨论之后，每个不符合要求的地方都应以书面形式记录下来。供应商应对每一项都给出改正措施的完成期限，不符合要求的各项项目的目录应有供应商代表以及调研团队代表的签字。

6）出具最终报告

进行调研或质量系统评估的最终结果，应是一份能够被双方理解的最终报告，应包括调研的时间、对象、内容和建议。一份好报告是对调研工作真诚、客观的总结，能有效地交流所发现的事实，用原始观察事实来支持结论。

报告必须以适于阅读的形式和语言写成，即使是正式报告也可以采用叙事的风格，尽可能少用曲线、图表和比率。如果确实需要这些工具，应尽量简单，只强调应用这些图表的重要内容。一个方法是，在报告中将它们用作参考，转变成报告附录的形式，以便于阅读。

最后，不要忘记在报告结束时，向供应商表示感谢，感谢他们的积极合作，感谢他们付出了时间，提供了帮助。

4. 产品质量调研的跟踪

进行调研跟踪的目的在于，确认不符合资格的供应商是否在上一次调研后采取了令人满意的纠正措施。

在与供应商各级人员的交往过程中，调研团队都应时刻保持真诚和积极的态度，并及时为供应商提供支持。

1）跟踪的准备

供应商和调研团队在结束会议上，已经就改善措施的时间达成了一致意见，改善措施的安排则应包括在调研报告以及供应商的正式反映中。在进行跟踪访问之前，必须重读调研报告和供应商方面的正式反映文件。

2）确定跟踪日期

调研团队应与供应商联系，确定一个双方都同意的周期进行跟踪访问。如果改进措施已经得到执行和报告，那么调研团队应尽快安排跟踪访问的日期，确认所有的改进措施是否都已完成。如果改善措施没有在要求的时间内发挥功效，那么调研人员应针对这种情况指出其他的合适方法。

3）告知跟踪访问结果

在跟踪访问期间，调研团队应当表示出正面的态度。如果所有的改进措施都已被接受并实施，也没有发现其他问题，那么供应商就可以认为是具有合格供应商的资格。如果改善后仍不符合要求，则可考虑采取以下方式与供应商沟通。

（1）如果供应商已经作出努力但还没有达到要求，则可能是双方在交流上存在问题，应与供应商责任人员一起研读调研报告和报告中列示的改善措施。

（2）如果要求没有全面达成，则应知会供应商，其未获得合格供应商资格。在访问前，双方应约定另外的解决方法，并根据情况向供应商提出建议。

需要注意的是，在跟踪访问中可能会遇到一种情况：供应商具有对采购方企业而言较为重要、独特的能力，但是没有资本提供企业要求的质量保证。此时，调研人员可在跟踪报告中提出其他相关控制方法的建议，或直接帮助供应商克服困难。

8.3 供应商质量保证协议

为了有效解决产品质量问题，供需双方在交易前会签订品质协议。这份协议主要是供需双方为确保交货物品的质量，相互规定必须实施的事项，并根据这些事项执行质量检验、维持与改善。该协议对于保证双方的生产效率与利润都有益处，通常作为企业与供应商所签订的供应合同中的主要部分。

1. 供应商参与产品设计

在激烈的市场竞争环境下，生产企业必须能够及时满足客户急速变化的各种需求。这决定了产品开发越来越向供应链前端倾斜。谁能够在最短的时间内研发出满足客户需求的产品，谁就能在竞争激烈的市场中站稳脚跟。一些企业将产品设计活动延展到了供应商管理环节，让供应商参与产品设计，以更有效地为企业提供服务与技术支持。

1）早期供应商的引入

早期供应商是一种实践，即在早期的生产发展过程中，通过采购方的生产团队把一个或更多供应商一起引进来，借助供应商的专业知识和经验来规范生产，使生产、组装和配送能够顺利、高效地实施。早期供应商的作用如下。

（1）制造过程。采购方和供应方共同工作，能消除大量的成本冗余。如果供应商能在早期介入制造过程的规划中，那么将节省大量的时间和金钱。供应商也会针对企业工艺生产流程的设备种类提出建议。

（2）资金预算。供应商的早期参与，不仅可以加速资金项目建议的开发，而且可以缩短后期资金取得的过程。对设备和设施需求的预测，允许潜在供应商提前分配好生产和人力。

（3）产品开发。在早期的产品开发中，供应商会提供模型或测试样品，用以在企业的产品开发周期中测试或使用。对于早期产品开发的努力是否能提供最大价值，对促进企业与供应商之间有效的交流和反馈至关重要。

（4）成本。供应商能对制造某种产品的成本提供有用的意见。如果供应商在一种新产品上投入了成本，那么也就能防止企业在作出成本判断时付出高昂的代价，并且能增强企业的决策力。

（5）质量。供应商早期介入产品和流程的具体开发，能够帮助降低产品或服务的质量成本，还能帮助企业以最有效的方式开发满足客户质量要求的产品。

（6）技术。供应商在技术领域的专业知识会对设计人员有所帮助，并有助于缩短从设计到投放市场的周期。

（7）设计。供应商根据服务于某类市场的经验，对于产品的设计提供建议。基于对供应商技术保密的认识，与供应商有长期合作关系的采购方，可以经常派设计人员去征求供应商的建议。

（8）产品的合作开发。在产品或服务的合作开发中使用供应商，可以使开发成本得到分摊，将合作开发的风险转嫁给更多的企业，当然这也意味着投资回报的分摊。

（9）周期。通过与供应商合作，总的开发周期将被缩短，它们能够帮助企业排除在产品开发、生产和发送过程中的时间冗余。如果产品和流程是适当的，那么提供合格产品所需的周期也会被不断压缩。

2）供应商参与产品设计的必要性

实践证明，把供应商纳入新产品开发中，能够有效地降低成本和改进产品。正是由于这个原因，越来越多的企业在提出“联合制造”之外，还提出了“协同设计”的合作思路。节约资金的表现见表 8-2。由表 8-2 可以看出将供应商纳入计划之中所带来的益处。

因此，在产品设计和开发过程中，企业应与供应商建立多种不同的关系。

表 8-2 协同设计资金节约情况

产品复杂程度 / 成本节约 / 设计阶段	低	中等	高
初步设计阶段	2%～5%	10%～25%	30%～50%
设计更改阶段	1%～3%	3%～15%	5%～25%
质量改进设计	10%左右	15%～30%	40%～60%

需要注意的是，在此过程中，采购方应合理区分协同设计（供应商在何处参加开发规程的制订）、协同开发（共同确定满足规格要求的产品模型）、协同制造（按照规格和生产进度表生产）之间的关系。

2. 签订产品供应质量协议

采购方应本着互惠互利、责任分担的原则，草拟《质量协议保证书》，向样品验证合格的供应商发出工作联系函，要求其在约定时间内签字盖章，并将函件回传至公司。如果供应商提出异议，双方可通过协商沟通，对《质量协议保证书》的相关内容进行修订。一旦双方意见达成一致，即可签字盖章。

《质量协议保证书》中必须包含质量保证协议、验证方法协议、争端解决协议等协议类型，见表 8-3。

表 8-3 《质量协议保证书》中涉及的主要协议类型

协议类型	说明
质量保证协议	企业应与供应商达成明确的质量保证协议，以明确规定供应商的质量保证责任。协议可包括下列一项或多项内容。 ①确认供应商的质量体系。 ②随发运货物提交的、符合规定的检验或试验数据及过程控制记录。 ③由供应商进行 100%的检验或试验。 ④由供应商进行批次接收抽样检验或试验。 ⑤实施本企业规定的正式质量体系。 ⑥内部接收或筛选
验证方法协议	企业应与供应商就验证方法达成明确的协议，以验证产品是否符合要求。协议中应具体规定检验项目、检验条件、检验规程、抽样方法、抽样数据、合格品判定标准、供需双方需交换的检测资料以及验证地点等内容
争端解决协议	为解决企业与供应商之间的质量争端，需就常规问题和非常规问题的处理作出规定，制定疏通企业和供应商之间处理质量事宜时的联系渠道与措施等。 ①常规问题，即不符合产品技术标准的一般性质量问题。 ②非常规问题，即产品技术标准范围之外的质量问题、成批不合格或安全特性不合格等问题

与供应商签订《质量协议保证书》的目的在于进一步加强与供应商的互信互动，规范供需双方的行为，切实保证供应品质。

值得注意的是，《质量协议保证书》一般作为供需双方已签订的《基本供货合同》的补充部分，若与合同有不一致处，应以《质量协议保证书》为准。

3. 严格执行供应质量规定

为了确保供应产品的质量符合企业要求，采购方在对其进行验收前，应通过供应质量协议来确立供应商的责任，主要包括以下三项：①接受、测试、计量、存储材料；②使用之前，通知采购方不符合规格的材料的处理情况；③确定材料的总成本，因为供应商再加工之后的成本可能是难以接受的。

在质量保证总系统中，进料检验是最重要的功能之一。进料检验说明了供应商是否有能力生产和交付其承诺以某种方式提供的产品。为了确保验收工作的顺利进行，下列事项应作为任何工厂制订进料检验流程图或规程的指南。

1）核查外包单和图纸

接到来自供应商的供应产品后，接收部门应抽出外包单，清点数目，检查损坏情况。如果包装箱或产品存在物理损坏，那么接收部门应立即向承运公司声明或向保险公司声明。如果一切正常，那么接收部门应将外包单与产品放在一起，并将它们送到进料检验区，以接受所需要的检验和测试。

让金属件、印刷配线板或相似产品的供应商，随产品附上生产零件或已完成的产品的原图纸或规格说明，这样做很有必要。进料检验人员核查外包单、图纸、规格说明和零件，可以保证下列内容。

（1）外包单上注明了准确具体的项目、零件号、修订版及检测数据等。

（2）确保没有存在缺陷的包装和包装损坏的零件。

（3）零件的编号、颜色编号等与外包单、图纸、规格要求完全相符。

2）检验和测试记录

在一般情况下，质量系统或方法要求进料检验人员按照认可的数量抽出样品；否则，应对所有的产品进行全检，以保证产品与图纸和规格一致或与检验指示一致。

检验人员必须使用校正准确的工具、仪器和设备，以正确检查这些项目。进料检验人员应将检验结果详细记录于《来料品质检验报告》中，如果零件被接受，那么检验人员还应将它们存入仓库。

3）拒收不合格品并记录

如果产品不符合图纸、规格、标准或检验指示，那么应拒绝接受供应商提供的产品。进料检验人员应详细填写《不合格品处理表》，并与产品一并存放，以供质量管理人员检查处理。一般情况下，这些缺陷产品将通过采购部门退回供应商，以进行修改或替换。在特殊情况下（如紧急特采或企业有能力加以修改），可以将这些产品呈交材料检查部门，并由其按照材料检验规程对产品处理活动加以控制。

规范的进料检验，可以保证接收到的产品与企业要求的一致。而随时进行的进料检验记录，则可以将与供应商表现有关的事实以文字形式呈现并保留下来，以作为采购和质量部门作出决策的依据。

4. 协助供应商提升品质水平

为确保外包的品质，提高供应商本身的供应品质水平是十分必要的。很多企业将此纳为一项重要工作，辅导供应商、敦促供应商加强品质改善活动。有助于供应商改善品质的方法很多，在国内常使用的方法有头脑风暴法、鱼刺因果图法等。企业可以向供应商推广这些方法，并协助其实施改善。

除了向供应商推广品质改善方法，采购方企业还应定期举办“品质提升”或其他有关的管理（或质量）培训，督促供应商派高级主管及有关主管参加。这有助于督导供应商改变观念，革新品质管理方法，提升品质水平。

8.4 产品生产的质量控制

越来越多的企业开始派驻检验人员到供应商处，不仅为供应方提供技术支持，而且在产品生产过程中进行抽查与监督。这一举措可以确保物料和零件质量在供应商处得到有效控制，杜绝不合格品进入企业生产流程，同时也可对供应商进行现场辅导，协助供应商提升品质。

1. 派驻合格的检验人员

将检验移至供应商处，可降低供应商的品质成本，间接降低采购方企业的成本。所以很多企业会向供应商处派驻检验人员。但如果派驻的检验人员不具备协调供应商全面合作的能力，且不能坚持产品质量要求，则无法取得应有的效果。因此，对派驻人员的选择就显得至关重要。驻厂检验人员应符合以下岗位能力要求，见表 8-4。

表 8-4 驻厂检验人员的岗位能力要求

项目	相关要求
工作态度	①驻厂人员的职责是代表企业质量体系在外进行质量监控，驻厂人员任何的言行举止将和企业的形象息息相关。因此，驻厂人员要严格要求自己，不得做出任何有损企业利益的行为或散播有损企业利益的言论。 ②驻厂人员的通信工具必须保持畅通，便于企业有重要信息及指示能迅速反馈到位，避免因信息反馈不畅通而导致重大问题发生或错过最佳处理时间
信息反馈	①质量问题反馈：驻厂人员对质量问题的反馈应及时到位，以免造成后续工作的被动。 ②相关信息反馈：驻厂人员必须每天把当天驻厂出现的问题及处理方式总结汇报给部门领导
信息保密	①为保守公司秘密，维护公司利益，驻厂人员都有保守公司秘密的义务。在对外交往和合作中采取必要的防范措施，需特别注意不泄露公司秘密，更不准出卖公司秘密。 ②公司相关技术文件、标准未经批准不准向供应商提供
供应商指导	①对供应商进行辅导前需要制订一份详细的稽查及辅导内容，稽查后的不合格项一定要记录在案，要求供应商逐一改善，并提供改善整改报告，同时对改进后的效果进行持续跟踪。 ②通过培训让供应商知道公司物料的具体质量要求，了解该供应商质量管理的有关情况（如质量管理机构的设置，质量体系文件的编制，质量体系的建立与实施，物料设计、生产、包装、检验等），特别是对出厂前的最终检验和试验进行监督辅导。 ③辅导供应商制程中关键质量控制点的建立

由于派出的检验人员会较长时间在供应商处，不便于管理，所以在人员选择上必须小心谨慎。派出的检验人员除了能力突出，还要能够赢得供应商检验人员和车间主任的信任，愿意与采购方检验人员合作；不会感情用事，保证能作出客观判断；遇到问题能果断地作出正面决策。为了使派驻人员能够满足这些要求，可以对其进行前期培训、责任强化。可以说，选出一个合格的检验人员，为他提供合适的条件，是对供应商产品生产进行质量控制的关键。

2. 为供应方提供技术指导

供应商交货品质的提高是采购方企业努力的目标。欲使供应商交货品质提高，采购方企业必须在供应商品质辅导上下功夫。可以说，驻厂检验人员的重点工作内容之一就是为供应方提供技术指导。

1）确立品质标准、规格与检查方法

制品品质要优良，最基本的是要先从“品质标准、规格与检查方法的确立”着手。如果品质标准、规格与检查方法未能确立或执行不彻底，那么制品品质就不可能符合要求。

采购方应督促供应商设定品质标准，辅导供应商的设计人员、品管人员、检验人员、制造人员按品质要求作业，善于应用“品质标准、规格与检查方法”，以保证制品的品质。

2）建立有效的品质管理制度

有效的品质管理制度对“制品品质优良与否”具有重要影响。采购方在辅导供应商时，必须辅导并促使供应商建立有效的品质管理制度。在品质管理制度中较重要的项目包括以下几方面：①品质标准与品质管理制度；②采购时品质要求程序；③进料品质管理制度；④供应商品质评核与品质辅导；⑤制程品质管理制度；⑥出厂品质管理制度；⑦品质情报系统；⑧客户抱怨处理程序；⑨检验仪器的修正；⑩品质稽核系统。

3）品质管理教育训练

持续不断的品质管理教育训练，一方面可以改正错误的观念，引导所有员工重视品质管理，提高士气，积极推行品质管理；另一方面可以提高所有员工品质管理的技巧，使品质管理实施起来能够事半功倍。供应商品质管理训练主要有以下 3 种方式。

（1）参加公司外的“品质管理”或其他有关的管理训练。

（2）供应商内部自办“品质管理”或其他有关的管理训练。

（3）采购方举办“品质管理”或其他有关的管理训练，敦促供应商派高级主管及其他有关主管参加。这种方法有助于辅导及督促供应商观念改进，革新品质管理做法，值得采购方大力推动。

品质管理教育训练的推展，以有完备的计划为佳，切忌无疾而终。教育训练费用应列入年度预算。

3. 生产中的抽查与监督

为确保生产过程质量，在供应商确定批量生产时，驻厂检验人员必须做好生产抽查与监督工作。其重点工作项目和内容如下。

1）强化过程质量控制

生产过程的质量抽查，应注意以下环节。

（1）对供应商进行第二方审核，就有待提高之处提出改进建议，就存在问题之处提出整改要求，并对整改后的效果进行再次验证。

（2）依据设计技术条件、检验标准（检验规程）等文件，对供应商生产物料进行批量加工全过程质量控制。

（3）驻厂检验人员应严格监控供应商出厂检验情况，按照一定的标准对产品进行抽检。对于达到拒收标准的不合格品（批）应给予拒收；检验合格，方可出厂和接收。

2）不合格控制

对供应商产品不合格情况进行监控：对出厂批抽检发现的不合格品和在线检验岗位发现的不合格品，应进行统计与分析；针对不合格现象，应协助供应商进行原因分析，并对不合格品（批）做出妥善处置，确保所生产物料满足要求。

3）技术变更控制

在供应商加工过程中，凡需要变更参数、原材料、供应商、工艺流程、质量控制点、加工方法等，均须征求采购方企业相关人员的意见，重新送样评估，经试用合格后方可批量性投产，并做好详细的变更记录。

驻厂人员主要负责监督供应商在生产过程中是否有上述变更情况，并对变更确认过程进行监控。若变更未征得企业同意或重新检测，且存在一定质量隐患者，则驻厂人员有权叫停生产，所造成的一切经济损失由供应商负责承担。

4）日常事务控制

驻厂人员应定期反馈供应商目前产能、进度、质量状况、质量统计与分析，是否存在违规现象以及供应商日常事务的开展情况，对存在差异或有待落实的方面提出确认。

为了共同提高企业和供应商的质量管理与效率管理水平，驻厂人员还需对供应商进行全面的了解与掌握，对供应商各方面的优势予以肯定，并反馈回公司组织学习与完善，对供应商存在的不足之处，则应提出改进要求和建议，协助供应商改进。

8.5 入厂产品的严格验收

验收是指对经检查或试验合格的外包品予以接收的过程。验收只是一种手段而非目的，验收前必须确定验收标准和方法，并要考虑时间与经济等原则，经供需双方协定后，才可进行验收。

1. 产品验收的事前规划

产品验收的事前规划十分重要。通常情况下，双方会在合约上写明供应商的交货时间，并在交货前若干日内，先将交货清单送交采购方，以利于采购方准备验收工作。很多验收工作都需事前安排，届时验收工作才能顺利进行。

1）制定验收标准

采购部应与质检部适时召集使用部门及其他有关部门，就产品重要性及特性等，研究制定验收标准，作为产品验收的依据。产品验收标准主要由验收项目、验收方法、验收环境、验收工具、判定标准 5 部分构成。

2）确定验收方法

产品验收方法的确定是验收标准中的重要组成。产品验收方法多种多样，处理的步骤也存在差异。一般来说，可分为全检、抽检和免检 3 种类型。

3）编制检验指导书

外包品的检验均应依照检验指导书进行，该检验指导书由品质工程师根据样品认证报告及相关图纸要求编制而成。若没有检验指导书，来料质量控制（incoming quality control，IQC）检验员应拒绝验收。

检验指导书中应明确规定检验的内容、方法、要求和程序，防止错检、漏检等现象的发生。在编制检验指导书时，需注意以下事项。

（1）逐一列出作业过程控制中需注意的所有质量特性（技术要求）。

（2）针对质量特性和不同精度等级的要求，选择适用的测量工具，在指导书中标明型号、规格和编号，并说明使用方法。

（3）采用抽样检验时，根据产品抽样检验的目的、性质、特点，选择适用的抽样方案。

2. *产品验收的流程管理*

对外包产品的接收检验涉及采购、仓储、质检、生产和财务等诸多部门。因此，采购方企业有必要对验收工作进行严格设定，并强化其管理。

1）外包产品的验收流程

外包产品验收业务涉及多项工作，包括从辨认供应商到交货品质记录存档等诸多工作。外包产品验收的流程见表 8-5。

表 8-5　外包产品验收的流程

验收工作	验收内容
辨认供应商	即确认外包产品从何而来，有无错误。如一批外包产品分别向多家供应商发包，或数种不同的外包品同时进厂验收时更应注意
确定交运日期与验收完工日期	这是交易中涉及的重要日期。交运日期用以判定供应商交期是否延误，有时可作为延期罚款的证据；而验收完工日期则用作付款的起算日期
确定外包产品名称和品质	即判断收料是否与外包产品相符合，并判断外包产品的品质水准，作为允收、拒收或特认的判断依据
清点数量	查清实际交运数量与订购数量是否符合。对数量不足的外包产品，应即刻促请供应商补足；对数量超出的外包产品，在不缺料的情形下应作退回处理
通知验收结果	将允收、拒收或特认的验收结果填于外包产品验收单上，通知有关单位。仓储部据此决定外包产品进仓的数量，采购部则可据此决定付款事宜
退回不良外包产品	外包产品品质不良时，应即刻通知供应商，将该批不良品退回，或促请供应商前来以良品交换
归库	验收合格的各种外包产品，应通知仓储部入库，以备产品制造之用
有关记录	供应商交货品质记录等，对供应商开发与辅导的重要资料，宜妥善记录并保存

2）外包品验收的处理程序

采购方企业对一般外包品验收的处理程序如下。

（1）先行检查供应商或供应商所送来的各种发票、交货证件是否齐全，交货数量与外包单或交货单上所载数量是否有误差。若有误差，则不应该进一步加以验收。

（2）外包品运到验收场地时，验收人员应先核对包装箱上所标记的收件人是否相符，物料名称、数量与交货证件所列是否相同，包装是否完整，若在运货途中被打开过，则需确认每箱外包品的毛重和净重是否与交货证件相同等。一旦发现误差，应立即说明，并联系供应商及时处理。

（3）开箱或打开包装后，应核对外包品内容与交货文件是否相符。对于外包品有混淆/夹杂其他类似的外包品或零件短缺、破损不堪等情况，均应加以注意，并将详情写在外包品验收单上，作为验收工作处理时的重要参考资料。

（4）依采购方企业的规定在一定期限内进行全检或抽样检验。

（5）经外包验收单位或委托其他检验单位试验外包品的品质，其结果写在外包验收单上。

（6）根据外包验收单上品质检验的规定，判定该批外包品为允收或拒收，以及在紧急用料时对拒收外包品所采取的补救措施。

（7）若品质检验合格，且数量无误，则应立即办理登账进库，并填制供应商资料。

对交期延误与品质有缺陷的供应商要严加考核，对供应水准过低的供应商应予以淘汰。

当然，最后一项重要工作就是付款：会计部门对所有单据审核无误后，依据公司的规定向供应商支付货款。

3. 产品质量规格的判定

判定产品质量规格（采购方企业将外包品的品质要求以及一切交货条件告知供应商，其一般会在合同中以条约的形式固定下来，是验收的依据）是外包品验收的重点之一。采购方应依据所要求的性能、外观等品质项目，明确其规范，然后决定是否接收，之后才能进行入库等后续作业。判定产品质量规格时，可依据以下三个步骤进行。

1）规划检验流程

检验人员在进行检验活动，判定产品质量时，必须依据一定的流程。基本流程如下。

（1）了解产品技术标准、设计技术文件和图样，分析质量特性。

（2）熟悉产品生产的作业文件，了解产品作业流程。

（3）设计检验工序的检验点，确定检验工序和作业工序的衔接点以及主要的检验方式、方法、内容，并绘制检验流程图。

（4）评审检验流程图，进行适当修改，由质量最高管理者批准。

2）设置检验站

为了判定供应商产品质量情况，采购方必须借助特定的检验工具、仪器或设备。为了便于放置这些检验辅助工具和工作的开展，采购方应设置检验站。采购方设置检验站时，需对以下方面多加考虑。

（1）重点考虑设在质量控制的关键作业部位和控制点。

（2）要能满足生产作业过程的需要，并和生产作业实现同步和衔接。

（3）要有适宜的工作环境，如要有合适的存放和使用检验工具的场地。

（4）要考虑节约检验成本，提高工作效率。

（5）检验站的设置可适时调整。

3）制定《产品不合格严重性分级表》

采购方检验人员可采用《产品不合格严重性分级表》指导产品质量规格判定活动的实施，并根据产品和行业特点，评定产品的质量水平。

判定产品质量规格的目的在于剔除不合格品，因此，一切工作都应围绕产品质量进行。身在质检一线的、掌握第一手资料的检验人员，有义务提出合理建议，以完善检验流程。一旦发现产品质量存在问题，应妥善处理并做好记录，严把质量关。

4. 合格产品的及时接收

经产品质量规格判定为合格品的外包品，采购方检验人员应及时予以接收，并联系仓管员及时开展入库作业，以节省验收时间，节约外包品验收成本。外包品检验作业流程如图 8-1 所示。

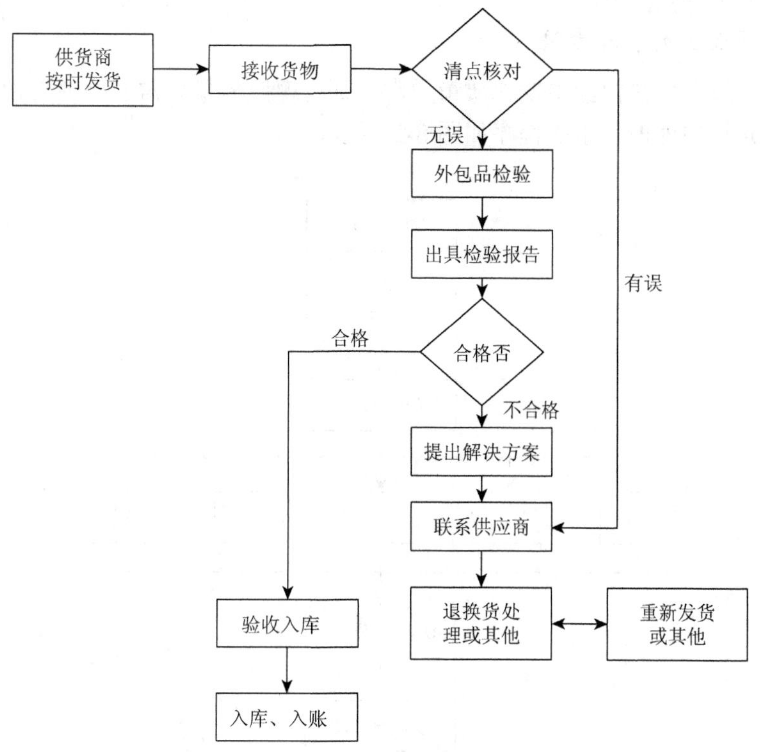

图 8-1　外包品检验作业流程图

外包品检验作业流程的关键节点说明见表 8-6。

表 8-6　外包品检验作业流程的关键节点说明

关键流程节点	相关说明
接收货物	根据采购合同的相关规定，供应商按时发货，采购部接到供应商发货通知单后，准备接收货物
清点核对	采购部采购验收人员依据采购合同、请购单等，与供应商的送货单进行核对，并查点实物数量
外包品检验	清点核对无误，采购部通知品质管理部进行检验，检验完毕由品质管理部出具质量检验报告，报送采购部经理
提出解决方案	①检验报告显示商品检验不合格，由采购员根据合同规定提出具体解决办法，报采购部经理审核，总监审批后联系供应商，进行退换货处理。 ②在商品数量的清点核对阶段，账实不符，采购员应根据合同规定提出解决办法，及时联络供应商
验收入库	经检验合格的商品，由仓储部负责入库、填写入库单等，并与财务部协作进行账务处理

合格品的及时验收至关重要。验收只是一种手段，而不是目的。无论如何，出于时间和经济方面的考量，协议供应品只要符合验收标准，就应及时入库。只有这样，验收工作才算得上是卓有成效的。

5. 质量异常的处理与索赔

采购方如果在来料检验中发现质量异常，则可遵照质量异常的处理与索赔程序进行操作。质量异常的处理与索赔程序如图 8-2 所示。

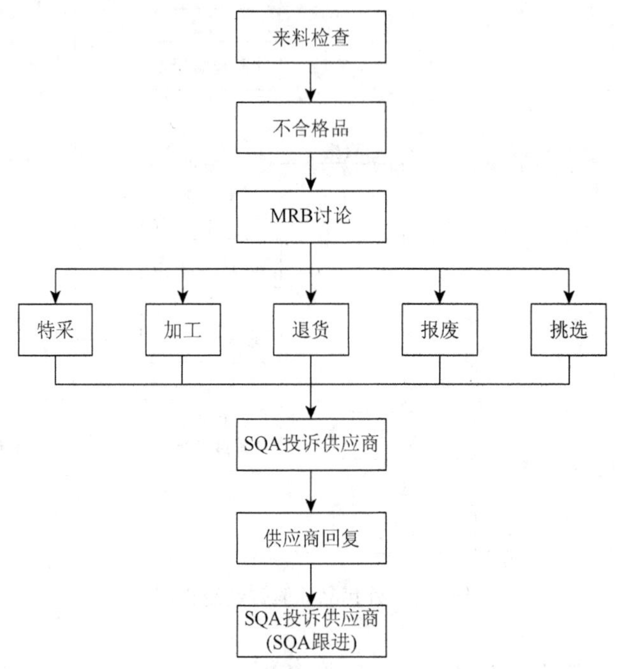

图 8-2　质量异常的处理与索赔程序

任何不合格品的处理均由 MRB 来负责，该小组由品质管理、工程、采购、企划、生产等有关主管 / 工程师参加，以确保处理方案的正确性和有效性。小组讨论的结果由软件质量保证（software quality assurance，SQA）组负责对供应商的品质投诉及跟进。

在品质投诉过程中，MRB 应要求供应商检查其库存品以及正在生产的产品品质状况，分析产生不合格的根本原因，采取短期的纠正措施及长期的预防措施。对于所有投诉，供应商需在 48 小时内予以回应。在月报分析中，MRB 应总结该月的品质投诉情况及跟进状况。

此外，若在验收中发现质量异常，品质管理部应填写《质量异常处理单》，上面写明品名、批号、规格、批量、质量异常内容、发生的原因、地点、填表人签字、日期。将《质量异常处理单》交给生产部，再由生产部根据质量异常的程度采取措施，见表 8-7。

表 8-7　质量异常情况的处理措施

质量异常程度	判断标准	处理措施
高度异常	供应产品全部不良，但只影响企业生产速度，不会造成产品最终品质不合格	经特批，予以接收。此类来料，由生产部、品质部按实际生产情况，估算出耗费时数，对供应商做扣款处理
中度异常	送检批几乎全部不合格，但经过加工处理后，仍可接受	由公司抽调人力对来货进行再处理，来料检验员对加工后的产品进行重检，对合格品予以接受，对不合格品办理退货手续。此类产品由来料检验员统计加工工时，应对供应商做扣款处理
低度异常	来货不合格品数超过规定的允收水准，经特批后，需进行全数检验	选出其中的不合格品，退回供应商；对合格品办理入库或投入生产

值得注意的是，对供应商进行扣款处理时，应遵照签订合同中的相关条款严格执行。对于任何徇私舞弊和不负责任的行为，企业都应予以严惩。

➢复习思考题

8-1　请分析目前供应商质量管理在整个质量管理体系中的重要意义。

8-2　请简述供应商质量管理的基本流程。

8-3　请简述驻厂代表的主要工作职责。

8-4　请分析供应商质量管理与 ISO 9000、TQM 之间的关系。

8-5　请说明质量管理工具在供应商质量管理中的应用范围。

8-6　综合应用题。

讨论 1：广汽本田的“出生档案”

广汽本田对其产品信息进行整合、存档，利用追溯管理系统，使其质量管理具有可追溯性。每辆车的生产记录和关键零部件的信息通过计算机实现了整合，从而形成了每辆车的“出生档案”，并被保存 15 年。追溯管理系统的益处在于，一旦由于某种原因发现已售出的车存在质量隐患，企业可以迅速通过计算机搜索出这一批次产品的档案，通过遍布全国的售后服务网络及时通知车主，并采取相应的补救措施，使车主及时获得企业所提供的解决方案。同时，面对下游客户所反馈的质量问题，企业可以及时通过追溯管理系统进行了解、分析并采取相应措施进行改进。

请讨论信息技术对供应商质量管理体系的重要作用。

讨论 2：中联重科的窘境

陕西中联重科土方机械有限公司（简称渭南中联重科）为中联重科股份有限公司（简称母公司）的下属子公司。在供应商质量管理领域，目前主要暴露出以下问题。

问题一：供应商选择及质量不稳定、供应风险大。在选择供应商时多采用考核方式，一般按照采购部提出的供应商开发需求，开始寻找供应商，对其进行初选。进行初选时，一般会由采购部和质量部一同进行。流程操作简单，控制容易，但是存在许多风险。风险主要有：①供应商开发需求只能由采购部提出，这样的思维比较死板，缺少灵活性；②采购部权力过大，在供应商开发和管理过程中，造成管控不严，出现供应商资质缺乏的现象；③供应商纳入合格供应商目录，成为后续的采购对象，但会出现样品无法满足批量生产时的质量要求，可能会造成批量生产时的质量问题；④针对供应商的考评只在每年 12 月才开展一次，具有严重的滞后性，对供应商的管理工作缺乏时效性，不能实时反映供应商的质量状况。

问题二：日常管理、质量关键绩效指标（key performance indicators，KPI）及索赔问题。多通过分析近三年渭南中联重科质量 KPI 完成情况的资料，显示新机交验的质量 KPI 完成情况不理想，无论是交验一个月的合格率，还是三包故障率和质量损失率，均与目标值相差不小，虽然出现逐年改观的态势，但是与 KPI 的考核达标水平还有一定程度的欠缺，这将严重影响渭南中联重科的产品质量。同期的内、外反馈造成质量索赔费用的资料显示，不管是内部索赔费用，还是外部索赔费用都呈现出增长的趋势，而且增长幅度不小。获得索赔的金额却不尽如人意，尤其是外部索赔方面，索赔金额更是少得可怜，外部索赔的索赔完成率不足 3%，存在超过 97%的外部索赔无法完成。

问题三：供应商考评体系不健全。渭南中联重科 2011 年初才成立采购部，供应商质量管理是一项全新的工作。经过几年的发展，虽然完善了《供应商评价程序细则》，但《供应商绩效管理办法》和《试制协议》等其他文件与制度仍在不断优化中，导致供应商考评体系不健全，表现为机构、制度体系不完善，分类管理不准确、不细化，考评时间滞后。

请结合本章所学内容，给出企业供应商质量管理出现问题的原因和相关的改善措施。

讨论 3：波音公司在供应商质量管理方面的成功经验

波音公司是世界上最大的民用飞机制造商之一，其业务范围包括民用飞机、旋翼飞机、电子和防御系统、导弹、卫星、发射装置，以及先进的信息和通信系统。波音公司将自身的管理实践总结提炼形成“先进质量体系”。

（1）重视供应商质量管理体系的一致性。在对供应商质量管理方面，波音公司要求其供应商贯彻执行“先进质量体系”，并形成了有效的监督、评价体系。波音公司对供应商的质量体系做出了明确的要求，并制订了供应商质量管理体系的相关标准、文件。《波音对供应商质量管理体系要求》文件要求波音公司的供应商应优先采用 AS 9100 系列标准，并通过认证，且要求供应商也通过 AS 9100 认证。可以看出，采用 AS 9100 系列标准是国际航空航天企业的趋势。波音公司要求供应商控制过程中的波动，尤其是关键特性的波动。

（2）促进供应商采用先进的质量管理技术方法。为了实现波动控制，波音公司将质量与可靠性技术方法汇编成册，提供给供应商，详细说明了这些方法和工具的使用条件与步骤。工具手册将审核、流程管理、流程改进等方法集为一体，将质量与可靠性使用的统计方法和工具程序化、系统化，为供应商进行过程管理提供便利。另外，波音公司也要求供应商不断采用先进的质量管理方法，如防错技术、赢值管理，从成本、进度、质量、减少浪费、顾客满意度和利润几个方面实现可测量改进。

（3）建立系统化的供应商评价体系。波音公司建立的供应商评价体系包括供应商绩效测量体系和监督管理体系，实现了对供应商的系统管理。波音公司对供应商的绩效评分方法采用更加成熟的权重体系，从质量、交付期和总体绩效 3 个方面进行评分，实现了可量化的绩效测量。绩效测量的结果为供应商进行波音卓越绩效奖评提供了依据，有效促进了供应商质量管理达到卓越。同时，波音公司对供应商进行监督，实现对供应商更客观的评价。波音公司对供应商的监督，包括产品评估、质量过程评估和制造过程评估。通过监督，为提高和改进供应商的制造与质量体系及其支持过程提供了重要机会。

（4）注重质量数据的开发与共享。波音公司对供应商质量管理都实现了网上的实时信息传递，通过信息的透明化、相关的人员共享信息，企业能够更精确地控制供应商的管理。波音公司建立供应商信息传送网，要求供应商及时反映生产过程的不合格情况，同时波音公司会对不合格情况做出快速的响应。

请结合波音公司的成功经验，阐述一下我国军工企业加强供应商质量管理的主要抓手。

第9章 复杂装备可靠性管理

本章提要：可靠性管理是指为确定和达到要求的产品可靠性特性所需的各项管理活动的总称。它从系统的观点出发，通过制订和实施一项科学的计划，来组织、控制和监督可靠性活动的开展，以保证用最少的资源实现用户所要求的产品可靠性。产品从设计、制造到使用的全过程，实行科学的管理，对提高和保证产品的可靠性实验关系极大。可靠性管理是质量管理的一项重要内容。

9.1 可靠性管理的主要工程指标

在可靠性工程中，狭义的可靠性指的是产品的可靠度，而产品的寿命则是考核产品可靠度的一个最重要指标。广义的可靠度性除了产品的可靠度，还包括维修性和有效性。

9.1.1 产品的寿命特征

在可靠性工程中，产品的寿命是一种重要指标。从不同的角度出发，有不同表征寿命的方法，如平均寿命、可靠寿命、中位寿命、寿命方差等，总称为“寿命特征”。寿命是指一个产品从开始使用到发生失效（或故障）停用的这段时间。进一步讲，对于不修产品，寿命是指产品失效前的工作时间或储存时间；对于可修产品，寿命是指相邻两次故障间的工作时间，而不是指从使用到报废的时间，这段时间也称工作寿命或无故障工作时间。

1. 平均寿命

平均寿命是有关产品寿命（失效前时间或失效前工作时间）的平均值。平均寿命的数学意义是：如果随机变量寿命 T 服从寿命分布 $F(t)$，分布密度函数为 $f(t)$，那么，T 的数学期望 $E(T)$ 称为平均寿命。所以平均寿命为

$$m = E(T) = \int_0^t tf(t)\mathrm{d}t$$

根据寿命概率密度的定义有

$$\begin{aligned} m &= \int_0^\infty t\mathrm{d}F(t) = \int_0^\infty t\mathrm{d}[1-R(t)] \\ &= -\int_0^\infty t\mathrm{d}R(t) = tR(t)\Big|_0^\infty + \int_0^\infty R(t)\mathrm{d}t = \int_0^\infty R(t)\mathrm{d}t \end{aligned}$$

式中，$R(t)$ 为产品的可靠度，即在规定的时间 t 内，按设计的功能无障碍地工作的概率。当产品寿命 T 服从指数分布时，$R(t)=\mathrm{e}^{-\lambda t}$，平均寿命为

$$m=E(T)=\int_0^{\infty}R(t)\mathrm{d}t=\int_0^{\infty}\mathrm{e}^{-\lambda t}\mathrm{d}t=\frac{1}{\lambda}$$

2. 可靠寿命

给定可靠度所对应的时间称为可靠寿命。如前面所述，可靠度是一个非增函数，在 t=0 时，可靠度为 1，随着时间的增加，可靠度从 1 开始下降。当时间无限增大时，可靠度将趋向于 0。每一个给定的时间，都有一个对应于这个时间的可靠度值。反过来，如果给定一个可靠度值 r，也必然对应一个相应的时间 T。这个对应于给定可靠度的时间 t_r 称为可靠寿命。由此得

$$R(t_r)=r$$

当产品寿命分布服从指数分布时，即

$$R(t_r)=\mathrm{e}^{-\lambda t_r}=r$$

即得

$$t_r=-\frac{\ln r}{\lambda}$$

此外，还有两个寿命特征在可靠性工程中常用到，一个是可靠度 $r=\mathrm{e}^{-1}\approx 0.368$ 时所对应时间，称为特征寿命 $t_{\mathrm{e}^{-1}}$，即

$$R(t_{\mathrm{e}^{-1}})=\mathrm{e}^{-1}\approx 0.368$$

另一个是可靠度 r=0.5 时所对应的时间，称为中位寿命 $t_{0.5}$。即

$$R(t_{0.5})=0.5$$

9.1.2　产品的广义可靠性指标

广义的可靠性除了可靠度，还包括维修性和有效性（或可用性）。一个产品的质量可靠度是“容不容易坏”，维修性是“坏了能不能修”。可用性是综合前两个指标“完好率有多大”。

1. 维修性与维修度

维修性是指产品在规定的条件下和规定的时间内，按规定的程序和方法进行维修时，保持或恢复到规定状态的能力。维修性的概率度量称为维修度。维修度也是时间的函数，记为 $M(t)$。由于每次修复产品的实际时间 τ 是一个随机变量，产品的维修度可定义为 τ 不超过规定时间 t 的概率，即

$$M(t)=P(\tau\leqslant t)$$

$M(t)$表示从 t=0 开始到某一时刻 t 内完成维修的概率，是对时间 t 的累积概率，而且是时间 t 的非降函数。

维修时间 τ 的概率密度函数 $m(t)$为

$$m(t)=\frac{\mathrm{d}M(t)}{\mathrm{d}t}$$

可见 $m(t)$是单位时间内产品被修复的概率。

维修率是指修理时间已达到某时刻 t 时，尚未修复的产品在 t 以后的单位时间内完成修理的概率。它也是时间的函数，记为 $\mu(t)$。维修率与维修度的关系为

$$M(t)=1-\exp\left[-\int_0^t \mu(t)\mathrm{d}t\right]$$

与平均寿命类似，产品有平均修复时间。它是修复时间的平均值，即每次失效后所需维修时间的平均值。

2. 有效度

有效度也称为可用度，指可以维修的产品在某时刻 t 具有或维持其功能的概率，通常用 $A(t)$表示。它是维修度和可靠度的综合表征，是反映产品效能的主要特性参数之一。通过有效度分析，可以在产品的可靠度和维修度之间做出合理的权衡。

有效度是与时间相关的。一个产品投入工作现场后，它在一个规定的时期内的总时间历程可以分解为若干时段，以这些不同的时段为基础，即可得出用于有效度分析的各种有效度参数。按定义，有效度 A 的数学表达式为

$$A=\frac{T_\mathrm{u}}{T_\mathrm{u}+T_\mathrm{d}}$$

式中，T_u 为能工作时间；T_d 为不能工作时间。

在实际进行有效度分析时，根据不同需要，可以由上述不同的时段组合构成不同的有效度参数，如固有有效度、使用有效度、达到的有效度等。

9.2 不修系统的可靠性管理

系统可以分为不修系统和可修系统。它们的已知条件不同，要求的可靠性指标也不同，分析系统可靠性指标所用的数学工具也有差异。本节和 9.3 节将分别讨论两种系统的可靠性管理问题。

不修系统是指组成系统的元件失效后不再进行维修，也不更换，因而系统失效后即行报废，不修复再用。不对系统进行修理，可能是某些产品或系统失效后不可能修复，如炮弹；可能是由于技术上的原因，如火箭在飞行过程中发生了故障，无法维修；可能是由于经济上的原因，如检修费近似地等于买一个同类新系统的费用，维修并不合算；还有可能系统设计制造就是准备一次性使用。因此，讨论不修系统的可靠性是很有现实意义的。

9.2.1 不修系统的基本模型

1. 串联系统

设系统由 n 个独立的单元组成，其中任何一个单元失效都会引起系统失效，这种系统称为串联系统。采用图 9-1 所示的方框图表示串联系统中各单元之间的关系，这种方框图称为可靠性逻辑方框图。

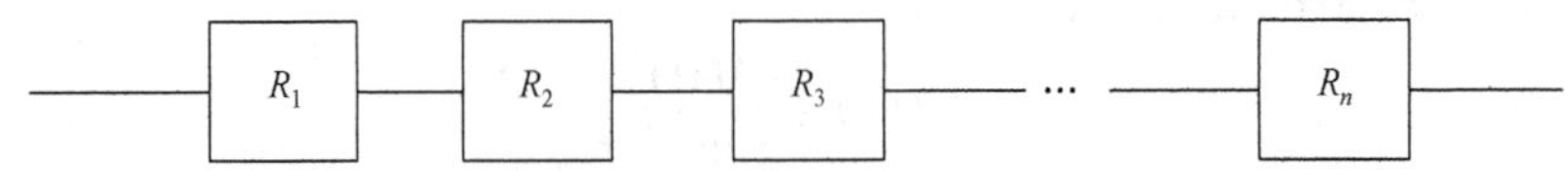

图 9-1　串联系统可靠性方框图

若已知单元 i 的寿命 t_i，可靠度为 $R_i(t)$，i=1, 2, …, n，则系统的可靠度为

$$R_s(t)=R_1(t_1)R_2(t_2)\cdots R_n(t_n)=\prod_{i=1}^{n}R_i(t_i)$$

如果单元的失效率为常数，则 $R_i=\mathrm{e}^{-\lambda_i t_i}$，因此有

$$R_s(t)=\prod_{i=1}^{n}\mathrm{e}^{-\lambda_i t_i}=\exp\left(-\sum_{i=1}^{n}\lambda_i t_i\right)$$

若各单元的工作时间相同，即 $t_1=t_2=\cdots=t_n=t$，则

$$R_s(t)=\exp\left(-t\sum_{i=1}^{n}\lambda_i\right)$$

而 $R_s(t)=\mathrm{e}^{-\lambda_s t}$（$\lambda_s$ 为系统的失效率），因此系统的失效率为

$$\lambda_s=\sum_{i=1}^{n}\lambda_i$$

系统的平均寿命 θ_s 为

$$\theta_s=\frac{1}{\lambda_s}$$

2. 并联系统

设系统由 n 个独立的单元组成，如果所有单元都失效时系统才失效，那么这种系统称为并联系统。采用如图 9-2 所示的可靠性方框图表示并联系统中各单元之间的关系。

若已知单元的可靠度 $R_i(t)$，不可靠度为 $F_i(t)=1-R_i(t)$，$i=1,2,\cdots,n$，则根据概率乘法定理可以写出该系统的不可靠度为

$$F_s(t)=F_1(t)F_2(t)\cdots F_n(t)=\prod_{i=1}^{n}F_i(t)=\prod_{i=1}^{n}[1-R_i(t)]$$

因此系统的可靠度为

$$R_s(t)=1-F_s(t)=1-\prod_{i=1}^{n}[1-R_i(t)]$$

假设各并联单元的可靠度相同，即 $R_1(t)=R_2(t)=\cdots=R_n(t)=R(t)$，则系统的可靠度为

$$R_s(t)=1-[1-R(t)]^n$$

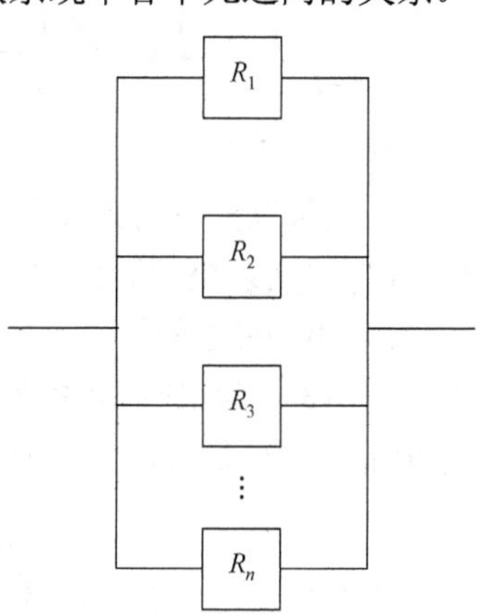

图 9-2　并联系统可靠性方框图

并联系统也可称为工作储备系统，它是把若干功能相同的单元并联工作，并联的单元数越多，系统的可靠度越高。但是这将导致体积、重量和成本的增加。串联和并联模型是两种最基本的可靠度模型，具有互相对偶性。

3. $k/n(G)$ 系统

设系统由 n 个独立的单元组成，如果不失效的单元数不少于 k（k 为 1 和 n 之间的某

个数），则系统就不会失效，这种系统称为 $k/n(G)$ 系统。它也属于工作储备系统。如四台发动机的飞机，必须有两台或两台以上发动机正常工作，飞机才能安全起飞，这就是 4 中取 2 系统，即 $2/4(G)$。

若已知单元 i 的寿命 t_i，可靠度为 $R_i(t_i)$，$i=1,2,\cdots,n$，假设各单元可靠度相同，即 $R_1(t)=R_2(t)=\cdots=R_n(t)=R(t)$，利用二项分布的公式可以求出系统的可靠度为

$$R_s(t)=\sum_{i=k}^{n}C_n^iR^i(t)[1-R(t)]^{n-i}$$

如果单元的失效率为常数且相等，则 $R(t)=e^{-\lambda t}$，因此有

$$R_s(t)=\sum_{i=k}^{n}C_n^ie^{-i\lambda t}(1-e^{-\lambda t})^{n-i}$$

系统的平均寿命 θ_s 为

$$\theta_s=\int_0^\infty R_s(t)dt=\sum_{i=k}^{n}C_n^i\int_0^\infty e^{-i\lambda t}(1-e^{-\lambda t})^{n-i}dt=\sum_{i=k}^{n}\frac{1}{i\lambda}$$

$k/n(G)$ 系统的平均寿命比并联系统小，比串联系统大。

例 9.1 若 $2/3(G)$ 系统的单元可靠度为 $R(t)$，单元失效率为 λ，求系统的可靠度和平均寿命。

解：

$$\begin{aligned}R_{2/3}(t)&=C_3^2[R(t)]^2[1-R(t)]^{(3-2)}+C_3^3[R(t)]^3[1-R(t)]^{(3-3)}\\&=3[R(t)]^2[1-R(t)]+[R(t)]^3\\&=3R^2(t)-2R^3(t)\end{aligned}$$

$$\theta_{2/3}=\frac{1}{2\lambda}+\frac{1}{3\lambda}=\frac{5}{6\lambda}$$

4. 混联系统

凡是可以分解为先并联然后串联或先串联然后并联的系统，均称为混联系统。前者称为串-并联系统；后者称为并-串联系统。

1）串-并联系统

图 9-3 称为串-并联系统，即具有单元的储备。其中，m_1 个部件的可靠度均为 $R_1(t)$，m_2 个部件的可靠度均为 $R_2(t), \cdots, m_n$ 个部件的可靠度均为 $R_n(t)$。

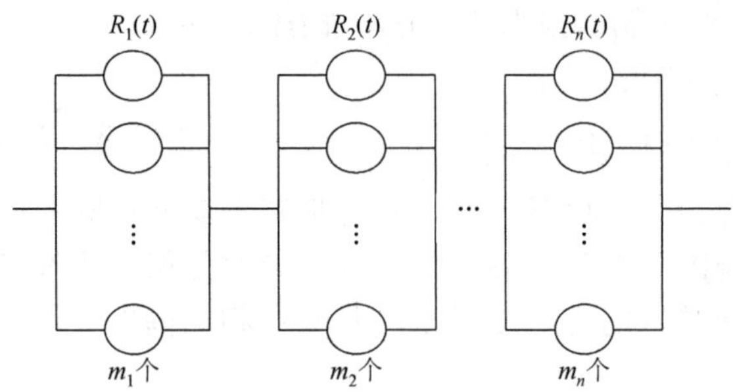

图 9-3 串-并联系统

$m_i(i=1,2,\cdots,n)$ 个可靠度为 $R_i(t)$ 的部件并联，可靠度为 $1-[1-R_i(t)]^{m_i}$，则 n 个这样的系统串联，整个系统的可靠度为

$$R(t)=\prod_{i=1}^{n}\{1-[1-R_i(t)]^{m_i}\}$$

2）并-串联系统

图 9-4 为并-串联系统，即具有系统的储备，其中，$m_i(i=1,2,\cdots,n)$ 个可靠度为 $R_i(t)$ 的部件串联，然后将这些系统并联。其中每个子系统的可靠度为 $R_i(t)^{m_i}$，则整个系统的可靠度为

$$R(t)=1-\prod_{i=1}^{n}[1-R_i(t)^{m_i}]$$

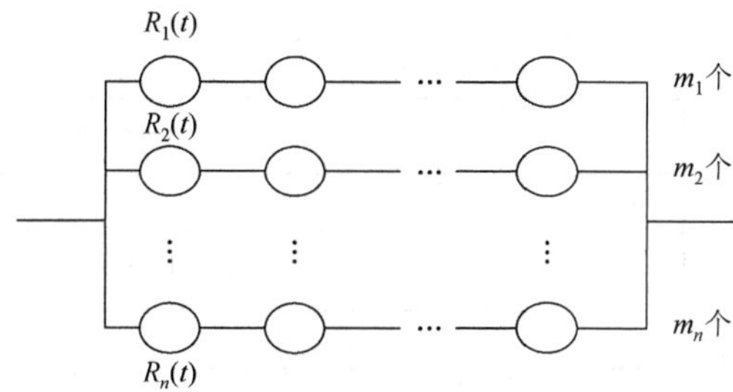

图 9-4　并-串联系统

上述两个系统的可靠度显然是不同的。在元器件数量及可靠性完全相同的情况下，单元储备的可靠度大于系统储备的可靠度。

9.2.2　不修网络系统的可靠性

不能分解为串联、并联或混联结构的系统称为网络，本节讨论一些求不修网络可靠性的方法。

1. 用布尔真值表求系统可靠度

这种方法的具体步骤如下。

（1）列出系统的全部可能状态。这里所讨论的网络由成败型部件组成，即每个部件只有正常和失效两种状态，当系统由 n 个部件组成时，就可以有 2^n 种可能的系统状态。

（2）在列出的所有状态中确定哪些能使系统正常工作。

（3）计算各个能使系统正常工作的状态出现的概率。

（4）按照概率加法定理将步骤（3）算出的概率累加起来就是该网络的可靠度。

图 9-5 所示的网络由 5 个单元组成，每个单元都有正常和失效两种状态，记“正常”为 1，“失效”为 0。如果系统能从节点 1 到节点 2 传输信息，则表示系统处于正常状态，记为 S；反之，则表示系统处于故障状态，记为 F。该网络有 5 个单元，则网络共有 $2^5=32$ 个不同状态，这些状态全部列于表 9-1 中。例如，表中的状态 6 表明有 C_1、A 两单元正常，且此时系统能正常工作，记为 S。此状态出现的概率为

$$R_{S_6}=(1-R_{B_1})(1-R_{B_2})R_{C_1}(1-R_{C_2})R_A$$

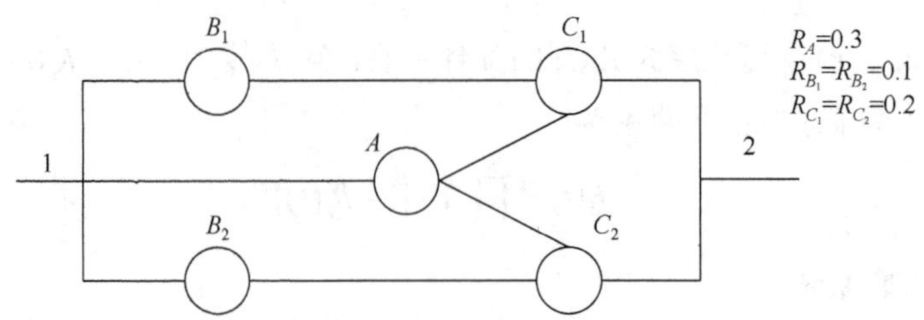

图 9-5　网络及部件的可靠度

表 9-1　网络的真值表

状态	B_1	B_2	C_1	C_2	A	F/S	R_{S_i}
1	0	0	0	0	0	F	
2	0	0	0	0	1	F	
3	0	0	0	1	0	F	
4	0	0	0	1	1	S	$R_{S_4}=(1-R_{B_1})(1-R_{B_2})(1-R_{C_1})R_{C_2}R_A=0.03888$
5	0	0	1	0	0	F	
6	0	0	1	0	1	S	$R_{S_6}=(1-R_{B_1})(1-R_{B_2})R_{C_1}(1-R_{C_2})R_A=0.03888$
7	0	0	1	1	0	F	
8	0	0	1	1	1	S	$R_{S_8}=(1-R_{B_1})(1-R_{B_2})R_{C_1}R_{C_2}R_A=0.00972$
9	0	1	0	0	0	F	
10	0	1	0	0	1	F	
11	0	1	0	1	0	S	$R_{S_{11}}=(1-R_{B_1})R_{B_2}(1-R_{C_1})R_{C_2}(1-R_A)=0.01008$
12	0	1	0	1	1	S	$R_{S_{12}}=(1-R_{B_1})R_{B_2}(1-R_{C_1})R_{C_2}R_A=0.00432$
13	0	1	1	0	0	F	
14	0	1	1	0	1	S	$R_{S_{14}}=(1-R_{B_1})R_{B_2}R_{C_1}(1-R_{C_2})R_A=0.00432$
15	0	1	1	1	0	S	$R_{S_{15}}=(1-R_{B_1})R_{B_2}R_{C_1}R_{C_2}(1-R_A)=0.00255$
16	0	1	1	1	1	S	$R_{S_{16}}=(1-R_{B_1})R_{B_2}R_{C_1}R_{C_2}R_A=0.00108$
17	1	0	0	0	0	F	
18	1	0	0	0	1	F	
19	1	0	0	1	0	F	
20	1	0	0	1	1	S	$R_{S_{20}}=R_{B_1}(1-R_{B_2})(1-R_{C_1})R_{C_2}R_A=0.00432$
21	1	0	1	0	0	S	$R_{S_{21}}=R_{B_1}(1-R_{B_2})R_{C_1}(1-R_{C_2})(1-R_A)=0.01008$
22	1	0	1	0	1	S	$R_{S_{22}}=R_{B_1}(1-R_{B_2})R_{C_1}(1-R_{C_2})R_A=0.00432$
23	1	0	1	1	0	S	$R_{S_{23}}=R_{B_1}(1-R_{B_2})R_{C_1}R_{C_2}(1-R_A)=0.00252$
24	1	0	1	1	1	S	$R_{S_{24}}=R_{B_1}(1-R_{B_2})R_{C_1}R_{C_2}R_A=0.00108$
25	1	1	0	0	0	F	
26	1	1	0	0	1	F	

续表

状态	B_1	B_2	C_1	C_2	A	F/S	R_{S_i}
27	1	1	0	1	0	S	$R_{S_{27}}=R_{B_1}R_{B_2}(1-R_{C_1})R_{C_2}(1-R_A)=0.00112$
28	1	1	0	1	1	S	$R_{S_{28}}=R_{B_1}R_{B_2}(1-R_{C_1})R_{C_2}R_A=0.00048$
29	1	1	1	0	0	S	$R_{S_{29}}=R_{B_1}R_{B_2}R_{C_1}(1-R_{C_2})(1-R_A)=0.00112$
30	1	1	1	0	1	S	$R_{S_{30}}=R_{B_1}R_{B_2}R_{C_1}(1-R_{C_2})R_A=0.00048$
31	1	1	1	1	0	S	$R_{S_{31}}=R_{B_1}R_{B_2}R_{C_1}R_{C_2}(1-R_A)=0.00028$
32	1	1	1	1	1	S	$R_{S_{32}}=R_{B_1}R_{B_2}R_{C_1}R_{C_2}R_A=0.00012$

将表 9-1 中表示系统正常（记为 S）的各状态出现的概率累加即为该网络的可靠度，若以 R_{S_i} 表示使系统能正常工作的子系统可靠度，则有

$$R_S=\sum_{i=1}^{32}R_{S_i}=0.13575$$

这种方法直观、易懂，但是计算量大，当系统的部件数比较大时就太烦琐了。如果系统含有 10 个单元，则将会有 2^{10}=1024 个可能状态。

2. 用贝叶斯定理求系统的可靠度

这种方法是通过找出网络中的一个关键单元，关键单元正常，系统正常；关键单元不正常，系统也正常，因此可以在网络中把它除掉而不影响网络的正常。除掉此单元可以简化网络的计算，且这种简化并不影响精度。这种方法的重点是事先选择好分解网络中的一条弧，按照它失效与正常两种情况计算结构的条件概率。

若给定一个没有重复弧的网络系统 S（有向、无向或混合型），X 是其中任一弧，按全概率公式，S 的可靠度为

$$R=P(S)=P(X)P(S|X)+P(\bar{X})P(S|\bar{X})$$

式中，$P(X)$ 为 X 弧正常的概率；$P(\bar{X})$ 为 X 弧不正常的概率；$P(S|X)$ 为 X 弧正常的条件下网络正常的概率；$P(S|\bar{X})$ 为 X 弧不正常的条件下网络正常的概率。

若令 $S(X)$ 为把某一弧的节点合并后所得的子网络，则

$$R=P(S)=P(X)P\{S(X)\}+P(\bar{X})P\{S(\bar{X})\}$$

以图 9-6 所示的网络为例，分解弧 X_5，当 X_5 正常时，看成弧短路得 $S(X_5)$。当 X_5 失效时，看成弧开路得 $S(\bar{X}_5)$。写出 $S(X_5)$ 和 $S(\bar{X}_5)$ 可靠度的公式及数值如下：

$$\begin{aligned}P\{S(X_5)\}&=[1-(1-X_1)(1-X_3)][1-(1-X_2)(1-X_4)]\\&=[1-(1-0.7)(1-0.95)][1-(1-0.9)(1-0.8)]\\&=0.9653\end{aligned}$$

$$\begin{aligned}P\{S(\bar{X}_5)\}&=1-(1-X_1X_2)(1-X_3X_4)\\&=1-(1-0.7\times0.9)(1-0.95\times0.8)\\&=0.9112\end{aligned}$$

$$P(X_5)=0.6,\quad P(\bar{X}_5)=0.4$$

$$R=P(S)=P(X_5)P\{S(X_5)\}+P(\bar{X}_5)P\{S(\bar{X}_5)\}$$
$$=0.6\times0.9653+0.4\times0.9112=0.94366$$

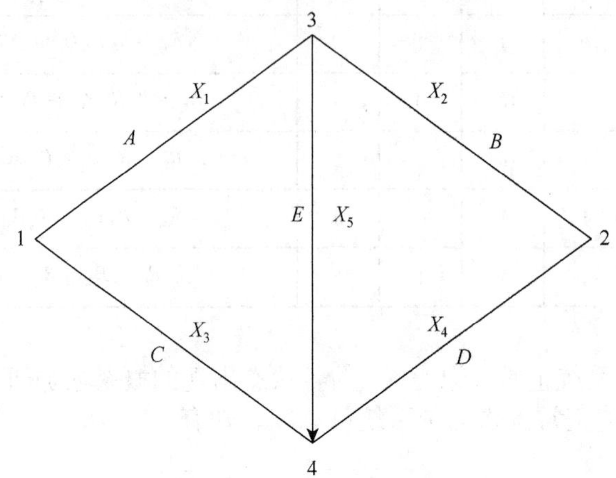

图 9-6 桥形网络及弧的可靠度

9.3 可修系统的可靠性管理

9.3.1 可修系统概述

1. 可修系统的假定

(1) 产品可以修复。

(2) 产品的失效呈指数分布。

2. 维修的必要性

维修的必要性有以下两点。

(1) 改善系统的可靠性，延长有效寿命。在生产和社会实践中，为了延长价值昂贵的大型设备或系统的使用寿命和增加可靠性，经常要采用一些故障诊断技术和维修手段。一旦系统发生故障，应立即进行诊断，确定故障类型和发生部位，然后组织维修，排除故障，使系统恢复正常，重新投入生产和使用。这样，对提高可靠性和延长使用寿命十分有效。

(2) 降低建设成本。有些系统如海缆（20 年）对可靠性要求很高，可适当降低可靠性的设计要求，从而降低成本，但需要增加维修的次数补偿。

3. 可修系统的修复过程

可修系统除了包括实现系统的功能而组织起来的一系列元器件，还包括维修手段（维修人员的技术水平、熟练程度以及工具、仪器和设备的先进性等）。由于故障类型、发生的原因和部位、系统所处的环境以及维修手段的完善程度的不同，所需的修复时间也不同，所以修复时间是一个随机变量，且此随机变量还随着时间不同而变化，是一个随机过程。

4. 可修系统的范围

当构成系统的各个单元或子系统的寿命分布以及它们发生故障后所需修复时间的分布呈指数分布时，这类系统的工作过程一般可用马尔可夫（Markov）过程来描述。

本章将简要介绍随机过程以及马尔可夫过程的基本概念，用马尔可夫过程来分析一些典型系统的可靠性问题。这里的可靠性是广义的，它包括有效度。

9.3.2　随机过程和马尔可夫过程

1. 随机过程概述

随机过程理论产生于 20 世纪初期，是概率论中的基础理论之一。随着科学的进步，它在物理学、生物学、无线电通信、自动控制、航天航海技术以及管理科学等领域中已获得日益广泛的应用。在生产实践和科学实验中，不仅需要讨论一个或几个随机变量，还需要研究一簇无限多个随机变量以及它们之间的关系。例如，为了描述一个生产系统或控制系统的随机运动，必须引入依赖于时间参数的随机变量 $X(t)$，即必须考虑一簇以时间为参数的随机变量，这就是随机过程理论产生的客观基础。

设 S 是随机试验 E 的样本空间，$T\in(-\infty,+\infty)$ 称为参数集。若对每一个 $t\in T$，都有一个定义在 S 上的随机变量 $X(e,t)$ $(e\in S)$，则称 $\{X(e,t),t\in T\}$ 为随机过程，并简记为 $\{X(t),t\in T\}$ 或 $\{X(t)\}$。

可将随机过程理解为：对于 S 中的每一个基本事件，都指定一个函数，对这些函数组成的集是一个随机过程。也就是说，对于每一个固定的 t，$X(t)$ 是一个随机变量，对于每一个指定的基本事件 $x(t)$，则是以参数 t 为变量的一个函数，称每个这样的函数为随机过程的一个实现，又称为这个随机过程的样本函数。

例 9.2　有两台型号完全相同的设备并联运行在同一生产线上，观察在 $[0,T]$ 时间内这个系统的运行情况。该系统在任何时刻 $t(0\leqslant t\leqslant T)$ 均有三种情况：①两台设备完好，记为“0”状态；②有一台设备出现故障，记为“1”状态；③两台设备均故障，记为“2”状态。用 $X(t)$ 描述在 $[0,T]$ 时间内的运行情况，是一个随机过程 $(0\leqslant t\leqslant T)$。对于每个固定的 t，$X(t)$ 是一个可能取值 0、1、2 的随机变量。若对该系统的运行情况进行一次观察，则得 $X(t)$ 的一个取值 $x_1(t)$，它是 t 的确定性函数。若在另一个长度为 T 的时间内观察，则 $X(t)$ 得到另一取值 $x_2(t)$。再重复进行同样观察得 $x_3(t),x_4(t),\cdots$，于是得到一簇函数 $x_1(t),x_2(t),x_3(t),\cdots$。

在可靠性中，$X(t)$ 往往代表时间 t 的系统状态。状态可以相互转移，转移是随机的，此种转移过程称为随机过程。它实际上是一个随时间 t 而变化的随机量。随机度量 $X(t)$ 所能取值的集合称为“状态空间”。

2. 马尔可夫过程

设 $\{X(t),t\in T\}$ 是随机过程，若已知系统在时刻 t_0 处于状态 i 的条件下，在时刻 t 系统所处的状态与时刻 t_0 以前所处的状态无关，则称此随机过程为马尔可夫过程，简称马氏过程。

例如，一个自动化的机械加工系统有两种状态，即正常工作和故障状态，由于系统中故障的出现与修复都是随机的，且系统以后的状态只和现在的状态有关，而与以前的状态无关，所以这种系统两种状态交替出现的过程是马尔可夫过程。

显然，马尔可夫过程是随机过程中的一种特殊类型，它可以由当前状态唯一地确定过程的未来行为，这也说明事件（发生率）的分布独立于系统的历史记录，而且转移率与系统进入当前状态的时间是相互独立的。因此马尔可夫过程的基本假设是：在每个状态下系统的行为是无记忆的。所以在研究系统将要发生什么时，重要的是要知道现在的状态，而对过去的状态知道或不知道是不重要的。

在马尔可夫过程中，用 p_{ij} 表示已知在时刻 t_0 系统处于状态 i 的条件下，在时刻 t 系统处于状态 j 的概率，并称为转移概率，即由状态 i 转移到状态 j 的概率。若转移概率仅与 i 、 j 和 $t-t_0$ 有关，即在时间上是稳定的，则称此过程为时齐的马尔可夫过程。

马尔可夫过程可以分为三种类型：①时间连续，状态离散；②时间离散，状态离散；③时间连续，状态连续。

1）马尔可夫链

时间和状态都离散的马尔可夫过程是一种最简单的随机过程，简称马氏链。

设时刻 $t_k \in T$ ， T 为参数集，并将“ $X(t_k)=i_k$ ”称为时刻 t_k 、系统处于状态 i_k ，则该系统全体状态 $i_k(k=1,2,\cdots)$ 所构成的集合称为该系统的状态空间。

2）转移概率矩阵

在解决实际问题时，不但要了解系统状态转换的随机过程和马尔可夫链，还要考虑系统状态转移的概率。如果系统从时刻 m 的状态 i 转移到时刻 $m+1$ 的状态 j ，则转移概率可表示为

$$p_{ij}(m)=P(X(m+1)=j\,|\,X(m)=i),\quad i,j\in I, m=1,2,\cdots$$

上式表明系统从已知时刻 m 处于状态 i 的条件下转移到时刻 $m+1$ 处于状态 j 的条件概率。 $p_{ij}(m)$ 也称为一步转移概率，记为 $p_{ij}^{(1)}(m)$ ，即

$$p_{ij}^{(1)}(m)=p_{ij}(m)$$

或简记为 $p_{ij}^{(1)}=p_{ij}$ 。

各个一步转移概率 $p_{ij}^{(1)}$ 可以排成一个概率矩阵，即

$$P=(p_{ij})=\begin{bmatrix} p_{11} & p_{12} & \cdots & \cdots \\ p_{21} & p_{22} & \cdots & \cdots \\ \vdots & \vdots & & \vdots \\ \cdots & \cdots & \cdots & \cdots \end{bmatrix}$$

矩阵中每一行之和均为 1。P 称为一步转移概率矩阵，简称为转移概率矩阵或随机矩阵。

例 9.3 某种可修复的机械加工系统有两种状态：正常工作状态 S（记为 1）和故障状态 F（记为 2）。在实际生产过程中，这两种状态是交替出现的。假定这一系统经调试后投入运转，此时处于 S 状态；运行一段时间后，因出现故障转移到 F 状态。系统由 S 状态转为 F 状态的转移概率为1/3 ，记为 $p_{12}=\dfrac{1}{3}$，而系统保持在 S 状态的概率则为

$1-\frac{1}{3}=\frac{2}{3}$，记为 $p_{11}=\frac{2}{3}$。当系统处于 F 状态时，经过一段时间修复后，便转变为 S 状态。若修复的概率是 $\frac{4}{5}$，记为 $p_{21}=\frac{4}{5}$，则系统不能修好而处于 F 状态的概率为 $1-\frac{4}{5}=\frac{1}{5}$，记为 $p_{22}=\frac{1}{5}$。将上述两种状态的转移过程写成下列的转移概率矩阵：

$$P=(p_{ij})=\begin{matrix} \\ S \\ F \end{matrix}\begin{bmatrix} S & F \\ p_{11} & p_{12} \\ p_{21} & p_{22} \end{bmatrix}=\begin{bmatrix} \frac{2}{3} & \frac{1}{3} \\ \frac{4}{5} & \frac{1}{5} \end{bmatrix}$$

转移概率矩阵的积仍是转移概率矩阵。设 $A=[a_{ij}]$，$B=[b_{ij}]$ 是两个 $r\times r$ 的转移概率方阵，则矩阵 $C=[c_{ij}]=AB$ 具有以下性质：

$$\begin{cases} 0\leqslant c_{ij}\leqslant 1, \quad i,j\in I \\ \sum\limits_{j\in I} C_{ij}=1 \end{cases}$$

3）n 步转移概率矩阵

n 步转移概率即由状态 i 经过 n 步后，转移到状态 j 的概率，记为 $p_{ij}^{(n)}$，即

$$p_{ij}^{(n)}(m)=P(X(m+n)=j\,|\,X(m)=i)$$

根据概率定义有

$$p_{ij}^{(n)}(m)\geqslant 0$$

$$\sum_{j\in I} p_{ij}^{(n)}(m)=\sum_{j\in I} P(X(m+n)=j\,|\,X(m)=i)=1, \quad i\in I, m\in T$$

对于 n 步转移概率有

$$p_{ij}^{(k+l)}(m)=\sum_{s\in I} p_{is}^{(k)}(m)p_{sj}^{(l)}(m+k), \quad i,j\in I$$

式中，$n=k+l$。称上式为切普曼-柯尔莫洛夫方程，表示由状态 i 经 n 步到达状态 j，可理解为：由状态 i 先经 k 步转移到状态 s，然后由状态 s 经 l 步转移到状态 j。

若令 $k=1,l=1$，则由 $\{p_{ij}(m),i,j\in I,m\geqslant 0\}$ 可决定 $\{p_{ij}^{(2)}(m),i,j\in I,m\geqslant 0\}$，即由全部一步转移概率可确定全部两步转移概率。重复应用上述方法，就可由全部一步转移概率决定所有的转移概率。

用矩阵表示 n 步转移概率，即 $P^{(n)}\triangleq(p_{ij}^{(n)}(m))$，因此可用一步转移概率矩阵来描述各步转移概率矩阵，即 $P^{(n)}=P^n, n=1,2,\cdots$。因此切普曼-柯尔莫洛夫方程可以写为

$$P^{(k+l)}=P^k P^l$$

9.3.3 单部件可修系统

1. 马尔可夫建模的假定

在可靠性与维修性分析中，经常涉及时间连续和状态离散的随机过程。这就是指以

时间参数为随机变量，在某一时刻系统可能随机地处于某种状态：工作状态、故障状态或维修状态。由于状态转移是一个随机过程，所以必然要用系统在各种状态下的概率来描述。有效度是研究系统开始工作后，在任一时刻 t 系统处于可工作状态的概率。而马尔可夫过程是具有这样性质的随机过程。在利用马尔可夫过程方法建立系统有效性模型时，应有以下假定。

（1）系统各部件的寿命分布和修复时间分布均为指数分布，即故障率 λ 和维修率 μ 为常数。

（2）在时刻 $(t,t+\Delta t)$ 发生故障的条件概率是 $\lambda\Delta t$，完成修复的条件概率是 $\mu\Delta t$。

（3）在 Δt 时间内出现两次或两次以上故障或修复的概率为零。

（4）每次故障或修复的事件是独立事件，与所有其他事件无关。

下面以马尔可夫过程建模研究单部件可修系统的可靠度和有效度问题。

2. 单部件可修系统的可靠度和有效度

假定系统只有一个部件，这是最简单的可修系统。当部件工作时，系统工作，当部件发生故障时，系统不工作。以“0”表示系统工作，以“1”表示系统故障，以 $X(t)$ 表示 t 时刻系统的状态，则

$$X(t)=\begin{cases}0, & \text{时刻}t\text{系统工作}\\1, & \text{时刻}t\text{系统故障}\end{cases}$$

图 9-7 是单部件状态转移图，也称马尔可夫图或香农图，得状态转移矩阵为

$$P=\begin{pmatrix}1-\lambda\Delta t & \lambda\Delta t\\ \mu\Delta t & 1-\mu\Delta t\end{pmatrix}$$

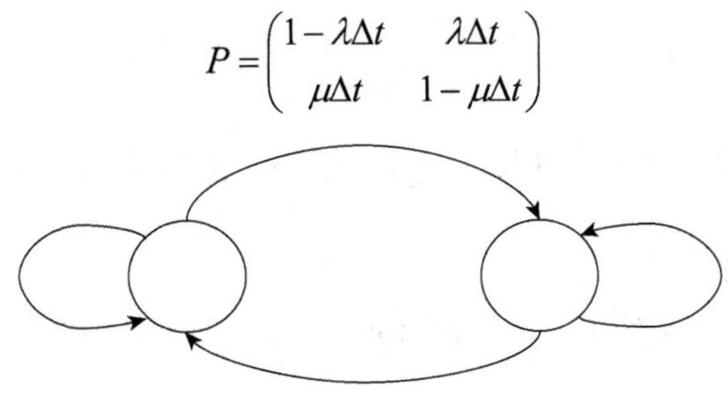

图 9-7 香农图

令 $P_0(t)=P\{X(t)=0\}$，$P_1(t)=P\{X(t)=1\}$，可以计算得到，当初始状态为 $P_0(0)=1$，$P_1(0)=0$ 时，有

$$\begin{cases}P_0(t)=\dfrac{\mu}{\lambda+\mu}+\dfrac{\lambda}{\lambda+\mu}\mathrm{e}^{-(\lambda+\mu)t}\\[2ex] P_1(t)=1-P_0(t)=\dfrac{\lambda}{\lambda+\mu}-\dfrac{\lambda}{\lambda+\mu}\mathrm{e}^{-(\lambda+\mu)t}\end{cases}$$

系统的有效度为

$$A(t)=P_0(t)=\frac{\mu}{\lambda+\mu}+\frac{\lambda}{\lambda+\mu}\mathrm{e}^{-(\lambda+\mu)t}$$

当初始状态为 $P_0(0)=0,P_1(0)=1$ 时，有

$$\begin{cases} P_0(t)=\dfrac{\mu}{\lambda+\mu}-\dfrac{\lambda}{\lambda+\mu}\mathrm{e}^{-(\lambda+\mu)t} \\ P_1(t)=\dfrac{\lambda}{\lambda+\mu}+\dfrac{\lambda}{\lambda+\mu}\mathrm{e}^{-(\lambda+\mu)t} \end{cases}$$

系统的有效度为

$$A(t)=P_0(t)=\frac{\mu}{\lambda+\mu}-\frac{\lambda}{\lambda+\mu}\mathrm{e}^{-(\lambda+\mu)t}$$

因此，当 $t\to\infty$ 时，有效度的稳态值为

$$A(\infty)=\frac{\mu}{\lambda+\mu}$$

3. 稳态特性

对于长期运行中的二态系统皆存在 $P_i(t)$ 的极限：$P_i=\lim\limits_{t\to\infty}P_i(t)$。在以上分析的系统中，不论初始状态为 $P(0)=(0\quad 1)$ 还是 $P(0)=(1\quad 0)$，均有

$$P_0=\lim_{t\to\infty}P_0(t)=\frac{\mu}{\lambda+\mu},\quad P_1=\lim_{t\to\infty}P_1(t)=\frac{\lambda}{\lambda+\mu}$$

9.3.4 多部件可修系统

1. 串联系统

首先考虑只有两个元件的串联系统，并假定它的失效率 λ 和维修率 μ 是相等的。这个系统有如下三个可能的状态。

（1）0 态：两个元件皆正常工作。

（2）1 态：一元件正常，一元件正在修理中。

（3）2 态：两个元件都在修理中。

系统的有效度与修理工的数目有关。

1）一个修理工的情况

在一个修理工的情况下，在时间 t 至 $t+\mathrm{d}t$ 中的转移概率可描述如下。

（1）在时间 t，系统处于 0 态，若在 t 至 $t+\Delta t$ 中两个元件皆不失效，则此状态可保持。一个元件不失效的概率为 $1-\lambda\mathrm{d}t$，两个元件同时不失效是它的概率乘，即

$$(1-\lambda\mathrm{d}t)^2=1-2\lambda\mathrm{d}t+0(\mathrm{d}t)$$

（2）系统由 0 态转移到 1 态，条件是在 t 至 $t+\mathrm{d}t$ 中有一个元件故障，在修理状态，而另一个元件还在在正常状态。一个元件故障的概率为 λ，另一个元件故障的概率也是 λ，两个元件中任何一个皆可能故障，故为概率和 $2\lambda\mathrm{d}t$，而有一元件故障的概率则为 $1-\lambda\mathrm{d}t$，此两个条件并存，故为概率乘，即

$$2\lambda\mathrm{d}t(1-\lambda\mathrm{d}t)=2\lambda\mathrm{d}t+0(\mathrm{d}t)$$

（3）系统在 t 时为 0 态，在 t 至 $t+\mathrm{d}t$ 时转移到 2 态，即两个元件皆故障，正在修理。因两个元件同时故障，故概率为

$$(\lambda\mathrm{d}t)^2=0(\mathrm{d}t)$$

（4）在时间t时，系统处于 1 态，但于t至$t+\mathrm{d}t$时回至 0 态，只有故障元件被修复才有可能，因此有概率$\mu\mathrm{d}t$。

（5）在时间t时，系统处于 1 态，到$t+\mathrm{d}t$时，故障元件尚未修复，另一元件仍正常，其概率为$(1-\mu\mathrm{d}t)$与$(1-\lambda\mathrm{d}t)$的概率乘，即

$$(1-\mu\mathrm{d}t)(1-\lambda\mathrm{d}t)=1-(\lambda+\mu)\mathrm{d}t+0(\mathrm{d}t)$$

（6）在时间t时，系统处于 1 态，在t至$t+\mathrm{d}t$时系统转化为 2 态，即故障元件尚未修复[其概率为$(1-\mu\mathrm{d}t)$]，而另一元件故障（其概率为$\lambda\mathrm{d}t$），此时系统的状态为此两个概率值的概率乘，即

$$(1-\mu\mathrm{d}t)\lambda\mathrm{d}t=\lambda\mathrm{d}t+0(\mathrm{d}t)$$

（7）在时间t时，系统为 2 态，在t至$t+\mathrm{d}t$时系统回到 0 态，则必须是两个元件皆同时完成修复工作，故概率为

$$(\mu\mathrm{d}t)^2=0(\mathrm{d}t)$$

（8）在时间t时，系统为 2 态，在t至$t+\mathrm{d}t$转移到 1 态，只需修复一个元件即可，故概率为$\mu\mathrm{d}t$。

（9）在时间t时，系统为 2 态，在t至$t+\mathrm{d}t$时仍为 2 态，概率为$1-\mu\mathrm{d}t$。

由以上分析得到状态转移矩阵为

$$P=\begin{bmatrix}1-2\lambda & 2\lambda & 0\\ \mu & 1-(\lambda+\mu) & \lambda\\ 0 & \mu & 1-\mu\end{bmatrix}$$

这是一个随机过程矩阵，其中每一行相加都得 1。

人们只关注系统的稳态$P^*=(P_1,P_2,\cdots)$。当系统长期运行时，系统停留在各个状态的时间就与起始状态无关，因而希望每一个P_i都趋于一个常数，$\lim\limits_{t\to\infty}P_i(t)=P_i$。令$X=\mu/\lambda$，可得到如下的递推公式：

$$\begin{gathered}P_n=X^0P_n\\ P_{n-1}=X^1P_n\\ P_{n-2}=X^2/2P_n\\ \vdots\\ P_0=X^n/n!P_n\end{gathered}$$

且$P_0+P_1+P_2+\cdots+P_n=1$，所以有

$$P_n=\frac{1}{\sum\limits_{j=0}^{n}X^j/j!}$$

因此，有效度$A(\infty)=P_0=X^n/n!P_n=\dfrac{X^n}{n!\sum\limits_{j=0}^{n}X^j/j!}$。

任意时刻上元件故障数的期望值和方差为

$$E[n]=\sum_{j=0}^{n}n_jP_j,\quad \sigma^2[n]=\sum_{j=0}^{n}n^2{}_jP_j-E^2[n],$$

在上述情况下，$E[n]$ 和 $\sigma^2[n]$ 可表示为

$$E[n]=\frac{\sum_{j=0}^{n}jX^{n-j}/(n-j)!}{\sum_{j=0}^{n}X^j/j!},\quad X\geqslant 1$$

$$\sigma^2[n]=\frac{\sum_{j=0}^{n}j^2X^{n-j}/(n-j)!}{\sum_{j=0}^{n}X^j/j!}-\left[\frac{\sum_{j=0}^{n}jX^{n-j}/(n-j)!}{\sum_{j=0}^{n}X^j/j!}\right]^2$$

注意到 X 必须大于 1 或至少等于 1，否则，修理工修复的元件数赶不上失效的元件数。以上两式可化简为

$$E[n]=\mathrm{e}^{-X}\sum_{j=0}^{n}jX^{n-j}/(n-j)!$$

$$\sigma^2[n]=\mathrm{e}^{-X}\left\{\sum_{j=0}^{n}j^2X^{n-j}/(n-j)!-\left[\sum_{j=0}^{n}jX^{n-j}/(n-j)!\right]^2\right\}$$

例 9.4　系统有四个元件（$n=4$），$\lambda=\mu=1$，求故障元件数的期望值。

解：首先算得 $X=\mu/\lambda=1$，得

$$E[n]=0.368^X\left(0+\frac{X^3}{3!}+\frac{2X^2}{2!}+\frac{3X}{1!}+\frac{4X^0}{0!}\right)=0.368\left(\frac{1}{6}+1+3+4\right)=3.005333\approx 3$$

2）系统有 n 个元件，修理工 r（$r=n$）个

假定每个修理工只修理某一元件。先考虑两个元件两个修理工的情况，有如下的转移矩阵：

$$P=\begin{matrix} \\ 0\\ 1\\ 2\end{matrix}\begin{bmatrix}0 & 1 & 2\\ 1-2\lambda & 2\lambda & 0\\ \mu & 1-(\lambda+\mu) & \lambda\\ 0 & 2\mu & 1-2\mu\end{bmatrix}$$

稳态方程组为

$$\left.\begin{aligned}0&=-2\lambda P_0+\mu P_1\\ 0&=2\lambda P_0-(\lambda+\mu)P_1+2\mu P_2\\ 0&=\lambda P_1-2\mu P_2\\ 1&=P_0+P_1+P_2\end{aligned}\right\}$$

解出 $P_0=\dfrac{\mu^2}{(\lambda+\mu)^2}$，得有效度为

$$A(\infty)=P_0=\frac{\mu^2}{(\lambda+\mu)^2}$$

仍令 $X=\mu/\lambda$，得递推公式为

$$P_n=\binom{n}{n}X^0P_n$$

$$P_{n-1}=\binom{n}{n-1}X^1P_n$$

$$P_{n-2}=\binom{n}{n-2}X^2P_n$$

$$\vdots$$

$$P_0=\binom{n}{n-n}X^nP_n$$

稳态有效度为

$$A(\infty)=P_0=\frac{X^n}{\sum_{j=0}^{n}\binom{n}{n-j}X^j}=\frac{\mu^n}{(\lambda+\mu)^n}$$

注意到：

$$P_{n-j}=\frac{\binom{n}{n-j}X^j}{\sum_{j=0}^{n}\binom{n}{n-j}X^j}=\binom{n}{n-j}\left(\frac{1}{1+X}\right)^{n-j}\left(\frac{X}{1-X}\right)^j$$

则元件故障数目的期望值就是二项式的均值为

$$E[n]=\sum_{j=0}^{n}n_jP_j=n\left(\frac{1}{1+X}\right)$$

方差为

$$\sigma^2[n]=\sum_{j=0}^{n}n_j^2P_j-E^2[n]=n\left(\frac{1}{1+X}\right)\left(\frac{X}{1+X}\right)$$

故若 $\mu=\lambda=1$，则在任何时刻，故障元件数的期望值为 $\frac{1}{2}n$，方差为 $\frac{1}{4}n$。

3）修理工对故障元件联合修理的情况

以上讨论的是修理工各人修各人的元件，彼此相互独立。现实的情况往往不是这样的，例如，二元件修理工的情况下，往往是两个修理工共同修理一个故障元件，只有两个元件同时故障时，他们才各修各的元件。假若一人修一件，其维修率为 μ，两人共修一件时，维修率是否就是 2μ？这种线性关系不一定存在，尤其是人多失效元件少的情况。现假定两人修一件的维修率为 1.5μ。若一元件失效，两人共修，当另一元件失效时，另一修理工立刻回去修理他负责的元件。在这种情况下有如下的转移矩阵：

$$P=\begin{matrix} \\ 0 \\ 1 \\ 2 \end{matrix}\begin{bmatrix} 0 & 1 & 2 \\ 1-2\lambda & 2\lambda & 0 \\ 1.5\mu & 1-(1.5\mu+\lambda) & \lambda \\ 0 & 2\mu & 1-2\mu \end{bmatrix}$$

解得有效度为

$$A(\infty)=P_0\frac{3\mu}{3\mu+4\lambda\mu+2\lambda^2}$$

现在有一系统由两个串联元件组成，令 $\lambda=0.05$/小时，即每个元件平均每 20 小时出一次故障；$\mu=1.0$小时，即平均一个修理工用一小时修好一个故障元件。在一个修理工、两个修理工独立修理与联合修理三种情况下，比较系统的有效度与10000小时内积累故障，见表 9-2。

表 9-2　三种维修方式的比较表

维修方式	系统的有效度	10000 小时内积累故障时间/小时
一人维修	0.9050	950
两人维修		
独立维修	0.9070	930
联合维修	0.9360	640

由表 9-2 可见，两人维修比一人维修好；两人维修中，联合维修比独立维修好。

2. 并联系统

在此种系统中，假定所有并联元件在同一时刻开始工作，只要其中有一个以上的元件正常，系统即正常。又假定元件是可以修理的。在此种系统中，着重考虑以下三个指标。

（1）有效度函数：给出某时刻系统至少还有一个元件正常的概率。

（2）可靠度函数：给出系统在 $(0,t)$ 不转移至故障状态的概率。

（3）失效前时间（mean time to failure，MTTF）的期望值：是系统所有元件（n 个）皆正常转移到所有元件皆同时故障的平均时间。

对于两元件系统，有以下三个可能的状态。

（1）0 态：两个元件皆正常工作。

（2）1 态：一元件正常，另一元件正在修理中。

（3）2 态：两个元件都在修理中。

系统为 2 态时定义为故障状态。由于 0 态与 1 态皆表示系统仍能正常工作，所以有

$$A(t)=P_0(t)+P_1(t)$$

概率转移矩阵为

$$P=\begin{bmatrix}1-2\lambda & 2\lambda & 0\\ \mu & 1-(\lambda+\mu) & \lambda\\ 0 & 2\mu & 1-2\mu\end{bmatrix}$$

瞬态有效度为

$$A(t)=P_0(t)+P_1(t)=\frac{\mu^2+2\lambda\mu}{(\lambda+\mu)^2}-\frac{\lambda^2\mathrm{e}^{-2(\lambda+\mu)t}}{(\lambda+\mu)^2}+\frac{2\lambda^2\mathrm{e}^{-(\lambda+\mu)t}}{(\lambda+\mu)^2}$$

当 t 趋于无穷大时，可得系统的稳态有效度为

$$A(\infty)=P_0+P_1=\frac{\mu^2+2\lambda\mu}{(\lambda+\mu)^2}$$

为了推导出 n 元件并联一修理工的通式，注意到 $A(\infty)=1-P_n$，又令 $X=\mu/\lambda$，有

$$P_n=\frac{1}{\sum_{j=0}^{n}X^j j!}$$

因此，$A(\infty)=1-P_n=1-\frac{1}{\sum_{j=0}^{n}X^j j!}$

3. $k/n(G)$ 系统

系统有 n 个元件一个修理工，元件为相互独立且同指数分布的元件，维修时间分布均为参数 μ 的指数分布。由于只有一个修理工，当他在修理时，其他故障元件要等待。系统在至少 k 个元件正常时即正常，当有 $n-k+1$ 个元件故障时系统即故障。系统故障期间 $k-1$ 个好的元件也停止工作，不再发生故障，直至修理元件的工作完成再同时进入工作状态。$k=1$ 时，$k/n(G)$ 系统为并联系统；$k=n$ 时，$k/n(G)$ 系统为串联系统。

系统的故障元件多于 $n-k+1$ 个时，系统即故障，其他皆为工作状态。

令 $X(t)=j$，若时刻 t 系统有 j 个元件失效，$j=0,1,\cdots,n-k+1$。系统的状态转移图如图 9-8 所示。

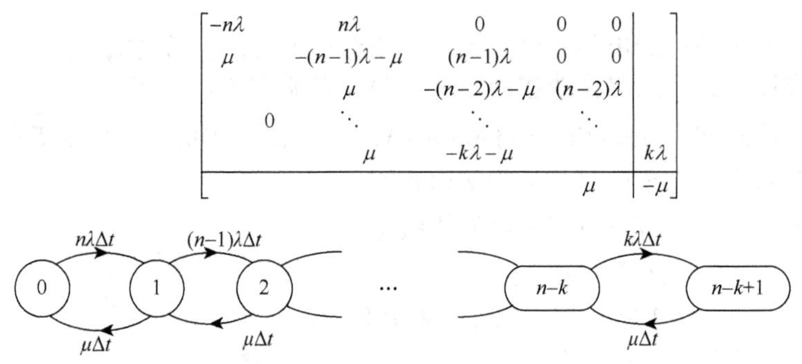

图 9-8 状态转移图

系统的稳态有效度为（计算过程从略）

$$A=\sum_{j=0}^{n-k}\frac{1}{(n-j)!}\left(\frac{\lambda}{\mu}\right)^j-\sum_{i=0}^{n-k+1}\frac{1}{(n-i)!}\left(\frac{\lambda}{\mu}\right)$$

9.3.5 最低成本问题

1. 最低成本冗余结构

系统由一个或 n 个元件组成，为了减少故障，而加上冗余部分。假定为了运行与保

证运行一个元件，单位时间的成本为 C_1，每个元件单位时间损失为 C_2，求系统最低成本的冗余度。

若系统有 n 个元件，则运行成本为 nC_1，系统单位时间故障损失为 C_2D^n。D 是一个元件的稳态故障时间所占的比例。D^n 是 n 个并接的冗余系统的故障时间所占的比例。因而 n 元件系统的成本为

$$C_n = nC_1 + C_2D^n$$

由于 $D<1$，当 n 增大时，式中第一项增大而第二项减小，函数的曲线是向上的凹曲线。先定义一个函数 $C_{n-1} = C_1(n-1) + C_2D^{n-1}$ 为 $n-1$ 个元件系统的成本，系统增加一个冗余元件的成本增量 $\Delta C_n = C_n - C_{n-1}$，将 C_n 及 C_{n-1} 值代入此式并令其为 0，得

$$D^{n-1} - D^n = \frac{C_1}{C_2}$$

此式说明当故障时间的减少量等于单位时间每元件的费用与每元件故障单位时间损失之比时，系统的冗余度是最佳的。此最佳冗余数为

$$n = \frac{\lg\left[\dfrac{C_1D}{C_2(1-D)}\right]}{\lg D}$$

令 $C_1 = 10$ 元/小时，$C_2 = 50$ 元/小时，$D = 0.5$，即 10000 小时中占 5000 小时。可求得 $n = \dfrac{\lg\left[\dfrac{10\times 0.5}{50(1-0.5)}\right]}{\lg 0.5} = 2$，即两个冗余元件。

表 9-3 给出了不同的 n 值相应的 C_1、C_2 分别为 10 元/小时和 50 元/小时时，系统每小时每元件的费用。由表也可看出，当 $n=2$ 时系统的费用最小，且当 n 增大时，损失急剧下降，$n>6$ 以后损失值几乎不起作用，冗余元件进行及维持运行费几乎等于系统的费用。

表 9-3　n、C_1、C_2 与系统费用的关系　（单位：元/小时）

n	nC_1	C_2D^n	C_n
1	10.0	25.0	35.0
2	20.0	12.5	32.5
3	30.0	6.3	36.3
4	40.0	3.2	43.2
5	50.0	1.5	51.5
6	60.0	0.1	60.1

2. 二元件并联系统最佳修理工人数

表 9-4 给出了并联系统两种运行方式、三种状态的稳态时间比值。

表 9-4 两种运行方式、三种状态的稳态时间比值

运行方式	每种状态下占时间比值		
	0 态	1 态	2 态
并联、一个修理工	$\frac{\mu^2}{\mu^2+2\lambda\mu+2\lambda^2}$	$\frac{2\lambda\mu}{\mu^2+2\lambda\mu+2\lambda^2}$	$\frac{2\lambda^2}{\mu^2+2\lambda\mu+2\lambda^2}$
并联、两个修理工	$\frac{\mu^2}{\mu^2+2\lambda\mu+\lambda^2}$	$\frac{2\lambda\mu}{\mu^2+2\lambda\mu+\lambda^2}$	$\frac{\lambda^2}{\mu^2+2\lambda\mu+\lambda^2}$

当$\lambda=0.01$/小时，$\mu=1.0$小时时，表 9-3 的计算结果列于表 9-5 中。

表 9-5 10000 小时内并联系统两种运行方式、三种状态下所占时间期望值

运行方式	10000 小时内各状态所占时间期望值		
	0 态	1 态	2 态
一个修理工	9802.00	196.04	1.96
两个修理工	9802.96	196.06	0.98

当系统在 1 态时损失 1000 元（单位时间），在 2 态时损失 10000 元（单位时间），在计算 10000 小时内损失的期望值时，还应加上运行与维持运行的费用。计算结果列于表 9-6 中。

由表 9-6 可见，该系统一个修理工的运行方式优于两个修理工的情况，总费用省了 40586–31564＝9022（元）。

表 9-6 10000 小时内，并联系统两种运行方式的总费用期望值 （单位：元）

运行方式	损失费用期望值	维修费用期望值	总费用期望值
一个修理工	21564	10000	31564
两个修理工	20586	20000	40586

例 9.5 有二元件的并联冗余系统，假定系统在 0 态时无损失，在 1 态时每单位时间系统损失 100 元，在 2 态时损失 1000 元。修理工的工资为每小时 12 元，$\lambda=0.05$/小时，$\mu=1.0$小时。求系统的最佳运行方式为一个修理工还是两个修理工？若系统在 2 态时每单位时间内损失增为 3500 元时，情况又如何？

由表 9-4 可算得系统在各状态所占的时间及各运行方式下的总费用期望值(表 9-7)。由表 9-7 可见一个修理工比两个修理工省 353700–255500＝98200（元）（在 10000 小时内），这时该选取一个修理工的运行方式。

但若系统在 2 态时的每单位时间内损失增为 3500，两个修理工优于一个修理理工，因为此时一个修理工在 10000 小时内，系统费用为 488000 元，而两个修理工为 411200 元，比一个修理工可省 76800 元，此时该选取两个修理工的运行方式。

表 9-7　修理工人与费用关系

状态	10000 小时内系统停留在各状态的时间期望值/小时		10000 小时内各个状态费用的期望值/元	
	一个修理工	两个修理工	一个修理工	两个修理工
0 态	9050	9070	0	0
1 态	905	907	90500	90700
2 态	45	23	45000	23000
共计	10000	10000	135500	113700
		修理工费用	120000	240000
		总费用期望值	255500	353700

➢复习思考题

9-1　已知某产品的失效率为常数，$\lambda(t)=\lambda=0.25\times10^{-4}$/小时，可靠度函数 $R(t)=\mathrm{e}^{-\lambda t}$，试求可靠度 $R=99\%$ 的可靠寿命 $t_{0.99}$、中位寿命 $t_{0.5}$ 和特征寿命 $t_{\mathrm{e}^{-1}}$。

9-2　某设备的寿命服从指数分布，失效率为 $\lambda=0.02$/小时。

（1）求该设备的平均寿命？

（2）试求在最初运行的 10 小时中将会失效的概率？

（3）设该设备已成功地运行了 100 小时，则在下一个 10 小时运行期间将会无故障运行的概率是多少？

9-3　某 $2/3(G)$ 系统的各单元服从指数分布，失效率均为 $\lambda=4\times10^{-5}$/小时，如果工作时间 $t=7200$小时，求系统的可靠度及平均寿命。

9-4　为了运行与保证运行一个元件的单位时间成本为 15 元，而每个元件的单位时间损失为 10 元，系统的故障时间比例为 1.5，试求该系统最低成本下的冗余数及此时系统的成本。

9-5　某二元件的并联冗余系统，若系统在 0 态时无损失，在 1 态时每单位时间系统损失 500 元，在 2 态时损失 2800 元。$\lambda=0.1$/小时，$\mu=1.0$小时。修理工的工资为 25 元/小时。求系统的最佳运行方式为一个修理工还是两个修理工？

第10章 复杂装备的安全性管理——以民用飞机为例

本章提要：对于以民用飞机等为代表的复杂装备而言，安全性是其首要考虑的问题，贯穿于飞机从研制、生产、运营到退役的整个生命周期。以民用飞机为代表，要考虑到安全性是民用飞机能否通过适航审查及进入市场并获得公众信任的前提条件。民用飞机机载系统属于高度综合的复杂系统，在设计过程中运用机载系统安全性设计与评估技术是减少其事故发生概率的有效手段。

10.1 安全性设计与评估体系

在对系统安全性技术进行探讨时，有必要先对一些基本概念和背景知识进行了解。同时，在飞机系统研制过程中，安全性设计与评估是不可或缺的一部分，贯穿于整个研制周期，以确保研制结果满足安全性需求。而安全性评估过程又与研制过程紧密结合，不可独立存在。因此，对于高度复杂综合化的飞机系统，高效、彻底和完整地实施其安全性分析与评估过程，需要一个系统化的设计和评估体系，当前比较成熟的安全性设计和评估体系是“双V”（validation-verification）体系。

10.1.1 基本概念

1. 事故

事故是指一个不期望的可能导致人员伤亡、环境破坏或财产损失的事件。可用图10-1所示的框图描述事故的定义。

国际民用航空组织（international civil aviation organization，ICAO）对事故的定义为：一个跟飞机操作相关而发生的事件，且这个事件造成了任何人员的致命伤害或严重伤害，同时造成飞机实质性损害、飞机失踪（当官方搜索已终止以及残骸没有被找到就认为飞机失踪）或者完全不可接近。其中部分关键词语解释如下。

（1）致命事故。导致一个或多个致命伤害的事故。

（2）致命伤害。从事故之日起30天内导致死亡的一个伤害。

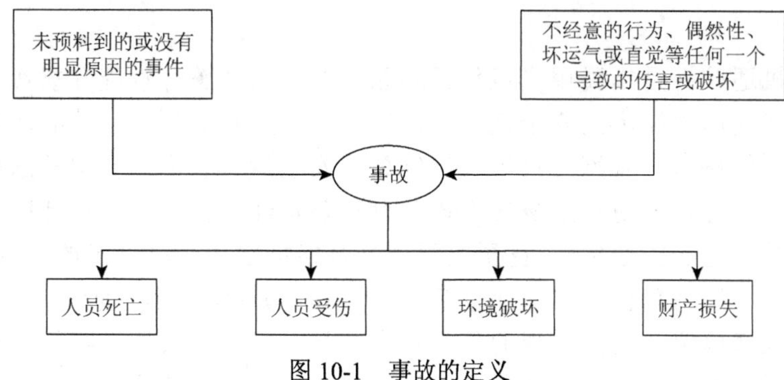

图 10-1　事故的定义

（3）严重伤害。以下所述的任何一个伤害都为严重伤害。

①从受到伤害之日起 7 天内，需要住院超过 48 小时的伤害。

②导致任何骨折的伤害（除了简单的如手指、脚趾或鼻子等的骨折）。

③导致严重出血或神经、肌肉、肌腱的伤害。

④涉及任何内部器官的伤害。

⑤涉及二级或三级烧伤，或者影响超过身体表面 5%的烧伤。

（4）实质性损害。损害或失效对结构强度、性能、飞机的飞行特性造成的不利影响，以及通常情况下可能要求对受影响部件进行较大的修复或更换。实质性损害不包括对起落架、机轮、轮胎和襟翼的损害，也不包括空气动力学的整流装置的弯曲、飞机蒙皮的凹陷和小孔、螺旋桨叶片的地面损坏或仅仅是一个发动机的损坏。

2. 风险

根据国际标准组织对风险的定义，风险是指危害发生概率与此危害严重程度的组合。常使用公式的形式对风险的概念进行简单描述，如式（10-1）所示：

$$R = SP \tag{10-1}$$

式中，R 表示风险；S 表示危害所造成后果的严重程度；P 表示危害所造成后果的发生概率。

S、P 这两因素对风险的影响是正向关系，即当 P 固定不变而 S 变大时，R 也增大；当 P 固定不变而 S 减小时，R 也减小。相应地，当 S 固定不变而 P 变大时，R 也增大；当 S 固定不变而 P 减小时，R 也减小。两者的关系如图 10-2 所示。

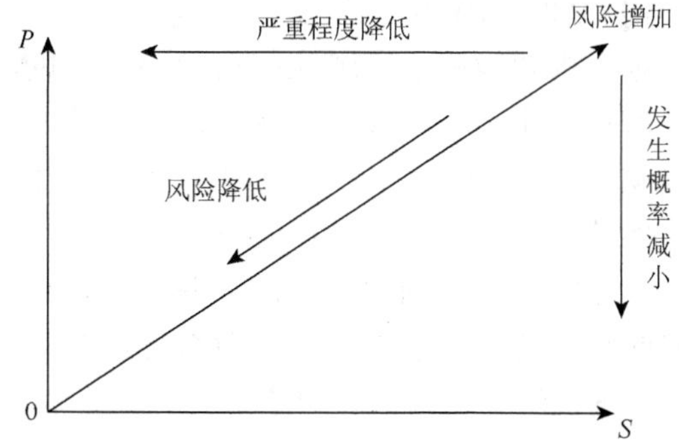

图 10-2　风险、危害发生概率及其严重程度的影响关系

3. 适航性

民用飞机适航性是指民用飞机包括其系统及子系统整体性能和操纵特性，在预期运行环境和使用限制下的安全性与物理完整性的一种品质，这种品质要求民用飞机应始终处于保持符合其型号设计和始终处于安全运行状态。要保持适航性，民用飞机的设计、制造、使用和维修各方皆负有重要责任。首先，从设计图纸、原材料的选用到试验制造、组装生产，直至取得型号合格批准和生产许可的初始适航阶段，民用飞机设计和制造单位要对适航性负主要责任。随后，在运营阶段，使用单位（航空公司）和维修单位（包括所属的各类航空人员，如飞行人员、维修人员、检验人员等）负责保持民用飞机始终处于安全运行状态，即对持续适航性负主要责任。最后，适航监管当局作为国家的政府部门，则是在制定各种最低安全标准的基础上，对民用飞机的设计、制造、使用和维修等环节中适航性相关工作，进行科学统一的审定、监督和管理。

4. 安全性

与航空活动相关的安全特性，其主要的因素通常为人、机器和环境。这些安全因素的一个重要特性就是它们以串联的方式起作用，而非平行方式。如图 10-3 所示，它们可以看作代表飞行安全链条上的三个环节，其中单个环节的失效足以引起事故的发生。

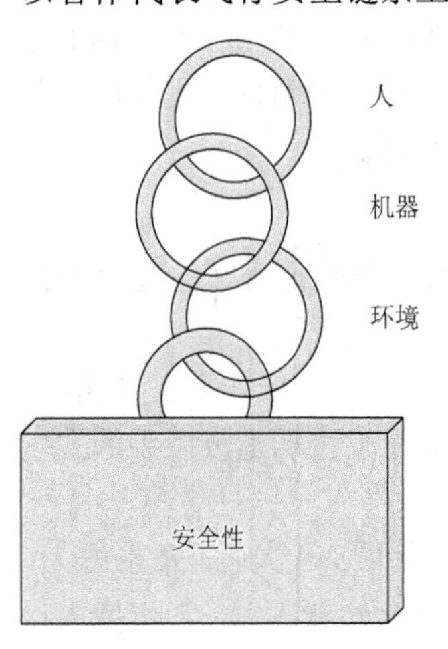

图 10-3　飞行安全的因素

而作为影响飞行安全的关键因素之一的机器，本章主要指飞机，飞机安全性主要是指飞机及其系统所具有的不导致人员伤亡、系统毁坏、重大财产损失或不危及人员健康和环境的能力，是其内在的一种特性。

10.1.2　安全性工作总体规划

1. 民用飞机安全性工作总体规划

安全性工作是飞机研制过程的重要组成部分。如图 10-4 所示，系统研制过程与安全性分析过程共同组成了飞机研制的完整内容，两者相互依存，不可分割。

“双 V”体系是当前比较成熟的安全性设计与评估体系。根据 ARP4754（关于高度综合或复杂飞机系统的合格审定考虑），“双 V”体系流程如图 10-5 所示，在该体系中，整个安全性评估过程提供了一套综合性方法，对飞机功能以及实现这些功能的系统设计进行评价，从而判断相关的危害是否已经得到妥善处理。“双 V”体系的左半边主要是为了自上而下进行指标和功能的分配及确认（validation），右半边则是为了对设计进行自下而上的验证（verification）。安全性评估过程可以是定性的，也可以是定量的。同时，在安全性评估过程的实施过程中，应当有相应的计划和管理，以保证所有相关的失效状态都得到确认，并且要考虑到导致这些失效状态的重要的故障组合。对需求进行确认的目的是确保其正确性和完整性，使飞机满足运营人、审定局方、供应商以及飞机/系统研制人员的需求。

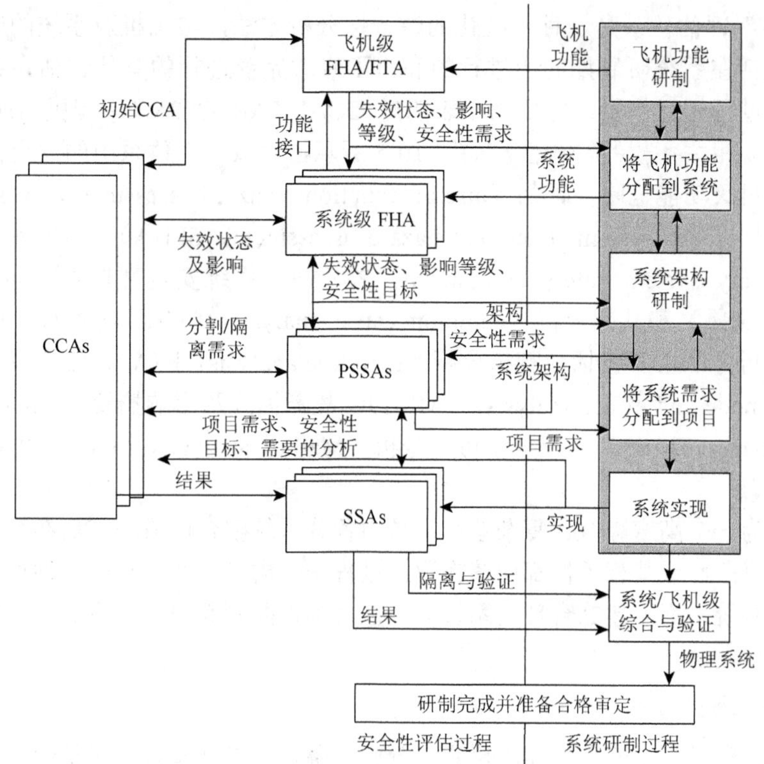

图 10-4 系统研制过程中的安全性评估过程

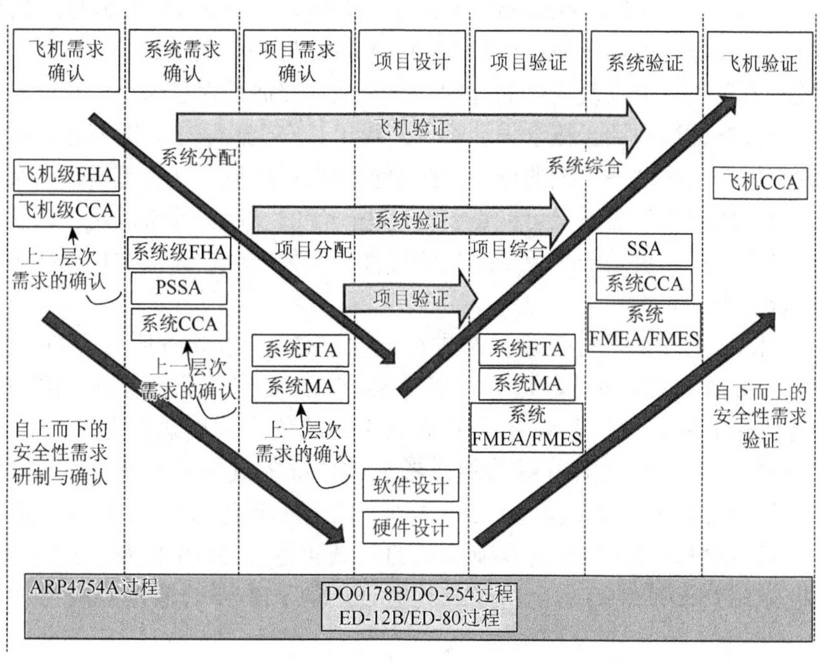

图 10-5 安全性与研制过程的交互关系（“双 V”体系）

DO0178B、ED-12B 指软件研制生命周期（机械系统和设备的软件审定考虑）；DO-254，ED-80 指硬件研制生命周期机械电子硬件的设计保证指南

“双 V”评估体系是一种系统化的综合性分析方法，与飞机及系统的研制工作紧密结合，包括在系统研制期间所进行的和为了修改完善进行的具体评估，并与系统其他研制支持过程相互作用，主要用于表明对 CCAR/FAR CS25（中国民用航空规章/联邦航空条例）相关条款的符合性。如图 10-5 所示，“双 V”体系中的安全性评估过程主要包括飞机级功能危险性评估（aircraft functional hazard assessment，AFHA）、系统级功能危险性评估（system functional hazard assessment，SFHA）、初步系统安全性评估（preliminary system safety assessment，PSSA）、系统安全性评估（system safety assessment，SSA）和共因分析（common cause analysis，CCA）等过程，以上过程中所使用的分析方法主要包括故障树分析（fault tree analysis，FTA）、故障模式及影响分析（failure mode and effect analysis，FMEA）、故障模式及影响摘要（failure mode and effects summary，FMES）以及马尔可夫分析（Markov analysis，MA）等可靠性和安全性分析方法。

飞机作为一个高度综合、复杂系统，是由各分系统整合而成的，而在整合过程中所引起的衍生复杂性或其相关性都应该在评估过程中考虑到。在进行安全性评估时，只要涉及综合性系统，都需建立合理的系统安全性目标，并判断设计是否满足这些目标，这一点至关重要。

2. 安全性评估过程

安全性评估过程是安全性需求确定、分配、确认、设计实现（包括图纸、分析、计算和试验等）和验证（工业方&合格审定验证）的过程。安全性评估主要通过功能危险性评估（functional hazard assessment，FHA）、PSSA、SSA 和 CCA 等的评估方法/流程实施。由于篇幅限制，本章仅简单介绍 FHA、PSSA 及 SSA 等方法。

研制过程本身是一个反复迭代的过程，而安全性评估过程是这个过程中必不可少的一部分。安全性评估过程始于概念设计阶段，得出其安全性需求。随着设计的推进，会不断有更改产生，而对这些更改的设计又必须重新进行评估，这种重新评估又可能产生新的设计需求，新的设计需求又可能需要通过进一步的设计更改来满足。因此，安全性评估同研制过程一样，也是一个反复迭代的过程。这种安全性评估过程要持续到设计满足安全性需求为止。

在飞机/系统研制周期的初始，要进行一次 FHA，借此查明与飞机功能及功能组合相关联的失效状态，并对其进行等级分类。FHA 是对飞机和系统功能进行检查，确认潜在的功能失效，并对与特定失效情况相关的危害程度进行分类。在研制过程早期进行 FHA 工作，并且随着新功能或者失效情况的确认进行更新。进行 FHA 的目的是表明每一种失效状态及其分类的原理。随着设计过程中飞机的功能被分配到各个系统，应当对每一个综合了多项功能的系统再进行 FHA 检查，此时的 FHA 应调整为考虑分配到该系统的单个功能或其组合。最后 FHA 的输出将成为 PSSA 的起始点。

PSSA 是对所提出的架构进行系统性检查，以确定失效如何导致 FHA 中所确定的失效状态。同时，PSSA 可以对飞机/系统进行研制保证等级的分配。PSSA 的目标是完善飞机、系统或设备（即设备、软件、硬件）的安全性需求，并确认所提出的架构能够合理地满足安全性需求。PSSA 可以确定保护性措施（如隔离、机内测试、监控、独立性和安全性、维修性任务间隔等）。SSA 及其他文件应该以 PSSA 的输出作为其输入，包括但不限于系统需求、软件需求及硬件需求。PSSA 是与设计定义相关的反复迭代的过程。PSSA 在系统研制（包括飞机、系统及设备定义）的多个阶段进行。在最低层级，PSSA 确定了与硬件和软件安全性有关的设计需求。

SSA 是对所实现的飞机和系统的一种系统性与综合性评价，以表明其满足相关的安全性需求。PSSA 与 SSA 的区别在于：PSSA 是评价所提出的架构以及生成系统/设备安全性需求的方法，而 SSA 是验证所实施的设计满足 PSSA 定义的安全性需求的方法。SSA 综合各种分析的结果，以验证整个飞机/系统的安全性，并具体考虑了 PSSA 所确定的安全性方面的问题。SSA 通常建立在 PSSA 中 FTA 的基础上，并且要用到 FMES 所获得的定量数据。通过 SSA 应当确认 FMES 列出的所有重要的故障影响都被作为主事件在 FTA 中加以考虑。FMES 是对 FMEA 列出的故障的一个概括，其中，根据故障影响对其进行了分组。

为满足安全性或规章要求，功能、系统或设备的设计可能要求具有独立性。因此，设计时需用一定的方法、流程或程序来确保这种独立性真实存在且可接受。CCA 恰恰提供了用以验证独立性或确定具体相关性的工具。通过 CCA 可排除会导致灾难性失效状态的共因事件，还可确定能够导致灾难性的或危险的/严重的失效状态的单个失效模式或外部事件。更进一步，CCA 可分为以下三个用以辅助安全性评估的研究方法：特定风险分析（particular risk analysis，PRA）、区域安全性分析（zonal safety analysis，ZSA）和共模分析（common mode analysis，CMA）。需注意的是，在各个系统的 PSSA 和 SSA 中，将要用到飞机级共因分析的结论。CCA 可在设计过程的任何阶段进行。当然，由于对系统架构和安装的潜在影响，在设计过程的早期进行分析是最经济的。然而，只有到研制最终完成时，CCA 的结论才是可行的。

10.1.3　安全性需求的目标与分配

1. 安全性需求的目标

根据所研制飞机的合格审定基础和期望达到的安全性目标，通过 FHA 等安全性分析与评估工具/方法来建立飞机的安全性需求，并据此制订相应的安全性设计准则（包括与安装和运行相关的安全性设计准则）。通过整机层次的安全性需求、系统层次的安全性需求、系统界面、系统安装需求、设备安装需求或技术采购规范等文件，将安全性技术需求逐一传递到研制的各个环节。

通常，适航规章所规定的飞机系统安全性目标包括以下几点。

（1）针对不同的失效影响等级需达到如下的安全性目标。

①灾难性的失效状态须是极不可能的。

②危险性的失效状态发生概率须不超过极微小的概率需求。

③重大的失效状态须不超过微小的概率需求。

④轻微的失效状态须不超过可能的概率需求。

⑤无安全影响的失效状态无概率需求。

（2）与灾难性失效状态相关的安全性目标，必须表明如下几点。

①单点失效不会导致灾难性的失效状态。

②每个灾难性的失效状态必须是极不可能的。

③平均每飞行小时发生的所有灾难性失效状态的总发生概率是极微小的。

2. 安全性需求的分配

安全性需求存在于飞机级、系统级和设备级。鉴于此，在确定了上层级安全性需求后，必然存在一个自上而下的安全性需求分配过程。通常，下层级的安全性需求来自于对上层级安全性需求的分配。飞机系统设计过程中，需根据功能把安全性需求自飞机级功能至设备级功能进行分解。例如，飞机级安全性需求是通过建立基于飞机功能（如方向控制、地面减速等）的飞机级 FHA 而形成的。系统级安全性需求是通过分解飞机级安全性需求得出的系统级 FHA 而形成的。

从确定安全性需求到进行安全性需求分配需要以下几个步骤。

（1）确立基本的飞机级性能和运行需求。通过这些基本的需求，能够建立飞机级功能和这些功能的需求。同时，能够确定与外部物理和运行环境的功能接口。这项工作的输出是一个包括飞机级功能、相关功能需求以及这些功能接口的清单。

（2）自飞机级功能向系统级进行分配和分解，确立适合的飞机功能分组，并将这些功能的需求分配到系统。根据功能分配及相关的失效影响，确定满足安全性目标所必需的更具体的系统需求。这项工作的输出是对于每个飞机系统包括它们的相关接口的一组需求。

（3）初步的系统架构可得到确认。该架构确立了系统结构和边界，在此结构和边界之内，实施特定设备设计，以满足所有已确立的安全性和技术性能需求。然后通过使用功能和性能分析、PSSA 和 CCA 等过程对候选系统架构进行迭代式的评估，以确定在满足分配到系统的功能和顶层安全性需求方面的可行性。这项工作的输出包括至设备级的系统架构，以及对于适用设备的系统功能和安全性需求的分配。

（4）将安全性需求分配至硬件和软件。分配到每个设备中硬件的需求，包括适合的安全性目标和研制保证等级；分配到每个设备中软件的需求，包括研制保证等级。必要时应包括软硬件集成的需求。此项工作的输出也可用于更新 PSSA。

实际上，系统架构的制订和系统需求至设备需求的分配是紧密联系的、反复迭代的过程。每次循环都会加深对衍生需求的理解和确定，并且系统级需求到设备级的软/硬件的分配原理也变得更加清晰。当在最终架构中包含了所有需求时，该过程即完成。当向设备分配和分解需求时，需要保证设备可以完全实现所分配的需求。随着系统架构工作的深入，由于技术、架构、系统和设备接口或设计实施选择等因素，产生的衍生需求变得更加清晰可见。需要评估这些衍生需求对较高层级需求的潜在影响。分配中产生的衍生需求可能与系统、软件或硬件有关，因此需要考虑根据所分配的需求，在系统级或设备级进行设计实现的验证。

研制保证是在系统研制过程中，通过详细具体的计划安排和系统性的研制活动来控制研制过程，以保证消除或减少系统需求和研制活动中的错误与遗漏，确保系统满足适航标准的安全性需求。研制活动保证是通过研制保证等级（development assurance level，DAL）来进行约束，DAL 包括飞机/系统的功能研制保证等级（functional development assurance level，FDAL）和设备研制保证等级（item development assurance level，IDAL）。根据顶层失效状态最严重的类别，对顶层功能分配 FDAL。表 10-1 为飞机或系统级 FHA 中的每个功能分配 FDAL。

表 10-1　顶层功能 FDAL

顶层失效状态严重性类别	相应顶层功能 FDAL 分配
灾难性的	A
危险性的	B
重大的	C
轻微的	D
无安全影响的	E

10.1.4　安全性需求的确认与验证

1. 安全性需求的确认

对安全性需求进行确认的目的是确保安全性需求的正确性和完整性。从简化研制过程的角度看，应在设计实施开始之前进行需求确认计划的制订。在实际中，尤其是对于复杂和综合系统，确认通常是分阶段进行的，并贯穿于整个研制周期。每一阶段的确认工作都能增加对安全性需求正确性和完整性的置信度。经验表明，制订并确认一个好的安全性需求，可以及早发现细微差错或遗漏，并能降低系统重新设计或系统性能不足的风险。

安全性需求的确认应对每个层级的安全性需求进行确认，这包括在飞机功能级、系统级和设备级的需求确认以及对 FHA 的确认。确认过程模型如图 10-6 所示。

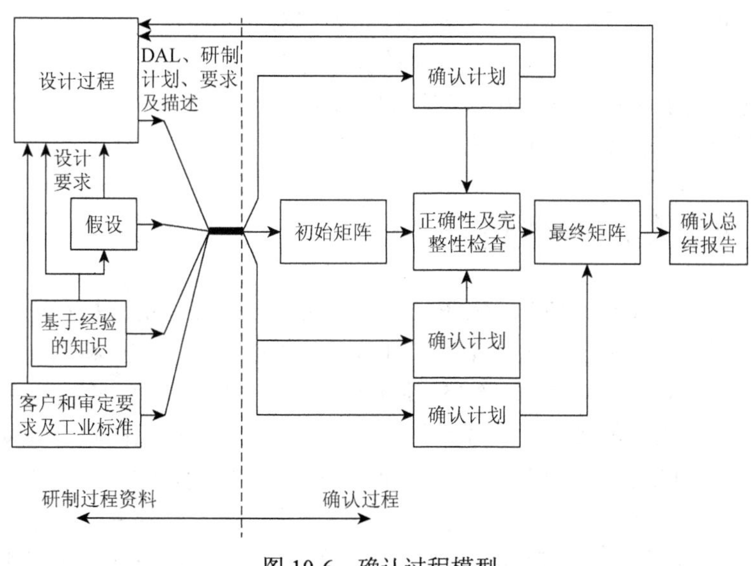

图 10-6　确认过程模型

2. 安全性需求的验证

安全性需求的验证是指对安全性要求的实现过程进行评估，以确定设计的产品（包括飞机/系统/功能/项目）是否满足这些安全性要求，即确定是否已确立了正确的飞机/系统/功能/项目。

实现验证是确定设计实现满足其对应需求，正确地实现了预期功能，保证系统实现满足被确认的需求。实现验证过程应在系统实现的每一层级上进行，图 10-7 为通用的验证过程模型。验证包括依照验证计划进行检查、评审、分析、试验和使用。验证过程的输入包括系统或设备的需求集合以及待验证系统或设备的完整描述。在验证预期功能的过程中，应报告发现的任何异常情况（如非预期功能或不正常工作状态）。

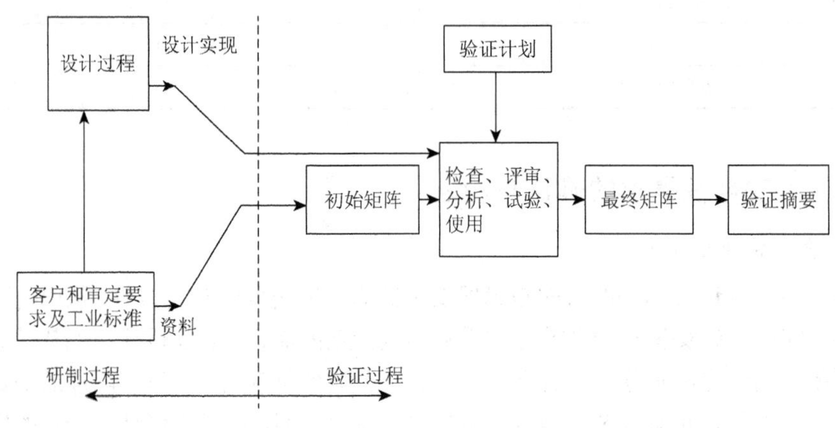

图 10-7 验证过程模型

验证过程包括以下三个不同的部分。

（1）计划：包括必需的资源、活动的先后次序，产生的数据、必需信息的校对，特殊活动和评估准则的选择，需特殊验证硬件和软件的产生。

（2）方法：包括在验证活动中所使用的验证方法。

（3）数据：包括在验证过程中所产生的结果证据。

验证的等级由 FDAL 和 IDAL 来确定。

10.2 功能危险性评估

就民用飞机设计来说，CCAR/FAR/CS25 是飞机设计应满足的基本规章。在飞机设计过程中，除了应满足关于系统、部件、性能等相关的条款，还应满足特定的与安全性相关的需求，表明对 CCAR/FAR/C5 25.1309 条款的符合性。因此，在民用飞机适航合格审定过程中，需要对飞机整机和重要系统进行安全性评估，以期证明飞机设计满足既定的安全性需求。FHA 是对功能进行系统而全面的检查，以确定这些功能的失效状态，并按其严重性进行分类的过程，是安全性评估的第一步，起着至关重要的作用。本节首先说明 FHA 的目标和分类，随后详细介绍 FHA 分析过程，最后分别介绍飞机级 FHA 和系统级 FHA，并给出分析示例。

10.2.1　FHA 目标和分类

FHA 是对功能进行系统而全面的检查，以确定这些功能的失效状态并按其严重性进行分类的过程，是新机型或改进机型设计过程中安全性评估的第一步。该评估方法起始于飞机概念设计阶段，并为飞机后续研制提供设计需求和安全性需求的重要依据。FHA 分析结果是下一步安全性评估流程（如 PSSA 和 SSA）的必要输入，也为后续系统、子系统设计架构提出安全性设计需求，帮助确认系统架构的可接受性，发现潜在问题和所需的设计更改，确定所需进一步分析的需求及范围。图 10-4 表明了安全性评估过程与飞机研制过程关系。FHA 通常在两个级别上进行，分别为飞机级 FHA 和系统级 FHA。

飞机级 FHA 是在飞机研制开始时，对飞机的基本功能进行高层次的定性评估。飞机级 FHA 将飞机整机视为研究对象，识别飞机在不同飞行阶段，可能发生的影响飞机持续和安全飞行的功能失效，并将这些功能失效进行分类，建立飞机必须满足的安全性需求。

在飞机设计过程中，将飞机功能分配到系统后，综合了多重飞机功能的每个系统必须进行系统级 FHA。系统级 FHA 以系统的功能为研究对象，识别影响飞机持续、安全飞行的系统功能失效，并根据该功能失效对飞机、机组或乘员影响的严重程度进行分类。

总体来说，FHA 主要是从飞机功能或系统功能的角度出发，识别各种功能失效和影响，与飞机或系统的具体构型或组成无关。

10.2.2　FHA 过程

FHA 的目的是识别飞机/系统级别下的功能，并考虑功能失效和功能异常两种情况时，建立飞机/系统的失效状态清单及其相关分类。当失效影响和分类从一个飞行阶段到另一个飞行阶段发生变化时，FHA 应识别每个飞行阶段的失效状态。

FHA 过程是一种自上而下识别功能失效状态和评估其影响的方法，应按照如下过程进行评估工作。

（1）确定与分析层次相关的所有功能（包括内部功能和交互功能）。

（2）确定并说明与这些功能相关的失效状态，考虑在正常和恶化环境下的单一与多重失效。

（3）确定失效状态的影响。

（4）根据失效状态对飞机或人员的影响，对其进行分类（灾难性的、危险性的、重大的、轻微的和无安全影响的）。

（5）给出用于证明失效状态影响分类所要求的支撑材料。

（6）提出用于验证失效状态满足安全性需求的符合性验证方法。图 10-8 为符合性验证方法的确定原则。

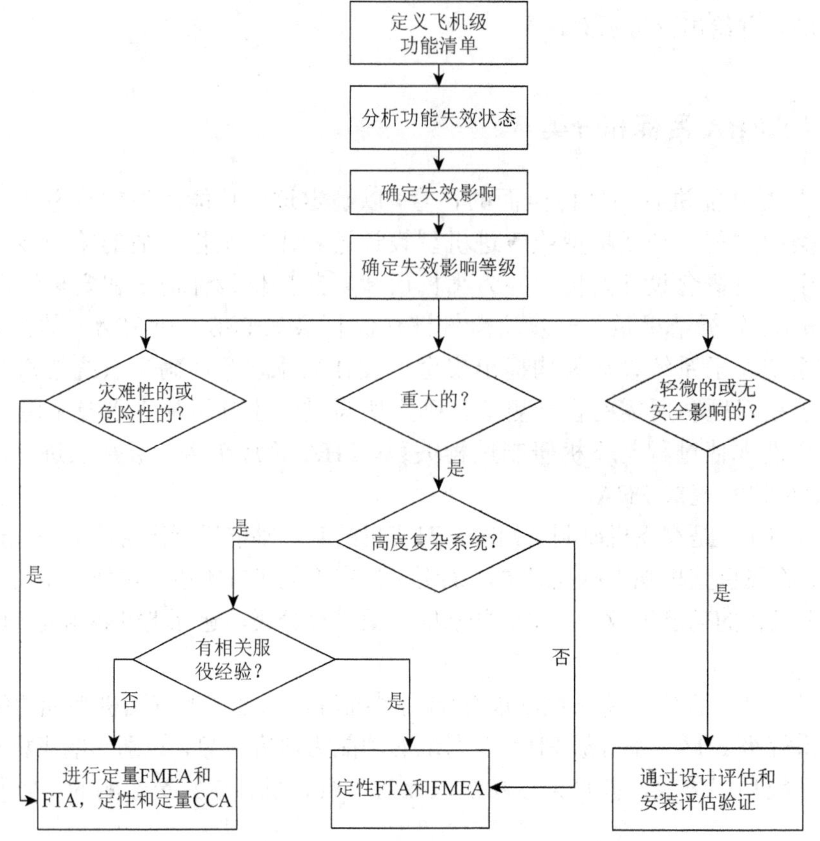

图 10-8 符合性验证方法的确定原则

将 FHA 工作的结果填入分析表格。AFHA 表见表 10-2。

表 10-2 AFHA 表

功能	失效状态	工作状态或飞行阶段	危险对飞机或人员的影响	影响等级	影响等级的支撑材料	验证方法	附注
(1)	(2)	(3)	(4)	(5)	(6)	(7)	(8)

（1）功能：指要进行分析的功能。

（2）失效状态：指对每个假设的失效状态作简要说明。通常对每个确定功能，从功能全部丧失、功能部分丧失、其他系统的故障及其他外部事件等危险根源进行考虑。

（3）工作状态或飞行阶段：指功能失效时所处的工作状态或飞行阶段。若失效状态的影响由于飞行阶段不同而不同，则必须按不同飞行阶段分别填写。

（4）危险对飞机或人员的影响：指危险可能使飞机和人员遭受到的有害结果。

（5）影响等级：指灾难性的、危险性的、重大的、轻微的及无安全影响的。

（6）影响等级的支撑材料：如飞行试验、地面试验、仿真模拟等。

（7）验证方法：如定性的或定量的。

（8）附注：指与该失效状态相关，但没有在其他各栏涉及的相关信息，如相似系统以前的故障资料或管理指令等。

10.2.3　FHA 报告

应对 FHA 过程中产生的文件，如 FHA 功能清单、环境和应急构型清单等文件进行归档，以便使 FHA 过程中所采取的步骤具有可追溯性。

FHA 报告应包括以下内容：①功能说明；②失效状态；③运行阶段；④失效对飞机、飞行机组和乘员的影响；⑤失效状态分类；⑥评估过程中引用的支撑材料；⑦验证方法（为满足安全性目标而规定的设计验证方法）。

10.2.4　AFHA 过程

图 10-9 给出了 AFHA 过程，该过程包括以下五部分：①定义飞机级功能；②确定失效状态；③确定失效状态影响分析；④确定失效状态影响分类；⑤输出评估结果（包括安全性需求、假设的确认和验证方法）。

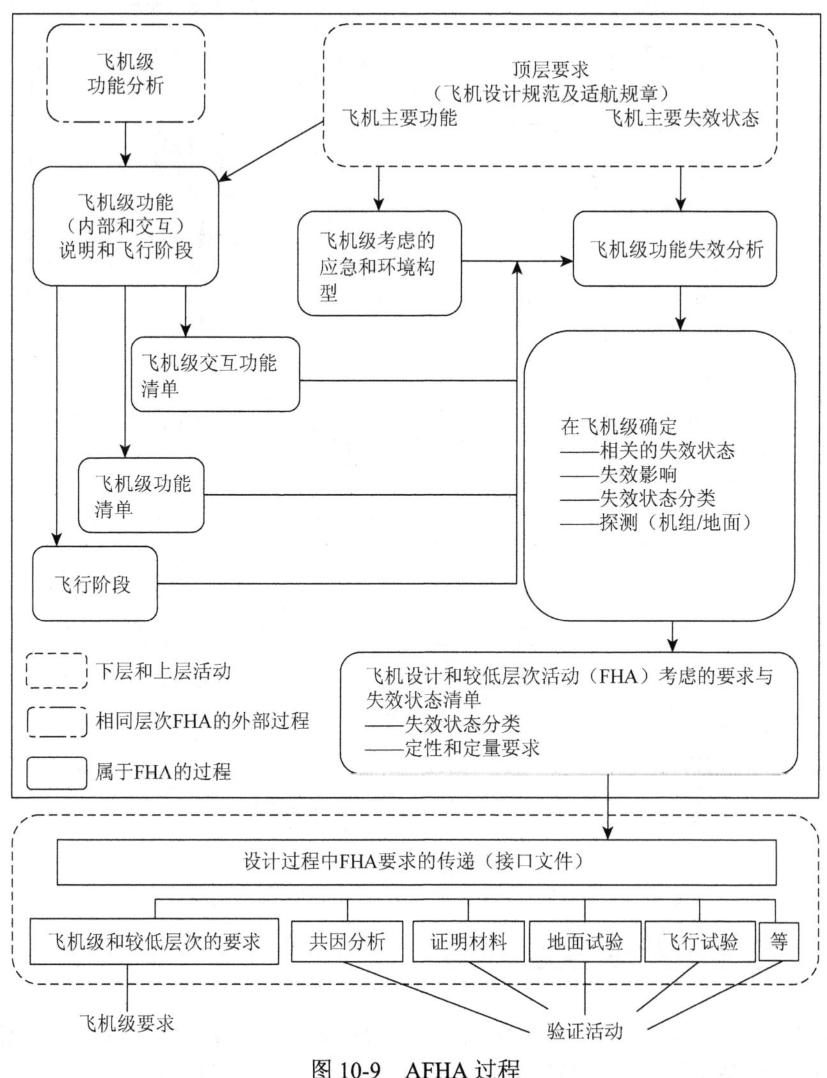

图 10-9　AFHA 过程

10.2.5 SFHA 过程

图 10-10 给出了 SFHA 过程。该过程与飞机级 FHA 过程类似，区别在于系统级 FHA 的顶层需求来自飞机级 FHA 衍生的安全性需求及系统适用的规章。

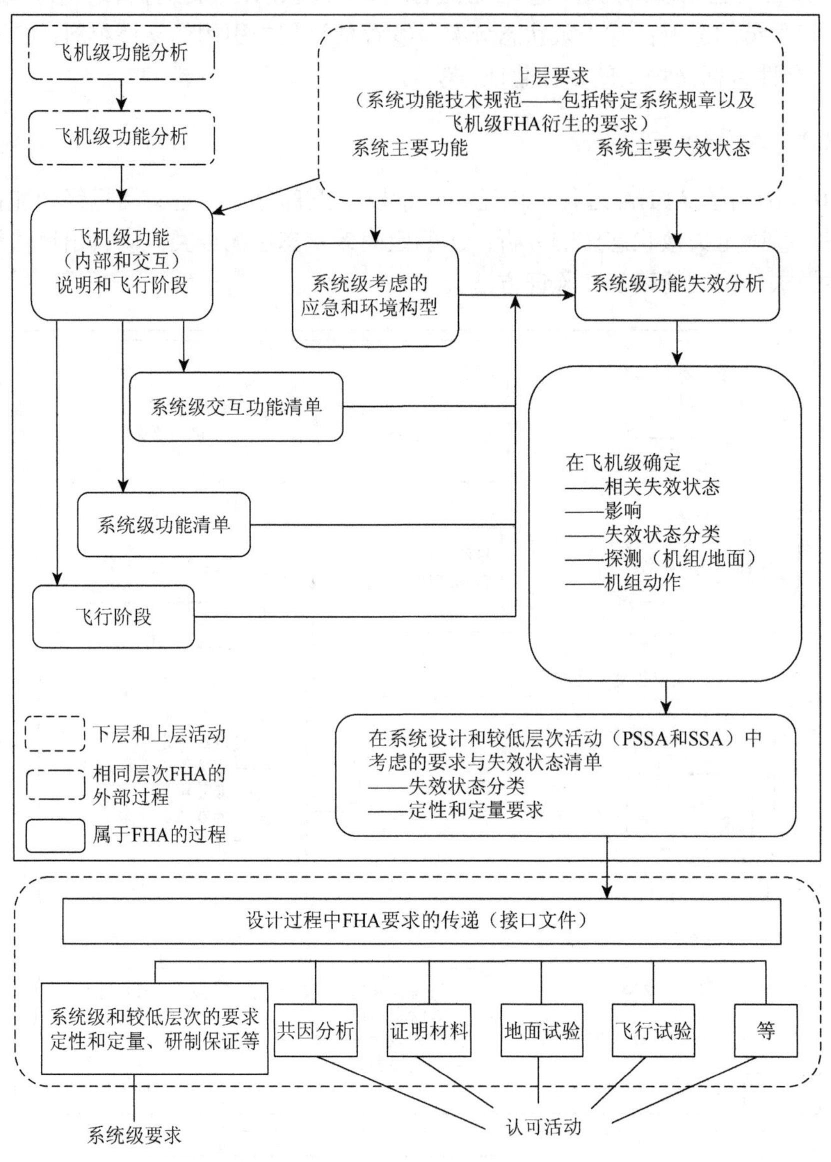

图 10-10 SFHA 过程

10.3 初步系统安全性评估

FHA 初步完成后，需要结合系统架构，开展 PSSA。该评估是整机或系统安全性评估过程中的关键环节之一，也是系统顶层安全性工作与软件/硬件安全性工作的桥梁。通过该评估，可将顶层的安全性需求向子系统及设备级分配，它是实现自上而下设计理念的核心部分。本节针对 PSSA 过程进行简要介绍。

10.3.1　PSSA 的作用与目的

PSSA 过程与设计过程相互作用、紧密关联，在整个设计周期内连续迭代进行。其通过对推荐的系统架构进行系统的检查，以确定故障是如何导致 FHA 中所确定的失效状态的，以及如何能够满足 FHA 中所确定的定量和定性的安全性目标与需求，同时将 SFHA 中产生的系统安全性需求（概率、DAL 等）分配到子系统/设备，将设备级安全性需求分配到软件和硬件，从而确定系统各层次设计的安全性需求和目标，为系统设计与研制活动、SSA 等活动提供必要的输入，如图 10-11 所示。

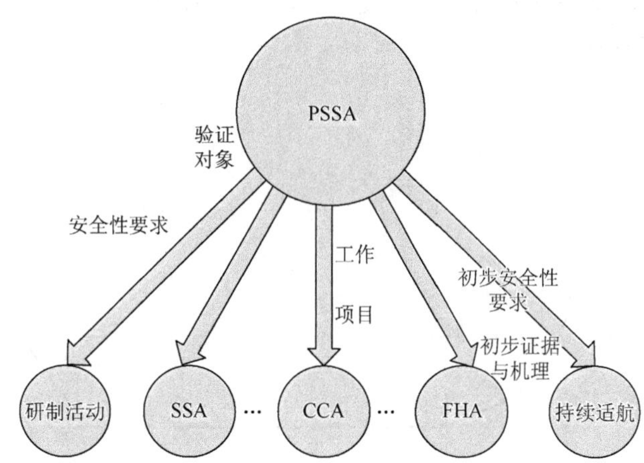

图 10-11　PSSA 对其他活动的作用

PSSA 的作用与目的主要有以下几点。

（1）探究导致 FHA 中所识别确定的功能危险性的机理，并确定满足 FHA 的途径。

（2）根据初步的数据、信息和系统详细的架构，来证明与 FHA 中失效状态相关的安全性定性和定量需求得以满足。

（3）确定系统各层次定性的和定量的安全性需求（如功能和软/硬件的 DAL 需求、概率需求等），一般这些需求将包含在产品技术规范等文件中。

（4）确定对相关活动的安全性需求，如安装、维修、运行需求手册等。

（5）确定所提出的架构和所制订的方案满足飞机/系统的安全性顶层需求与安全性目标。

（6）确定对其他系统、接口和交互功能的安全性需求等。

（7）产生 FTA 中所使用的独立性假设清单，以便于确认与验证。

（8）确定 CMA 的输入等。

对于所分析的系统，PSSA 阐明在 FHA 中所确定识别的所有重要的故障失效状态，分析方法可定性，也可定量，其使用的定性或/和定量分析方法将由失效状态影响危险等级、复杂程度、相似系统服役经验等综合分析确定。

10.3.2 PSSA 的假设与输入

在进行 PSSA 相关分析的过程中，可能使用和/或产生了许多假设，这些假设除了需要进一步的确认与验证，还需进行有效的管理，以确保假设的完整性、正确性和可追溯性。其中，PSSA 中所使用或产生的假设主要包括故障树中“与”门的独立性假设、平均飞行时间、故障分布类型以及设计中的假设等。下面将对主要的上述假设进行简要的介绍，以帮助理解 PSSA 中的分析假设。

1. PSSA 的假设

1）故障分布类型假设

在进行 PSSA 和 FTA 的计算、预计和分配时，一般假设系统的故障服从指数分布，而指数分布里的故障率 $\lambda(t)$ 服从浴盆曲线分布，如图 10-12 所示。从图中可看到 $\lambda(t)$ 的变化大致可分成三种类型。

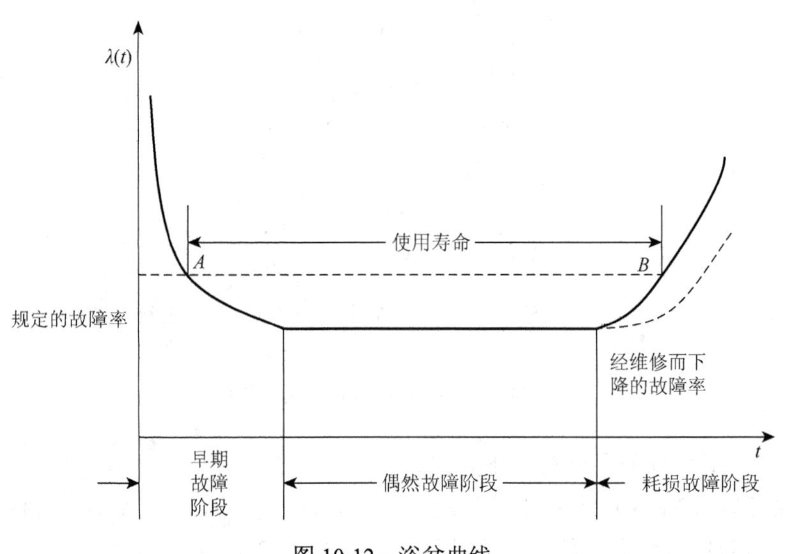

图 10-12 浴盆曲线

（1）早期故障阶段。在产品开始使用的早期出现，其特点是开始故障率较高，但随时间增加，早期故障排除，故障率迅速下降。

（2）偶然故障阶段。这期间故障率较低，且持续时间较长，其特点是故障率近似为常数。

（3）耗损故障阶段。产品工作较长时间后出现，其特点是随时间的增加，故障率迅速上升。

而一般来说，在进行 PSSA 过程计算时，假设 $\lambda(t)$ 为偶然故障阶段的恒定值，其恒定值即为浴盆曲线盆底所对应的值（图 10-12）。

2）典型平均飞行时间

在计算暴露时间和进行 PSSA 定量分析时，需要确定一参数值——平均飞行时间。顾名思义，平均飞行时间是指飞机飞行一个循环（起落）所使用的时间，以小时为单位，故也称为平均飞行小时。平均飞行时间随飞机类型和任务剖面的不同而不同，其准确的数值应结合以往的经验和用户的需求，由市场统计而得出，表 10-3 给出了不同类型飞机平均飞行时间的示例。

表 10-3　不同机型典型平均飞行时间示例

飞机类型	支线飞机	窄体飞机	宽体飞机
平均飞行时间	1 小时左右	2～4 小时	4 小时之上

3）“与”门的独立性假设

“与”门的独立性假设是深入进行 FTA 和将 PSSA 进行到最底层级的条件与基础。对于危险影响等级比较高的“与”门故障树，还需要进行独立性的进一步确认和验证，主要通过 FMEA、CMA、PRA、ZSA 等方法来进行。以“所有处理器和所有总线失效”为例（图 10-13），在“与”门的独立性假设前提下，当“所有处理器失效”和“所有总线失效”这两个事件中全部发生时，其顶事件“所有处理器或所有总线失效”顶事件概率计算如下：

P(所有处理器和所有总线失效)=所有处理器失效(prob(P_0))×所有总线失效(prob(B_0))

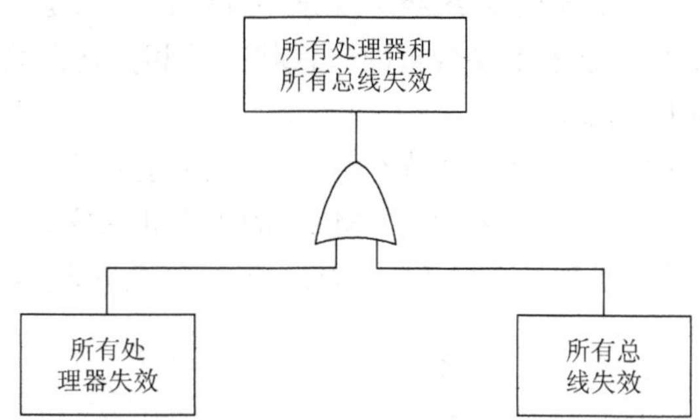

图 10-13　所有处理器和所有总线失效示例

2. PSSA 的输入

在进行 PSSA 时，需要具备必要的条件和输入，其主要包括以下几个方面。

（1）飞机级 FHA 所识别确定的失效状态及相关需求（包括 DAL 需求、概率需求等）；飞机级 FTA。

（2）系统级 FHA 所识别确定的失效状态及相关需求。

（3）初步的 CCA。

（4）推荐或确定的系统架构。

（5）与其他系统的接口和相互关系。

（6）系统设备清单及其功能等。

PSSA 的输入包含的内容比较广泛丰富，也很复杂，并且在不同的层级，PSSA 的输入及相互关系也有所不同，以 PSSA 过程中 FTA 顶事件的来源为例，其可能来源于飞机级 FHA、PSSA、系统级 FHA、上一级的 FTA 等，其各层级 FTA 顶事件的来源示例见表 10-4。

表 10-4 顶事件的来源

FTA 约定层次	顶事件的来源	FTA 约定层次	顶事件的来源
飞机级	飞机级 FHA	组件级	系统级 FTA
系统级	系统级 FHA 和/或飞机级 FHA 和/或飞机级 FTA	组件功能块	组件级 FTA

10.3.3 PSSA 过程与输出

1. PSSA 过程

PSSA 是一种自上而下的分析方法，根据系统级 FHA 失效状态等级，对预期的架构及其实施情况进行系统性的评估，输出系统/组件的安全性需求。在对系统架构进行初步评估时，应充分进行 CCA，对系统设计实施的功能冗余度、功能隔离和功能独立性进行评判。

PSSA 主要输入有两个：一是系统级功能危险性评估；二是系统架构。系统级功能危险性评估主要产生 PSSA 过程中要分析的失效状态及其类别；系统架构则给出了系统的组成、设备清单及相应功能。

由 PSSA 中的故障树底事件产生的安全性需求，应传递到故障模式与影响分析的分析者手中。这些信息可以帮助分析者决定 FMEA 的重点和深度。

系统级 PSSA 的实施过程如图 10-14 所示，图中给出了各过程需要完成的工作和目标。

2. PSSA 输出

1）输出文件

通过进行和完成 PSSA 过程，将产生各层级的 PSSA 分析结论，并为系统设计、低一层级的 PSSA 和 SSA 验证提供输入。其中，分析结论包括以下几点。

（1）低层级的系统或设备的安全性需求［故障率、环境合格鉴定要求、闪电高强度辐射场（high intensity reciprocity failure，HIRF）要求等］。

（2）安装需求（隔离、分离等）。

（3）功能和软/硬件的 DAL。

（4）安全性维修任务和运行任务等。

将这些结果形成文件进行归档，以便对完成 PSSA 报告的步骤进行跟踪。相关保留文件和信息包括以下几点。

（1）计划对 FHA 需求的符合性方法。

（2）更新的 FHA。

（3）支持失效状态分类的材料。

（4）失效状态清单。

（5）低层级的安全性需求（包括 DAL）。

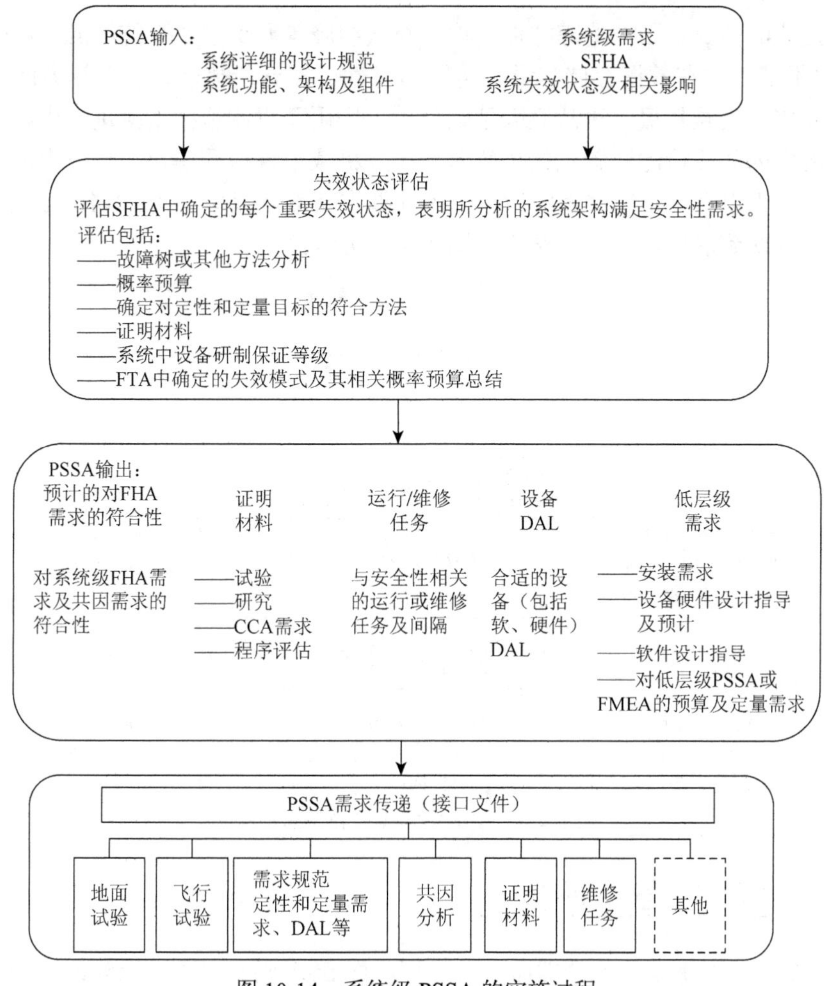

图 10-14　系统级 PSSA 的实施过程

（6）定性的 FTA。

（7）初步 CCA。

（8）运行需求（飞行和维修）。

2）输出给低层级的 PSSA

PSSA 可能在子系统或设备上实施。低层级 PSSA 的输入是在上一层级 FHA/PSSA 中确定的相关失效影响、定性需求、概率预算和 DAL。在获得上一层级 PSSA 的输出后，低层级的 PSSA 可按照以上过程实施。

3）PSSA 和 SSA 之间的联系

系统安全性评估（SSA）是验证 SFHA 中重要失效状态的安全性需求和目标已被满足的一种自下而上的方法。PSSA 的输出应作为 SSA 过程的输入之一。对于不同层次上所实施的每一 PSSA，应存在相应的 SSA。

10.3.4　PSSA 示例

“报信者系统”是由中国商飞美国公司牵头进行研发的。主要由智能快速分离、数据传输及定位、拖曳式图像追踪捕捉传输、充气缓降等四个主要系统组成。和传统黑匣子相比，“报信者”在数据存储容量、传输即时性、搜寻便捷性、重量等方面实现了质的飞跃，有望对灾难救援、事故原因精确分析、民用飞机制造技术改进产生积极作用。

报信者中的故障检测装置包括传感器系统、机载报警信号等，一旦发生故障，会给飞机、乘客、机组人员带来严重的后果，因此要求其故障概率小于 5×10^{-5}。通过 PSSA 将这个目标分配到底层，过程及结果如图 10-15 所示。

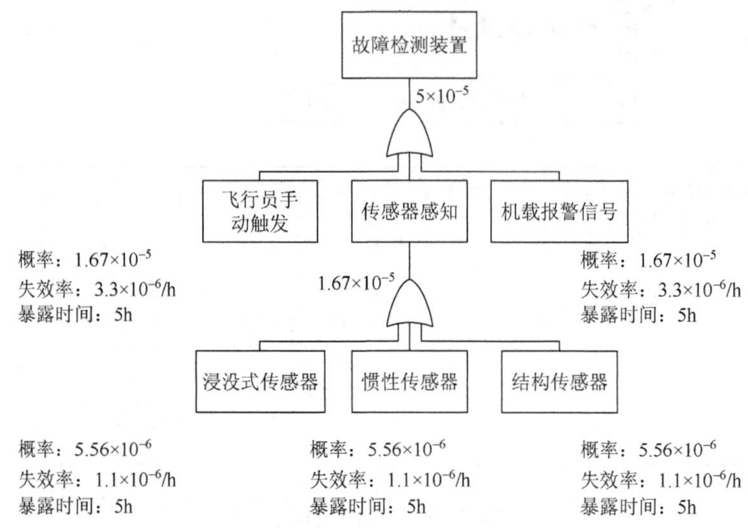

图 10-15　丧失判断飞机异常的功能

10.4　系统安全性评估

PSSA 是自上而下分配安全性需求的过程，而 SSA 则是自下而上验证这些安全性需求的过程。对于在不同层级实施的 PSSA，都有一个 SSA 过程与之对应。本节将首先概述 SSA 过程，然后阐述 SSA 评估的过程。

10.4.1　SSA 概念

SSA 是对系统、架构及其安装等实施的系统化、综合性的评估，以证明相关的安全性需求得到满足。

SSA 是评估所有重要失效状态及其对飞机的影响，其分析过程类似于 PSSA，但在范围上有所不同。PSSA 是结合系统架构，自上而下地将 FHA 中的需求分配到子系统/设备，再将设备级需求分配到软件和硬件，导出系统各层级设计的安全性目标和需求，同时表明系统如何满足 FHA 中确认的失效状态的定量和定性安全性需求。而 SSA 是自下而上验证可实现的设计方案是否已满足 FHA 和 PSSA 中所定义的定性和定量安全性需求的过程。

SSA 是一个连续反复的过程，贯穿于飞机整个研制周期。SSA 可在不同层级上实施，对于在不同层级实施的 PSSA，都有一个对应的 SSA。最高层级的 SSA 是系统级 SSA，由 AFHA 和/或 SFHA 或 PSSA 引出，低层级的 SSA 是根据系统级 SSA 的输出展开得来的。

SSA 的目标如下。

（1）验证 SFHA 中安全性需求（设计需求）和目标是否满足。

（2）验证在系统架构、设备、软件及飞机安装的设计中所考虑的安全性需求是否已经满足。

（3）确认在 FHA/PSSA 中确定的所有证明材料是否已经关闭。

10.4.2　SSA 过程

对每个待分析的飞机系统，SSA 应总结所有重要的失效状态及其对飞机的影响，采取定性或定量分析的方法来验证其符合性。SSA 的具体分析需求可能不同，这取决于设计、复杂性和被分析系统要实现的功能类型，应根据相应的 PSSA 建立分析需求。

图 10-16 中虚线的左侧部分是 PSSA 过程中的推荐步骤顺序。图 10-16 虚线的右侧部分表示在 SSA 过程中推荐的步骤顺序。并不是每个步骤都必须执行，应考虑每个步骤的适用性。

通过图 10-16 右侧这些自下而上的分层验证，根据在 PSSA 过程中提出的安全性需求，可以验证硬件可靠性需求、架构需求和软/硬件 DAL。低于规定级别的设计应当执行第二次评估来决定其是否符合原来的需求。RTCA DO-178B 标准用来验证软件实现是否满足要求的 DAL。RTCA DO-254 标准用来验证硬件实现是否满足要求的 DAL。

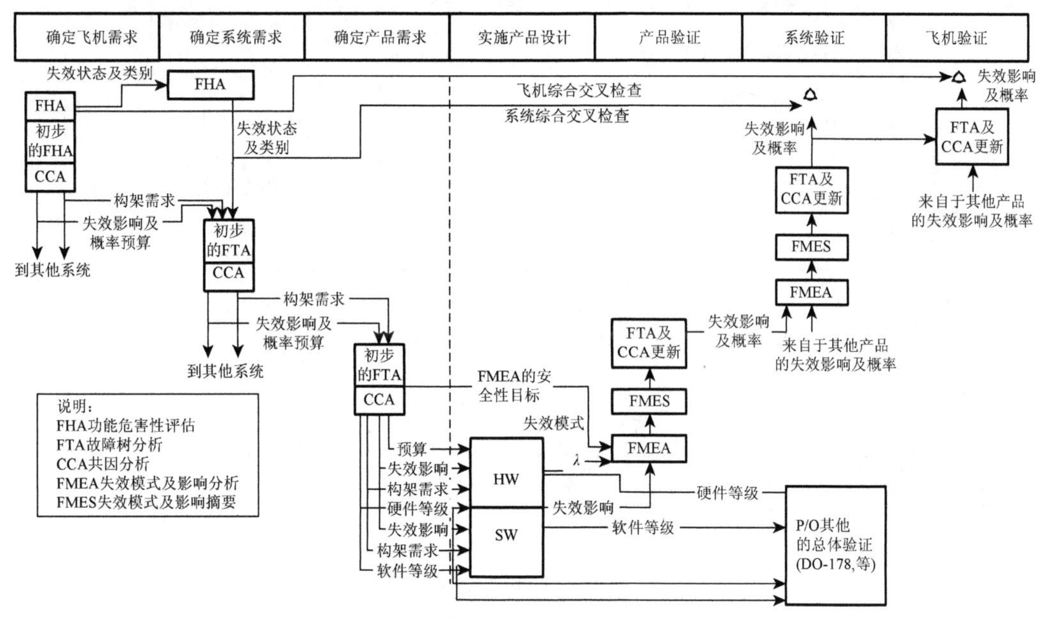

图 10-16　安全性评估图

粗框区域不属于本书所述安全性评估过程中的技术部分；一项活动输出的失效影响及概率作为后续活动输入的失效模式与概率；故障树与 DD 图和马尔可夫作用等同；HW 为硬件（hardware）；SW 为软件（software）；DD 图为相关图（dependence diagram）

设备级 FMEA 及其 FMES 用来支持设备 FTA/CCA 中考虑的失效模式所对应的失效率。系统级 FMEA 及其 FMES 用来支持系统 FTA 中考虑的失效模式所对应的失效率。通过对 FTA/CCA 中系统的重新评估来确定飞机级 FTA 中的失效模式和失效率。飞机 FTA/CCA 通过与 AFHA 对比，以确认是否与飞机级的失效状态及其安全性目标一致。由设备综合到系统，系统综合到飞机，并与 AFHA 中所确定的失效状态进行对比，这就是图 10-16 右侧的“综合交叉检查”。

综上所述，SSA 过程包括以下几部分内容：①验证系统设计需求；②评估失效状态；③输出底层设计的安全性目标及需求。

图 10-17 是实施系统级 SSA 过程的示意图，图中给出了 SSA 过程各部分需要完成的工作和目标。

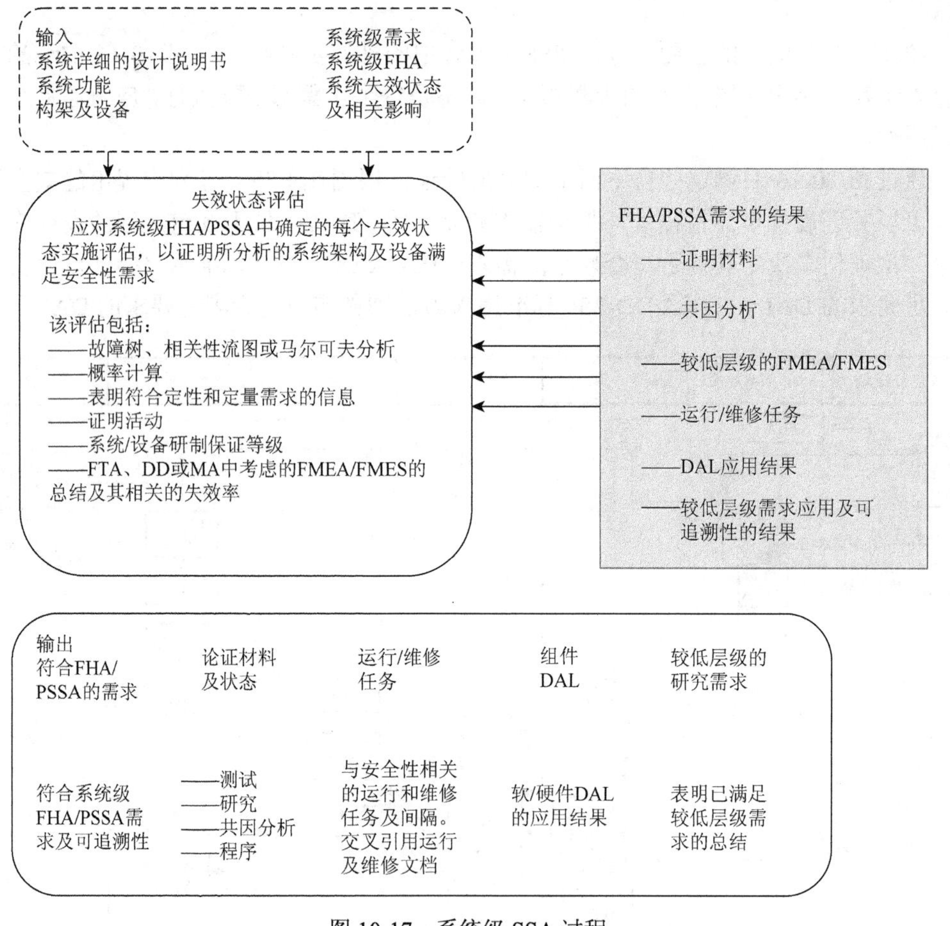

图 10-17　系统级 SSA 过程

10.4.3　SSA 输出

1. 输出文件

应将 SSA 过程的结果形成文件进行归档，以便对完成 SSA 报告的步骤进行跟踪。值得保留的信息可能包括以下几点。

（1）已更新的失效状态清单或 FHA，包括用来表明符合安全性需求（定性和定量）的基本原理。

（2）表明系统设备安装（分隔、保护等）的设计需求如何被组合的文档。

（3）用来确认失效状态分类的材料。

（4）安全性维修任务和与之相关的维修时间间隔。

（5）表明系统和设备（包括硬件和软件）是如何开发，使其与所分配的 DAL 相一致的文档。

2. 系统级 SSA 与 SFHA 的联系

在安全性评估过程终止之前，每个 SSA 必须对照 AFHA 和 SFHA 中的基本需求进行再次审查。失效影响及其在飞机级发生的概率应该对照 AFHA 的失效状态和 AFHA 的分类来验证。

➢复习思考题

10-1　安全性评估过程主要包括哪几部分？

10-2　定性的安全性需求有哪些？

10-3　开展 FHA 工作的目的是什么？分哪几个步骤？具体是什么？需要哪些输入？

10-4　试述 PSSA 在安全性评估过程中的作用和意义。

10-5　阐述 SSA 与 PSSA 的关系。分别列举 SSA 过程的输入和输出，并概述 SSA 的分析过程。

参 考 文 献

阿特金森，等. 2004. 质量创造利润[M]. 武小军，尤建新，译. 北京：机械工业出版社.
彼得·S·潘德，等. 2001. 6σ管理法[M]. 刘合光，译. 北京：机械工业出版社.
柴邦衡，吴江全. 2000. ISO9001：2000质量管理体系文件[M]. 北京：机械工业出版社.
方志耕，秦静，关叶青. 2016. 质量管理学[M]. 北京：科学出版社.
顾海洋. 2013. 质量管理与控制技术基础[M]. 北京：北京理工大学出版社.
光昕，李沁. 2005. 质量管理与可靠性工程[M]. 北京：电子工业出版社.
韩可琦. 2008. 质量管理[M]. 北京：化学工业出版社.
韩之俊，许前. 2003. 质量管理[M]. 北京：科学出版社.
凯克·博特，阿迪·博特. 2004. 世界级质量管理工具[M]. 2版. 遇今，石柱，译. 北京：中国人民大学出版社.
克劳斯比. 1994. 零缺点的质量管理[M]. 陈怡芬，译. 北京：生活·读书·新知三联书店.
雷纳特·桑德霍姆. 1998. 全面质量管理[M]. 王晓生，段一泓，胡欣荣，译. 北京：中国经济出版社.
李晓春，曾瑶. 2007. 质量管理学[M]. 北京：北京邮电出版社.
理查·M·霍德盖茨. 1998. 质量测定与高效运作[M]. 黄志强，张小眉，译. 上海：上海人民出版社.
刘广弟. 2003. 质量管理学[M]. 2版. 北京：清华大学出版社.
刘书庆，杨水利. 2003. 质量管理学[M]. 北京：机械工业出版社.
刘源张. 2008. 推行全面质量管理三十周年回顾[J]. 管理论坛，(9)：25-30.
刘源张. 2012. 中国质量的过去、现在和将来[J]. 机械工业标准化与质量，(8)：9-11.
楼维能. 2002. 现代质量管理实用指南——建立实施和改进质量管理体系过程方法应用[M]. 北京：企业管理出版社.
罗国勋. 2005. 质量管理与可靠性[M]. 北京：高等教育出版社.
马风才. 2013. 质量管理[M]. 北京：机械工业出版社.
史蒂文·科恩，罗纳德·布兰德. 2001. 政府全面质量管理[M]. 孔宪遂，孔辛，董静，译. 北京：中国人民大学出版社.
苏秦. 2013. 质量管理与可靠性[M]. 北京：机械工业出版社.
王绍印. 2003. 品质成本管理[M]. 广州：中山大学出版社.
修忠信，等. 2013. 民用飞机系统安全性设计与评估技术概论[M]. 上海：上海交通大学出版社.
杨永华. 2000. 服务业质量管理[M]. 深圳：海天出版社.
尤建新，杜学美，张英杰. 2004. 汽车供应链的顾客满意度评价指标体系[J]. 工业工程与管理，9(1)：45-50.
袁建国，等. 2002. 抽样检验原理与应用[M]. 北京：中国计量出版社
张公绪，孙静. 1999. 现代质量管理学[M]. 北京：中国财政经济出版社.
张公绪，孙静. 2002. 质量工程师手册[M]. 北京：企业管理出版社.
周友苏，等. 2010. 质量管理统计技术[M]. 北京：北京大学出版社.
朱兰. 1999. 朱兰论质量策划[M]. 杨文士，等译. 北京：清华大学出版社.
Bhote K，Bhote A. 2000. World Class Quality：Using Design of Experiments to Make it Happen[M]. 2nd ed. Amacom.
Evans J R，Lindsay W M. 1996. The Management and control of quality[C]. South-western College Publishing.

附录 ISO 9001：2015正式版

1 范围

本标准为有下列需求的组织规定了质量管理体系要求：

a）需要证实其具有稳定地提供满足顾客要求和适用法律法规要求的产品和服务的能力；

b）通过体系的有效应用，包括体系持续改进的过程，以及保证符合顾客和适用的法律法规要求，旨在增强顾客满意。

注1：在本标准一中，术语“产品”仅适用于：

a）预期提供给顾客或顾客所要求的商品和服务；

b）运行过程所产生的任何预期输出。

注2：法律法规要求可称作为法定要求。

2 规范性引用文件

下列文件中的条款通过本标准的引用而构成本标准的条款。凡是注日期的引用文件，只有引用的版本适用。凡是不注日期的引用文件，其最新版本（包括任何修订）适用于本标准。

ISO9000：2015质量管理体系基础和术语

3 术语和定义

本标准采用GB/T19000中所确立的术语和定义。

4 组织的背景环境

4.1 理解组织及其背景环境

组织应确定外部和内部那些与组织的宗旨、战略方向有关、影响质量管理体系实现预期结果的能力的事务。需要时，组织应更新这些信息。

在确定这些相关的内部和外部事宜时，组织应考虑以下方面：

a）可能对组织的目标造成影响的变更和趋势；

b）与相关方的关系，以及相关方的理念、价值观；

c）组织管理、战略优先、内部政策和承诺；

d）资源的获得和优先供给、技术变更。

注 1：外部的环境，可以考虑法律、技术、竞争、文化、社会、经济和自然环境方面，不管是国际、国家、地区或本地。

注 2：内部环境，可以组织的理念、价值观和文化。

4.2 理解相关方的需求和期望

组织应确定：

a）与质量管理体系有关的相关方；

b）相关方的要求。

组织应更新以上确定的结果，以便于理解和满足影响顾客要求和顾客满意度的需求和期望。组织应考虑以下相关方：

a）直接顾客；

b）最终使用者；

c）供应链中的供方、分销商、零售商及其他；

d）立法机构；

e）其他。

注：应对当前的和预期的未来需求可导致改进和变革机会的识别。

4.3 确定质量管理体系的范围

组织应界定质量管理体系的边界和应用，以确定其范围。在确定质量管理体系范围时，组织应考虑：

a）标准 4.1 中提到的内部和外部事宜；

b）标准 4.2 的要求。

质量管理体系的范围应描述为组织所包含的产品、服务、主要过程和地点。

描述质量管理体系的范围时，对不适用的标准条款，应将质量管理体系的删减及其理由形成文件。删减应仅限于标准 7.1、4 和 8，且不影响组织确保产品和服务满足要求和顾客满意的能力和责任。过程外包不是正当的删减理由。

注：外部供应商可以是组织质量管理体系之外的供方或兄弟组织。

质量管理管理体系范围应形成文件。

4.4 质量管理体系

4.4.1 总则

组织应按本标准的要求建立质量管理体系、过程及其相互作用，加以实施和保持，并持续改进。

4.4.2 过程方法

组织应将过程方法应用于质量管理体系。组织应：

a）确定质量管理体系所需的过程及其在整个组织中的应用；

b）确定每个过程所需的输入和期望的输出；

c）确定这些过程的顺序和相互作用；

d）确定产生非预期的输出或过程失效对产品、服务和顾客满意带来的风险；

e）确定所需的准则、方法、测量及相关的绩效指标，以确保这些过程的有效运行和控制；

f）确定和提供资源；

g）规定职责和权限；

h）实施所需的措施以实现策划的结果；

i）监测、分析这些过程，必要时变更，以确保过程持续产生期望的结果；

j）确保持续改进这些过程。

5　领导作用

5.1　领导作用与承诺

5.1.1　针对质量管理体系的领导作用与承诺，最高管理者应通过以下方面证实其对质量管理体系的领导作用与承诺：

a）确保质量方针和质量目标得到建立，并与组织的战略方向保持一致；

b）确保质量方针在组织内得到理解和实施；

c）确保质量管理体系要求纳入组织的业务运作；

d）提高过程方法的意识；

e）确保质量管理体系所需资源的获得；

f）传达有效的质量管理以及满足质量管理体系、产品和服务要求的重要性；

g）确保质量管理体系实现预期的输出；

h）吸纳、指导和支持员工参与对质量管理体系的有效性做出贡献；

i）增强持续改进和创新；

j）支持其他的管理者在其负责的领域证实其领导作用。

5.1.2　针对顾客需求和期望的领导作用与承诺

最高管理者应通过以下方面，证实其针对以顾客为关注焦点的领导作用和承诺：

a）可能影响产品和服务符合性、顾客满意的风险得到识别和应对；

b）顾客要求得到确定和满足；

c）保持以稳定提供满足顾客和相关法规要求的产品和服务为焦点；

d）保持以增强顾客满意为焦点；

注：本标准中的“业务”可以广泛地理解为对组织存在的目的很重要的活动。

5.2　质量方针

最高管理者应制定质量方针，方针应：

a）与组织的宗旨相适应；

b）提供制定质量目标的框架；

c）包括对满足适用要求的承诺；

d）包括对持续改进质量管理体系的承诺。

质量方针应：

a）形成文件；

b）在组织内得到沟通；

c）适用时，可为相方所获取；

d）在持续适宜性方面得到评审。

注：质量管理原则可作为质量方针的基础。

5.3 组织的作用、职责和权限

最高管理者应确保组织内相关的职责、权限得到规定和沟通。最高管理者应对质量管理体系的有效性负责，并规定职责和权限以便：

a）确保质量管理体系符合本标准的要求；

b）确保过程相互作用并产生期望的结果；

c）向最高管理者报告质量管理体系的绩效和任何改进的需求；

d）确保在整个组织内提高满足顾客要求的意识。

6 策划

6.1 风险和机遇的应对措施

策划质量管理体系时，组织应考虑 4.1 和 4.2 的要求，确定需应对的风险和机遇，以便：

a）确保质量管理体系实现期望的结果；

b）确保组织能稳定地实现产品、服务符合要求和顾客满意；

c）预防或减少非预期的影响；

d）实现持续改进。

组织应策划：

a）风险和机遇的应对措施；

b）如何

1）在质量管理体系过程中纳入和应用这些措施（见 4.4）

2）评价这些措施的有效性。

采取的任何风险和机遇的应对措施都应与其对产品、服务的符合性和顾客满意的潜在影响相适应。

注：可选的风险应对措施包括风险规避、风险降低、风险接受等。

6.2 质量目标及其实施的策划

组织应在相关职能、层次、过程上建立质量目标。

质量目标应：

a）与质量方针保持一致；

b）与产品、服务的符合性和顾客满意相关；

c）可测量（可行时）；
d）考虑适用的要求；
e）得到监测；
f）得到沟通；
g）适当时进行更新组织应将质量目标形成文件。
在策划目标的实现时，组织应确定：
a）做什么；
b）所需的资源（见 7.1）；
c）责任人；
d）完成的时间表；
e）结果如何评价。

6.3 变更的策划

组织应确定变更的需求和机会，以保持和改进质量管理体系绩效。
组织应有计划、系统地进行变更，识别风险和机遇，并评价变更的潜在后果。
注：变更控制的特定要求在 8 中规定。

7 支持

7.1 资源

7.1.1 总则

组织应确定、提供为建立、实施、保持和改进质量管理体系所需的资源。
组织应考虑：
a）现有的资源、能力、局限；
b）外包的产品和服务。

7.1.2 基础设施

组织应确定、提供和维护其运行和确保产品、服务符合性和顾客满意所需的基础设施。
注：基础设施可包括：
a）建筑物和相关的设施；
b）设备（包括硬件和软件）；
c）运输、通讯和信息系统。

7.1.3 过程环境

组织应确定、提供和维护其运行和确保产品、服务符合性和顾客满意所需的过程环境。
注：过程环境可包括物理的、社会的、心理的和环境的因素（如温度、承认方式、人因工效、大气成分）。

7.1.4 监视和测量设备

组织应确定、提供和维护用于验证产品符合性所需的监视和测量设备，并确保监视和测量设备满足使用要求。

组织应保持适当的文件信息，以提供监视和测量设备满足使用要求的证据。

注 1：监视和测量设备可包括测量设备和评价方法（如调查问卷）。

注 2：对照能溯源到国际或国家标准的测量标准，按照规定的时间间隔或在使用前对监视和测量设备进行校准和（或）检定。

7.1.5 知识

组织应确定质量管理体系运行、过程、确保产品和服务符合性及顾客满意所需的知识。这些知识应得到保持、保护、需要时便于获取。

在应对变化的需求和趋势时，组织应考虑现有的知识基础，确定如何获取必需的更多知识（见 6.3）。

7.2 能力

组织应：

a）确定在组织控制下从事影响质量绩效工作的人员所必要的能力；

b）基于适当的教育、培训和经验，确保这些人员是胜任的；

c）适用时，采取措施以获取必要的能力，并评价这些措施的有效性；

d）保持形成文件的信息，以提供能力的证据。

注：适当的措施可包括，例如提供培训、辅导、重新分配任务、招聘胜任的人员等。

7.3 意识

在组织控制下工作的人员应意识到：

a）质量方针；

b）相关的质量目标；

c）他们对质量管理体系有效性的贡献，包括改进质量绩效的益处；

d）偏离质量管理体系要求的后果。

7.4 沟通

组织应确定与质量管理体系相关的内部和外部沟通的需求，包括：

a）沟通的内容；

b）沟通的时机；

c）沟通的对象。

7.5 形成文件的信息

7.5.1 总则

组织的质量管理体系应包括：

a）本标准所要求的文件信息；

b）组织确定的为确保质量管理体系有效运行所需的形成文件的信息。

注：不同组织的质量管理体系文件的多少与详略程度可以不同，取决于：

a）组织的规模、活动类型、过程、产品和服务；

b）过程及其相互作用的复杂程度；

c）人员的能力。

7.5.2　编制和更新

在编制和更新文件时，组织应确保适当的：

a）标识和说明（如标题、日期、作者、索引编号等）；

b）格式（如语言、软件版本、图示）和媒介（如纸质、电子格式）；

c）评审和批准以确保适宜性和充分性。

7.5.3　文件控制

质量管理体系和本标准所要求的形成文件的信息应进行控制，以确保：

a）需要文件的场所能获得适用的文件；

b）文件得到充分保护，如防止泄密、误用、缺损。

适用时，组织应以下文件控制活动：

a）分发、访问、回收、使用；

b）存放、保护，包括保持清晰；

c）更改的控制（如版本控制）；

d）保留和处置。

组织所确定的策划和运行质量管理体系所需的外来文件应确保得到识别和控制。

注：“访问”指仅得到查阅文件的许可，或授权查阅和修改文件。

8　运行

8.1　运行策划和控制

组织应策划、实施和控制满足要求和标准 6.1 确定的措施所需的过程，包括：

a）建立过程准则；

b）按准则要求实施过程控制；

c）保持充分的文件信息，以确信过程按策划的要求实施。

组织应控制计划的变更，评价非预期的变更的后果，必要时采取措施减轻任何不良影响（见 8.4）。

组织应确保由外部供方实施的职能或过程得到控制。

注：组织的某项职能或过程由外部供方实施，通常称作为外包。

8.2　市场需求的确定和顾客沟通

8.2.1　总则

组织应实施与顾客沟通所需的过程，以确定顾客对产品和服务的要求。

注 1："顾客"指当前的或潜在的顾客。

注 2：组织可与其他相关方沟通，以确定对产品和服务的附加要求（见 4.2）。

8.2.2 与产品和服务有关要求的确定适用时，组织应确定：

a）顾客规定的要求，包括对交付及交付后活动的要求；

b）顾客虽然没有明示，但规定的用途或已知的预期用途所必需的要求；

c）适用于产品和服务的法律法规要求；

d）组织认为必要的任何附加要求。

注：附加要求可包含由有关的相关方提出的要求。

8.2.3 与产品和服务有关要求的评审

组织应评审与产品和服务有关的要求。评审应在组织向顾客作出提供产品的承诺（如提交标书、接受合同或订单及接受合同或订单的更改）之前进行，并应确保：

a）产品和服务要求已得到规定并达成一致；

b）与以前表述不一致的合同或订单的要求已予解决；

c）组织有能力满足规定的要求。

评审结果的信息应形成文件。

若顾客没有提供形成文件的要求，组织在接受顾客要求前应对顾客要求进行确认。

若产品和服务要求发生变更，组织应确保相关文件信息得到修改，并确保相关人员知道已变更的要求。

注：在某些情况下，对每一个订单进行正式的评审可能是不实际的，作为替代方法，可对提供给顾客的有关的产品信息进行评审。

8.2.4 顾客沟通

组织应对以下有关方面确定并实施与顾客沟通的安排：

a）产品和服务信息；

b）问询、合同或订单的处理，包括对其修改；

c）顾客反馈，包括顾客抱怨（见 9.1）；

d）适用时，对顾客财产的处理；

e）相关时，应急措施的特定要求。

8.3 运行策划过程

为产品和服务实现作准备，组织应实施过程以确定以下内容，适用时包括：

a）产品和服务的要求，并考虑相关的质量目标；

b）识别和应对与实现产品和服务满足要求所涉及的风险相关的措施；

c）针对产品和服务确定资源的需求；

d）产品和服务的接收准则；

e）产品和服务所要求的验证、确认、监视、检验和试验活动；

f）绩效数据的形成和沟通；

g）可追溯性、产品防护、产品和服务交付及交付后活动的要求。

策划的输出形式应便于组织的运作。

注 1：对应用于特定产品、项目或合同的质量管理体系的过程（包括产品和服务实现过程）和资源作出规定的文件可称为质量计划。

注 2：组织也可将 8.5 的要求应用于产品和服务实现过程的开发。

8.4　外部供应的产品和服务的控制

8.4.1　总则

组织应确保外部提供的产品和服务满足规定的要求。

注：当组织安排由外部供方实施其职能和过程时，这就意味由外部提供产品和（或）服务。

8.4.2　外部供应的控制类型和程度

对外部供方及其供应的过程、产品和服务的控制类型和程度取决于：

a）识别的风险及其潜在影响；

b）组织与外部供方对外部供应过程控制的分担程度；

c）潜在的控制能力。

组织应根据外部供方按组织的要求提供产品的能力，建立和实施对外部供方的评价、选择和重新评价的准则。

评价结果的信息应形成文件。

8.4.3　提供外部供方的文件信息

适用时，提供给外部供方的形成文件信息应阐述：

a）供应的产品和服务，以及实施的过程；

b）产品、服务、程序、过程和设备的放行或批准要求；

c）人员能力的要求，包含必要的资格；

d）质量管理体系的要求；

e）组织对外部供方业绩的控制和监视；

f）组织或其顾客拟在供方现场实施的验证活动；

g）将产品从外部供方到组织现场的搬运要求。

在与外部供方沟通前，组织应确保所规定的要求是充分与适宜的。

组织应对外部供方的业绩进行监视。应将监视结果的信息形成文件。

8.5　产品和服务的开发

8.5.1　开发过程

组织应采用过程方法策划和实施产品和服务开发过程。在确定产品和服务开发的阶段和控制时，组织应考虑：

a）开发活动的特性、周期、复杂性；

b）顾客和法律法规对特定过程阶段或控制的要求；

c）组织确定的特定类型的产品和服务的关键要求；

d）组织承诺遵守的标准或行业准则；

e）针对以下开发活动所确定的相关风险和机遇：

①开发的产品和服务的特性，以及失败的潜在后果；

②顾客和其他相关方对开发过程期望的控制程度；

③对组织稳定的满足顾客要求和增强顾客满意的能力的潜在影响。

f）产品和服务开发所需的内部和外部资源；

g）开发过程中的人员和各个小组的职责和权限；

h）参加开发活动的人员和各个小组的接口管理的需求；

i）对顾客和使用者参与开发活动的需求及接口管理；

j）开发过程、输出及其适用性所需的形成文件的信息；

k）将开发转化为产品和服务提供所需的活动。

8.5.2 开发控制

对开发过程的控制应确保：

a）开发活动要完成的结果得到明确规定；

b）开发输入应充分规定，避免模棱两可、冲突、不清楚；

c）开发输出的形式应便于后续产品生产和服务提供，以及相关监视和测量；

d）在进入下一步工作前，开发过程中提出的问题得到解决或管理，或者将其优先处理；

e）策划的开发过程得到实施，开发的输出满足输入的要求，实现开发活动的目标；

f）按开发的结果生产的产品和提供的服务满足使用要求；

g）在整个产品和服务开发过程及后续任何对产品的更改中，保持适当的更改控制和配置管理。

8.5.3 开发的转化

组织不应将开发转化为产品生产和服务提供，除非开发活动中未完成的或提出措施都已经完毕或者得到管理，不会对组织稳定地满足顾客、法律和法规要求及增强顾客满意的能力造成不良影响。

8.6 产品生产和服务提供

8.6.1 产品生产和服务提供的控制

组织应在受控条件下进行产品生产和服务提供。适用时，受控条件应包括：

a）获得表述产品和服务特性的文件信息；

b）控制的实施；

c）必要时，获得表述活动的实施及其结果的文件信息；

d）使用适宜的设备；

e）获得、实施和使用监测和测量设备；

f）人员的能力或资格；

g）当过程的输出不能由后续的监测和测量加以验证时，对任何这样的产品生产和服务提供过程进行确认、批准和再次确认；

h）产品和服务的放行、交付和交付后活动的实施；

i）人为错误（如失误、违章）导致的不符合的预防。

注：通过以下确认活动证实这些过程实现所策划的结果的能力：

a）过程评审和批准的准则的确定；

b）设备的认可和人员资格的鉴定；

c）特定的方法和程序的使用；

d）文件信息的需求的确定。

8.6.2　标识和可追溯性

适当时，组织应使用适宜的方法识别过程输出。

组织应在产品实现的全过程中，针对监视和测量要求识别过程输出的状态。

在有可追溯性要求的场合，组织应控制产品的唯一性标识，并保持形成文件的信息。

注：过程输出是任何活动的结果，它将交付给顾客（外部的或内部的）或作为下一个过程的输入。过程输出包括产品、服务、中间件、部件等。

8.6.3　顾客或外部供方的财产

组织应爱护在组织控制下或组织使用的顾客、外部供方财产。组织应识别、验证、保护和维护供其使用或构成产品和服务一部分的顾客、外部供方财产。

如果顾客、外部供方财产发生丢失、损坏或发现不适用的情况，组织应向顾客、外部供方报告，并保持文件信息。

注：顾客、外部供方财产可包括知识产权、秘密的或私人的信息。

8.6.4　产品防护

在处理过程中和交付到预定地点期间，组织应确保对产品和服务（包括任何过程的输出）提供防护，以保持符合要求。

防护也应适用于产品的组成部分、服务提供所需的任何有形的过程输出。

注：防护可包括标识、搬运、包装、贮存和保护。

8.6.5　交付后的活动

适用时，组织应确定和满足与产品特性、生命周期相适应的交付后活动要求。

产品交付后的活动应考虑：

a）产品和服务相关的风险；

b）顾客反馈；

c）法律和法规要求。

注：交付后活动可包括如担保条件下的措施、合同规定的维护服务、附加服务（回收或最终处置）等。

8.6.6　变更控制

组织应有计划地和系统地进行变更，考虑对变更的潜在后果进行评价，采取必要的措施，以确保产品和服务完整性。应将变更的评价结果、变更的批准和必要的措施的信息形成文件。

8.7　产品和服务的放行

组织应按策划的安排，在适当的阶段验证产品和服务是否满足要求。符合接收准则的证据应予以保持。除非得到有关授权人员的批准，适用时得到顾客的批准，否则在策划的符合性验证圆满完成之前，不应向顾客放行产品和交付服务。应在形成文件信息中指明有权放行产品以交付给顾客的人员。

8.8　不合格产品和服务

组织应确保对不符合要求的产品和服务得到识别和控制，以防止其非预期的使用和交付对顾客造成不良影响。组织应采取与不合格品的性质及其影响相适应的措施，需要时进行纠正。这也适用于在产品交付后和服务提供过程中发现的不合格的处置。当不合格产品和服务已交付给顾客，组织也应采取适当的纠正以确保实现顾客满意。

应实施适当的纠正措施（见 10.1）。

适当的措施可包括：

a）隔离、制止、召回和停止供应产品和提供服务；

b）适当时，通知顾客；

c）经授权进行返修、降级、继续使用、放行、延长服务时间或重新提供服务、让步接收。

在不合格品得到纠正之后应对其再次进行验证，以证实符合要求。

不合格品的性质以及随后所采取的任何措施的信息应形成文件，包括所批准的让步。

9　绩效评价

9.1　监视、测量、分析和评价

9.1.1　总则

组织应考虑已确定的风险和机遇，应：

a）确定监视和测量的对象，以便：

①证实产品和服务的符合性

②评价过程绩效（见 4.4）

③确保质量管理体系的符合性和有效性评价顾客满意度

b）评价外部供方的业绩（见 8.4）；

c）确定监视、测量（适用时）、分析和评价的方法，以确保结果可行；

d）确定监测和测量的时机；

e）确定对监测和测量结果进行分析和评价的时机；

f）确定所需的质量管理体系绩效指标。

组织应建立过程，以确保监视和测量活动与监视和测量的要求相一致的方式实施。

组织应保持适当的文件信息，以提供“结果”的证据。

组织应评价质量绩效和质量管理体系的有效性。

9.1.2　*顾客满意*

组织应监视顾客对其要求满足程度的数据。

适用时，组织应获取以下方面的数据：

a）顾客反馈；

b）顾客对组织及其产品、服务的意见和感受。

应确定获取和利用这些数据的方法。

组织应评价获取的数据，以确定增强顾客满意的机会。

9.1.3　*数据分析与评价*

组织应分析、评价来自监视和测量（见 9.1.1 和 9.1.2）以及其他相关来源的适当数据。这应包括适用方法的确定。

数据分析和评价的结果应用于：

a）确定质量管理体系的适宜性、充分性、有效性；

b）确保产品和服务能持续满足顾客要求；

c）确保过程的有效运行和控制；

d）识别质量管理体系的改进机会数据分析和评价的结果应作为管理评审的输入。

9.2　内部审核

组织应按照计划的时间间隔进行内部审核，以确定质量管理是否：

a）符合：

①组织对质量管理体系的要求；

②本标准的要求。

b）得到有效的实施和保持。

组织应：

a）策划、建立、实施和保持一个或多个审核方案，包括审核的频次、方法、职责、策划审核的要求和报告审核结果，审核方案应考虑质量目标、相关过程的重要性、关联风险和以往审核的结果；

b）确定每次审核的准则和范围；

c）审核员的选择和审核的实施应确保审核过程的客观性和公正性；

d）确保审核结果提交给管理者以供评审；

e）及时采取适当的措施；

f）保持形成文件的信息，以提供审核方案实施和审核结果的证据。

注：作为指南，参见 ISO 19011。

9.3　管理评审

最高管理者应按策划的时间间隔评审质量管理体系，以确保其持续的适宜性、充分性和有效性。

管理评审策划和实施时，应考虑变化的商业环境，并与组织的战略方向保持一致。

管理评审应考虑以下方面：

a）以往管理评审的跟踪措施；

b）与质量管理体系有关的外部或内部的变更；

c）质量管理体系绩效的信息，包括以下方面的趋势和指标：

①不符合与纠正措施；

②监视和测量结果；

③审核结果；

④顾客反馈；

⑤外部供方；

⑥过程绩效和产品的符合性。

d）持续改进的机会。

管理评审的输出应包括以下相关的决定：

a）持续改进的机会；

b）对质量管理体系变更的需求。

组织应保持形成文件的信息，以提供管理评审的结果及采取措施的证据。

10 持续改进

10.1 不符合与纠正措施

发生不符合时，组织应：

a）作出响应，适当时：

①采取措施控制和纠正不符合；

②处理不符合造成的后果。

b）评价消除不符合原因的措施的需求，通过采取以下措施防止不符合再次发生或在其他区域发生：

①评审不符合；

②确定不符合的原因；

③确定类似不符合是否存在，或可能潜在发生。

c）实施所需的措施；

d）评审所采取纠正措施的有效性；

e）对质量管理体系进行必要的修改，纠正措施应与所遇到的不符合的影响程度相适应。

组织应将以下信息形成文件：

a）不符合的性质及随后采取的措施；

b）纠正措施的结果。

10.2 改进

组织应持续改进质量管理体系的适宜性、充分性和有效性。

适当时，组织应通过以下方面改进其质量管理体系、过程、产品和服务：

a）数据分析的结果；

b）组织的变更；

c）识别的风险的变更（见 6.1）；

d）新的机遇。

组织应评价、确定优先次序及决定需实施的改进。

附　　表

附表 1　常用正交表

$L_4(2^3)$

试验号 \ 列号	1	2	3
1	1	1	1
2	1	2	2
3	2	1	2
4	2	2	1

$L_8(2^7)$

试验号 \ 列号	1	2	3	4	5	6	7
1	1	1	1	1	1	1	1
2	1	1	1	2	2	2	2
3	1	2	2	1	1	2	2
4	1	2	2	2	2	1	1
5	2	1	2	1	2	1	2
6	2	1	2	2	1	2	1
7	2	2	1	1	2	2	1
8	2	2	1	2	1	1	2

$L_6(2^7)$ 二列间的交互作用

1	2	3	4	5	6	7	列号
（1）	3	2	5	4	7	6	1
	（2）	1	6	7	4	5	2
		（3）	7	6	5	4	3
			（4）	1	2	3	4
				（5）	3	2	5
					（6）	1	6
						（7）	7

$L_{12}(2^{11})$

试验号 \ 列号	1	2	3	4	5	6	7	8	9	10	11
1	1	1	1	2	2	1	2	1	2	2	1
2	2	1	2	1	2	1	1	2	2	2	2
3	1	2	2	2	2	2	1	2	2	1	1

续表

试验号 \ 列号	1	2	3	4	5	6	7	8	9	10	11
4	2	2	1	1	2	2	2	2	1	2	1
5	1	1	2	2	1	2	2	2	1	2	2
6	2	1	2	1	1	2	2	1	2	1	1
7	1	2	1	1	1	1	2	2	2	1	2
8	2	2	1	2	1	2	1	1	2	2	2
9	1	1	1	1	2	2	1	1	1	1	2
10	2	1	1	2	1	1	1	2	1	1	1
11	1	2	2	1	1	1	1	1	1	2	1
12	2	2	2	2	2	1	2	1	1	1	2

$L_{16}(2^{15})$

试验号 \ 列号	1	2	3	4	5	6	7	8	9	10	11	12	13	14	15
1	1	1	1	1	1	1	1	1	1	1	1	1	1	1	1
2	1	1	1	1	1	1	1	2	2	2	2	2	2	2	2
3	1	1	1	2	2	2	2	1	1	1	1	2	2	2	2
4	1	1	1	2	2	2	2	2	2	2	2	1	1	1	1
5	1	2	2	1	1	2	2	1	1	2	2	1	1	2	2
6	1	2	2	1	1	2	2	2	2	1	1	2	2	1	1
7	1	2	2	2	2	1	1	1	1	2	2	2	2	1	1
8	1	2	2	2	2	1	1	2	2	1	1	1	1	2	2
9	2	1	2	1	2	1	2	1	2	1	2	1	2	1	2
10	2	1	2	1	2	1	2	2	1	2	1	2	1	2	1
11	2	1	2	2	1	2	1	1	2	1	2	2	1	2	1
12	2	1	2	2	1	2	1	2	1	2	1	1	2	1	2
13	2	2	1	1	2	2	1	1	2	2	1	1	2	2	1
14	2	2	1	1	2	2	1	2	1	1	2	2	1	1	2
15	2	2	1	2	1	1	2	1	2	2	1	2	1	1	2
16	2	2	1	2	1	1	2	2	1	1	2	1	2	2	1

$L_{16}(2^{15})$ 二列间的交互作用

1	2	3	4	5	6	7	8	9	10	11	12	13	14	15	列号
(1)	3	2	5	4	7	6	9	8	11	10	13	12	15	14	1
	(2)	1	6	7	4	5	10	11	8	9	14	15	12	13	2
		(3)	7	6	5	4	11	10	9	8	15	14	13	12	3
			(4)	1	2	3	12	13	14	15	8	9	10	11	4
				(5)	3	2	13	12	15	14	9	8	11	10	5
					(6)	1	14	14	12	13	10	11	8	9	6

续表

1	2	3	4	5	6	7	8	9	10	11	12	13	14	15	列号
						(7)	15	15	13	12	11	10	9	8	7
							(8)	1	2	3	4	5	6	7	8
								(9)	3	2	5	4	7	6	9
									(10)	1	6	7	4	5	10
										(11)	7	6	5	4	11
											(12)	1	2	3	12
												(13)	3	2	13
													(14)	1	14
														(15)	15

$L_{32}(2^{31})$

试验号＼列号	1	2	3	4	5	6	7	8	9	10	11	12	13	14	15	16	17	18	19	20	21	22	23	24	25	26	27	28	29	30	31
1	1	1	1	1	1	1	1	1	1	1	1	1	1	1	1	1	1	1	1	1	1	1	1	1	1	1	1	1	1	1	1
2	1	1	1	1	1	1	1	1	1	1	1	1	1	1	1	2	2	2	2	2	2	2	2	2	2	2	2	2	2	2	2
3	1	1	1	1	1	1	1	2	2	2	2	2	2	2	2	1	1	1	1	1	1	1	1	2	2	2	2	2	2	2	2
4	1	1	1	1	1	1	1	2	2	2	2	2	2	2	2	2	2	2	2	2	2	2	2	1	1	1	1	1	1	1	1
5	1	1	1	2	2	2	2	1	1	1	1	2	2	2	2	1	1	1	1	2	2	2	2	1	1	1	1	2	2	2	2
6	1	1	1	2	2	2	2	1	1	1	1	2	2	2	2	2	2	2	2	1	1	1	1	2	2	2	2	1	1	1	1
7	1	1	1	2	2	2	2	2	2	2	2	1	1	1	1	1	1	1	1	2	2	2	2	2	2	2	2	1	1	1	1
8	1	1	1	2	2	2	2	2	2	2	2	1	1	1	1	2	2	2	2	1	1	1	1	1	1	1	1	2	2	2	2
9	1	2	2	1	1	2	2	1	1	2	2	1	1	2	2	1	1	2	2	1	1	2	2	1	1	2	2	1	1	2	2
10	1	2	2	1	1	2	2	1	1	2	2	1	1	2	2	2	2	1	1	2	2	1	1	2	2	1	1	2	2	1	1
11	1	2	2	1	1	2	2	2	2	1	1	2	2	1	1	1	1	2	2	1	1	2	2	2	2	1	1	2	2	1	1
12	1	2	2	1	1	2	2	2	2	1	1	2	2	1	1	2	2	1	1	2	2	1	1	1	1	2	2	1	1	2	2
13	1	2	2	2	2	1	1	1	1	2	2	2	2	1	1	1	1	2	2	2	2	1	1	1	1	2	2	2	2	1	1
14	1	2	2	2	2	1	1	1	1	2	2	2	2	1	1	2	2	1	1	1	1	2	2	2	2	1	1	1	1	2	2
15	1	2	2	2	2	1	1	2	2	1	1	1	1	2	2	1	1	2	2	2	2	1	1	2	2	1	1	1	1	2	2
16	1	2	2	2	2	1	1	2	2	1	1	1	1	2	2	2	2	1	1	1	1	2	2	1	1	2	2	2	2	1	1
17	2	1	2	1	2	1	2	1	2	1	2	1	2	1	2	1	2	1	2	1	2	1	2	1	2	1	2	1	2	1	2
18	2	1	2	1	2	1	2	1	2	1	2	1	2	2	1	2	1	2	1	2	1	2	1	2	1	2	1	2	1	2	1
19	2	1	2	1	2	1	2	2	1	2	1	2	1	2	1	1	2	1	2	1	2	1	2	2	1	2	1	2	1	2	1
20	2	1	2	1	2	1	2	2	1	2	1	2	1	2	1	2	1	2	1	2	1	2	1	1	2	1	2	1	2	1	2
21	2	1	2	2	1	2	1	1	2	1	2	2	1	2	1	1	2	1	2	2	1	2	1	1	2	1	2	2	1	2	1
22	2	1	2	2	1	2	1	1	2	1	2	2	1	2	1	2	1	2	1	1	2	1	2	2	1	2	1	1	2	1	2
23	2	1	2	2	1	2	1	2	1	2	1	1	2	1	2	1	2	1	2	2	1	2	1	2	1	2	1	1	2	1	2
24	2	1	2	2	1	2	1	2	1	2	1	1	2	1	2	2	1	2	1	1	2	1	2	1	2	1	2	2	1	2	1
25	2	2	1	1	2	2	1	1	2	2	1	1	2	2	1	1	2	2	1	1	2	2	1	1	2	2	1	1	2	2	1
26	2	2	1	1	2	2	1	1	2	2	1	1	2	2	1	2	1	1	2	2	1	1	2	2	1	1	2	2	1	1	2

续表

列号 / 试验号	1	2	3	4	5	6	7	8	9	10	11	12	13	14	15	16	17	18	19	20	21	22	23	24	25	26	27	28	29	30	31
27	2	2	1	1	2	2	1	2	1	1	2	2	1	1	2	1	2	2	1	1	2	2	1	2	1	1	2	2	1	1	2
28	2	2	1	1	2	2	1	2	1	1	2	2	1	1	2	2	1	1	2	2	1	1	2	1	2	2	1	1	2	2	1
29	2	2	1	2	1	1	2	1	2	2	1	2	1	1	2	1	2	2	1	1	2	1	2	1	2	2	1	2	1	1	2
30	2	2	1	2	1	1	2	1	2	2	1	2	1	1	2	2	1	1	2	2	1	2	1	2	1	1	2	1	2	2	1
31	2	2	1	2	1	1	2	2	1	1	2	1	2	2	1	1	2	2	1	1	2	1	2	2	1	1	2	1	2	2	1
32	2	2	1	2	1	1	2	2	1	1	2	1	2	2	1	2	1	1	2	2	1	2	1	1	2	2	1	2	1	1	2

$L_9(3^4)$

列号 / 试验号	1	2	3	4
1	1	1	3	2
2	2	1	1	1
3	3	1	2	3
4	1	2	2	1
5	2	2	3	3
6	3	2	1	2
7	1	3	1	3
8	2	3	2	2
9	3	3	3	1

$L_{27}(3^{13})$ 二列间的交互作用

1	2	3	4	5	6	7	8	9	10	11	12	13	列号
(1)	3	2	2	6	5	5	9	8	8	12	11	11	1
	4	4	3	7	7	6	10	10	9	13	13	12	
	(2)	1	1	8	9	10	5	6	7	5	6	7	2
		4	3	11	12	13	11	12	13	8	9	10	
		(3)	1	9	10	8	7	5	6	6	7	5	3
			2	13	11	12	12	13	11	10	8	9	
			(4)	10	8	9	6	7	5	7	5	6	4
				12	13	11	13	11	12	9	10	8	
				(5)	1	1	2	3	4	2	4	3	5
					7	6	11	13	12	8	10	9	
					(6)	1	4	2	3	3	2	4	6
						5	13	12	11	10	9	8	
						(7)	3	4	2	4	3	2	7
							12	11	13	9	9	10	

续表

1	2	3	4	5	6	7	8	9	10	11	12	13	列号
							（8）	1	1	2	3	4	8
								10	9	5	7	6	
								（9）	1	4	2	3	9
									8	7	6	5	
									（10）	3	4	2	10
										6	5	7	
										（11）	1	1	11
											13	12	
											（12）	1	12
												11	
												（13）	13

$L_{27}(3^{13})$

试验号 \ 列号	1	2	3	4	5	6	7	8	9	10	11	12	13
1	1	1	1	1	1	1	1	1	1	1	1	1	1
2	1	1	1	1	2	2	2	2	2	2	2	2	2
3	1	1	1	1	3	3	3	3	3	3	3	3	3
4	1	2	2	2	1	1	1	2	2	2	3	3	3
5	1	2	2	2	2	2	2	3	3	3	1	1	1
6	1	2	2	2	3	3	3	1	1	1	2	2	2
7	1	3	3	3	1	1	1	3	3	3	2	2	2
8	1	3	3	3	2	2	2	1	1	1	3	3	3
9	1	3	3	3	3	3	3	2	2	2	1	1	1
10	2	1	2	3	1	2	3	1	2	3	1	2	3
11	2	1	2	3	2	3	1	2	3	1	2	3	1
12	2	1	2	3	3	1	2	3	1	2	3	1	2
13	2	2	3	1	1	2	3	2	3	1	3	1	2
14	2	2	3	1	2	3	1	3	1	2	1	2	3
15	2	2	3	1	3	1	2	1	2	3	2	3	1
16	2	3	1	2	1	2	3	3	1	2	2	3	1
17	2	3	1	2	2	3	1	1	2	3	3	1	2
18	2	3	1	2	3	1	2	2	3	1	1	2	3
19	3	1	3	2	1	3	2	1	3	2	1	3	2
20	3	1	3	2	2	1	3	2	1	3	2	1	3
21	3	1	3	2	3	2	1	3	2	1	3	2	1
22	3	2	1	3	1	3	2	2	1	3	2	1	3

续表

试验号＼列号	1	2	3	4	5	6	7	8	9	10	11	12	13
23	3	2	1	3	2	1	3	3	2	1	1	3	2
24	3	2	1	3	3	2	1	1	3	2	2	1	3
25	3	3	2	1	1	3	2	3	2	1	2	1	3
26	3	3	2	1	2	1	3	1	3	2	3	2	1
27	3	3	2	1	3	2	1	2	1	3	1	3	2

$L_{18}(6^1\times 3^6)$

试验号＼列号	1	2	3	4	5	6	7
1	1	1	1	1	1	1	1
2	1	2	2	2	2	2	2
3	1	3	3	3	3	3	3
4	2	1	1	2	2	3	3
5	2	2	2	3	3	1	1
6	2	3	3	1	1	2	2
7	3	1	2	1	3	2	3
8	3	2	3	2	1	3	1
9	3	3	3	1	2	2	3
10	4	1	3	3	2	2	1
11	4	2	1	1	3	3	2
12	4	3	2	2	1	1	3
13	5	1	2	3	1	3	2
14	5	2	3	1	2	1	3
15	5	3	1	2	3	2	1
16	6	1	3	2	3	1	2
17	6	2	1	3	1	2	3
18	6	3	2	1	2	3	1

$L_{18}(2^1\times 3^7)$

试验号＼列号	1	2	3	4	5	6	7	8
1	1	1	1	1	1	1	1	1
2	1	1	2	2	2	2	2	2
3	1	1	3	3	3	3	3	3
4	1	2	1	1	2	2	3	3
5	1	2	2	2	3	3	1	1
6	1	2	3	3	1	1	2	2
7	1	3	1	2	1	3	2	3

续表

试验号 \ 列号	1	2	3	4	5	6	7	8
8	1	3	2	3	2	1	3	1
9	1	3	3	1	3	2	1	2
10	2	1	1	3	3	2	2	1
11	2	1	2	1	1	3	3	2
12	2	1	3	2	2	1	1	3
13	2	2	1	2	3	1	3	2
14	2	2	2	3	1	2	1	3
15	2	2	3	1	2	3	2	1
16	2	3	1	3	2	3	1	2
17	2	3	2	1	3	1	2	3
18	2	3	3	2	1	2	3	1

$L_8(4^1 \times 2^4)$

试验号 \ 列号	1	2	3	4	5
1	1	1	1	1	1
2	1	2	2	2	2
3	2	1	1	2	2
4	2	2	2	1	1
5	3	1	2	1	2
6	3	2	1	2	2
7	4	1	2	2	1
8	4	2	1	1	2

$L_{16}(4^5)$

试验号 \ 列号	1	2	3	4	5
1	1	1	1	1	1
2	1	2	2	2	2
3	1	3	3	3	3
4	1	4	4	4	4
5	2	1	2	3	4
6	2	2	1	4	3
7	2	3	4	1	2
8	2	4	3	2	1
9	3	1	3	4	2
10	3	2	4	3	1
11	3	3	1	2	4
12	3	4	2	1	3

续表

列号 试验号	1	2	3	4	5
13	4	1	4	2	3
14	4	2	3	1	4
15	4	3	2	4	1
16	4	4	1	3	2

$L_{16}(4^4 \times 2^3)$

列号 试验号	1	2	3	4	5	6	7
1	1	1	1	1	1	1	1
2	1	2	2	2	1	2	2
3	1	3	3	3	2	1	2
4	1	4	4	4	2	2	1
5	2	1	2	3	2	2	1
6	2	2	1	4	2	1	2
7	2	3	4	1	1	2	2
8	2	4	3	2	1	1	1
9	3	1	3	4	1	2	2
10	3	2	4	3	1	1	1
11	3	3	1	2	2	2	1
12	3	4	2	1	2	1	2
13	4	1	4	2	2	1	2
14	4	2	3	1	2	2	1
15	4	3	2	4	1	1	1
16	4	4	1	3	1	2	2

$L_{16}(4^1 \times 2^{12})$

列号 试验号	1	2	3	4	5	6	7	8	9	10	11	12	13
1	1	1	1	1	1	1	1	1	1	1	1	1	1
2	1	1	1	1	1	2	2	2	2	2	2	2	2
3	1	2	2	2	2	1	1	1	1	2	2	2	1
4	1	2	2	2	2	2	2	2	2	1	1	1	1
5	2	1	1	2	2	1	1	2	2	1	1	2	2
6	2	1	1	2	2	2	2	1	1	2	2	1	1
7	2	2	2	1	1	1	1	2	2	2	2	1	1
8	2	2	2	1	1	2	2	1	1	1	1	2	2
9	3	1	2	1	2	1	2	1	2	1	2	1	2
10	3	1	2	1	2	2	1	2	1	2	1	2	1
11	3	2	1	2	1	1	2	1	2	2	1	2	1

续表

试验号 \ 列号	1	2	3	4	5	6	7	8	9	10	11	12	13
12	3	2	1	2	1	2	1	2	1	1	2	2	1
13	4	1	2	2	1	1	2	2	1	1	2	2	1
14	4	1	2	2	1	2	1	1	2	2	1	2	2
15	4	2	1	1	2	2	2	2	1	2	1	1	2
16	4	2	1	1	2	2	1	1	2	1	2	2	1

$L_{16}(4^3 \times 2^6)$

试验号 \ 列号	1	2	3	4	5	6	7	8	9
1	1	1	1	1	1	1	1	1	1
2	1	2	1	1	1	2	2	2	2
3	1	3	2	2	2	1	1	2	2
4	1	4	2	2	2	2	2	1	1
5	2	1	1	2	2	1	2	1	2
6	2	2	1	2	2	2	1	2	1
7	2	3	2	1	1	1	2	2	1
8	2	4	2	1	1	2	1	1	2
9	3	1	2	1	2	2	2	2	1
10	3	2	2	1	2	1	1	1	2
11	3	3	1	2	1	2	2	1	2
12	3	4	1	2	1	1	1	2	1
13	4	1	2	2	1	2	1	2	2
14	4	2	2	2	1	1	2	1	1
15	4	3	1	1	2	2	1	1	1
16	4	4	1	1	2	1	2	2	2

$L_{16}(4^2 \times 2^9)$

试验号 \ 列号	1	2	3	4	5	6	7	8	9	10	11
1	1	1	1	1	1	1	1	1	1	1	1
2	1	2	1	1	1	2	2	2	2	2	2
3	1	3	2	2	2	1	1	1	2	2	2
4	1	4	2	2	2	2	2	2	1	1	1
5	2	1	1	2	2	1	2	2	1	2	2
6	2	2	1	2	2	2	1	1	2	1	1
7	2	3	2	1	1	1	2	2	2	1	1
8	2	4	2	1	1	2	1	1	1	2	2
9	3	1	2	1	2	2	1	2	2	1	2
10	3	2	2	1	2	1	2	1	1	2	1

续表

试验号＼列号	1	2	3	4	5	6	7	8	9	10	11
11	3	3	1	2	1	2	1	2	1	2	1
12	3	4	1	2	1	1	2	1	2	1	2
13	4	1	2	2	1	2	2	1	2	2	1
14	4	2	2	2	1	1	1	2	1	1	2
15	4	3	1	1	2	2	2	1	1	1	2
16	4	4	1	1	2	1	1	2	2	2	1

$L_{32}(4^9\times2^4)$

试验号＼列号	1	2	3	4	5	6	7	8	9	10	11	12	13
1	1	1	1	1	1	1	1	1	1	1	1	1	1
2	1	2	2	2	2	2	2	2	2	1	1	1	1
3	1	3	3	3	3	3	3	3	3	1	1	1	1
4	1	4	4	4	4	4	4	4	4	1	1	1	1
5	2	1	1	2	2	3	3	4	4	1	1	2	2
6	2	2	2	1	1	4	4	3	3	1	1	2	2
7	2	3	3	4	4	1	1	2	2	1	1	2	2
8	2	4	4	3	3	2	2	1	1	1	1	2	2
9	3	1	2	3	4	1	2	3	4	1	2	1	2
10	3	2	1	4	3	2	1	4	3	1	2	1	2
11	3	3	4	1	2	3	4	1	2	1	2	1	2
12	3	4	3	2	1	4	3	2	1	1	2	1	2
13	4	1	2	4	3	3	4	2	1	1	2	2	1
14	4	2	1	3	4	4	3	1	2	1	2	2	1
15	4	3	4	2	1	1	2	4	3	1	2	2	1
16	4	4	3	1	2	2	1	3	4	1	2	2	1
17	1	1	4	1	4	2	3	2	4	2	2	2	2
18	1	2	3	2	3	1	4	1	4	2	2	2	2
19	1	3	2	3	2	4	1	4	1	2	2	2	2
20	1	4	1	4	1	3	2	3	2	2	2	2	2
21	2	1	4	2	3	4	1	3	2	2	2	1	1
22	2	2	3	1	4	3	2	4	1	2	2	1	1
23	2	3	2	4	1	2	3	1	4	2	2	1	1
24	2	4	1	3	2	1	4	2	3	2	2	1	1
25	3	1	3	3	1	2	4	4	2	2	1	2	1
26	3	2	4	4	2	1	3	3	1	2	1	2	1
27	3	3	1	1	3	4	2	2	4	2	1	2	1

续表

试验号＼列号	1	2	3	4	5	6	7	8	9	10	11	12	13
28	3	4	2	2	4	3	1	1	3	2	1	2	1
29	4	1	3	4	2	4	2	1	3	2	1	1	2
30	4	2	4	3	1	3	1	2	4	2	1	1	2
31	4	3	1	2	4	2	4	3	1	2	1	1	2
32	4	4	2	1	3	1	3	4	2	2	1	1	2

$L_{25}(5^6)$

试验号＼列号	1	2	3	4	5	6
1	1	1	1	1	1	1
2	1	2	2	2	2	2
3	1	3	3	3	3	3
4	1	4	4	4	4	4
5	1	5	5	5	5	5
6	2	1	2	3	4	5
7	2	2	3	4	5	1
8	2	3	4	4	1	2
9	2	4	5	1	2	3
10	2	5	1	2	3	4
11	3	1	3	5	2	4
12	3	2	4	1	3	5
13	3	3	5	2	4	1
14	3	4	1	3	5	2
15	3	5	2	4	1	3
16	4	1	4	2	5	3
17	4	2	5	3	1	4
18	4	3	1	4	2	5
19	4	4	2	5	3	1
20	4	5	3	1	4	2
21	5	1	5	4	3	2
22	5	2	1	5	4	3
23	5	3	2	1	5	4
24	5	4	3	2	1	5
25	5	5	4	3	2	1

$L_{12}(3^1 \times 2^4)$

试验号 \ 列号	1	2	3	4	5
1	1	1	1	1	1
2	1	1	1	2	2
3	1	2	2	1	2
4	1	2	2	2	1
5	2	1	2	1	1
6	2	1	2	2	2
7	2	2	1	1	1
8	2	2	1	2	2
9	3	1	2	1	2
0	3	1	1	2	1
11	3	2	1	1	2
12	3	2	2	2	1

$L_{12}(6^1 \times 2^2)$

试验号 \ 列号	1	2	3
1	2	1	1
2	5	1	2
3	5	2	1
4	2	2	2
5	4	1	1
6	1	1	2
7	1	2	1
8	4	2	2
9	3	1	1
10	6	1	2
11	6	2	1
12	3	2	2

附表2　泊松分布接收概率（累积概率）表

C \ np	0.1		0.2		0.3		0.4		0.5	
0	0.905	(0.905)	0.819	(0.819)	0.741	(0.741)	0.670	(0.670)	0.607	(0.607)
1	0.091	(0.996)	0.164	(0.983)	0.222	(0.963)	0.268	(0.938)	0.303	(0.910)
2	0.004	(1.000)	0.016	(0.999)	0.033	(0.996)	0.054	(0.992)	0.076	(0.986)
3			0.010	(1.000)	0.004	(1.000)	0.007	(0.999)	0.013	(0.999)
4							0.001	(1.000)	0.001	(1.000)

续表

C \ np	0.6		0.7		0.8		0.9		1.0	
0	0.549	（0.549）	0.497	（0.497）	0.449	（0.449）	0.406	（0.406）	0.368	（0.368）
1	0.329	（0.878）	0.349	（0.845）	0.359	（0.808）	0.366	（0.772）	0.368	（0.736）
2	0.099	（0.977）	0.122	（0.967）	0.144	（0.952）	0.166	（0.938）	0.184	（0.920）
3	0.020	（0.997）	0.028	（0.995）	0.039	（0.991）	0.049	（0.987）	0.016	（0.981）
4	0.003	（1.000）	0.005	（1.000）	0.008	（0.999）	0.011	（0.998）	0.016	（0.997）
5					0.001	（1.000）	0.002	（1.000）	0.003	（1.000）

C \ np	1.1		1.2		1.3		1.4		1.5	
0	0.333	（0.333）	0.301	（0.301）	0.273	（0.273）	0.247	（0.247）	0.223	（0.223）
1	0.366	（0.699）	0.361	（0.662）	0.354	（0.627）	0.345	（0.592）	0.335	（0.558）
2	0.201	（0.900）	0.217	（0.879）	0.230	（0.857）	0.242	（0.834）	0.251	（0.809）
3	0.074	（0.974）	0.087	（0.966）	0.100	（0.957）	0.113	（0.947）	0.126	（0.935）
4	0.021	（0.995）	0.026	（0.992）	0.032	（0.989）	0.039	（0.986）	0.047	（0.982）
5	0.004	（0.999）	0.007	（0.999）	0.009	（0.998）	0.011	（0.997）	0.014	（0.996）
6	0.001	（1.000）	0.001	（1.000）	0.002	（1.000）	0.003	（1.000）	0.004	（1.000）

C \ np	1.6		1.7		1.8		1.9		2.0	
0	0.202	（0.202）	0.183	（0.183）	0.165	（0.165）	0.150	（0.150）	0.135	（0.135）
1	0.323	（0.525）	0.311	（0.494）	0.298	（0.463）	0.284	（0.434）	0.271	（0.406）
2	0.258	（0.783）	0.264	（0.758）	0.268	（0.731）	0.270	（0.704）	0.271	（0.677）
3	0.138	（0.921）	0.149	（0.907）	0.161	（0.892）	0.171	（0.875）	0.180	（0.857）
4	0.055	（0.976）	0.064	（0.971）	0.072	（0.964）	0.081	（0.956）	0.090	（0.947）
5	0.018	（0.994）	0.022	（0.993）	0.026	（0.990）	0.031	（0.987）	0.036	（0.983）
6	0.005	（0.999）	0.006	（0.999）	0.008	（0.998）	0.010	（0.997）	0.012	（0.995）
7	0.001	（1.000）	0.001	（1.000）	0.002	（1.000）	0.003	（1.000）	0.004	（0.999）
8									0.001	（1.000）

C \ np	2.1		2.2		2.3		2.4		2.5	
0	0.123	（0.123）	0.111	（0.111）	0.100	（0.100）	0.091	（0.091）	0.082	（0.082）
1	0.257	（0.380）	0.244	（0.355）	0.231	（0.331）	0.218	（0.309）	0.205	（0.287）
2	0.270	（0.650）	0.268	（0.623）	0.265	（0.596）	0.261	（0.570）	0.256	（0.543）
3	0.189	（0.839）	0.197	（0.820）	0.203	（0.799）	0.209	（0.779）	0.214	（0.757）
4	0099	（0.938）	0.108	（0.928）	0.117	（0.916）	0.125	（0.904）	0.134	（0.891）
5	0.042	（0.980）	0.048	（0.976）	0.054	（0.970）	0.060	（0.964）	0.067	（0.958）
6	0.015	（0.995）	0.017	（0.993）	0.021	（0.991）	0.024	（0.988）	0.028	（0.986）
7	0.004	（0.999）	0.005	（0.998）	0.007	（0.998）	0.008	（0.996）	0.010	（0.996）
8	0.001	（1.000）	0.002	（1.000）	0.002	（1.000）	0.003	（0.999）	0.003	（0.999）
9							0.001	（1.000）	0.001	（1.000）

续表

C \ np	2.6		2.7		2.8		2.9		3.0	
0	0.074	(0.074)	0.067	(0.067)	0.061	(0.061)	0.055	(0.055)	0.050	(0.050)
1	0.193	(0.267)	0.182	(0.249)	0.170	(0.231)	0.160	(0.215)	0.149	(0.199)
2	0.251	(0.518)	0.245	(0.494)	0.238	(0.469)	0.231	(0.446)	0.224	(0.423)
3	0.218	(0.736)	0.221	(0.715)	0.223	(0.692)	0.224	(0.670)	0.224	(0.647)
4	0.141	(0.877)	0.149	(0.864)	0.156	(0.848)	0.162	(0.832)	0.168	(0.815)
5	0.074	(0.951)	0.080	(0.944)	0.087	(0.935)	0.094	(0.926)	0.101	(0.916)
6	0.032	(0.983)	0.036	(0.980)	0.041	(0.976)	0.045	(0.971)	0.050	(0.966)
7	0.012	(0.995)	0.014	(0.994)	0.016	(0.992)	0.019	(0.990)	0.022	(0.988)
8	0.004	(0.999)	0.005	(0.999)	0.006	(0.998)	0.007	(0.997)	0.008	(0.996)
9	0.001	(1.000)	0.001	(1.000)	0.002	(1.000)	0.002	(0.999)	0.003	(0.999)
10							0.001	(1.000)	0.001	(1.000)

C \ np	3.1		3.2		3.3		3.4		3.5	
0	0.045	(0.045)	0.041	(0.041)	0.037	(0.037)	0.033	(0.033)	0.030	(0.030)
1	0.140	(0.185)	0.130	(0.171)	0.122	(0.159)	0.113	(0.146)	0.106	(0.136)
2	0.216	(0.401)	0.209	(0.380)	0.201	(0.360)	0.193	(0.339)	0.185	(0.321)
3	0.224	(0.625)	0.223	(0.603)	0.222	(0.582)	0.219	(0.558)	0.216	(0.537)
4	0.173	(0.798)	0.178	(0.781)	0.182	(0.764)	0.186	(0.744)	0.189	(0.726)
5	0.107	(0.905)	0.114	(0.895)	0.120	(0.884)	0.126	(0.870)	0.132	(0.858)
6	0.056	(0.961)	0.061	(0.956)	0.066	(0.950)	0.071	(0.941)	0.077	(0.935)
7	0.025	(0.986)	0.028	(0.984)	0.031	(0.981)	0.035	(0.976)	0.038	(0.973)
8	0.010	(0.996)	0.011	(0.995)	0.012	(0.993)	0.015	(0.991)	0.017	(0.990)
9	0.003	(0.999)	0.004	(0.999)	0.005	(0.998)	0.006	(0.997)	0.007	(0.997)
10	0.001	(1.000)	0.001	(1.000)	0.002	(1.000)	0.002	(0.999)	0.002	(0.999)
11							0.001	(1.000)	0.001	(1.000)

C \ np	3.6		3.7		3.8		3.9		4.0	
0	0.027	(0.027)	0.025	(0.025)	0.022	(0.022)	0.020	(0.020)	0.018	(0.018)
1	0.098	(0.125)	0.091	(0.116)	0.085	(0.107)	0.079	(0.099)	0.073	(0.091)
2	0.177	(0.302)	0.169	(0.285)	0.161	(0.268)	0.154	(0.253)	0.147	(0.238)
3	0.213	(0.515)	0.209	(0.494)	0.205	(0.473)	0.200	(0.453)	0.195	(0.433)
4	0.191	(0.706)	0.193	(0.687)	0.194	(0.667)	0.195	(0.648)	0.195	(0.628)
5	0.138	(0.844)	0.143	(0.830)	0.148	(0.815)	0.152	(0.800)	0.157	(0.785)
6	0.083	(0.927)	0.088	(0.918)	0.094	(0.909)	0.099	(0.899)	0.104	(0.889)
7	0.042	(0.969)	0.047	(0.965)	0.051	(0.960)	0.055	(0.954)	0.060	(0.949)
8	0.019	(0.988)	0.022	(0.987)	0.024	(0.984)	0.027	(0.981)	0.030	(0.979)

续表

C \ np	3.6		3.7		3.8		3.9		4.0	
9	0.008	(0.996)	0.009	(0.996)	0.010	(0.994)	0.012	(0.993)	0.013	(0.992)
10	0.003	(0.999)	0.003	(0.999)	0.004	(0.998)	0.004	(0.997)	0.005	(0.997)
11	0.001	(1.000)	0.001	(1.000)	0.001	(0.999)	0.002	(0.999)	0.002	(0.999)
12					0.001	(1.000)	0.001	(1.000)	0.001	(1.000)

C \ np	4.1		4.2		4.3		4.4		4.5	
0	0.017	(0.017)	0.015	(0.015)	0.014	(0.014)	0.012	(0.012)	0.011	(0.011)
1	0.068	(0.085)	0.063	(0.078)	0.058	(0.072)	0.054	(0.066)	0.050	(0.061)
2	0.139	(0.224)	0.132	(0.210)	0.126	(0.198)	0.119	(0.185)	0.113	(0.174)
3	0.190	(0.414)	0.185	(0.395)	0.180	(0.378)	0.174	(0.359)	0.169	(0.343)
4	0.195	(0.609)	0.195	(0.590)	0.193	(0.571)	0.192	(0.551)	0.190	(0.533)
5	0.160	(0.769)	0.163	(0.753)	0.166	(0.737)	0.169	(0.720)	0.171	(0.704)
6	0.110	(0.879)	0.114	(0.867)	0.119	(0.856)	0.124	(0.844)	0.128	(0.832)
7	0.064	(0.943)	0.069	(0.936)	0.073	(0.929)	0.078	(0.922)	0.082	(0.914)
8	0.033	(0.976)	0.036	(0.972)	0.040	(0.969)	0.043	(0.965)	0.046	(0.960)
9	0.015	(0.991)	0.017	(0.989)	0.019	(0.988)	0.021	(0.986)	0.023	(0.983)
10	0.006	(0.997)	0.007	(0.996)	0.008	(0.996)	0.009	(0.995)	0.011	(0.994)
11	0.002	(0.999)	0.003	(0.999)	0.003	(0.999)	0.004	(0.999)	0.004	(0.998)
12	0.001	(1.000)	0.001	(1.000)	0.001	(1.000)	0.001	(1.000)	0.001	(0.999)
13									0.001	(1.000)

C \ np	4.6		4.7		4.8		4.9		5.0	
0	0.010	(0.010)	0.009	(0.009)	0.008	(0.008)	0.008	(0.008)	0.007	(0.007)
1	0.046	(0.056)	0.043	(0.052)	0.039	(0.047)	0.037	(0.045)	0.034	(0.041)
2	0.106	(0.162)	0.101	(0.153)	0.095	(0.142)	0.090	(0.135)	0.084	(0.125)
3	0.163	(0.325)	0.157	(0.310)	0.152	(0.294)	0.146	(0.281)	0.140	(0.265)
4	0.188	(0.513)	0.185	(0.495)	0.182	(0.476)	0.179	(0.460)	0.176	(0.441)
5	0.172	(0.685)	0.174	(0.669)	0.175	(0.651)	0.175	(0.635)	0.176	(0.617)
6	0.132	(0.817)	0.136	(0.805)	0.140	(0.791)	0.143	(0.778)	0.146	(0.763)
7	0.087	(0.904)	0.091	(0.896)	0.096	(0.887)	0.100	(0.878)	0.105	(0.868)
8	0.050	(0.954)	0.054	(0.950)	0.058	(0.945)	0.061	(0.939)	0.065	(0.933)
9	0.026	(0.980)	0.028	(0.978)	0.031	(0.976)	0.034	(0.973)	0.036	(0.969)
10	0.012	(0.992)	0.013	(0.991)	0.015	(0.991)	0.016	(0.989)	0.018	(0.987)
11	0.005	(0.997)	0.006	(0.997)	0.006	(0.997)	0.007	(0.996)	0.008	(0.995)
12	0.002	(0.999)	0.002	(0.999)	0.002	(0.999)	0.003	(0.999)	0.003	(0.998)
13	0.001	(1.000)	0.001	(1.000)	0.001	(1.000)	0.001	(1.000)	0.001	(0.999)
14									0.001	(1.000)

续表

C \ np	6.0		7.0		8.0		9.0		10.0	
0	0.002	(0.002)	0.001	(0.001)	0.000	(0.000)	0.000	(0.000)	0.000	(0.000)
1	0.015	(0.017)	0.006	(0.007)	0.003	(0.003)	0.001	(0.001)	0.000	(0.000)
2	0.045	(0.062)	0.022	(0.029)	0.011	(0.014)	0.005	(0.006)	0.002	(0.002)
3	0.089	(0.151)	0.052	(0.081)	0.029	(0.043)	0.015	(0.021)	0.007	(0.009)
4	0.134	(0.285)	0.091	(0.172)	0.057	(0.100)	0.034	(0.055)	0.019	(0.028)
5	0.161	(0.446)	0.128	(0.300)	0.092	(0.192)	0.061	(0.116)	0.038	(0.066)
6	0.161	(0.607)	0.149	(0.449)	0.122	(0.314)	0.091	(0.207)	0.063	(0.129)
7	0.138	(0.745)	0.149	(0.598)	0.140	(0.454)	0.117	(0.324)	0.090	(0.219)
8	0.103	(0.848)	0.131	(0.729)	0.140	(0.594)	0.132	(0.456)	0.113	(0.332)
9	0.069	(0.917)	0.102	(0.831)	0.124	(0.718)	0.132	(0.588)	0.125	(0.457)
10	0.041	(0.958)	0.071	(0.902)	0.099	(0.817)	0.119	(0.707)	0.125	(0.582)
11	0.023	(0.981)	0.045	(0.947)	0.072	(0.889)	0.097	(0.804)	0.114	(0.696)
12	0.011	(0.992)	0.026	(0.973)	0.048	(0.937)	0.073	(0.877)	0.095	(0.791)
13	0.005	(0.997)	0.014	(0.987)	0.030	(0.967)	0.050	(0.927)	0.073	(0.864)
14	0.002	(0.999)	0.007	(0.994)	0.017	(0.984)	0.032	(0.959)	0.052	(0.916)
15	0.001	(1.000)	0.003	(0.997)	0.009	(0.993)	0.019	(0.978)	0.035	(0.951)
16			0.002	(0.999)	0.004	(0.997)	0.011	(0.989)	0.022	(0.973)
17			0.001	(1.000)	0.002	(0.999)	0.006	(0.995)	0.013	(0.986)
18					0.001	(1.000)	0.003	(0.998)	0.007	(0.993)
19							0.001	(0.999)	0.004	(0.997)
20							0.001	(1.000)	0.002	(0.999)
21									0.001	(1.000)

C \ np	11.0		12.0		13.0		14.0		15.0	
0	0.000	(0.000)	0.000	(0.000)	0.000	(0.000)	0.000	(0.000)	0.000	(0.000)
1	0.000	(0.000)	0.000	(0.000)	0.000	(0.000)	0.000	(0.000)	0.000	(0.000)
2	0.001	(0.001)	0.000	(0.000)	0.000	(0.000)	0.000	(0.000)	0.000	(0.000)
3	0.004	(0.005)	0.002	(0.002)	0.001	(0.001)	0.000	(0.000)	0.000	(0.000)
4	0.010	(0.015)	0.005	(0.007)	0.003	(0.004)	0.001	(0.001)	0.001	(0.001)
5	0.022	(0.037)	0.013	(0.020)	0.007	(0.011)	0.004	(0.005)	0.002	(0.003)
6	0.041	(0.078)	0.025	(0.045)	0.015	(0.026)	0.009	(0.014)	0.005	(0.008)
7	0.065	(0.143)	0.044	(0.089)	0.028	(0.054)	0.017	(0.031)	0.010	(0.018)
8	0.089	(0.232)	0.066	(0.155)	0.046	(0.100)	0.031	(0.062)	0.019	(0.037)
9	0.109	(0.341)	0.087	(0.242)	0.066	(0.166)	0.047	(0.109)	0.032	(0.069)
10	0.119	(0.460)	0.105	(0.347)	0.086	(0.252)	0.066	(0.175)	0.049	(0.118)
11	0.119	(0.579)	0.114	(0.461)	0.101	(0.353)	0.084	(0.259)	0.066	(0.184)

续表

C \ np	11.0		12.0		13.0		14.0		15.0	
12	0.109	(0.688)	0.114	(0.575)	0.110	(0.463)	0.099	(0.358)	0.083	(0.267)
13	0.093	(0.781)	0.106	(0.681)	0.110	(0.573)	0.106	(0.464)	0.096	(0.363)
14	0.073	(0.854)	0.091	(0.772)	0.102	(0.675)	0.106	(0.570)	0.102	(0.465)
15	0.053	(0.907)	0.072	(0.844)	0.088	(0.763)	0.099	(0.669)	0.102	(0.567)
16	0.037	(0.944)	0.054	(0.898)	0.072	(0.835)	0.087	(0.756)	0.096	(0.663)
17	0.024	(0.968)	0.038	(0.936)	0.055	(0.890)	0.071	(0.827)	0.085	(0.748)
18	0.015	(0.983)	0.026	(0.962)	0.040	(0.930)	0.056	(0.883)	0.071	(0.819)
19	0.008	(0.991)	0.016	(0.978)	0.027	(0.957)	0.041	(0.924)	0.056	(0.875)
20	0.005	(0.996)	0.010	(0.988)	0.018	(0.975)	0.029	(0.953)	0.042	(0.917)
21	0.002	(0.998)	0.006	(0.994)	0.011	(0.986)	0.019	(0.972)	0.030	(0.947)
22	0.001	(0.999)	0.003	(0.997)	0.006	(0.992)	0.012	(0.984)	0.020	(0.967)
23	0.001	(1.000)	0.002	(0.999)	0.004	(0.996)	0.007	(0.991)	0.013	(0.980)
24			0.001	(1.000)	0.002	(0.998)	0.004	(0.995)	0.008	(0.988)
25					0.001	(0.999)	0.003	(0.998)	0.005	(0.993)
26					0.001	(1.000)	0.001	(0.999)	0.003	(0.996)
27							0.001	(1.000)	0.002	(0.998)
28									0.001	(0.999)
29									0.001	(1.000)

附表3 标准正态分布表

$$\Phi(x)=\int_{-\infty}^{x}\frac{1}{\sqrt{2\pi}}e^{-\frac{t^2}{2}}dt=P(X\leqslant x)$$

x	0	0.01	0.02	0.03	0.04	0.05	0.06	0.07	0.08	0.09
0	0.5000	0.5040	0.5080	0.5120	0.5160	0.5199	0.5239	0.5279	0.5319	0.5359
0.1	0.5398	0.5438	0.5478	0.5517	0.5557	0.5596	0.5636	0.5675	0.5714	0.5753
0.2	0.5793	0.5832	0.5871	0.5910	0.5948	0.5987	0.6026	0.6064	0.6103	0.6141
0.3	0.6179	0.6217	0.6255	0.6293	0.6331	0.6368	0.6404	0.6443	0.6480	0.6517
0.4	0.6554	0.6591	0.6628	0.6664	0.6700	0.6736	0.6772	0.6808	0.6844	0.6879
0.5	0.6915	0.6950	0.6985	0.7019	0.7054	0.7088	0.7123	0.7157	0.7190	0.7224
0.6	0.7257	0.7291	0.7324	0.7357	0.7389	0.7422	0.7454	0.7486	0.7517	0.7549
0.7	0.7580	0.7611	0.7642	0.7673	0.7703	0.7734	0.7764	0.7794	0.7823	0.7852
0.8	0.7881	0.7910	0.7939	0.7967	0.7995	0.8023	0.8051	0.8078	0.8106	0.8133
0.9	0.8159	0.8186	0.8212	0.8238	0.8264	0.8289	0.8355	0.8340	0.8365	0.8389
1.0	0.8413	0.8438	0.8461	0.8485	0.8508	0.8531	0.8554	0.8577	0.8599	0.8621
1.1	0.8643	0.8665	0.8686	0.8708	0.8729	0.8749	0.8770	0.8790	0.8810	0.8830

续表

x	0	0.01	0.02	0.03	0.04	0.05	0.06	0.07	0.08	0.09
1.2	0.8849	0.8869	0.8888	0.8907	0.8925	0.8944	0.8962	0.8980	0.8997	0.9015
1.3	0.9032	0.9049	0.9066	0.9082	0.9099	0.9115	0.9131	0.9147	0.9162	0.9177
1.4	0.9192	0.9207	0.9222	0.9236	0.9251	0.9265	0.9279	0.9292	0.9306	0.9319
1.5	0.9332	0.9345	0.9357	0.9370	0.9382	0.9394	0.9406	0.9418	0.9430	0.9441
1.6	0.9452	0.9463	0.9474	0.9484	0.9495	0.9505	0.9515	0.9525	0.9535	0.9535
1.7	0.9554	0.9564	0.9573	0.9582	0.9591	0.9599	0.9608	0.9616	0.9625	0.9633
1.8	0.9641	0.9648	0.9656	0.9664	0.9672	0.9678	0.9686	0.9693	0.9700	0.9706
1.9	0.9713	0.9719	0.9726	0.9732	0.9738	0.9744	0.9750	0.9756	0.9762	0.9767
2.0	0.9772	0.9778	0.9783	0.9788	0.9793	0.9798	0.9803	0.9808	0.9812	0.9817
2.1	0.9821	0.9826	0.9830	0.9834	0.9838	0.9842	0.9846	0.9850	0.9854	0.9857
2.2	0.9861	0.9864	0.9868	0.9871	0.9874	0.9878	0.9881	0.9884	0.9887	0.9890
2.3	0.9893	0.9896	0.9898	0.9901	0.9904	0.9906	0.9909	0.9911	0.9913	0.9916
2.4	0.9918	0.9920	0.9922	0.9925	0.9927	0.9929	0.9931	0.9932	0.9934	0.9936
2.5	0.9938	0.9940	0.9941	0.9943	0.9945	0.9946	0.9948	0.9949	0.9951	0.9952
2.6	0.9953	0.9955	0.9956	0.9957	0.9959	0.9960	0.9961	0.9962	0.9963	0.9964
2.7	0.9965	0.9966	0.9967	0.9968	0.9969	0.9970	0.9971	0.9972	0.9973	0.9974
2.8	0.9974	0.9975	0.9976	0.9977	0.9977	0.9978	0.9979	0.9979	0.9980	0.9981
2.9	0.9981	0.9982	0.9982	0.9983	0.9984	0.9984	0.9985	0.9985	0.9986	0.9986
x	0	0.1	0.2	0.3	0.4	0.5	0.6	0.7	0.8	0.9
3	0.9987	0.9990	0.9993	0.9995	0.9997	0.9998	0.9998	0.9999	0.9999	1.0000